改訂版

完全予想

仏検

2級

著者
富田正二

新傾向問題完全対応

筆記問題編

駿河台出版社

公益財団法人フランス語教育振興協会許諾出版物

まえがき

　仏検は正式名を実用フランス語技能検定試験（Diplôme d'Aptitude Pratique au Français）といって，実際に役だつフランス語を広めようという考えかたから発足しました。第 1 回の実施は1981年ですから，すでに20年以上の歴史を刻んできたことになります。この20年間でフランス語教育法もずいぶん変化しました。それは読む能力の養成だけに偏っていたものから，コミュニケーション能力を身につけさせるためのものへの方向転換だったといえるでしょう。語学学習は「話す，書く，聞く，読む」ということばが本来もっている役割を，できるだけむりのない段階を経ながら，総合的に身につけてゆかなければなりません。読む能力を高めることは語学学習にとって大切なことですが，それは言語をさまざまな側面から学習してゆくなかで，はじめて地に足のついた力となります。仏検はこうした改革の流れを先どりしていたのです。

　本書は，筆者がいくつかの大学で「仏検講座」を担当するにあたって，準備した資料をもとにして作られました。これまでに出題された問題をくわしく分析して，出題傾向をわりだしました。この結果にもとづいて章や項目をたてました。受験テクニックを教えるだけではなく，練習問題を終えたとき，自然に仏検各級の実力がついているようにしようというのがこの問題集のねらいです。仏検 2 級は仏検受験者には高い壁です。3 級と 2 級の難易度の差が大きいからです。この難易度の差は語彙の差といいかえることができるでしょう。語彙力の習得はふだんの努力の蓄積によります。本書が仏検 2 級にふさわしい実力を養成する助けとなりますように祈ります。

　なお，過去に出題された問題の使用を許可してくださった財団法人フランス語教育振興協会，フランス語の例文作成に積極的に協力していただいたエルベ・ドリエップ氏にあつくお礼を申しあげます。また，本の出版を快諾していただいた駿河台出版社の井田洋二氏と，編集面で寛大にお世話いただいた同社編集部の上野名保子氏と山田仁氏に心からの謝意を表します。

　2004年秋

著者

　本書が出版されてから14年という歳月が流れました。その間にも仏検は，出題範囲，問題の形式および難易度という点で変化しました。このたびこうした新しい問題の傾向に対応した問題集にするため，筆記問題・書き取り問題・聞き取り問題を全面的に改訂することにしました。なお，改訂にあたっては，使いやすさという点からご指摘いただいた読者の声も反映させました。また，フランス語の例文作成については，北九州在住のエルベ・ドリエップ氏と千葉

商科大学のアニー・ルノドン氏にお願いしました。

　本書は幸いにしてご好評をいただきました。本書のよりよい姿に関してご教示くださいました方々にお礼を申しあげます。今後ともさまざまなご指摘をいただければ幸いです。

　2019年春

著者

も　く　じ

まえがき …………………………………………………………… i

本書の構成と使いかた ……………………………………………… iv

実用フランス語技能検定試験について ………………………… v

筆記問題 ……………………………………………………………… 1

1．前置詞に関する問題 ………………………………………… 3

2．語彙に関する問題 …………………………………………… 35

3．動詞に関する問題 …………………………………………… 115

4．長文完成 ……………………………………………………… 181

5．インタビュー完成 …………………………………………… 193

6．長文読解 ……………………………………………………… 204

7．会話文完成 …………………………………………………… 217

第1回実用フランス語技能検定模擬試験 ……………………… 239

第2回実用フランス語技能検定模擬試験 ……………………… 259

別冊　解答編

本書の構成と使いかた

　仏検2級は，仏検が発足した1981年から設けられ，これまでに数々の変遷をかさねてきました。本書はもっとも新しい出題傾向に対応しています。

　原則として各章は，そのまま実用フランス語技能検定試験問題の設問にそって構成されています。たとえば，「1．前置詞に関する問題」は仏検試験問題の第1問として出題されます。したがって，章の順番にしたがって学習していく必要はありません。各章のまえがきに，仏検における出題傾向のアウトラインをしめしました。また，第3章までは学習内容とこれに対応する練習問題が見開きページになるように構成しました。まず左ページをよく読んでから右ページの練習問題にとりかかってください。

　最後のページに出題形式をコピーした模擬試験がついています。問題集を終えたら試してみてください。練習問題の解答は別冊になっています。なお，MP3　CD‐ROMつきの「書き取り問題・聞き取り問題編」が別に刊行されていますので，あわせて活用してください。

　仏検準2級からすると仏検2級の壁は高いかもしれません。しかしこの壁を乗りこえてはじめてフランス語の実力が身につくのです。

Bon courage !

実用フランス語技能検定試験について

　財団法人フランス語教育振興協会による試験実施要項にもとづいて，仏検の概要を紹介しておきます。

検定内容と程度

　つぎに紹介するのは　財団法人フランス語教育振興協会が定めているだいたいの目安です。だれでも，どの級でも受験することができます。試験範囲や程度について，もっと具体的な情報を知りたいという受験生には，過去に出題された問題を実際に解いてみるか，担当の先生に相談することをおすすめします。なお，隣り合う２つの級（１級と２級をのぞく）は同時に出願することができます。

5　級：初歩的なフランス語を理解し，聞き，話すことができる。学習50時間以上（中学生から，大学の１年前期修了程度の大学生に適している。）
　　　筆記試験と聞き取り試験（すべて客観形式）合わせて，約45分

4　級：基礎的なフランス語を理解し，平易なフランス語を聞き，話し，読み，書くことができる。学習100時間以上（大学の１年修了程度。高校生も対象となる。）
　　　筆記試験と聞き取り試験（すべて客観形式）合わせて，約60分

3　級：基本的なフランス語を理解し，簡単なフランス語を聞き，話し，読み，書くことができる。学習200時間以上（大学の２年修了程度。一部高校生も対象となる。）
　　　筆記試験と聞き取り試験（客観形式，一部記述式），約75分

準2級：日常生活に必要なフランス語の基本的な運用力を身につけており，口頭で簡単な質疑応答ができる。学習300時間以上（大学の３年修了程度。）
《１次》筆記試験（客観形式，一部記述式）75分
　　　書き取り・聞き取り試験（記述式・客観形式併用）約25分
《２次》試験方法：面接試験約５分（フランス語での簡単な質疑応答）
　　　評価基準：日常生活レベルの簡単なコミュニケーション能力とフランス語力（発音・文法・語・句）を判定する。

2　級：日常生活や社会生活に必要なフランス語を理解し，とくに口頭で表現できる。学習400時間以上（大学のフランス語専門課程４年程度で，読む力ばかりでなく，聞き，話し，ある程度書く力も要求される。）
《１次》筆記試験（記述式・客観形式併用）90分
　　　書き取り・聞き取り試験（記述式・客観形式併用）約35分
《２次》試験方法：面接試験約５分（フランス語での質疑応答）

評価基準：コミュニケーション能力（自己紹介，日常生活レベルの伝達能力）とフランス語力（発音・文法・語・句）を判定する。

準1級：日常生活や社会生活に必要なフランス語を理解し，とくに口頭で表現できる。学習500時間以上（大学のフランス語専門課程卒業の学力を備え，新聞・雑誌などの解説・記事を読み，その大意を要約できるだけのフランス語運用能力と知識が要求される。）

《1次》筆記試験（記述式・客観形式併用）100分

書き取り・聞き取り試験（記述式・客観形式併用）約35分

《2次》試験方法：面接試験約7分（あらかじめあたえられた課題に関するスピーチとそれをめぐるフランス語での質疑応答）

評価基準：コミュニケーション能力（自分の意見を要領よく表現する能力）とフランス語力（発音・文法・語・句）を判定する。

1　級：高度な内容をもつ文をふくめて，広く社会生活に必要なフランス語を十分に理解し，自分の意見を表現できる。「聞く」「話す」「読む」「書く」という能力を高度にバランスよく身につけ，フランス語を実地に役立てる職業で即戦力となる。学習600時間以上。

《1次》筆記試験（記述式・客観形式併用）120分

書き取り・聞き取り試験（記述式・客観形式併用）約40分

《2次》試験方法：面接試験約9分（あらかじめあたえられた課題に関するスピーチとそれをめぐるフランス語での質疑応答）

評価基準：コミュニケーション能力（自分の意見を要領よく表現する能力）とフランス語力（発音・文法・語・句）を判定する。

注意　＊多肢選択式の問題の解答はマークシート方式です。

＊1級・準1級・2級・準2級の2次試験は，1次試験の合格者だけを対象とします。

1次試験合格者には2次試験集合時間を，1次試験結果通知に個別に記載します。なお，変更等はいっさい受け付けられませんのでご了承ください。

＊2次試験では，フランス語を母国語とする人ならびに日本人からなる試験委員がフランス語で個人面接をします。

＊3級・4級・5級には2次試験はありません。

試験日程

春季と秋季の年2回（1級は春季，準1級は秋季だけ）実施されます。なお，願書の受付締め切り日は，1次試験の約1ヶ月半まえです。

春季《1次試験》6月　　　1級，2級，準2級，3級，4級，5級

　　　《2次試験》7月　　　1級，2級，準2級

秋季《一次試験》11月　　準1級，2級，準2級，3級，4級，5級

　　　《二次試験》翌年1月　準1級，2級，準2級

試験地

受験地の選択は自由です。具体的な試験会場は，受付がすんでから受験生各人に連絡されます。2次試験があるのは1級，準1級，2級，準2級だけです。

《1次試験》

札幌，弘前，盛岡，仙台，秋田，福島，水戸（1・準1級は実施せず），宇都宮（1・準1級は実施せず），群馬，草加，千葉，東京，新潟（1級は実施せず），富山，金沢，甲府，松本，岐阜，静岡，三島，名古屋，京都，大阪，西宮，奈良，鳥取（1・準1級は実施せず），松江（1・準1級は実施せず），岡山，広島，高松（1・準1級は実施せず），松山（1・準1級は実施せず），福岡，長崎，熊本（1・準1・2級は実施せず），別府（1級は実施せず），宮崎，鹿児島（1・準1・2級は実施せず），西原町（沖縄県），パリ

《2次試験》

札幌，盛岡，仙台，群馬（1・準1級は実施せず），東京，新潟（1級は実施せず），金沢，静岡（1級は実施せず），名古屋，京都，大阪，広島，高松（1・準1級は実施せず），福岡，長崎，熊本，西原町（1級は実施せず），パリ（1・準1・2・準2級のみ実施）

注意　試験日程および会場は，年によって変更される可能性がありますので，くわしくはフランス語教育振興協会仏検事務局までお問い合わせください。

問い合わせ先

仏検受付センター
Tel. 03-5778-4073　Fax 03-3486-1075
www. apefdapf.org

筆記問題

1

前置詞に関する問題

前置詞に関する問題は，仏検がはじまって以来ずっと継続的に出題されてきました。また，この問題は級でいえば，4級から1級までかならず出題されます。いうまでもなく難易度は級があがるにつれてむずかしくなります。4級では前置詞の基本的な意味さえ覚えておけば，あとは文意を読みとることによって解ける問題だったものが，しだいにそうした基本的な知識だけでは正解がえられない問題にかわっていきます。前置詞の意味というよりも，動詞や形容詞との結びつきから前置詞を決めたり，慣用的な用法を覚えておく必要がでてきたりするのです。つまり，読解というよりも前置詞の用法を個々に知識として蓄えているかどうかが問われることになります。本章では，2級で過去に出題された前置詞を中心にして，その使いかたを練習します。仏検の設問は4問で，8つの前置詞のなかからフランス語文の空欄に入る適切なものを選ぶ選択問題です。配点は4点です。

━● 出題例（2016 年春季 ①）

> **1** 次の (1) ～ (4) の（　　）内に入れるのにもっとも適切なものを、下の ① ～ ⑧ のなかから1つずつ選び、解答欄のその番号にマークしてください。ただし、同じものを複数回用いることはできません。(配点　4)
>
> (1) Frédéric s'est réconcilié (　　) son père.
>
> (2) Je vais vous accompagner. C'est (　　) ma route.
>
> (3) Qu'est-ce qui s'est passé ? — Une voiture est rentrée (　　) un mur.
>
> (4) Tu me rendras ce livre demain (　　) faute.
>
> | ① à | ② avec | ③ dans | ④ en |
> |---|---|---|---|
> | ⑤ par | ⑥ sans | ⑦ sous | ⑧ sur |

1．場所を表わす前置詞（1）

① **à** …に，で：…へ

Qui est *à* la tête de cette usine ?	この工場のトップはだれですか？
J'étais *à* votre gauche pendant la séance.	私は会議のあいだあなたの左側にいました。[位置]
Cet hôtel est *à* un kilomètre au sud de Paris.	そのホテルはパリの南１キロのところにある。[位置]
Il ne faut pas parler de politique *à* table.	食事中は政治の話をすべきではない。
Rentre vite, ne reste pas *à* l'extérieur.	外にいないで早く帰りなさい。
Ma mère a fait le ménage *à* fond.	私の母は徹底的に掃除した。
Je ne connais personne ici *à* part toi.	ここには君以外だれも知り合いがいない。

② **dans** …のなかで，なかに

Regarde ces nuages *dans* le ciel.	空のあの雲を見なさい。
Il a fait carrière *dans* la magistrature.	彼は司法官を職業とした。

③ **hors** …の外に

Vous habitez *hors* de la ville ?	あなたは市外に住んでいるのですか？
Cet outil est *hors* d'usage.	この工具は使用不能です。

④ **en** …で，に

Ils dînent souvent *en* ville.	彼らはよく街で夕食をとる。
Elle est étudiante *en* lettres.	彼女は文学部の学生です。[専門分野]
Ayez confiance *en* lui [Faites lui confiance].	彼を信頼してください。[抽象的場所]
Elle a peur de parler *en* public.	彼女は人前で話すのが恐い。
Il faut remettre tout *en* place.	すべて元の場所に戻さなければならない。

注　à には広がりの観念がないのに対して，dans と en には広がりの観念がふくまれます。dans は一般に＜ dans ＋冠詞・所有形容詞つき名詞＞の形で限定された広がりを，en は＜ en ＋無冠詞名詞＞の形で漠然とした広がりをしめします。

Il habite *dans* la banlieue parisienne.	彼はパリ郊外に住んでいる。
Il habite *en* banlieue.	彼は郊外に住んでいる。

⑤ **de** …から

J'ai mis trois heures pour rentrer *de* la campagne.	私は田舎から帰ってくるのに３時間かかった。

De loin elle a l'air assez jeune, mais *de* près, on voit bien qu'elle n'a plus 40 ans.
遠くからだと彼女はかなり若そうだが，近くからだともはや40歳をすぎているように見える。

J'ai perdu *de* vue la voiture en question.	私は問題の車を見失なった。
Ils mettent de l'argent *de* côté pour plus tard.	彼らは将来のために貯金している（別にとっておく）。

⑥ **contre** …にぴたりとつけて，のそばに

Poussez le lit *contre* le mur.	ベッドを壁際に押しつけてください。

⑦ **chez** …の家に，の店で；…の集団において，の国では

Faites comme *chez* vous.	どうぞお楽に。
Chez nous, l'hiver est bien dur.	われわれの国では，冬はとても厳しい。

Ce sac vient de *chez* Louis Vuitton.　　　　このバッグはルイ・ヴィトン社製です。

EXERCICE 1

次の各設問において，（1）～（5）の（　）内に入れるのにもっとも適切なものを，下欄から1つずつ選び，解答欄に記入してください。ただし，同じものを複数回用いることはできません。

1 (1)　Ces enfants ne tiennent pas (　　　) place.　　　　＿＿＿＿＿

(2)　C'est l'heure de se mettre (　　　) table.　　　　＿＿＿＿＿

(3)　Cette chanson est très à la mode (　　　) les jeunes.　　＿＿＿＿＿

(4)　Examinons tous les éléments du problème (　　　) plus près.　＿＿＿＿＿

(5)　J'ai lu cet article (　　　) le journal.　　　　＿＿＿＿＿

à　　　chez　　　dans　　　de　　　en

2 (1)　Il fait froid dehors, rentrons (　　　) l'intérieur.　　　＿＿＿＿＿

(2)　Il s'y connaît bien (　　　) littérature japonaise.　　　＿＿＿＿＿

(3)　J'ai fait toute ma carrière (　　　) le cinéma.　　　＿＿＿＿＿

(4)　Jean habite juste au-dessus de (　　　) moi.　　　＿＿＿＿＿

(5)　Les photos d'identité sont toujours prises (　　　) face.　＿＿＿＿＿

à　　　chez　　　dans　　　de　　　en

3 (1)　Alain connaît (　　　) fond la géographie de la France.　＿＿＿＿＿

(2)　Cet ascenseur est (　　　) service.　　　　＿＿＿＿＿

(3)　Karine n'aime pas chanter (　　　) public.　　　＿＿＿＿＿

(4)　Laissez ça (　　　) côté pour l'instant, vous vous en occuperez plus tard.　　　　＿＿＿＿＿

(5)　Posez les cartons (　　　) les murs, je les rangerai après.　＿＿＿＿＿

à　　　contre　　　de　　　en　　　hors

２．場所を表わす前置詞（２）

① sur …の上に；…の方に

Il était *sur* la route de Lyon.　　　　　　　　彼はリヨンへの途上にあった。

Mon chat dort souvent *sur* le dos.　　　　　　私の猫はよくあおむけになって眠る。

On se couche *sur* le ventre pour bronzer du dos.

　　　　　　　　　　　　　　　　　　　　　　人は背中を焼くためにうつぶせになっている。

Je n'ai pas d'argent *sur* moi.　　　　　　　　私はちょうどお金の持ちあわせがない。

Tournez *sur* votre gauche, l'hôtel est juste là.

　　　　　　　　　　　左に曲がってください，ホテルはそこにある。［方向］

Je resterai *sur* place toute la journée.　　　　私は一日中その場を離れません。

Ils se sont précipités *sur* les places libres.　　彼らは空いている席へ殺到した。

Il a copié la solution *sur* un manuel.　　　　彼は参考書から答えを丸写しした。

② sous …の下に

Il porte toujours son sac *sous* son bras.　　　彼はいつもバッグをわきに抱えている。

Tes lunettes sont là *sous* tes yeux.　　　　　君のめがねなら君の目のまえにある。

Il ne faut pas voir les choses *sous* un mauvais jour.

　　　　　　　　　　　　　　　　　ものごとを悲観的に見るべきではない。［観点］

Les journaux ont passé cette chose *sous* silence.　新聞各紙はこのことに言及しなかった。

③ devant …の前に

La boulangerie est juste *devant* l'église.　　　パン屋は教会の正面にある。

Tous les hommes sont égaux *devant* la loi.　　万人は法のまえで平等である。［判断基準］

Tu es jeune, tu as la vie *devant* toi.　　　　　君は若い．人生はこれからだよ。

④ derrière …のうしろに，裏に

Derrière la photo, il y a la date.　　　　　　写真の裏に，日付の書き込みがある。

Elle a un passé mouvementé *derrière* elle.　　彼女は波瀾に富んだ過去を送ってきた。

⑤ avant …の前に，手前で，より上位に

Tournez à droite *avant* le cinéma.　　　　　映画館の手前を右に曲がってください。

⑥ après …の後ろに，先で，の次に

Tournez à gauche *après* la poste.　　　　　　郵便局の先を左に曲がってください。

Le chien court *après* un lièvre.　　　　　　　犬は兎を追いかけている。

Alain est arrivé le deuxième *après* moi.　　　アランは私に続いて２番目に到着した。

⑦ entre （２つのものをさす名詞）のあいだに；（３つ以上のものをさす名詞）のなかで

Quelle est la distance *entre* Paris et Lyon ?　パリとリヨン間はどれくらいの距離がありますか？

Je me remets *entre* les mains de Dieu.　　　私はわが身を神の手に託す。

⑧ par …から，を通って；…中を

Vous passerez *par* Lyon pour aller dans le Midi.　南仏へ行くにはリヨンを通ることになります。

Il s'est promené *par* les rues.	彼は街中を歩きまわった。
Mon cousin habite *par* ici.	私の従兄弟はこの辺りに住んでいる。
Ne t'assois pas *par* terre !	床にすわるな！
Qu'entendez-vous *par* là ?	それはどういう意味ですか？

⑨ **vers** …の方へ

Ce train roule *vers* Dijon.	この列車はディジョンへ向かっている。

⑩ **jusque** …まで

De la gare *jusqu'*à la maison, il y a une heure de trajet.

駅から家まで 1 時間かかる。

EXERCICE 2

次の各設問において，（1）～（5）の（　）内に入れるのにもっとも適切なものを，下欄から1つずつ選び，解答欄に記入してください。ただし，同じものを複数回用いることはできません。

1 (1)　Cet homme a un lourd passé (　　　) lui.　　　_____
(2)　Cette route va bien (　　　) le Nord.　　　_____
(3)　Considérons le problème (　　　) un jour tout à fait nouveau. _____
(4)　Couchée (　　　) le dos dans son lit, elle lit un magazine. _____
(5)　Il tient une cigarette (　　　) ses doigts.　　　_____

derrière　　　**entre**　　　**sous**　　　**sur**　　　**vers**

2 (1)　Je remets volontiers ces manuscrits (　　　) vos mains.　_____
(2)　L'accident s'est passé (　　　) mes yeux.　　　_____
(3)　Le petit garçon s'amusait à faire flotter un bateau en papier (　　　) la rivière.　　　_____
(4)　Nous avons trois semaines (　　　) nous.　　　_____
(5)　Venez (　　　) ici, on a un beau paysage.　　　_____

devant　　　**entre**　　　**par**　　　**sous**　　　**sur**

3 (1)　Ces pizzas sont à consommer (　　　) place ou à emporter. _____
(2)　Il ne fait pas de distinction (　　　) ses élèves.　　　_____
(3)　J'aime beaucoup me promener (　　　) la pluie.　　　_____
(4)　Si vous passez (　　　) Paris, venez me voir.　　　_____
(5)　Vous allez (　　　) bout de la rue, et ensuite vous tournez à droite.

_____

entre　　　**jusqu'au**　　　**par**　　　**sous**　　　**sur**

3．時の前置詞（1）

① **à** …に；…のときに

À la date du 5 mai, on est invités chez les Dupont.　5月5日にデュポン家に招待されている。

Il est toujours *à* l'heure, jamais en retard.　彼はいつも時間通りです，けっして遅れない。

La vitesse est limitée *à* 130 kilomètres *à* l'heure.　速度は時速130キロに制限されている。

Cette brasserie est ouverte *à* toute heure.　このカフェレストランは終日開いている。

Si tu ne pars pas *à* temps, tu manqueras le train.　時間通りに出発しないと，列車に乗り遅れるよ。

À mesure qu'il avançait, la forêt devenait plus épaisse.

先へ進むにつれて，森は深くなっていった。

② **vers** …頃に

Il rentre tous les soirs *vers* sept heures.　彼は毎晩7時ごろ帰ってくる。

③ **de** …から；…に

Nous avons classe *de* neuf heures à midi.　私たちは9時から正午まで授業がある。

Il est parti *de* grand matin.　彼は朝早く出発した。［漠然とした時間］

Il est un ami *de* longue [vieille] date.　彼は昔からの友人です。

Chez elle, la paresse, c'est *de* naissance.　彼女の怠惰は生まれつきです。

De nos jours, il y a encore des gens qui meurent *de* faim.

今日でもまだ餓死する人たちがいる。

Je travaille *de* jour, mon mari *de* nuit.　私は日勤で，夫は夜勤です。

④ **depuis** …以来；…前から

Il est absent *depuis* hier.　彼はきのうから休んでいる。

On n'a pas vu Monique *depuis* un mois.　モニックには1ヶ月まえから会っていない。

注　depuis は過去，現在について用いられ，未来については à partir de を用いる。

Il sera absent *à partir de* demain.　彼はあすから休む。

⑤ **dès** …からすぐに

Vous me téléphonerez *dès* demain.　あすにでも早速電話をください。

注　dès は動作が始まる時を強調する。動詞が状態・継続を表わす場合は，depuis を用いる。

Il s'est couché *dès* dix heures.　彼は10時には寝た。

Il est couché *depuis* dix heures.　彼は10時からずっと寝ている。

⑥ **dans** …の間に，以内に（dans+定冠詞+時間表現）；（今から）…後に（dans+時間表現）

Dans son enfance, il habitait à Dijon.　子どものころ，彼はディジョンに住んでいた。

Je passerai chez vous *dans* la semaine.　1週間以内にお宅へ伺います。

Tu arriveras à Paris *dans* deux heures.　君は2時間後にパリに着くだろう。

　　cf. Tu arriveras à Paris *en* deux heures.　君は2時間でパリに着くだろう。

Les travaux commencent *dans* le courant de la semaine prochaine.　工事は来週中に始まる。

⑦ **après** …のあとに：…したあとで

On se reposera un peu *après* le travail.　　　　仕事のあとで少し休みましょう。

Après avoir mangé, il est allé se promener.　　食事をしたあと彼は散歩に行った。

注　現在以外の時点を起点とするときは＜時間表現＋ après ＞を用い，現在を起点とするときは＜ dans ＋時間表現＞
　　を用います。なお，この après は副詞です。

Il m'a dit qu'il partirait deux jours *après*.　　　彼は私に２日後に出発すると言った。

Il partira *dans* deux jours.　　　　　　　　　　彼は（今から）２日後に出発する。

EXERCICE 3

　次の各設問において，（１）～（５）の（　）内に入れるのにもっとも適切なものを，下欄から１つ
ずつ選び，解答欄に記入してください。ただし，同じものを複数回用いることはできません。

1 (1)　Elle s'est sentie malade (　　　) le début du cours.　　———

(2)　Elle vient chez moi (　　　) toute heure de la nuit.　　———

(3)　Il n'y a rien de nouveau (　　　) hier.　　———

(4)　Je passerai vous prendre en voiture (　　　) bonne heure, demain
matin.　　———

(5)　Ma mère faisait du piano (　　　) sa jeunesse.　　———

à　　　dans　　　de　　　depuis　　　dès

2 (1)　(　　　) avoir consulté mon mari, je prendrai une décision.　　———

(2)　Elle a rencontré André (　　　) son apprentissage chez un
coiffeur.　　———

(3)　Je les connais tous (　　　) longue date.　　———

(4)　(　　　) mesure qu'il lisait, il comprenait de moins en moins.　　———

(5)　On fera la réunion (　　　) le 20 février, on vous précisera la date plus
tard.　　———

à　　　après　　　dans　　　de　　　vers

3 (1)　Elle est arrivée juste (　　　) ton coup de téléphone.　　———

(2)　Je vous téléphonerai (　　　) ce soir.　　———

(3)　On se reverra (　　　) le courant du mois d'avril.　　———

(4)　(　　　) partir de demain, le nouvel horaire entre en vigueur.　　———

(5)　Pauvre Antoine, il est aveugle (　　　) naissance.　　———

à　　　après　　　dans　　　de　　　dès

４．時の前置詞（２）

① en …に；…かかって

Ne parle pas de ça *en* sa présence !　　　　彼がいるときは，そのことを話すな！

Que de choses sont arrivées *en* un jour !　　１日でなんと多くのことが起こったことか！

Ils ne sortent pas souvent *en* semaine.　　　彼らは平日はあまり遊びに行かない。

Elle est *en* âge de [d'âge à] se marier.　　　彼女は結婚してもいい年齢（結婚適齢期）です。

Elle a beaucoup changé *en* l'espace d'un an.　彼女は１年ですっかり変わった。

On m'a cambriolé *en* plein jour.　　　　　　私は真っ昼間に空き巣に入られた。

② pour …の予定で；…の機会に

Vous partez *pour* combien de temps ?　　　　どのくらいの予定で出かけるのですか？

Pour cette fois je veux bien visiter ce village.　今回はその村を訪れたい。

Le directeur est absent *pour* l'instant [*pour* le moment].　　社長は今のところ不在です。

Un mois, ce n'est pas long, l'examen est *pour* bientôt.　　１ヶ月は長くない，試験はまもなくです。

③ jusque …まで

Attendez-moi *jusqu'*à ce que je revienne.　　私が帰るまで待っていてください。

④ avant …の前に，までに；…する前に

Tu dois rentrer *avant* minuit.　　　　　　　君は午前０時までに帰らなければならない。

Mets ton manteau *avant* de sortir.　　　　　外出するまえにコートを着なさい。

注　１）現在以外の時点を起点とするときは＜時間表現＋ avant ＞を用い，現在を起点とするときは＜ il y a ＋時間表現＞を用います。なお，このavantは副詞です。

　　　Il m'a dit qu'il était arrivé deux jours *avant*.　彼は私に２日まえに着いたと言った。

　　　Il est arrivé *il y a* deux jours.　　　　彼は（今から）２日まえに着いた。

　　２）avant とjusqu'à について。avant が行為の期限をしめすのに対して，jusqu'à はある時点までの行為の継続を表わします。

　　　Hier soir j'ai lu *jusqu'*à minuit.　　　昨晩私は午前０時まで本を読んでいた。

⑤ pendant …のあいだに

J'ai fait du français *pendant* mes vacances.　私は休暇のあいだフランス語を勉強した。

Pendant que je fais la vaisselle, tu pourrais préparer le café ?

　　　　　　　　　　　　　　　　　　　　皿を洗っているあいだにコーヒーをいれてくれる？

⑥ entre （２つのものをさす名詞）のあいだに

On se verra *entre* midi et deux heures.　　　正午から２時のあいだにお会いしましょう。

EXERCICE 4

次の各設問において，（1）～（5）の（　）内に入れるのにもっとも適切なものを，下欄から1つ
ずつ選び，解答欄に記入してください。ただし，各設問で **en** は2回，その他は1回ずつ用いること
とします。なお，下欄の語は文頭にくるものも小文字にしてあります。

1 (1)　Je pense qu'elle est (　　　　) âge de prendre une décision toute seule.

(2)　Je serai chez moi (　　　　) neuf et dix heures.　　　　　　————

(3)　Je vous ai attendu (　　　　) deux semaines, puis je suis parti.　————

(4)　Nous sommes arrivés à Rennes (　　　　) un peu moins de trois heures.

(5)　(　　　　) combien de temps vous allez rester en France ?　————

　　　　　　en　　　　entre　　　　pendant　　　　pour

2 (1)　Nous allons au cinéma le samedi ou le dimanche, jamais (　　　　)
　　　　semaine.　　　　　　　　　　　　　　　　　　　　————

(2)　Nous nous verrons (　　　　) fin de journée, disons vers 19 heures.

(3)　Plus tard, tu feras ce que tu veux ; (　　　　) le moment c'est moi qui
　　　　commande !　　　　　　　　　　　　　　　　　————

(4)　(　　　　) quel âge as-tu continué tes études ?　　————

(5)　Téléphonez-moi (　　　　) 20 heures.　　　　————

　　　　　　avant　　　　en　　　　jusqu'à　　　　pour

3 (1)　La réception est prévue (　　　　) la semaine prochaine.　————

(2)　Qui va garder ton chat (　　　　) les vacances ?　　　————

(3)　(　　　　) six mois, le niveau de vie dans ce pays s'est beaucoup amélioré.

(4)　Un incendie a éclaté (　　　　) pleine nuit.　　————

(5)　(　　　　) votre départ, n'oubliez pas de rendre la clef à la réception.

　　　　　　avant　　　　en　　　　pendant　　　　pour

5．対象を表わす前置詞

① **à** …に，から

Il a toujours été fidèle *à* sa parole.　　　　　　　　彼はいつも約束を守った。

J'achète toujours mes fromages *au* même marchand.　　私はチーズをいつも同じ商店で買う。

J'ai acheté cet objet d'art *à* un antiquaire.　　　　　私はこの美術品をある骨董屋から買った。

② **sur** …に対して

Il prend de l'avance *sur* ses concurrents.　　　　　　彼はライバルをリードしている。

Elle a beaucoup d'autorité *sur* ses élèves.　　　　　　彼女は生徒たちに対してとても威圧的です。

Il y a une taxe *sur* l'alcool.　　　　　　　　　　　アルコール類には課税されている。

注　sur は「主題」や「基準」も表わします。

　　Ce sont des livres *sur* la cuisine française.　　　これらはフランス料理に関する本です。

　　C'est *sur* tes actes qu'on te jugera.　　　　　　君が判断されるのは，君の行動によってです。

③ **pour** …へ，に対して，のために

Il y a un paquet *pour* Jean, tu le lui donneras.　　　ジャンへの小包がある，彼にもっていってよ。

Il éprouve une haine implacable *pour* son père.　　　彼は父親に深い憎しみを抱いている。

Pour ma part, je n'ai pas à me plaindre.　　　　　　私としては不満はない。

Tu as bien réussi en maths. Tant mieux *pour* toi.　　君は数学で好成績を収めた。よかったね。

C'est *pour* ton bien que je te dis ça.　　　　　　　こんなことを言うのも君のためを思ってのことだ。

　　cf. Je vous remercie d'avoir agi *en ma faveur*.　私のために行動してくれたことに感謝します。

注　pour は「目的」や「賛成・支持」も表わします。

　　Il a beaucoup travaillé *pour* son examen.　　　彼は試験のために猛勉強した。

　　Je n'ai rien dit *pour* ne pas la blesser.　　　　私は彼女を傷つけないようになにも言わなかった。

　　Cette réunion a *pour* but de décider un plan de travail.

　　　　　　　　　　　　　　　　　　　　　　　　この会議の目的は仕事の計画を決めることです。

　　J'ai attendu *pour* rien, il n'est pas venu.　　　待ったのは無駄だった，彼は来なかった。

　　Personne n'était *pour* moi.　　　　　　　　　だれも私に賛成しなかった。

④ **contre** …に反して，に対して

Tout le monde a voté *contre* le projet.　　　　　　　全員がその案に反対の票を投じた。

　　cf. J'ai voté *pour* le projet.　　　　　　　　　私はその案に賛成の票を投じた。

Cette loi a été votée à 29 voix *contre* 8.　　　　　　その法案は29票対8票で可決された。

Je ne bois pas d'alcool, c'est *contre* mes principes.　私は酒類を飲まない，主義に反するからだ。

Il ne faut pas se mettre en colère *contre* votre chef.　上司に対して怒ってはいけない。

Le magasin est exigu, *par contre* il est bien situé.　店は狭い，そのかわり立地はいい（contreは副詞）。

注　malgré は「譲歩」や「背反」を表わします。

　　Le bateau est parti *malgré* la tempête.　　　　船は嵐であるにもかかわらず出航した。

　　J'ai suivi ses conseils *malgré* moi.　　　　　　不本意ながら私は彼(女)の助言に従った。

⑤ **avec** …と(一緒に)

Hélène s'est mariée *avec* un journaliste.　　　　　　エレーヌはジャーナリストと結婚した。

Anne a divorcé *avec* son mari il y a deux ans.　アンヌは2年まえに夫と離婚した。

Il a de bonnes relations *avec* Mathis.　彼はマチスと仲がよい。

EXERCICE 5

次の各設問において，(1)〜(5)の（　）内に入れるのにもっとも適切なものを，下欄から1つずつ選び，解答欄に記入してください。ただし，各設問で **pour** は2回，その他は1回ずつ用いることとします。なお，下欄の語は文頭にくるものも小文字にしてあります。

1　(1)　Il s'est disputé (　　　　) ses camarades.　　　　　_____

　　(2)　Ils ont quitté leur ville natale (　　　　) s'installer au Maghreb.　_____

　　(3)　Je suis content de la victoire des Français (　　　　) les Argentins.

　　　　　　　　　　　　　　　　　　　　　　　　　　　　　_____

　　(4)　(　　　　) ma part, je ne suis pas du tout d'accord avec votre projet.

　　　　　　　　　　　　　　　　　　　　　　　　　　　　　_____

　　(5)　Sa réponse (　　　　) mon courriel a été négative.　_____

　　　　　　à　　　　avec　　　　pour　　　　sur

2　(1)　Cette grève a eu (　　　　) résultat une hausse des salaires.　_____

　　(2)　Tu es tombé ? Tant pis (　　　　) toi.　　　　　_____

　　(3)　Il ne m'a rien dit (　　　　) cette affaire.　　　　　_____

　　(4)　Je ne sais plus (　　　　) qui j'ai emprunté ce livre.　_____

　　(5)　La résolution a été votée à vingt voix (　　　　) dix.　_____

　　　　　　à　　　　contre　　　　pour　　　　sur

3　(1)　Gérard n'est pas fait (　　　　) être enseignant.　_____

　　(2)　Jérome est mélancolique, mais sa femme, par (　　　　), très gaie.

　　　　　　　　　　　　　　　　　　　　　　　　　　　　　_____

　　(3)　Le goût de Raoul (　　　　) la lecture vient de son père.　_____

　　(4)　Nous menons toute cette action (　　　　) faveur des handicapés.

　　　　　　　　　　　　　　　　　　　　　　　　　　　　　_____

　　(5)　(　　　　) tous mes efforts, je ne suis pas parvenu à le convaincre.

　　　　　　　　　　　　　　　　　　　　　　　　　　　　　_____

　　　　　　contre　　　　en　　　　malgré　　　　pour

6．状態を表わす前置詞（1）

① avec …のついた，をともなって，（無冠詞名詞をともなって）…をもって，の様子で

Vous avez une chambre *avec* salle de bains ?　　バスつきの部屋はありますか？［付属］

J'accepte *avec* plaisir.　　　　　　　　　　　　私は喜んで承知します。［様態］

　　cf. Il a accepté *de* bon cœur.　　　　　　彼は快く引き受けた。

L'avion arrivera *avec* une heure de retard.　　飛行機は1時間遅れるだろう。

Un kilo de tomates. Et *avec* ça, madame ?　　トマト1キロですね。ほかには？［追加］

　　注　avec は「条件」も表わします。

　　　　Avec un ordinateur, ce travail serait simplifié.　　パソコンがあれば，この仕事は簡単なのだが。

② sans …なしに，のない；…することなしに

On est *sans* nouvelles de lui depuis un mois.　　ここ1ヶ月彼から音沙汰がない。

Nous avons trouvé sa maison non *sans* mal.　　私たちは苦心のすえに彼（女）の家を見つけた。

Il est parti *sans* même me dire au revoir.　　彼は私にさよならも言わないで行ってしまった。

Soyez là *sans* faute à sept heures !　　　　　必ず7時に来てくださいね！

　　注　sans は「条件」も表わします。

　　　　Sans son aide, je n'aurais pas pu réussir.　　彼（女）の助けがなかったら，私は成功しなかっただろう。

　　　　cf. Je te téléphonerai, ou *à défaut*, je t'écrirai.　　私は君に電話するか，そうでなければ手紙を書く。

③ hors …をはずれた，を脱した

Le malade est maintenant *hors* de danger.　　患者はもう危険を脱した。

Le tarif est moins cher *hors* saison.　　　　　オフシーズンには料金は安くなる。

Ces fruits sont *hors* de prix.　　　　　　　　これらの果物は法外な値段だ。

④ sauf …をのぞいて

Tout le monde était là, *sauf* Alain.　　　　　アランをのぞいて，全員いた。

　　cf. *À part* elle, tout le monde était content.　　彼女をのぞいて全員満足していた。

⑤ sur …に重ねて

Il a dit bêtise *sur* bêtise.　　　　　　　　　彼は次々と馬鹿なことを言った。

⑥ sous …のもとで

Parlez-moi de la vie des Français *sous* Louis XIV.

　　　　　　　　　　　　　　　　ルイ14世治下のフランス人の生活を話してください。［治下］

On travaille *sous* la direction d'un homme compétent.

　　　　　　　　　　　　　　　　私たちは有能な人のもとで働いている。

Ce médicament existe aussi *sous* forme de sirop.　　この薬はシロップもあります。

Il déteste la tyrannie *sous* toutes ses formes.　　彼はいかなる形であれ圧政が大嫌いである。

　　注　sous は「条件」も表わします。

　　　　Sous cette réserve, je consens à votre proposition.　　この留保条件つきであなたの提案に同意します。

⑦ **entre** …のあいだで

J'hésite *entre* ces deux tableaux.　　　　私はこれら2枚の絵のどちらにするか迷っている。

Nous avons passé Noël *entre* amis.　　　　私たちは仲間うちだけでクリスマスを過ごした。

C'est strictement *entre* nous.　　　　厳にここだけの話ですよ。

EXERCICE 6

次の各設問において，（1）〜（5）の（　）内に入れるのにもっとも適切なものを，下欄から1つずつ選び，解答欄に記入してください。ただし，同じものを複数回用いることはできません。なお，下欄の語は文頭にくるものも小文字にしてあります。

1 (1) J'ai essayé de persuader ma femme, mais (　　　) succès ! Tant pis !

(2) Je déteste le mensonge (　　　) toutes ses formes.

(3) Je lui ai écrit lettre (　　　) lettre, mais je n'ai pas obtenu de réponse.

(4) (　　　) nous, je peux te dire que je n'aime pas beaucoup Monique.

(5) Paul m'a téléphoné, il arrivera (　　　) une demi-heure de retard.

　　　　avec　　　entre　　　sans　　　sous　　　sur

2 (1) Il nous a aidés (　　　) gentillesse.

(2) Ils n'invitent personne. Ils préfèrent passer la soirée (　　　) eux.

(3) Le chef d'entreprise a cinquante hommes (　　　) ses ordres.

(4) L'état du malade est (　　　) changement.

(5) Nous déjeunons ensemble demain, (　　　) imprévu.

　　　　avec　　　entre　　　sauf　　　sans　　　sous

3 (1) À cause du tremblement de terre, cet ascenseur est (　　　) service.

(2) Coup (　　　) coup, il a perdu sa femme et sa fille.

(3) (　　　) la IVᵉ République, les ministres ont souvent changé.

(4) L'avion a disparu hier (　　　) 88 personnes à bord.

(5) Vous avez déjà manqué trois jours (　　　) compter toutes les fois où vous arrivez en retard.

　　　　avec　　　hors　　　sans　　　sous　　　sur

7．状態を表わす前置詞（2）

① **en** …の状態で，を着た，でできた，として

Les élèves sont *en* cours de français.	生徒たちはフランス語の授業中です。
Ma grand-mère avait l'air *en* bonne santé.	私の祖母は体調がよさそうだった。
Leur affaire est *en* bonne voie.	彼らの事業は好調である。
Tu veux bien couper ce melon *en* quatre parts ?	このメロンを4等分にしてくれる？［変化］
Elle s'habille toujours *en* rouge.	彼女はいつも赤い服を着ている。［身なり］
Ces fleurs sont *en* papier.	これらの花は紙でできている。［材料］
Le médecin a tout mis *en* œuvre pour le sauver.	医者は彼を救うためにあらゆる手段を尽くした。
Je n'arrive pas à mettre la voiture *en* marche.	私はなかなか車のエンジンを始動させられない。
Je viens te parler *en* ami.	私は友人として君に話しにきた。
Les supporters sont venus *en* masse.	サポーターが大挙してやってきた。
Il faut réviser le programme *en* entier.	予定を全部最後まで見直さなければならない。

② **dans** …の状況で，の状態で

Mon mari est mort *dans* un accident de voiture.	私の夫は自動車事故で死んだ。
Cela est difficile *dans* l'état actuel des choses.	それは現状ではむずかしい。
Dans ces conditions, je n'irai pas à la soirée.	そういうことなら，パーティーには行かない。

③ **à** …のついた，をもつ，の特徴をもつ，の状態に，として

Je voudrais un pull *à* manches courtes.	半袖のセーターが欲しいのですが。［付属］
Elle s'habille *à* la (manière) chinoise.	彼女は中国風の服装をしている。［様態］
Il est dans sa chambre *à* écouter un disque compact.	彼は部屋でCDをきいているところです。［継続］
Je me sens *à* l'aise dans ma maison de campagne.	私は別荘ではくつろいだ気分になれる。
Mes enfants agissent bien *à* la légère.	私の子どもたちは軽率に行動する。
Je dois aller *à* la rencontre de ma mère.	私は母を迎えに行かなければならない。
Je voudrais réserver une chambre. — Oui, c'est *à* quel nom ?	部屋を予約したいのですが。―はい，どなたの名前ででしょうか？
À l'entendre parler, on le croirait fou.	彼が話すのを聞いたら，狂人と思うだろう。

④ **comme** （接続詞）…のように，と同じく；（無冠詞名詞をともなって）…として

Il est en retard *comme* d'habitude.	彼はいつものように遅刻です。
Il convient de les recevoir *comme* il faut.	きちんと彼らをもてなすべきです。
Qui est-ce que tu as pris *comme* secrétaire ?	君は秘書としてだれを採用したの？［資格］

EXERCICE 7

次の各設問において，（1）～（5）の（　）内に入れるのにもっとも適切なものを，下欄から1つずつ選び，解答欄に記入してください。ただし，各設問で **en** は2回，その他は1回ずつ用いることとします。なお，下欄の語は文頭にくるものも小文字にしてあります。

1 (1)　Fais ton travail (　　　) il faut !　　　　　　　　　＿＿＿＿＿

    (2)　Il a donné son avis (　　　) médecin.　　　　　　　＿＿＿＿＿

    (3)　(　　　) le voir, on dirait un malade.　　　　　　　＿＿＿＿＿

    (4)　Les négociations sont (　　　) bonne voie. On va parvenir à
       s'entendre.　　　　　　　　　　　　　　　　　　＿＿＿＿＿

    (5)　Pour l'instant je suis occupé. (　　　) ces conditions, rappelez-moi
       plus tard.　　　　　　　　　　　　　　　　　　＿＿＿＿＿

        à　　　　**comme**　　　　**dans**　　　　**en**

2 (1)　Cette crème n'est (　　　) vente que dans les pharmacies.　＿＿＿＿＿

    (2)　Donne-moi la main, sinon on va se perdre (　　　) cette foule.

                                    ＿＿＿＿＿

    (3)　Je l'ai choisie (　　　) épouse.　　　　　　　　　　＿＿＿＿＿

    (4)　Ils sont tous partis (　　　) la rencontre de leur oncle.　＿＿＿＿＿

    (5)　Le professeur a divisé la classe (　　　) trois équipes de cinq élèves.

                                    ＿＿＿＿＿

        à　　　　**comme**　　　　**dans**　　　　**en**

3 (1)　Elle est belle (　　　) sa nouvelle robe.　　　　　　＿＿＿＿＿

    (2)　Il m'a offert un collier (　　　) or.　　　　　　　　＿＿＿＿＿

    (3)　Je voudrais réserver une table pour deux. — Oui, c'est (　　　) quel
       nom ?　　　　　　　　　　　　　　　　　　　　＿＿＿＿＿

    (4)　Monsieur Pierron est (　　　) voyage d'affaires pour huit jours.

                                    ＿＿＿＿＿

    (5)　On a pris des fruits (　　　) dessert.　　　　　　　＿＿＿＿＿

        à　　　　**comme**　　　　**dans**　　　　**en**

8．原因・理由，手段・方法，条件を表わす前置詞

① pour …のために，のせいで

C'est *pour* ça qu'ils ne se parlent plus ?　　　彼らがもう話をしないのはそのせいなの？

　　cf. Est-ce que vous pleurez *à cause de* moi ?　　　私のせいで泣いているのですか？

S'il s'est fâché, ce n'est pas *pour* rien.　　　彼が腹をたてたのは，それ相応のわけがある。

注　< assez, trop ＋形容詞＋ pour ＋不定詞>の形で，「…なので，それで…」という意味になります。

　　Ta fille est *trop* petite *pour* voyager toute seule.　　　君の娘は幼すぎるのでひとりでは旅行できない。

② par …によって，がもとで；…を通して：［動作主］…によって

Je veux envoyer ce colis *par* avion.　　　私はこの小包を航空便で送りたい。

Cet accident est arrivé *par* ta faute.　　　この事故は君の過失で起こった。

J'ai appris cette nouvelle *par* le journal.　　　私はそのニュースを新聞で知った。

J'ai fait peindre la chambre *par* les enfants.　　私は部屋のペンキ塗りを子どもたちにさせた。［動作主］

Ces titres sont classés *par* ordre alphabétique.

　　　　　　　　このタイトルはアルファベット順に分類されている。［分類］

Dès que je lui ai proposé mon aide, il a répondu *par* l'affirmative.

　　　　　　　　私が援助を申しでるとすぐに彼は承知した。

注　< par rapport à … >の形で，「…と比べて」という意味になります。

　　Joseph est grand *par rapport à* la moyenne.　　　ジョゼフは平均身長と比べて大きい。

③ à …で，によって，すれば

Ils se sont mis *à* deux pour pousser la voiture.　　　彼らは2人がかりで車を押した。

La cuisson *à* la vapeur est saine et diététique.　　　ゆでた調理は健康にもダイエットにもよい。

Il faut cuire ces légumes d'abord *à* feu vif.　　　まず野菜を強火で炒めなければならない。

Je veux *à* tout prix devenir architecte.　　　私はぜひとも建築家になりたい。

Ce tapis est fait *à* la main.　　　この絨毯は手作りです。

注　< grâce à … >の形で，「…のおかげで」という意味になります。

　　C'est *grâce à* vous que j'ai réussi à voir le directeur.　　社長に会えたのはあなたのおかげです。

④ avec …を使って，によって

Il s'est coupé au doigt *avec* un couteau.　　　彼はナイフで指を切った。

Il s'est ruiné *avec* ces folles dépenses.　　　彼はこれらの法外な出費で破産した。

⑤ sous …によって，を受けて，のせいで；…のもとに

Il a agi *sous* le coup de l'émotion.　　　彼は興奮して行動した。［作用］

Il est sorti *sous* prétexte d'un rendez-vous urgent.　　彼は急用を口実に外出した。

⑥ selon …によれば，に応じて

Selon vous, quelle est la distance de Tokyo à Paris ?

　　　　　　　　あなたの考えでは，パリと東京の距離はどのくらいですか？

Il change facilement d'avis *selon* les circonstances.　　彼は状況次第で簡単に意見を変える。

Nous serons deux ou trois *selon* que mon mari viendra.

　　　　　　　　夫が来るかどうかで2人か3人になります。

⑦ | **dans le cas [au cas] où** + 条件法, **en cas de** + 無冠詞名詞 …の場合には, **en tout [tous] cas** = **dans tous les cas** いずれにせよ, **en aucun cas** いかなる場合も…ない

Dans le cas où je ne serais pas à l'heure, commence à préparer le repas.

私が時間どおりに着かない場合は, 食事の用意をはじめなさい。

En cas de pluie, le match sera remis au lendemain.　雨天の場合, 試合は翌日に延期されるだろう。

En tout cas, n'entre plus dans le bureau.　　　いずれにせよ, もう書斎に入るな。

cf. Je n'irai pas avec toi, *de toute façon*.　　　いずれにせよ, 私は君といっしょには行かない。

EXERCICE 8

次の各設問において, （1）～（5）の（ ）内に入れるのにもっとも適切なものを, 下欄から1つずつ選び, 解答欄に記入してください。なお, 下欄の語は文頭にくるものも小文字にしてあります。

1 (1)　Elle est assez intelligente (　　　) comprendre ce que tu dis.　_____

(2)　Il faut (　　　) tout prix que je sois demain à Paris.　_____

(3)　Il n'est pas venu (　　　) prétexte qu'il était malade.　_____

(4)　Ils ont tenté d'acheter ce député (　　　) de l'argent.　_____

(5)　Mon fils a répondu (　　　) la négative quand on lui a offert ce travail.

_____

　　　　à　　　avec　　　par　　　pour　　　sous

2 (1)　(　　　) chance, il n'y avait personne à l'intérieur quand l'incendie s'est déclaré.　_____

(2)　(　　　) le cas où le malade irait plus mal, rappelez le médecin immédiatement !　_____

(3)　(　　　) les journaux, il va faire très chaud cet été.　_____

(4)　Madame Lanoux est absente (　　　) raison de santé.　_____

(5)　Faites réchauffer la sauce (　　　) feu doux.　_____

　　　　à　　　dans　　　par　　　pour　　　selon

3 (1)　À cette époque-là, il travaillait (　　　) un faux nom.　_____

(2)　La France est réputée (　　　) ses fromages et ses vins.　_____

(3)　Ne t'inquiète pas, (　　　) toutes façons, tu peux compter sur moi.

_____

(4)　Son frère marche (　　　) grands pas.　_____

(5)　Vos noms seront cités (　　　) ordre alphabétique.　_____

　　　　à　　　de　　　par　　　pour　　　sous

９．数量を表わす前置詞

① par （無冠詞名詞をともなって）…につき，当たり

Nous allons au cinéma deux fois *par* mois.　　　私たちは月に２回映画へ行く。[配分]

Le Français boit 116 litres de vin *par* personne et *par* an.

フランス人は１人につき１年に116リットルのワインを飲む。

注　商品などの単位当たりの価格を表わす場合は，定冠詞を用います。

cinq euros *le* kilo [*la* pièce]　　　１キログラム［１個］当たり５ユーロ

② sur …のうち，に対して

Il a économisé 150 euros *sur* son salaire.　　　彼は給料のなかから150ユーロを貯金した。[抽出]

Sur dix candidats, un seulement a été reçu.　　　10人の志願者のうち１人しか合格しなかった。[比率]

Il faut une planche de 2 m de longueur *sur* 1 m de largeur.

長さ２メートル，幅１メートルの板がいる。

③ entre （２つのものをさす名詞）…のあいだに；（３つ以上のものをさす名詞）…のなかで

Certains d'*entre* eux ont accepté cette proposition.　　彼らのうちの何人かはその提案を受諾した。

Entre plusieurs solutions, il a choisi la meilleure.　　彼はいくつもの解決策のなかで最善策を選んだ。

Lui, *entre* autres, n'est pas d'accord.　　　とりわけ彼が賛成しない。

cf. Il a fait chaud toute la semaine, *en particulier* hier.　　１週間ずっと暑かった，とくにきのうは。

④ parmi （３つ以上のものをさす名詞）…のなかで

J'ai reconnu Jean *parmi* les assistants.　　　私は出席者のなかからジャンを見わけた。[選択]

Ce jean est très populaire *parmi* les jeunes.　　　このジーンズは若者の間でとても人気がある。

C'est une solution *parmi* d'autres.　　　それはいくつかある解決策のうちの１つです。

⑤ pour …につき，とひきかえに

Le prix a augmenté de 10 *pour* cent en deux mois.　　物価は２ヶ月で10％上がった。[割合]

Qu'est-ce qu'on peut avoir *pour* un euro.　　　１ユーロでなにが手に入りますか？

Ce timbre rare, je l'ai eu *pour* rien.　　　この珍しい切手，ぼくはただで手に入れたんだ。

注　pour は「対比（…にしては）」も表わします。

Elle est grande *pour* son âge.　　　彼女は年齢の割には大柄だ。

⑥ de …だけ

Le niveau de l'eau est monté *de* dix centimètres.　　水位が10センチ上昇した。[程度]

Mon frère est moins âgé que moi *de* quatre ans.　　弟は私より４歳年下です。

cf. Il a trois ans *de plus* [*de moins*] que moi.　　彼は私より３歳年上［年下］です。

La Tour Eiffel a 320 mètres *de* haut.　　　エッフェル塔は高さ320メートルです。

⑦ dans les ＋数詞＋名詞　約…

Cette voiture doit bien coûter *dans les* trente mille euros.

この車は約３万ユーロするにちがいない。

cf. Il y a *environ* [*à peu près*] 500 kilomètres de Paris à Lyon.

パリとリヨンはおよそ500キロ離れている。

EXERCICE 9

次の各設問において，（1）～（5）の（　）内に入れるのにもっとも適切なものを，下欄から1つ
ずつ選び，解答欄に記入してください。なお，下欄の語は文頭にくるものも小文字にしてあります。

1 (1) Ce magasin est ouvert vingt-quatre heures (　　　) vingt-quatre.

　　(2) C'est un exemple (　　　) d'autres.
　　(3) Cette vieille dame doit bien avoir (　　　) les 80 ans.
　　(4) Dans cette exposition, il y a, (　　　) autres, quelques œuvres de
　　　　Picasso.
　　(5) Il ne dort que cinq heures (　　　) nuit.

　　　　　dans　　　entre　　　par　　　parmi　　　sur

2 (1) Ce professeur a été très populaire (　　　) ses élèves.
　　(2) Cette table mesure combien de mètres (　　　) long ?
　　(3) Il fait un peu frais (　　　) la saison.
　　(4) Il mange toujours les huîtres (　　　) douzaine.
　　(5) Son studio mesure sept mètres (　　　) cinq.

　　　　　de　　　par　　　parmi　　　pour　　　sur

3 (1) Il a été sélectionné (　　　) cent candidats.
　　(2) J'ai longtemps hésité (　　　) plusieurs solutions.
　　(3) (　　　) l'achat de cinq pommes, la sixième est gratuite.
　　(4) La population a augmenté (　　　) 0,5 % depuis l'an dernier.
　　(5) Ma fille ne travaille qu'une heure (　　　) jour.

　　　　　de　　　entre　　　par　　　parmi　　　pour

10. 動詞の補語を導く前置詞（1）

①＜動詞＋à... ＞

admettre qn à + 不定詞 （人）が…するのを許す／s'amuser à qc/ 不定詞 …して楽しむ／
apprendre à + 不定詞 [(à qn) à + 不定詞] …を学ぶ [（人に）…を教える]／appartenir à
qn/qc …に所属する／arracher qc à qn （人）から…を奪う／arriver à qc/ 不定詞 うまく
…できる／s'attendre à qc/ 不定詞 …を予想する／céder à qn/qc …に譲歩する／
chercher à + 不定詞 …しようと努める／commencer à + 不定詞 …し始める／consister
à + 不定詞 …することにある／correspondre à qn/qc …に対応する／échapper à qn/qc
…から逃れる／estimer qc à +数量表現 …を〜と見積もる／faire plaisir à qn （人）を喜ばせる／
frapper à qc …をノックする／s'habituer à qc/ 不定詞 …に慣れる／hésiter à + 不定詞
…するのをためらう／se mettre à qc/ 不定詞 …し始める／passer +時間表現＋ à + 不定詞 …し
て時を過ごす／penser à qn/qc/ 不定詞 …について考える，忘れない／renoncer à qc/
不定詞 …をあきらめる／réussir à qc/ 不定詞 …に成功する／servir à qn/qc/ 不定詞 …の
役にたつ／servir à boire [à déjeuner] à qn （人）に飲みもの [昼食] を出す／tenir à qn/
qc/ 不定詞 …に執着する，を強く望む

Cette année, Louis *apprend à* lire et *à* écrire.　　今年，ルイは読み書きを学ぶ。

Ce tableau *appartient à* une collection particulière.　　この絵は個人所蔵です。

C'est trop difficile, je n'*arrive* pas *à* comprendre.

　　　　　　　　　　　　　　　　　　　　それはむずかしすぎて，どうしてもわからない。

Je ne *m'attendais* pas *à* vous voir aujourd'hui.　　私はきょうあなたに会えるとは思っていなかった。

Ce travail ne *correspond* pas *à* ma capacité.　　この仕事は私の能力をこえている。

Il *a échappé à* l'incendie.　　彼は火災から逃れた。

Il n'a pas pu *s'habituer au* climat de ce pays.　　彼はこの国の気候に慣れることができなかった。

Au moment où on sortait, il *s'est mis à* pleuvoir.　　外出しようとしていたときに雨が降りはじめた。

L'après-midi, il *passe* son temps *à* faire du golf.　　午後，彼はゴルフをして時を過ごす。

Je *tiens* beaucoup *à* ce vase ; fais-y attention !　　私はこの花瓶を大切にしている。注意してね！

注　1)＜名詞，不定代名詞＋ à ＋不定詞＞の形で「義務，予定（…すべき，するはずの）」を表わします。

　　　J'ai encore deux lettres *à* écrire.　　私は書かなければならない手紙がまだ2通ある。

注　2)＜ C'est à qn + de ＋不定詞＞「今度は…が〜する番である，…が〜すべきである」

　　　C'est à vous *de* prendre la parole.　　あなたが発言する番です。

②＜動詞＋ **de...** ＞

> **(s')approcher de** *qn/qc* …に近づく／**arrêter de** ＋ 不定詞 …するのをやめる／**attendre (qc) de** *qn/qc* …に～を期待する／**avertir** *qn* **de** *qc* （人）に…を知らせる／**avoir besoin [honte, peur] de** *qn/qc/* 不定詞 …が必要である[はずかしい, 恐い]／**avoir le temps de** ＋ 不定詞 …する時間がある／**avoir [prendre] soin de** *qn/qc* …に心を配る／**changer de** ＋ 無冠詞名詞 …を変える／**charger** *qn/qc* **de** *qc* …を～で満たす／**charger** *qn* **de** ＋ 不定詞 （人）に…する役目を負わせる／**débarrasser** *qn/qc* **de** *qc* …から～をとり除く／**se débarrasser de** *qn/qc* …から解放される／**conseiller (à** *qn***) de** ＋ 不定詞 （人に）…するように勧める／**décider de** ＋ 不定詞 …を決める／**se dépêcher de** ＋ 不定詞 急いで…する／**dépendre de** *qn/qc* …次第である／**dire (à** *qn***) de** ＋ 不定詞 （人に）…するように命じる／**douter de** *qn/qc* …を疑う／**essayer de** ＋ 不定詞 …しようと試みる／**être de** …の性質[特徴]をもっている／**être de retour** 帰っている／**finir de** ＋ 不定詞 …し終える, するのをやめる／**informer** *qn* **de** *qc* （人）に…を知らせる／**manquer de** ＋ 無冠詞名詞 …が欠けている／**mourir de** ＋ 無冠詞名詞 死ぬほど…である／**s'occuper de** *qn/qc/* 不定詞 …にかかわる, の世話をする／**oublier de** ＋ 不定詞 …するのを忘れる／**se passer de** ＋ 無冠詞名詞／不定詞 …なしで済ます／**penser** *qc* **de** *qn/qc/* 不定詞 …について～と思う／**permettre à** *qn/qc* **de** ＋ 不定詞 …に～を許す／**se plaindre de** *qn/qc* …について不満を言う／**profiter de** *qn/qc* …を利用する／**refuser de** ＋ 不定詞 …するのを拒否する／**remercier** *qn* **de** ＋ 不定詞 （人）に…を感謝する／**se servir de** *qn/qc* …を使う／**se souvenir de** *qn/qc/* 不定詞 …を覚えている／**tâcher de** ＋ 不定詞 …するように努める／**se tromper de** ＋ 無冠詞名詞 …をまちがえる

Elle *s'est approchée de* la fenêtre.	彼女は窓辺に近づいた。
Que peut-on *attendre de* ces entretiens ?	この会談になにを期待できるだろう？
J'*ai besoin de* prendre l'avion.	私は飛行機に乗る必要がある。
Je n'*ai* pas *le temps de* prendre mes vacances.	私はヴァカンスをとっている暇がない。
Il m'*a chargé de* régler ce conflit.	彼は私に紛争解決の役目を負わせた。
Tu peux *débarrasser* le tiroir *de* tous ces papiers ?	引き出しからこの書類を全部片づけてくれる？
Il faut qu'il *se débarrasse de* cette mauvaise habitude.	彼はこの悪い習慣をやめるべきである。
Ces deux élèves *sont de* la même force en anglais.	この2名の生徒は同等の英語力をもっている。
Il me semble qu'elle *est de* bonne humeur.	彼女は上機嫌のように思える。
Il ne m'*a* pas *informé de* son arrivée.	彼は来ることを私に知らせなかった。
Ces légumes *manquent de* sel.	これらの野菜料理は塩が足りない。
Je *meurs de* faim, vite à table.	お腹がすいて死にそうだよ，早く食卓について。
Il ne peut plus *se passer de* fumer.	彼はもう煙草なしではいられない。
Il *profitera de* ses vacances pour visiter Rome.	彼は休暇を利用してローマを訪れるだろう。
Je vous *remercie de* venir ce soir.	今晩来ていただいたことをあなたに感謝します。
Tu peux *te servir de* cet ordinateur ?	このコンピューターを使える？

注 ＜ de ＋不定詞（…すること）＞の形で名詞に近い働きをします。

De rester debout, cela m'a beaucoup fatigué. 立ち通しなのが私にはひどく疲れた。

1 前置詞に関する問題

23

EXERCICE 10

（1）〜（30）の（ ）内に入れるのにもっとも適切なものを，**à, de** のなかから1つずつ選び，解答欄に記入してください。

(1)　À l'examen, les élèves doivent se passer (　　) dictionnaire.　_____

(2)　Après 15 ans de séjour à l'étranger, il a décidé (　　) retourner dans son pays natal.　_____

(3)　Ce manteau est (　　) mauvaise qualité.　_____

(4)　C'est mon père qui m'a appris (　　) conduire.　_____

(5)　C'est (　　) toi de faire la vaisselle.　_____

(6)　Dépêche-toi (　　) finir ton travail !　_____

(7)　Donnez-moi un verre d'eau, je meurs (　　) soif !　_____

(8)　Elle s'est rapprochée (　　) la fenêtre.　_____

(9)　Elle tient (　　) ce que vous veniez.　_____

(10)　Il cède toujours (　　) sa femme.　_____

(11)　Il est (　　) très mauvaise humeur maintenant.　_____

(12)　Il n'est pas débarrassé (　　) ses problèmes.　_____

(13)　Il se sert (　　) sa voiture pour aller au bureau.　_____

(14)　J'ai trop d'affaires ; je n'arrive pas (　　) fermer ma valise.　_____

(15)　Je manque de courage pour me mettre (　　) ce travail.　_____

(16)　Je n'ai rien (　　) vous proposer.　_____

(17)　La police est sûre que le criminel appartient (　　) une organisation internationale.　_____

(18)　Ma grand-mère approche (　　) la centaine.　_____

(19)　Mon intention est (　　) réussir mon permis de conduire avant la fin de l'année.　_____

(20)　Mon mari hésite (　　) accepter ce poste à l'étranger.　_____

(21)　Nous avons passé l'après-midi (　　) voir des films.　_____

(22)　On m'a chargé (　　) prévenir tout le monde pour la réunion.　_____

(23) Pierre est arrivé en retard parce qu'il s'était trompé (　　　) route. _____

(24) Quand vous aurez fini (　　　) crier, on pourra peut-être parler. _____

(25) Quel mois de juin ! Il ne cesse (　　　) pleuvoir. _____

(26) Que penses-tu (　　　) ma nouvelle robe ? _____

(27) Servez (　　　) boire aux invités. _____

(28) Tu ne sais pas si elle acceptera ou si elle refusera (　　　) venir avec nous ? _____

(29) Tu vas être obligé de renoncer (　　　) partir en vacances. _____

(30) Un voleur a arraché son sac à main (　　　) madame Martin. _____

11. 動詞の補語を導く前置詞（2）

①＜動詞＋ **avec** …＞

s'arranger avec [de] *qn* （人）と和解する，折り合いをつける／**se réconcilier avec** *qn* （人）と和解する／**s'entendre bien [mal] avec** *qn* （人）と仲がいい［悪い］／**se marier avec** *qn* （人）と結婚する

Pauline *s'entend bien avec* tout le monde.　　　ポーリーヌはみんなと仲がいい。

②＜動詞＋ **contre** …＞

avoir quelque chose contre *qn/qc* …に対して反感がある／**n'avoir rien contre** *qn* （人）に対して含むところはなにもない／**changer A contre [pour] B** AをBと交換する／**lutter contre** *qn/qc* …と闘う／**se révolter contre** *qn/qc* …に対して反抗する／**se serrer contre** *qn/qc* …にぴったり身を寄せる

Mon voisin *a quelque chose contre* moi.　　　私の隣人は私に反感をもっている。
Je voudrais *changer* mes euros *contre* des dollars.　　　私はユーロをドルに換えたいのですが。
　　　cf. Je voudrais *changer* mes euros *en* dollars.

③＜動詞＋ **en** …＞

consister en [dans] *qc* …から成る，にある／**diviser A en B** AをBに分ける／**se mettre en** + 無冠詞名詞 …に身をおく

En quoi *consiste* votre travail ?　　　あなたの仕事はどういうものなのですか？

④＜動詞＋ **par** …＞

commencer par *qn/qc/* 不定詞 …から始める／**finir par** *qc/* 不定詞 最後は…で終わる／**saisir** *qn/qc* **par [à]** *qc* …の〜をつかむ／**se tenir par** *qc* お互いに…をとりあう／**se terminer par [en]** *qc* …で［の形で］終わる

Le repas *commencera par* des huîtres.　　　食事はかき料理から始まるだろう。
Je *finirai* bien *par* trouver la solution.　　　私は最後には解決策を見つけるでしょう。

⑤＜動詞＋ **pour** …＞

lutter pour *qc/* 不定詞 …のために闘う／**opter pour** *qc* …を選ぶ／**passer pour** + 属詞 …とみなされる／**prendre A pour B** AをBととりちがえる

Tu me *prends pour* une idiote ?　　　あなたは私をばかだと思ってるの？

⑥＜動詞＋ **sur** …＞

appuyer sur *qc* …を押す／**compter sur** *qn/qc* …を当てにする／**donner sur [à, dans]** *qc* …に面している／**s'étendre sur [jusqu'à, à]** *qc* …まで広がる／**se fonder sur** *qc* …を根拠にする／**reposer sur** *qc* …にもとづく／**sauter sur** *qc* …に飛びつく／**copier A sur B** AをBから丸写しする

Vous pouvez *compter sur* moi.　　　あなたは私を当てにしてもいいです。

Sa fenêtre *donne sur* le jardin.　　　　　彼(女)の部屋の窓は庭に面している。

Tu *te fondes sur* quoi pour dire ça ?　　　君はなにを根拠にそんなことを言うの？

⑦その他

> **se classer parmi [dans]** *qc* （優れたものの部類）にはいる／**reculer devant** *qc* …に尻込みする／**rentrer dans** *qc* …に衝突する／**se diriger vers** *qc* …へ向かう

Il est courageux, il ne *recule devant* aucun danger.　　彼は勇敢だ，どんな危険にも尻込みしない。

Un camion *est rentré dans* un mur.　　　　　　　　　トラックが壁に突っ込んだ。

EXERCICE 11

次の各設問において，（1）～（5）の（　）内に入れるのにもっとも適切なものを，下欄から1つずつ選び，解答欄に記入してください。

1 (1)　Après la défaite, le pays a été divisé (　　　) quatre zones d'occupation.

　　(2)　Elles s'entendent mal (　　　) leur mère qu'elles trouvent égoïste.

　　(3)　Il a sauté (　　　) ce projet de voyage sans la moindre hésitation.

　　(4)　La soirée se terminera (　　　) un bal.

　　(5)　Les médecins luttent (　　　) le sida.

　　　　　　avec　　　**contre**　　　**en**　　　**par**　　　**sur**

2 (1)　Ce bâtiment consiste (　　　) dix appartements.

　　(2)　Il s'est classé (　　　) les meilleurs footballeurs de l'année.

　　(3)　J'avais pris Paul (　　　) son frère, tellement ils se ressemblent.

　　(4)　Je n'ai rien (　　　) la cuisine provençale.

　　(5)　Le mot «début» se termine (　　　) un «t».

　　　　　　contre　　　**en**　　　**par**　　　**parmi**　　　**pour**

3 (1)　Ils se sont mis (　　　) route à sept heures.

　　(2)　Le soir, dans le métro, les gens se serrent les uns (　　　) les autres.

　　(3)　Ne vous inquiétez pas, tout finira (　　　) s'arranger.

　　(4)　Nous comptons (　　　) votre collaboration.

　　(5)　Pour nettoyer le jardin, il faut s'arranger (　　　) nos voisins.

　　　　　　avec　　　**contre**　　　**en**　　　**par**　　　**sur**

12. 形容詞・副詞の補語を導く前置詞（1）

①＜形容詞＋ à... ＞

agréable à *qc*/ 不定詞 …に快い／**bon(ne) à** *qc*/ 不定詞 …に適した，すべき／**conforme à** *qc* …にかなった／**contraire à** *qn*/*qc* …に反する／**difficile à** ＋ 不定詞 …するのがむずかしい／**égal(e) à** *qn*/*qc* …と等しい／**étranger(ère) à** *qc* …と無関係な／**facile à** ＋ 不定詞 …するのに容易な／**impossible à** ＋ 不定詞 …されえない／**indifférent(e) à** *qn*/*qc* …に（とって）無関心な／**nécessaire à [pour]** *qn*/*qc* …にとって必要な／**prêt(e) à [pour]** *qc*/ 不定詞 …の用意ができた／（ 定冠詞 ＋ ）**premier(ère)** *qn*/*qc* **à** ＋ 不定詞 …した最初の人［もの］／**propre à** *qc*/ 不定詞 …に適した／**semblable à** *qn*/*qc* …に似た／（ 定冠詞 ＋ ）**seul(e) à** ＋ 不定詞 …だけが～できる／**supérieur(e) à** *qn*/*qc* …を上回る，より優れた／**utile à** *qn*/*qc*/ 不定詞 …に［…すると］役にたつ

注　非人称構文では Il [C']est ＋形容詞＋ de ＋不定詞（…することは～です）の構文になります。

Ta voiture est facile à conduire. = C'est facile de conduire ta voiture. 君の車は運転しやすい。

C'est *bon à* savoir.	これは知っておくべきです。
Son écriture est *difficile à* lire.	彼の字は読みにくい。
Le calcium est *nécessaire à* la croissance.	カルシウムは成長にとって必要なものです。
Nous sommes *prêts au* départ.	私たちは出発の用意ができている。
Ton appartement est tout à fait *semblable au* mien.	君のアパルトマンは私のによく似ている。

②＜形容詞＋ de... ＞

absent(e) de *qc* …にいない，欠けている／**âgé(e) de** ＋ 数詞 ＋ **ans** …歳の／**amoureux(se) de** *qn* （人）に恋している／**capable de** *qc*/ 不定詞 …する能力がある／**certain(e) de** *qc*/ 不定詞 …を確信した／**content(e) de** *qn*/*qc*/ 不定詞 …に満足した／**désolé(e) de** *qc*/ 不定詞 …を残念に思う／**différent(e) de** *qn*/*qc* …と異なった，を異にする／**un [une] drôle de** ＋ 無冠詞名詞 変な…／**fatigué(e) de** *qn*/*qc*/ 不定詞 …にうんざりした／**faute de** ＋ 無冠詞名詞 / 不定詞 …がないので／**fier(ère) de** *qn*/*qc*/ 不定詞 …が自慢である／**heureux(se) de** *qc*/ 不定詞 …がうれしい／**plein(e) de** ＋ 無冠詞名詞 …でいっぱいの／**proche de** *qn*/*qc* …に近い／**responsable de [pour]** *qc* …に責任がある／**satisfait(e) de** *qn*/*qc* …に満足した／**sûr(e) de** *qc*/ 不定詞 …を確信した

Pierre est *âgé de* douze *ans*.	ピエールは12歳です。
Jean est *certain de* ce qu'il dit.	ジャンは自分の言っていることに自信がある。
Elle a été très *contente de* son séjour en Italie.	彼女はイタリア滞在にとても満足した。
Ils n'aiment pas être *différents des* autres.	彼らは他人とちがうことを好まない。
*Faute d'*argent, il a renoncé à ce voyage.	お金がなかったので，彼は今度の旅行をあきらめた。
Cette bouteille est *pleine de* vin.	この瓶はワインでいっぱいです。

EXERCICE 12

（1）〜（15）の（ ）内に入れるのにもっとも適切なものを，**à, de** のなかから１つずつ選び，解
答欄に記入してください。

(1) À quatre ans, un enfant devrait être capable ( ) s'habiller tout seul.

_____

(2) Ce texte est vraiment difficile ( ) traduire.

_____

(3) Chacun est responsable ( ) ses actes.

_____

(4) Je n'ai pas pu terminer mes devoirs, faute ( ) temps.

_____

(5) Il est prêt ( ) nous aider.

_____

(6) Je suis absent ( ) Paris pendant tout le mois d'août.

_____

(7) Je suis désolé ( ) vous avoir dérangé.

_____

(8) J'étais le seul ( ) avoir fait un voyage en Espagne.

_____

(9) La France a été le premier pays ( ) instituer le système
métrique.

_____

(10) Les températures de décembre pourront être supérieures ( ) celles
de novembre.

_____

(11) M. Martin était tout fier ( ) nous présenter son premier petit-fils.

_____

(12) Nous sommes tout à fait étrangers ( ) cette affaire.

_____

(13) Son domicile est très proche ( ) son bureau.

_____

(14) Ta voiture est différente ( ) la mienne.

_____

(15) Tu as une écriture impossible ( ) déchiffrer.

_____

13. 形容詞・副詞の補語を導く前置詞（2）

①＜形容詞＋ **en** … ＞

> **bon**(*ne*) **en** *qc* …が得意な／**faible en** [à] *qc* …が不得手な／**fort**(*e*) **en** [à, sur] *qc* …がよくできる／**riche en** [de] ＋無冠詞名詞 …に富んだ／**spécialisé**(*e*) **en** [dans] *qc* …が専門の

Jean est *faible en* mathématiques.　　　　ジャンは数学が不得手です。

Il est très *fort en* histoire.　　　　　　彼は歴史がとてもよくできる。［学科，教科］

Elle est *forte au* tennis.　　　　　　　　彼女はテニスがうまい。［ゲーム，スポーツ］

Il est *fort sur* les questions politiques.　彼は政治問題に詳しい。［特殊なテーマ，問題］

②＜形容詞＋ **avec** … ＞

> **gentil**(*le*) **avec** [pour] *qn* …に対して親切な／**aimable avec** *qn* …に対して愛想がいい

Sois *gentil avec* ta petite sœur !　　　　妹にやさしくしなさい！

③＜形容詞＋ **pour** … ＞

> **bon**(*ne*) **pour** *qn*/*qc*/不定詞 …に良い，適した／**commode pour** *qn*/*qc*/不定詞 …に便利な／**nécessaire pour** ＋不定詞 …するために必要な／**suffisant**(*e*) **pour** ＋不定詞 …するのに十分な

Ce médicament est *bon pour* le foie.　　　この薬は肝臓によい。

Je n'ai pas le courage *nécessaire pour* lui parler.　私には彼（女）に話すだけの勇気がない。

④＜副詞＋ **à** … ＞

> **conformément à** *qc* …に従って／**contrairement à** *qn*/*qc* …に反して

La dissolution de l'Assemblée est faite *conformément à* la loi.

　　　　　　　　　　　　　　　　　　議会の解散は法律に従って行なわれる。

⑤＜副詞＋ **de** … ＞

> **beaucoup** (=pas mal)[assez, un peu, peu] **de** *qn*/*qc* たくさんの…［かなりの，少しの，ほとんど…ない］／**loin de** *qn*/*qc* …から遠くに／**près de** *qn*/*qc* …の近くに／**plus** [autant, moins] **de** *qn*/*qc* …以上の［と同じくらいの，より少ない］

Il y avait *pas mal de* voitures dans la rue.　通りは車が多かった。

L'école est *loin de* chez moi.　　　　　　学校は私の家から遠い。

Il a montré *autant de* courage que son frère ainé.　彼は兄に負けない勇気をしめした。

⑥＜不定・疑問代名詞 (**rien, personne, quelque chose, qu'est-ce que**) ＋ **de** ＋形容詞（男性形）＞

Il y a *quelque chose d'*intéressant ?　　　なにかおもしろいことがありますか？

⑦＜数量の指示のある名詞＋ **de** ＋形容詞＞

Je n'ai que deux jours *de* libres.　　　　私は2日しか暇がない。

EXERCICE 13

次の各設問において，（1）～（5）の（ ）内に入れるのにもっとも適切なものを，下欄から1つ
ずつ選び，解答欄に記入してください。ただし，同じものを複数回用いることはできません。

1 (1) Ce professeur est spécialisé ( ) la recherche sur la littérature
romantique.

(2) Cet élève est très bon ( ) mathématiques. _____

(3) Contrairement ( ) ce qu'il t'a dit, tu n'as pas besoin de la facture
tout de suite. _____

(4) Il y a pas mal ( ) monde dans la salle de conférence. _____

(5) Une journée, c'est suffisant ( ) visiter ce musée. _____

à   dans   de   en   pour

2 (1) Alors, ils ont été gentils ( ) toi ? _____

(2) Est-ce qu'il y a un restaurant près ( ) votre bureau ? _____

(3) François est faible ( ) chimie. _____

(4) L'alcool n'est pas bon ( ) la santé. _____

(5) Tout s'est passé conformément ( ) ce que j'avais prévu. _____

à   avec   de   en   pour

3 (1) Ce sac n'est vraiment pas commode ( ) faire des courses. _____

(2) Cette vendeuse n'est pas aimable ( ) les clients. _____

(3) Elle n'est pas forte ( ) la pétanque. _____

(4) J'ai quelque chose ( ) très important à te dire. _____

(5) Les fraises sont riches ( ) vitamine C. _____

à   avec   de   en   pour

まとめの問題

次の各設問において，(1)～(4)の( )内に入れるのにもっとも適切なものを，下の①～⑧のなかから1つずつ選び，解答欄にその番号を記入してください。ただし，同じものを複数回用いることはできません。（配点 4）

1 (1) Céline va se marier (　　) un architecte.
(2) Cette montre avance (　　) cinq minutes par jour.
(3) De loin, je t'ai pris (　　) ton frère.
(4) Il a eu la gentillesse de venir me voir (　　) ses occupations.

① à　　② avec　　③ de　　④ en
⑤ entre　⑥ malgré　⑦ par　⑧ pour

(1)	(2)	(3)	(4)

2 (1) Il a clairement dit qu'il était (　　) ce projet.
(2) Je me suis levé (　　) pleine nuit.
(3) Je l'ai reconnu (　　) qu'il s'est mis à parler.
(4) Pendant ces vacances, j'ai lu, (　　) autres, un roman historique.

① à　　② contre　③ dans　④ de
⑤ dès　　⑥ en　　⑦ entre　⑧ par

(1)	(2)	(3)	(4)

3 (1) Le film est commencé (　　) quelques minutes.
(2) Les appartements sont (　　) de prix à Paris.
(3) Ne t'inquiète pas, il finira bien (　　) réussir.
(4) Vous pouvez faire confiance (　　) ce garagiste ; il travaille très bien.

① à　　② dans　　③ depuis　④ hors
⑤ en　　⑥ par　　⑦ sous　　⑧ sur

(1)	(2)	(3)	(4)

4 (1) Il va faire une conférence (   ) la Révolution française.
(2) Nous avons toujours le temps de prendre un café (   ) deux cours.
(3) Pierre a regardé le film (   ) beaucoup d'intérêt.
(4) Un grand changement s'opère (   ) nos yeux.

① à   ② avec   ③ contre   ④ dans
⑤ en   ⑥ entre   ⑦ sous   ⑧ sur

(1)	(2)	(3)	(4)

5 (1) Cette affirmation ne repose (   ) rien de sérieux.
(2) Elle est toujours très satisfaite (   ) ce qu'elle fait.
(3) Il a accepté, non (   ) hésitation.
(4) Il cherche un deux-pièces, ou, (   ) défaut, un studio.

① à   ② dans   ③ de   ④ entre
⑤ par   ⑥ sans   ⑦ sous   ⑧ sur

(1)	(2)	(3)	(4)

6 (1) La Vᵉ République a été instituée (   ) Charles de Gaulle.
(2) Le professeur a dû élever la voix (   ) qu'on l'entende mieux.
(3) Nous allons partir en vacances (   ) une semaine.
(4) Nous irons à la mer ou non, (   ) qu'il fera beau ou non.

① à   ② avec   ③ dans   ④ de
⑤ pour   ⑥ sans   ⑦ selon   ⑧ sous

(1)	(2)	(3)	(4)

2

語彙に関する問題

　仏検準2級までと2級をへだてる壁は語彙数の差です。文法の理解や発音練習に時間を費やすことはあっても，ふだんから語彙を増やすために努力している人は少ないのではないでしょうか。語彙を習得するには時間がかかります。単語集を丸暗記したからといって語彙力が向上するとはかぎりません。多くのフランス語文に接するなかで語彙も少しずつ身についていくのです。語彙は文章を読みながら増やしていきましょう。フランス語文を読むときに単語帳をつくるのもひとつの方法です。かといって数年で読むフランス語の文章はかぎられています。それならばせめて例文のなかで単語の意味を吟味しながら，これを覚えていくようにしましょう。これが本章の主旨です。ただし準2級までの語彙は本章には含まれません。仏検の設問は5問で，日本語文に対応するフランス語文の空欄に入る適切なフランス語を記入する記述式問題です。配点は10点です。

～出題例（2016年春季 2 ）

2 　次のフランス語の文 (1) 〜 (5) が、それぞれあたえられた日本語の文が表わす意味になるように、（　　）内に入れるのにもっとも適切な語（各1語）を解答欄に書いてください。（配点　10）

(1) Ce bus ne (　　) pas de voyageurs.
　　このバスには乗れません。

(2) C'est un objet auquel je (　　) beaucoup.
　　それは、私がとても大切にしているものです。

(3) Eh bien ! Il n'y a pas moyen de faire (　　).
　　だって、ほかにどうしようもないじゃないか。

(4) Il ne me serait jamais (　　) à l'idée qu'elle te quitte.
　　まさか彼女が君と別れるなんて。

(5) Sa victoire ne fait aucun (　　).
　　彼の勝利はまちがいなしだ。

1. 時（1）

saison	囡 季節 // être de saison 旬の：Les huîtres *sont de saison.* カキは今が旬だ / être hors saison 時宜にかなっていない / la saison des soldes バーゲンシーズン
mensuel, le	形 月ごとの // une revue mensuelle 月刊誌
semaine	囡 週 // en semaine ウィークデイに
hebdomadaire	形 週1回の // une revue hebdomadaire 週刊誌
jour	男 日 // ces jours-ci = ces jours derniers 最近 / de nos jours 今日では / un de ces jours 近日中に / en plein jour 真昼に　*cf.* Il fait encore clair. まだ明るい
journée	囡 1日 // toute la journée = à longueur de journée 1日中 / faire des journées de huit heures 1日8時間労働をする
matinée	囡 午前中 // faire la grasse matinée 朝寝坊をする
nuit	囡 夜 // La nuit tombe. = Il fait nuit. 日が暮れる / de nuit 夜間に：J'ai voyagé *de nuit.* 私は夜間に移動した / travailler jour et nuit 昼も夜も働く
veille	囡 前日 // être à la veille de+ 不定詞 (= être sur le point de) まさに…しようとしている
date	囡 日付 // une lettre qui porte la date du 9 février [datée du 9 février] 2月9日付けの手紙
■ dater	他・自 日付を記入する，さかのぼる
anniversaire	男 誕生日 // fêter l'anniversaire de sa mère 母親の誕生日を祝う
heure	囡 時間 // à l'heure 定刻に / mettre sa montre à l'heure 時計を合わせる / à toute heure 時間をとわず：Cette pharmacie est ouverte *à toute heure* de la journée. この薬局は終日開いている / de bonne heure 朝早く / tout à l'heure さっき；まもなく
pointe	囡 先端，ピーク // de pointe 最先端の：L'électronique est une technique *de pointe.* 電子工学は最先端技術です / les heures de pointe ラッシュアワー（←→les heures creuses 暇な時間）
horaire	形 1時間あたりの // la vitesse horaire 時速
instant	男 瞬間 // à chaque instant しょっちゅう
moment	男 瞬間 // Attends un moment, j'ai à te parler. ちょっと待って，君に話さなければならないことがある / Il m'a fait attendre un bon moment. 彼はかなりの時間私を待たせた / d'un moment à l'autre ほどなく / en ce moment 今 / par moment(s) ときどき / à ce moment その時 / pour le moment 今のところ
fois	囡 度，回 // On ne se voit plus qu'une fois par an. 私たちはもう年に1度しか会えない（ne ~ plus que... もはや…しか~ない） / à la fois (= en même temps) 同時に / chaque fois que + 直説法 …するたびに：*Chaque fois qu'*il vient, c'est pour emprunter de l'argent. 彼はくるたびに，お金を借りる / pour la première fois 初めて / une fois pour toutes これを最後に
prochain, e	形 次の // lundi prochain 今度の月曜日
seconde	囡 ごく短い間，秒 (= instant, minute, moment) // à la seconde 即刻 / d'une seconde à l'autre すぐに / une seconde しばらく：*Une seconde,* j'arrive. ちょっと待って，すぐ行きます
quand	接 …するとき // Parle-moi de quand tu étais petite. 子どものころのことを話してよ / quand même (= malgré tout, tout de même) それでも

EXERCICE 1

次のフランス語の文が，それぞれあたえられた日本語の文が表わす意味になるように，（　）内に入れるのにもっとも適切な語（各1語）を解答欄に書いてください。

＊EXERCICEでは使用する語を下欄に示しておきます（順不同）。検定試験では使用する語は示されません。

(1) Couchons-nous vite, demain il faut se lever de bonne (　　　) !

すぐ寝ましょう，あすは早起きしなければならない。　　　　　　　　　　　　　　　　＿＿＿＿＿＿

(2) De nos (　　　), il y a encore des gens qui ne savent ni lire ni écrire.

今日でもまだ文盲の人たちがいる。　　　　　　　　　　　　　　　　＿＿＿＿＿＿

(3) (　　　) fois que le petit frère lui enlève ses jouets, il se fâche.

彼は弟がおもちゃを横どりするたびに腹をたてる。　　　　　　　　　　　　　　　　＿＿＿＿＿＿

(4) Il est à la (　　　) aimable et distant.

彼はにこやかだけどよそよそしいところがある。　　　　　　　　　　　　　　　　＿＿＿＿＿＿

(5) Il fait encore (　　　), même à huit heures du soir.

夜の8時なのにまだ明るい。　　　　　　　　　　　　　　　　＿＿＿＿＿＿

(6) Il n'y a (　　　) que huit jours avant mon départ.

出発までもう1週間しかない。　　　　　　　　　　　　　　　　＿＿＿＿＿＿

(7) Il y a huit heures de décalage (　　　) entre Tokyo et Paris.

東京とパリの時差は8時間ある。　　　　　　　　　　　　　　　　＿＿＿＿＿＿

(8) — J'ai peu d'appétit ce soir.

— Mange (　　　) même, cela ne te fera pas de mal.

— 今晩はほとんどお腹がすかない。

— それでも食べなさい，それが害になることはないでしょう。　　　　　　　　　　　　　　　　＿＿＿＿＿＿

(9) Je te le dis une fois pour (　　　).

このことはもう二度と言わないからね。　　　　　　　　　　　　　　　　＿＿＿＿＿＿

(10) Je vais au bureau en (　　　), jamais le dimanche.

平日は出勤します，日曜日は休みです。　　　　　　　　　　　　　　　　＿＿＿＿＿＿

(11) La (　　　) tombe très tôt en décembre.

12月はとても早く夜がふける。　　　　　　　　　　　　　　　　＿＿＿＿＿＿

(12) Le dernier roman de Duras sortira d'un (　　　) à l'autre.

デュラスの最新作はまもなく出版される。　　　　　　　　　　　　　　　　＿＿＿＿＿＿

(13) Les cerises sont de (　　　).

サクランボは今が旬です。　　　　　　　　　　　　　　　　＿＿＿＿＿＿

(14) S'il vous plaît, vous descendez à la (　　　) ?

すみませんが，次で降りるのですか？　　　　　　　　　　　　　　　　＿＿＿＿＿＿

(15) Vous avez reçu ma lettre (　　　) du 2 juin ?

私からの6月2日付けの手紙は受けとりましたか？　　　　　　　　　　　　　　　　＿＿＿＿＿＿

使用する語：(1)〜(5)　chaque　　clair　　fois　　heure　　jours

　　　　　　　(6)〜(10)　horaire　　plus　　quand　　semaine　　toutes

　　　　　　　(11)〜(15)　datée　　moment　　nuit　　prochaine　　saison

2．時（2）

temps	男 時；天気 // à plein temps = à temps complet フルタイムで ↔ à temps partiel パートタイムで / à temps (= à l'heure) 時間どおりに / avoir le temps de+ 不定詞 …する時間がある：Je n'*ai* pas *eu le temps de* t'écrire. ぼくは君に手紙を書く時間がなかった / prendre (tout) son temps たっぷり時間をかける / perdre [tuer] son temps 時間をむだにする / de temps à autre = de temps en temps 時々 / en même temps (que...) （…と）同時に：Elle est arrivée *en même temps que* Louis. 彼女はルイと同時に到着した / dans un premier temps はじめのうちは / la plupart du temps (= le plus souvent) たいてい / tout le temps しょっちゅう / dans le temps かつては / de mon [ton, son...] temps 私 [君，彼（女）…] の若いころは / en temps de+ 無冠詞名詞 …の時期に：*en temps de* guerre 戦争の時に / Il est (grand) temps de+ 不定詞 [que+ 接続法] …すべき時だ：*Il est temps de* te marier. 君は結婚すべき時だ / Il est encore temps. まだ間に合う / Il n'est que temps. 急がないと遅れるよ
terme	男 期限，間柄，用語 // Au terme d'une longue discussion, on est parvenus à un accord. 私たちは長い話し合いのすえに合意に達した / à court [long] terme 短 [長] 期の：une prévision *à court [long] terme* 短 [長] 期予測 / mettre un terme à qc (= finir) …を終わらせる / être en bons [mauvais] termes avec qn （人）と仲がよい [悪い]：Ces deux pays *sont en bons termes*. 両国は友好関係にある
chance	女 運，機会 // avoir la chance de+ 不定詞 …する幸運に恵まれる：Tu *as la chance d'*être en bonne santé. 幸い君は健康に恵まれている / par chance 運よく
occasion	女 機会 // à l'occasion 機会があれば：Je vais lui parler de cette affaire *à l'occasion*. 機会があったら，この問題を彼（女）に話します / à l'occasion de qc …のときに：*à l'occasion de* mon anniversaire 私の誕生日に / avoir l'occasion de+ 不定詞 …する機会をもつ：Je n'*ai* jamais *l'occasion de* la rencontrer. 彼女に会う機会が一度もない / d'occasion 中古の（↔ à neuf 新品の）：une voiture *d'occasion* 中古車
maintenant	副 今 // maintenant que+ 直説法 (=puisque) …である今，だから：*Maintenant que* monsieur Dupont n'est pas là, la réunion ne peut pas commencer. デュポン氏がいないので，会議は始められない
souvent	副 しばしば // Ça arrive souvent. それはよくあることだよ / le plus souvent たいていの場合
rare	形 まれな，めったにない // Il est rare de + 不定詞 [que + 接続法] …するのはまれである
toujours	副 いつも // Pas toujours. いつもというわけではありません / pour toujours (= à jamais) 永久に / presque toujours たいてい / ne ...toujours pas まだ…ない / ne ...pas toujours いつも…というわけではない
jamais	副 (neとともに) けして…ない ne...plus jamais もはやけして…ない / jamais de la vie 絶対にだめ / pour (tout) jamais 永遠に

EXERCICE 2

次のフランス語の文が，それぞれあたえられた日本語の文が表わす意味になるように，（　）
内に入れるのにもっとも適切な語（各１語）を解答欄に書いてください。

(1)　Ah ! la voilà enfin, il était (　　　).

やっと彼女がきた．間に合ったよ．

(2)　À l'(　　　), venez dîner.

そのうち夕食に来てください．

(3)　Dans un (　　　) temps, il n'écoutait pas ce que je lui disais.

はじめのうち，彼は私の言うことに耳をかさなかった．

(4)　Elle flânait dans la rue pour (　　　) le temps.

彼女は時間つぶしに街を散歩していた．

(5)　Elle n'est plus en très (　　　) termes avec Jacques.

彼女はもうジャックとはあまりうまくいってない．

(6)　Elle travaille à temps (　　　) dans un supermarché.

彼女はスーパーのパートをしている．

(7)　Il n'est pas (　　　) qu'il manque à sa parole.

彼はよく約束を破るんだ．

(8)　Le bus n'arrive (　　　) pas.

バスはいつまでたっても来ないね．

(9)　Le dimache, le plus (　　　) je vais à la piscine.

日曜日はたいていプールへ行きます．

(10)　Prenez votre (　　　), nous ne sommes pas en retard.

どうぞごゆっくり，私たちは遅れていません．

(11)　(　　　) que la pluie a cessé de tomber, nous allons pouvoir sortir.

雨がやんだのだから，私たちは外出できそうだ．

(12)　Si tu étais arrivé à (　　　), nous n'aurions pas raté le train.

もし君が遅刻しなかったら，私たちは列車に乗り遅れることはなかったのに．

(13)　Tu as acheté une voiture neuve ou d'(　　　) ?

君は新車を買ったの？それとも中古車？

(14)　Tu m'accompagnes au concert ? — Jamais de la (　　　).

私をコンサートへ連れてってくれる？ ― 絶対いや．

(15)　Tu sais, des accidents de la route, ça (　　　) tous les jours.

あのね，交通事故なんて毎日のことだよ．

使用する語：(1)〜(5)　bons　　occasion　　premier　　temps　　tuer

(6)〜(10)　partiel　　rare　　souvent　　temps　　toujours

(11)〜(15)　arrive　　maintenant　　occasion　　temps　　vie

3．時（3）

tôt	副 早く // au plus tôt 早くても / Ce n'est pas trop tôt. (= enfin) やっと来たね
lent, e	形 遅い // être lent à+ 不定詞 …するのが遅い：Elle *est lente à* se décider. 彼女は優柔不断だ
tard	副 遅く // au plus tard 遅くとも / plus tard あとで / tôt ou tard 遅かれ早かれ
tarder	自 …するのが遅れる // Il ne va pas tarder à arriver. 彼はまもなく到着する
retard	男 遅れ // en retard （予定より）遅れて / avoir un retard de+時間 ［時間+de retard］…時間遅れている / prendre du retard 遅れをとる
■ **retarder**	他・自 遅らせる，遅れる
prévu, e	形 予定された // comme prévu 予定通り
long, ue	形 長い // être long à+ 不定詞 (= être lent à+ 不定詞) なかなか…しない：Elle *est longue à* s'habiller. 彼女は服を着るのにてまどる
priorité	女 優先権 // en [par] priorité 優先的に
urgence	女 緊急 // d'urgence 緊急の：mesure(s) *d'urgence* 緊急措置，en cas *d'urgence* 緊急の場合は
urgent, e	形 緊急の // J'ai un besoin urgent d'argent. 私は緊急に金がいる
mûr, e	形 熟した // Il est mûr pour le mariage. 彼は結婚適齢期だ
vert, e	形 緑の，生の，熟していない // le feu vert 青信号 / les légumes verts 生野菜 / Ne mange pas ces tomates vertes. この青いトマトは食べるな
nouveau	男 新しいこと // à nouveau 新たに，あらためて / de nouveau (= encore) ふたたび
ancien, ne	形 古い，元の // un livre ancien 古書 / un ancien ministre 元大臣
commencement	男 始まり // Il a dormi du commencement à la fin de la conférence. 彼は会議の最初から最後までずっと寝ていた
■ **commencer**	他・自 始まる，始める
départ	男 出発，始まり // au départ 初めは
bout	男 端，終わり // au bout de *qc* …の端に，末に：*au bout de* la semaine 週末に，*au bout d'*une semaine 1週間後に / bout à bout 両端をつなげて：Mettez les tables *bout à bout*. テーブルをくっつけて置いてください / au bout du compte (= après tout) 結局，要するに / de bout en bout すみずみまで
fin	女 終わり // prendre fin 終わる：La réunion *a pris fin* à dix-neuf heures. 会議は19時に終わった / à la fin 最後に / en fin de+ 無冠詞名詞 …の終わりに
■ **finir**	他・自 終える，終わる (= terminer) // un film qui finit bien ハッピーエンドの映画 / finir par + 不定詞 最後には…する / n'en pas [plus] finir 果てしなく続く
d'ici (à)	+時間 ［期間］// d'ici fin juin 6月末までに / d'ici peu まもなく
final, e	形 最後の // mettre un point final à *qc* …に終止符を打つ：Cette révélation *a mis un point final à* la discussion. この新事実が論争に終止符を打った
dernier, ère	形 最後の，最新の // J'ai pris le dernier train pour Paris. 私はパリ行きの最終列車に乗った / Elle est toujours habillée à la dernière mode. 彼女はいつも最新流行の服を着ている / ces derniers temps [jours] 最近 / le mois dernier 先月

EXERCICE 3

次のフランス語の文が，それぞれあたえられた日本語の文が表わす意味になるように，（　）
内に入れるのにもっとも適切な語（各1語）を解答欄に書いてください。

(1)　Elle est (　　　　) à comprendre ce qu'on lui dit.

　　　彼女はのみこみが悪い。　　　　　　　　　　　　　　　　　　　＿＿＿＿＿

(2)　Françoise est toujours bien (　　　　).

　　　フランソワーズはいつもいい服を着ている。　　　　　　　　　　＿＿＿＿＿

(3)　Il était très orgueilleux, mais, au bout du (　　　　), ce n'était pas un mauvais
　　　homme.

　　　　　彼はとても高慢だったが，結局悪い男ではなかった。　　　　＿＿＿＿＿

(4)　Il n'est jamais trop (　　　　) pour commencer l'apprentissage des langues
　　　étrangères.

　　　　　いくつになっても外国語学習を始めることはできます。　　　＿＿＿＿＿

(5)　J'ai vu mon (　　　　) femme dans la rue.

　　　　　私は街で元妻と会った。　　　　　　　　　　　　　　　　　＿＿＿＿＿

(6)　J'espère que, d'(　　　　) demain, le temps va s'améliorer.

　　　　　あすまでに天気が回復すればいいんだけど。　　　　　　　　＿＿＿＿＿

(7)　Judith est toujours habillée à la (　　　　) mode.

　　　　　ジュディットはいつも最新流行の服を着ている。　　　　　　＿＿＿＿＿

(8)　La réunion a pris (　　　　) très tard.

　　　　　その会議は長びいた。　　　　　　　　　　　　　　　　　　＿＿＿＿＿

(9)　Le train a une heure de (　　　　) ce matin.

　　　　　けさその列車は1時間遅れている。　　　　　　　　　　　　＿＿＿＿＿

(10)　Même si tu n'es pas d'accord, j'irai jusqu'au (　　　　).

　　　　　君が賛成しなくても，やりとおします。　　　　　　　　　　＿＿＿＿＿

(11)　Ne mange pas ces pommes (　　　　). Elles ne sont pas mûres.

　　　　　これらの青いリンゴを食べるな，熟していない。　　　　　　＿＿＿＿＿

(12)　Ne (　　　　) pas à répondre à mon courriel.

　　　　　すぐに私のメールに返事をください。　　　　　　　　　　　＿＿＿＿＿

(13)　On se verra de (　　　　) dimanche prochain.

　　　　　また来週の日曜日に会いましょう。　　　　　　　　　　　　＿＿＿＿＿

(14)　Réfléchissons encore, notre projet n'est pas assez (　　　　).

　　　　　もっと考えてみましょう，私たちの計画はまだよく練れていない。　＿＿＿＿＿

(15)　Son discours n'en (　　　　) plus.

　　　　　彼の演説は延々と続いている。　　　　　　　　　　　　　　＿＿＿＿＿

使用する語：	(1)〜(5)	ancienne	compte	habillée	lente	tard
	(6)〜(10)	bout	dernière	fin	ici	retard
	(11)〜(15)	finit	mûr	nouveau	tardez	vertes

4．場所

endroit	男 場所；表 // à l'endroit 表にして，正しい向きに：Remets tes chaussettes *à l'endroit*. 靴下をちゃんと表にしてはきなさい
lieu	男 場所 // au lieu de *qn/qc* [de+不定詞] (= à la place de) …の代わりに：Vous feriez mieux de travailler *au lieu de* jouer. 遊んでいないで勉強するほうがいいですよ / avoir lieu (= se passer) 行なわれる，起こる：L'examen *aura lieu* le 1er octobre. 試験は10月1日に行なわれる
place	女 場所，座席，広場 // changer *qc* de place …の場所を変える / sur place その場で，現地で：La police est arrivée très vite *sur place*. 警察はすぐに現場に到着した / à la place (de *qc/qn*) (= au lieu de) (…の)代わりに / à ma [ta, sa...] place もし私[君，彼(女)…]の立場にたてば
où	疑副 どこに // d'où vient que+[直説法][接続法]？ どうして…なのか：*D'où vient que* tu es [sois] toujours en retard？ どうして君はいつも遅刻するの？
ailleurs	副 ほかの場所に // d'ailleurs そのうえ：J'ai assez bu, *d'ailleurs* il est l'heure de rentrer. 私は充分に飲んだ，それにもう帰る時間だ / par ailleurs 他方：Cette ville est belle, mais *par ailleurs* il y fait trop froid. この町は美しいが，反面寒すぎる
intérieur	男 内部，室内；国内 // à l'intérieur de …の中に
dehors	副 外に (↔dedans) // mettre *qn* dehors (人)を追い出す，首にする
là-dedans	副 その中に // Qu'est-ce qu'il y a là-dedans? その中にはなにが入ってるの？
sous-sol	男 地下 // Dans ce grand magasin, le bricolage est au deuxième sous-sol. このデパートでは，日曜大工用品は地下2階にある
souterrain	男 地下道 // Nous avons visité les souterrains de ce château. 私たちはその城の地下道を見学した
■ **souterrain,** *e*	形 地下の
citadin, *e*	形 都会の // la vie citadine 都会生活
urbain, *e*	形 都市の // Le métro est un moyen de transport urbain. 地下鉄は都会の交通手段です
terre	女 地球，陸，地面 // à terre 地面に：Mettez pied *à terre*. (乗りものから) 降りてください / par terre 地面に：Je suis tombé *par terre*. 私は地面に倒れた / Votre robe traîne *par terre* ドレスを引きずっていますよ
milieu(x)	男 中央；環境 // au milieu des années 70 70年代なかばに
bord	男 岸，へり // à bord de *qc* …に乗って：monter *à bord d*'un avion [*d*'une voiture] 搭乗[乗車]する
impasse	女 袋小路，行き詰まり // Nous habitons dans une impasse très calme. 私たちはとても静かな袋小路に住んでいる / Ils ne sont pas arrivés à se mettre d'accord, c'est l'impasse. 彼らは合意に至らなかった，行き詰まりだ
parcours	男 道のり，コース // le parcours de l'autobus バスの路線
■ **parcourir**	他 歩き回る
voie	女 道路，車線，鉄道線路 // une route à deux voies 2車線の道路 / la voie numéro 5 (駅の) 5番線 / en voie de *qc* [de+不定詞] …しつつある：les pays *en voie de* développement 発展途上国

EXERCICE 4

次のフランス語の文が，それぞれあたえられた日本語の文が表わす意味になるように，（ ）内に入れるのにもっとも適切な語（各１語）を解答欄に書いてください。

(1) Au ( ) du film, il y a eu une panne d'électricité.
映画の途中で，停電になった。
_____

(2) Beaucoup de pays d'Afrique sont en ( ) de développement.
アフリカの多くの国が発展途上にある。
_____

(3) D'où ( ) que tu es toujours contre mon projet ?
なぜ君はいつもぼくの計画に反対するの？
_____

(4) Il fait froid dehors, attends-moi à l'( ).
外は寒いから，中で待ってて。
_____

(5) Il y a trop de bruit ici, je vais ( ).
ここはうるさすぎる，よそへ行きます。
_____

(6) Je ne veux pas monter à ( ) d'un bateau, j'ai le mal de mer.
私は船には乗りたくない，船酔いするから。
_____

(7) La population ( ) ne cesse d'augmenter.
都市の人口は絶えず増えている。
_____

(8) La voiture accidentée est restée sur ( ) deux jours.
事故車は２日間現場に残されていた。
_____

(9) Le ( ) de ce pays est riche en pétrole.
この国の地下には豊かな石油が埋蔵されている。
_____

(10) Les documents traînent par ( ).
資料が床に散らかっている。
_____

(11) Moi, à la ( ) du café, je préférerais prendre un thé, c'est possible ?
私としては，コーヒーではなくて紅茶のほうがいいんですが，いいですか？
_____

(12) Ne prends pas cette rue, c'est une ( ) !
この通りに入るな，行き止まりだよ。
_____

(13) Notre prochaine réunion aura ( ) le vendredi 17 juin.
私たちの次の会議は６月17日の金曜日に行なわれる。
_____

(14) Nous avons ( ) le village à la recherche d'un restaurant.
私たちはレストランを探して村中を歩きまわった。
_____

(15) Quand le bateau a fait naufrage, il y avait une centaine de passagers à ( ).
その船が難破したとき，100名ほどの乗客がいた。
_____

使用する語：(1)～(5) ailleurs　intérieur　milieu　vient　voie
　　　　　　(6)～(10) bord　place　sous-sol　terre　urbaine
　　　　　　(11)～(15) bord　impasse　lieu　parcouru　place

5．位置

devant	副 前に　// Passez devant. (= Après vous.) お先にどうぞ / devant derrière う しろまえに：mettre une jupe *devant derrière* スカートをうしろまえにはく
là-dessus	副 その上に　// Posez ce livre là-dessus. この本をその上に置いてください / J'ai déjà écrit là-dessus. (= sur ce sujet) その点についてはすでに手紙に書きました
par-dessus	前 …の上に　// par-dessus tout (= surtout) なによりも
fond	男 奥, 底, 根底　// à fond 徹底的に / au [dans le] fond 結局
étage	男 （建物の）階　// un immeuble de [à] cinq étages 6階建てのビル / habiter au premier étage 2階に住む
loin	副 遠くに　// aller loin 出世する：Ce garçon *ira loin*. この子は出世するだろう / aller un peu [trop] loin 言いすぎる：Attention, tu *vas trop loin*. 気をつけて, 君は言いすぎだよ / au loin 遠くに / être loin de+ 不定詞 … するどころではない： *J'étais loin de* m'attendre à ça. 私はそんなことはまったく予想していなかった / loin de là (= au contraire) それどころではない / ne pas voir plus loin que le bout de son nez 視野がせまい / pas loin de... (= presque, à peu près) およそ
près	副 近くに　// à qc près (= sauf) …をのぞけば, …の差で：À quelques détails *près*, cette information est vraie. いくつかの細部をのぞけば, この情報は正しい / à peu près (= presque) ほとんど, およそ
environs	男・複 付近　// aux environs de …の近くに, の頃に, およそ：Ils habitent *aux environs de* Paris. 彼らはパリ近郊に住んでいる / La dépense s'élève *aux environs de* mille euros. 支出は約1000ユーロに達する
proche	形 近い, 類似の　// Ma maison est proche de la plage. 私の家は海岸に近い / un ami très proche 親友
immédiat, e	形 即時の, 間近の　// Je n'ai pas de voisins immédiats. 私には近くに住む隣人がいない
sortie	女 外出；出口；発売　// à la sortie de qc …の出口で, を出るときに / la sortie de son prochain roman 彼(女)の次の小説の発売
■ **sortir**	自・他 外出する, 出版される：とりだす
issue	女 出口；解決策　// sans issue 出口のない：une rue *sans issue* (= impasse) 袋小路 / à l'issue de qc …が終わってから：*À l'issue du* conseil des ministres, il y a une conférence de presse. 閣議のあと記者会見がある
◆ **quoi**	疑代 Quoi de neuf ? なにか変わったことでも？　cf Rien de neuf. 変わったことな にもない / À quoi bon qc [+ 不定詞] ? …は何になるのか？：*À quoi bon* aller le voir ? 彼に会いに行ったって何になるのか？ 関代 Écoutez-moi, après quoi je réponds aux questions. 私の話を聞いてくだ さい, そのあとで質問に答えます / de quoi+ 不定詞 (= quelque chose pour+ 不定詞) …するのに必要なもの：Apporte-moi *de quoi* manger. なにか食べるものをもってき てよ / quoi que+ 接続法 ：*quoi qu*'il dise 彼が何と言おうとも / quoi qu'il en soit いずれにせよ / sans quoi さもなければ / (Il n'y a) pas de quoi. どういたしまし て
◆ **n'importe** + 疑問詞 どんな…でも　// n'importe qui だれでも, n'importe comment どんなふうに でも, でたらめに / n'importe quoi 何でも

◆印は補足項目です

EXERCICE 5

次のフランス語の文が，それぞれあたえられた日本語の文が表わす意味になるように，（　）
内に入れるのにもっとも適切な語（各1語）を解答欄に書いてください。

(1) À l'(　　　　) des négociations, les partenaires sociaux ont signé un accord.
交渉のあと労使双方は協約書にサインした。　　　　　　　　　　　　_____

(2) À quelques minutes (　　　　), tu rencontrais Hélène.
数分のちがいでエレーヌに会えたのに。　　　　　　　　　　　　_____

(3) Elle ne voit pas plus loin que le (　　　　) de son nez.
彼女は視野が狭すぎる。　　　　　　　　　　　　_____

(4) Est-ce que vous avez apporté de (　　　　) écrire ?
なにか書くものをもってきましたか？　　　　　　　　　　　　_____

(5) Il habite dans un immeuble de quatre (　　　　).
彼は5階建ての建物に住んでいる。　　　　　　　　　　　　_____

(6) Il manque l'acte de naissance : à cela (　　　　), le dossier est complet.
出生証書がない。それをのぞけば，書類はそろっている。　　　　_____

(7) Il s'habille n'importe (　　　　).
彼は服の着こなしについて無頓着だ。　　　　　　　　　　　　_____

(8) Le dernier volume de la collection Molière vient de (　　　　).
モリエール作品集の最終巻は出たばかりです。　　　　　　　　_____

(9) Le portugais est (　　　　) de l'espagnol.
ポルトガル語はスペイン語と似ている。　　　　　　　　　　　_____

(10) Les travaux sont à (　　　　) près terminés.
工事はほぼ完成している。　　　　　　　　　　　　_____

(11) Mon travail est (　　　　) d'être fini, j'ai à peine commencé.
私の仕事は終わるどころか，始めたばかりだよ。　　　　　　　_____

(12) Nous partons aux (　　　　) du 5 août sans doute.
私たちはおそらく8月5日ごろ出発するでしょう。　　　　　　_____

(13) On attend avec impatience la (　　　　) de son nouveau roman.
彼の新しい小説の出版が待ち遠しい。　　　　　　　　　　　_____

(14) Pierre connaît ce quartier à (　　　　).
ピエールはこの辺の地理にとても詳しい。　　　　　　　　　_____

(15) Prêtez-moi un peu d'argent, (　　　　) quoi je ne pourrai pas payer le loyer.
少しお金を貸してください，さもないと家賃が払えない。　　　_____

使用する語：
(1)〜(5)	bout	étages	issue	près	quoi
(6)〜(10)	comment	peu	près	proche	sortir
(11)〜(15)	environs	fond	loin	sans	sortie

6．方向と形

① 方向

direction	囡 方向；管理 // en direction de+場所 …の方向に / sous la direction de *qn*（人）の指導のもとで
côté	男 側，方向 // à côté de…の近くに (=près de) / aux côtés de *qn*（人）のそばに，味方して / de côté わきに，横に：mettre de l'argent *de côté* 貯金する / de l'autre côté (de…)（…の）向こう側に：Je vois un parc *de l'autre côté de* la rue. 通りの向こうに公園が見える
sens	男 方向，向き // une rue à sens unique 一方通行の通り / un sens interdit 車両進入禁止 / sens dessus dessous 上下さかさまに，混乱した：Cette nouvelle l'a mis *sens dessus dessous*. その知らせは彼を動転させた
contraire	男 反対 // au contraire 反対に
envers	男 裏 // à l'envers さかさまに：Tu as mis tes chaussettes *à l'envers*. ソックスを裏返しにはいてるよ
opposé	男 反対 // à l'opposé (de…)（…の）反対側に，（…と）反対に：Nous avons pris la route *à l'opposé*. 私たちは道を逆方向に曲がってしまった
■ **opposé, e**	形 反対の

② 形

forme	囡 形 // être en forme 快調である / en forme de *qc* …の形をした / prendre forme 形をなす，具体化する：Notre projet va *prendre forme*. われわれの計画はまもなく具体化する / sous forme de *qc* …の形をとった：Ce médicament existe *sous forme de* comprimés. この薬は錠剤のものがある
■ **former**	他 形づくる
ligne	囡 線，電話線，路線 // Vous êtes en ligne, parlez maintenant. つながりました，お話しください / entrer en ligne de compte 考慮の対象になる / sur toute la ligne (= complètement) 全線にわたって，完全に / les grandes lignes 概要
hauteur	男 高さ // Ce bâtiment a 20 mètres de hauteur [haut]. = Ce bâtiment est haut de 20 mètres. この建物は高さ20メートルある
■ **haut, e**	形 高い
large	男 幅，横 // être au large ゆったりしている：Elle *est au large* dans cette robe. このドレスなら彼女はゆったり着れる
largeur	囡 幅，広さ // La table fait deux mètres de longueur sur quatre-vingt centimètres de largeur. テーブルは縦2メートル，横80センチある
large	形 幅の広い // Cette avenue est large de cent mètres. = Cette avenue a [fait] cent mètres de large. この大通りは幅100メートルある
grandeur	囡 大きさ // grandeur nature 実物大の：un dessin *grandeur nature* 実物大のデッサン
■ **grand, e**	形 大きい
long	男 長さ，縦 // au long [le long, tout le long] de *qc* …に沿って：Il aime marcher *le long des* quais de la Seine. 彼はセーヌ河岸に沿って歩くのが好きだ / de long en large 行ったり来たりして：Il m'a raconté son voyage *de long en large*. 彼は旅行のことを詳しく話してくれた
■ **longueur**	囡 長さ，縦
profond, e	形 深い // Le puits est profond de cinq mètres. 井戸の深さは5メートルある
bas	男 低いところ，下の部分 // bas d'un pantalon ズボンのすそ / en bas 下に

bas, *se* 形 低い // à voix basse 小さい声で

EXERCICE 6

次のフランス語の文が，それぞれあたえられた日本語の文が表わす意味になるように，（　）内に入れるのにもっとも適切な語（各1語）を解答欄に書いてください。

(1)　À (　　　) de chez moi, il y a un bon restaurant.
近所においしいレストランがある。　　　　　　　　　　　　　　———

(2)　Arrête de marcher de long en (　　　) comme ça.
そんな風に同じところを行ったり来たりするのはやめてよ。　———

(3)　Ce lac est (　　　) de 80 mètres.
この湖は深さ80メートルある。　　　　　　　　　　　　　　———

(4)　Ce médicament existe aussi sous (　　　) de cachets, c'est plus pratique.
この薬はカプセル状のものもある，そちらのほうが飲みやすい。———

(5)　— C'est par là l'hôpital ?
　　— Ah, non, vous allez dans une mauvaise (　　　).
　　—病院はこちらのほうですか？
　　—いいえ，あなたは方角をまちがっています。　　　　　　———

(6)　C'est une statue (　　　) nature, n'est-ce pas ?
これは実物大の彫像ですよね？　　　　　　　　　　　　　　———

(7)　Dans une glace, on se voit à l'(　　　).
鏡だと左右反対に見える。　　　　　　　　　　　　　　　　———

(8)　Il se trompe sur toute la (　　　).
彼は全面的にまちがっている。　　　　　　　　　　　　　　———

(9)　Ils ne dépensent pas, ils mettent de l'argent de (　　　) pour plus tard.
彼らは浪費しない，将来のためにお金をためている。　　　———

(10)　Je ne suis pas fatigué, au (　　　), je suis en pleine forme.
私は疲れてはいない，それどころか絶好調だ。　　　　　　———

(11)　La rue est à (　　　) unique.
通りは一方通行です。　　　　　　　　　　　　　　　　　　———

(12)　On parlait à voix (　　　) dans la salle des pompes funèbres.
葬儀会場で人々は声をひそめて話していた。　　　　　　　———

(13)　Quelle est la (　　　) de cette jupe ?
このスカートの丈はいくらですか？　　　　　　　　　　　———

(14)　Regarde, c'est joli ces arbres, le (　　　) de la route.
見て，木々がきれいだよ，街道沿いは。　　　　　　　　　———

(15)　Son plan commence à prendre (　　　).
彼の計画は具体化しはじめた。　　　　　　　　　　　　　———

使用する語：(1)〜(5)	côté	direction	forme	large	profond
(6)〜(10)	contraire	côté	envers	grandeur	ligne
(11)〜(15)	basse	sens	forme	long	longueur

7．数量・有無

nombre	男 数 // un certain nombre de+無冠詞名詞 (= plusieurs) かなりの数の… / un grand nombre de+無冠詞名詞 (= beaucoup de) 多数の… / un petit nombre de+無冠詞名詞 (= quelques) 少数の…
nombreux, se	形 多くの // J'ai fait de nombreuses fautes dans ma dictée. 私はディクテでたくさんのまちがいをした
fertile	形 肥沃な // fertile en …の多い : Ce voyage a été *fertile en* événements. 今回の旅行は事件が多かった
plein	男 いっぱいの状態 // en plein dans [sur] *qc* …の真ん中に : La bombe est tombée *en plein sur* la maison. 爆弾が家に命中した / faire le plein ガソリンを満タンにする
plein, e	形 いっぱいの，満員の // Le théâtre est plein. (= complet) 劇場は満席だ / plein de *qn/qc* …でいっぱいの : une bouteille *pleine de* vin ワインでいっぱいの瓶 / en plein *qc* …の真ん中で : *en pleine* nuit 真夜中に, *en plein* air 戸外で
manque	男 不足，欠如 // un manque de mémoire 度忘れ
■ **manquer**	他・自 (de…を) 欠く，足りない // Cette sauce manque de sel. このソースは塩が足りない / Je n'y manquerai pas. 必ずそうします / Il n'y a personne qui manque ? 全員いますか？
plusieurs	不形・複 à plusieurs 数人がかりで : Ils s'y sont mis *à plusieurs* pour déplacer le frigo. 彼らは数人がかりで冷蔵庫を移動させた
quelque	形 いくつかの，いくらかの // et quelque(s) …と少し : Il a quarante ans *et quelques*. 彼は40歳ちょっと過ぎだ
seul, e	形 唯一の，…だけ // tout(e) seul(e) (= sans aide) 独力で : Elle peut faire ce travail *toute seule*. 彼女はこの仕事をひとりでできる / Ça va [ira] tout seul. 簡単にかたづく / être (le) seul à+不定詞 …するのは～だけだ
vide	形 からの，空いている // Il est parti les mains vides. (↔ plein) 彼は手ぶらで出かけた / L'appartement est vide. (↔ occupé) アパルトマンにはだれも住んでいない / Il dit des mots vides de sens. (= sans) 彼は意味のないことを言う
■ **vider**	他 からにする
présence	女 存在 // en présence de *qn/qc* (= devant) …の面前で
■ **présent, e**	形 存在する，出席している
absence	女 不在，欠如 // en l'absence de *qn/qc* (人) がいないときに ; …がない [いない] ので
■ **absent, e**	形 留守の，欠席の
nul, le	形 無の，ひきわけの // Il est nul en français. 彼はフランス語がまったくできない / Les deux équipes ont fait match nul. 両チームは試合をひきわけた
distance	女 距離 // la distance entre A et B A-B間の距離 / à distance 時間をおいて，距離をおいて : commande *à distance* リモートコントロール
écart	男 間隔，差 // à l'écart de *qc* …から離れて : Je reste *à l'écart de* leur querelle. 彼らの喧嘩には関わらないようにしている
■ **écarter**	他 広げる，遠ざける
portée	女 到達範囲 // à (la) portée de la main [voix] 手元に [声の届くところに] / à la portée de *qn* (人) の手の届くところに : 理解できる範囲に
taille	女 身長，サイズ // Quelle taille faites-vous ? サイズはおいくつですか？ / de taille 重大な : commettre une erreur *de taille* 重大な誤りをおかす / être de taille à +不定詞 …する力がある

trajet	男 道のり，コース //Il a une demi-heure de trajet à pied pour aller à l'université. 彼は通学に徒歩で30分かかる
vitesse	女 速度 //Il aime faire de la vitesse en voiture. 彼は車でスピードを出したがる / à toute vitesse 全速力で　*cf.* à toutes jambes 全速力で

EXERCICE 7

次のフランス語の文が，それぞれあたえられた日本語の文が表わす意味になるように，（　）内に入れるのにもっとも適切な語（各1語）を解答欄に書いてください。

(1) Ce pull n'est pas à ma (　　　).
このセーターは私の体に合わない。

(2) Combien d'argent as-tu sur toi ? — J'ai vingt euros et (　　　).
手持ちのお金はいくら？　—20ユーロと少しだよ。

(3) Elle croit qu'elle est la (　　　) à pouvoir faire ce travail.
彼女は自分にしかこの仕事ができないと思っている。

(4) En mon (　　　), je veux que tout se passe comme d'habitude.
私がいないあいだも，万事いつもどおりに進めてほしい。

(5) Il s'est décidé à se tenir à l'(　　　) de la vie politique.
彼は政治生活から一線を画することにした。

(6) Il y avait du monde au cinéma ? — Non, la salle était à peu près (　　　).
映画館には客がいましたか？　—いいえ，ホールはがらがらでした。

(7) Je me suis arrêté à une station d'essence pour faire le (　　　).
私はガソリンを満タンにするためにスタンドで止まった。

(8) L'accusé ne veut parler qu'en (　　　) de son avocat.
被告は彼の弁護士のまえでしか話そうとしない。

(9) Le (　　　) de Paris à Londres lui a semblé très court.
パリ—ロンドン間の旅程は彼にはとても短く思えた。

(10) Les deux équipes ont fait match (　　　) : deux à deux.
両チームの試合は，2対2のひきわけだった。

(11) Ne laissez pas ces cachets à la (　　　) des enfants.
この薬は子どもの手の届くところに置きっぱなしにしないでください。

(12) Ne reste pas en (　　　) soleil, viens te mettre à l'ombre.
日なたにいないで，日陰に来なさい。

(13) On déplore de (　　　) victimes.
多くの犠牲者を出したことが悔やまれる。

(14) On est tous là, personne ne (　　　) ?
みんないる？まだの人はいない？

(15) S'il fait beau demain, on ira déjeuner sur l'herbe en plein (　　　).
あす晴れたら，ピクニックに行きましょう。

使用する語：
(1)〜(5)　absence　écart　quelques　seule　taille
(6)〜(10)　nul　plein　présence　trajet　vide
(11)〜(15)　air　manque　nombreuses　plein　portée

8．部分

quart	男 4分の1 // deux heures et quart 2時15分 / les trois quarts 4分の3，大部分：La salle est *aux trois quarts* pleine. 会場は満席に近い
moitié	女 半分 // à moitié 半分，ほとんど：La bouteille est *à moitié* vide. 瓶はほとんど空だ / (à) moitié prix 半額で / de moitié 半分だけ：Son salaire a diminué *de moitié* en cinq ans. 彼の給料は5年で半減した / moitié-moitié 半分半分：On paye *moitié-moitié*. 割り勘にしよう
plupart	女 大部分 // la plupart des+複数名詞 [d'entre+人称代名詞強勢形] 大部分の… / la plupart du temps (= le plus souvent) ほとんどいつも / pour la plupart 大部分は：Ce sont, *pour la plupart*, des étudiants. 大多数は学生だ
tout 男・単， **toute** 女・単， **tous** 男・複， **toutes** 女・複	不形 …全体，どんな…も // tous les jours 毎日 / tous les deux 2人とも / tout ce qui [que, dont] …はすべて：J'ai noté *tout ce qui* est important. 重要なことは全部メモした 不代 すべて // après tout 結局 / Ce n'est pas tout de + 不定詞 …するだけがすべてではない：*Ce n'est pas tout de* s'amuser. 遊んでいるだけではだめだ
tout	男 すべて // du tout [否定文で] まったく…ない：Je ne veux pas *du tout*. 私は全然ほしくない
aucun, e	不形 [否定文で] どんな…も…ない // Il n'y a aucun risque. 何の危険もない 不代 [否定文で] なにも [だれも] …ない // Je ne connais aucun d'eux. 私はあの人たちのだれも知らない
entier, ère	形 全部の，完全な // en entier 全部を：Je n'ai pas vu le film *en entier*. 私はその映画を全部は見なかった
gros	男 大部分，主要部分 // en gros 大体，ざっと
partie	女 部分 // en partie 部分的に / faire partie de qc …に属する：Il *fait partie d'*une équipe de football. 彼はサッカーチームの一員だ
part	女 部分，分けまえ // à part 個別に，切り離して：Ne reste pas *à part*, viens ici. 離れていないで，ここへ来なさい / à part qc/qn …を除いて：Je ne connais personne ici *à part* toi. ここでは，君を除いてだれも知らない / de la part de qn (人) からの：C'est *de la part de* qui ? (電話で)どちら様ですか？ / faire part de qc à qn …を(人)に知らせる：Ils m'ont *fait part de* leur mariage. 彼らは結婚を知らせてきた / nulle part どこにも (…ない)：Je ne trouve mes lunettes *nulle part*. 眼鏡がどこにも見あたらない / quelque part どこかに：J'ai déjà vu cet homme *quelque part*. あの男にはどこかで会ったことがある / prendre part à qc (= participer à) …に参加する：*prendre part à* une manifestation デモに参加する / pour ma part 私としては
détail	男 細部，些細なこと；小売り // en détail 詳細に / entrer dans le(s) détail(s) 細部に立ち入る / vendre au détail 小売りする
morceau(x)	男 断片 // un morceau de pain 1切れのパン / du sucre en morceaux 角砂糖
paire	女 対，組 // une paire de chaussures 1足の靴
pincée	女 1つまみ // une pincée de sel 1つまみの塩
tranche	女 1切れ // trois tranches de jambon [pain] 3枚のハム [パン]

EXERCICE 8

次のフランス語の文が，それぞれあたえられた日本語の文が表わす意味になるように，（ ）内に入れるのにもっとも適切な語（各1語）を解答欄に書いてください。

(1) Ajoutez une (   ) de sel dans la sauce.
　　ソースに1つまみの塩を加えてください。

(2) André fait (   ) d'une équipe de rugby.
　　アンドレはラグビーチームに所属している。

(3) Ça fait trois (   ) d'heure que je t'attends.
　　45分も君を待っている。

(4) Ce chemin mène (   ) part, c'est une impasse.
　　この道はどこにも通じていない，行き止まりだ。

(5) C'est (   ) ce que je sais.
　　私が知っているのはそれだけです。

(6) (   ) de mes amis n'est venu me voir à l'hôpital.
　　友だちはだれも病院に見舞いには来てくれなかった。

(7) Dites-moi seulement en (   ) comment ça s'est passé.
　　とにかくそんなことがどのようにして起こったのか大まかに話してください。

(8) Je voudrais dix (   ) de jambon cru, s'il vous plaît.
　　生ハムを10枚ほしいのですが。

(9) La (   ) du temps, elle prenait son journal à un kiosque près du métro.
　　彼女はたいてい地下鉄の近くのキオスクで新聞を買った。

(10) L'antiquaire m'a finalement laissé ce tableau à (   ) prix.
　　その古美術商は，この絵を結局半値で譲ってくれた。

(11) Elle change les rideaux de sa chambre (   ) les trois mois.
　　彼女は3ヶ月に1度部屋のカーテンをかえる。

(12) Mettez dans le café deux (   ) de sucre.
　　コーヒーに角砂糖を2個入れてください。

(13) Pour ma (   ), je trouve le film extraordinaire.
　　私としてはその映画はすばらしいと思う。

(14) Racontez-moi ce qui vous est arrivé, sans (   ) dans les détails.
　　なにがあったのか話してください，細かいことはいいですから。

(15) —Tu as aimé mon disque ?
　　—Oui, mais je n'ai pas pu l'écouter en (   ).
　　　－ぼくのレコードは気に入った？
　　　－うん，でも最後まで聞くことはできなかったよ。

使用する語：(1)～(5)　nulle　　partie　　pincée　　quarts　　tout
　　　　　　(6)～(10)　aucun　　gros　　moitié　　plupart　　tranches
　　　　　　(11)～(15)　entier　　entrer　　morceaux　　part　　tous

9．状態（1）

cas	男 場合，ケース // en cas de+ 無冠詞名詞 …の場合は：*en cas de* besoin 必要ならば / en tout cas, dans [en] tous les cas (= de toute façon) いずれにせよ / C'est le cas (de *qn/qc*). （…について）そのことが当てはまる，そうである / Ce n'est pas le cas. そうではない
circonstance	女 状況，場合 // en raison des circonstances 現状を考慮して / en toutes circonstances (= toujours) どのような場合にも / Ça dépend des circonstances. それは状況次第だ
condition	女 条件，状況 // à condition de+ 不定詞 [que+ 接続法] …という条件で：Il arrivera dans une heure, *à condition de* n'avoir aucun incident en route. 交通トラブルがなければ，彼は1時間後に着く / dans ces conditions こうした状況では
état	男 状態 // en bon [mauvais] état 状態のいい［悪い］/ en état de *qc* [de+ 不定詞] …することができる
empêchement	男 不都合 // en cas d'empêchement 都合が悪い場合は
empêcher	他 妨げる // (Il) n'empêche que+ 直説法 = Cela [Ça] n'empêche pas que + 直説法 [接続法] それでもやはり…である：*Cela n'empêche pas que* vous avez tort. そうはいってもやはりあなたはまちがっている
panne	女 故障 // une panne d'essence ガソリン切れ / tomber en panne 故障する / être en panne 故障している
possible	男 可能なこと // faire son possible pour+ 不定詞 [pour que+ 接続法] …するために全力をつくす
■ **possible**	形 可能な // Viendras-tu me voir cet été ? — C'est bien possible. 今年の夏会いに来る？ —多分ね / Il est possible de+ 不定詞 …することができる / Il est possible que+ 接続法 …かもしれない / si (c'est) possible 可能ならば：Venez demain, *si (c'est) possible*. できればあす来てください / aussi+ 形容詞 [副詞] que possible できるだけ…：Partez *aussi* tôt *que possible*. できるだけ早く出発してください / autant que possible できるだけ：Mets tes affaires en ordre *autant que possible*. 身の回りのものをできるだけ整頓しなさい
impossible	男 不可能なこと // faire l'impossible (= faire tout son possible) できる限りのことをする
■ **impossible**	形 不可能な
loisir	男 暇，余暇 // à loisir 時間をかけて：Le dimanche, on peut dormir *à loisir*. 日曜日はたっぷり眠れる
libre	形 自由な，暇がある；空席の // être libre de *qc* [de+ 不定詞] 自由に…できる：Vous *êtes libre de* prendre la parole. あなたは自由に発言できる / «Entrée libre» 「入場無料」/ une place libre 空席 / un taxi libre 空車
occupé, *e*	形 忙しい，ふさがった // Les toilettes sont occupées. トイレは使用中です / La ligne est toujours occupée. 電話はいつも話し中だ
■ **occuper**	他 占める
luxe	男 贅沢，豪華 // Ce n'est pas du luxe. それは必要なものだ / de luxe 豪華な：J'ai passé la nuit dans un hôtel *de luxe*. 私は豪華ホテルでその夜を過ごした / se payer le luxe de+ 不定詞 思い切って…する：Je *me suis payé le luxe d'*acheter une voiture neuve. 私は思い切って新車を買った

EXERCICE 9

次のフランス語の文が，それぞれあたえられた日本語の文が表わす意味になるように，（　）
内に入れるのにもっとも適切な語（各1語）を解答欄に書いてください。

(1) Cela n'(　　　　) pas que tu as tort.
　　　それでもやはり君の言っていることはまちがっている。　　　　　　　　_____

(2) Elle est venue pendant votre absence ? —C'est (　　　　).
　　　彼女はあなたの不在中に来たのですか？　—たぶんね。　　　　　　　　_____

(3) En (　　　　) de pluie, la randonnée à bicyclette est remise.
　　　雨が降ったらサイクリングは延期されます。　　　　　　　　　　　　_____

(4) En vacances, il ne descend que dans des hôtels de (　　　　).
　　　ヴァカンスで彼はデラックスホテルにしか泊まらない。　　　　　　　_____

(5) Ils ne sont pas en (　　　　) de juger de cette question.
　　　彼らはこの問題に判断をくだすことはできない。　　　　　　　　　_____

(6) Il y a eu une (　　　　) d'électricité à cause de l'orage.
　　　嵐のために停電になった。　　　　　　　　　　　　　　　　　　_____

(7) Je ferai mon (　　　　) pour être là à l'heure.
　　　私は極力定刻に着くようにします。　　　　　　　　　　　　　　_____

(8) —Je ne suis pas libre avant demain après-midi.
　　 —Eh bien ! Dans ces (　　　　), passez me voir demain soir !
　　　—私はあすの午後まで時間がとれない。
　　　—そういうことなら，あすの晩会いに来てください。　　　　　　　_____

(9) La ligne est (　　　　), rappelez plus tard.
　　　話し中です，あとで電話をかけなおしてください。　　　　　　　_____

(10) La voiture d'occasion qu'il a achetée est en mauvais (　　　　).
　　　彼が買った中古車はオンボロだ。　　　　　　　　　　　　　　　_____

(11) Le succès de cette réunion ne (　　　　) que de vous.
　　　会議がうまくいくかどうかはあなただけにかかっている。　　　　_____

(12) (　　　　) que possible, vous écrirez lisiblement.
　　　できるだけ読みやすい字で書いてください。　　　　　　　　　　_____

(13) Samedi prochain, je conduis mes enfants dans un centre de (　　　　).
　　　今度の土曜日，子どもたちとレジャーセンターへ行きます。　　　_____

(14) Simon écrit très mal, sa lettre est (　　　　) à lire.
　　　シモンはとても字がへただ，彼の字は読めない。　　　　　　　_____

(15) Si tu ne veux pas venir, tu es (　　　　) de refuser.
　　　来たくないのなら，断ってもかまないんだよ。　　　　　　　　_____

使用する語：(1)〜(5)　cas　　　　　empêche　　état　　　　luxe　　　possible
　　　　　　　(6)〜(10)　conditions　état　　　　occupée　　panne　　possible
　　　　　　　(11)〜(15)　autant　　　dépend　　impossible　libre　　loisirs

10. 状態（2）

fixe	形 一定の，動かない // Je mange à heure fixe. 私は決まった時間に食事をする / un menu à prix fixe 定食
variable	形 変わりやすい (= changeant, ↔ constant) // La météo annonce un temps variable pour demain. 天気予報によるとあすの天気は変わりやすい
hasard	男 偶然 // au hasard 行きあたりばったりに / par hasard 偶然に
précision	女 正確さ // avec précision (= précisément) 正確に，はっきりと / demander [donner] des précisions sur *qc* …について詳しい説明を求める［する］
■ **préciser**	他 正確に言う
précis, *e*	形 正確な，時間に正確な // des renseignements précis (= exact) 正確な情報 / Venez ici à 3 heures précises. きっかり3時にここへ来てください
net, *te*	形 鮮明な；正味の // une photo nette 鮮明な写真 / un salaire net 手どりの給料
■ **nettoyer**	他 きれいにする
grand	副 大きく // grand ouvert 大きく開いた：une fenêtre grande ouverte 開け放たれた窓
ordinaire	男 通常 // d'ordinaire 通常 (= d'habitude, en général)
■ **ordinaire**	形 通常の // de l'(essence) ordinaire レギュラーガソリン
normal, *e*	形 正常な，当然の // un prix normal 妥当な値段 / Il est normal de+不定詞 [que+接続法] (= c'est naturel) …は当然のことだ
particuli*er*, *ère*	形 特別の，固有の // C'est un plat particulier à cette région. これはこの地方独特の料理です / en particulier (= surtout) とりわけ
propre	形 清潔な；固有の // L'impolitesse est un défaut propre à la jeunesse. 不作法は若者に特有の欠点です
pur, *e*	形 純粋な，純然たる // pur et simple 純然たる，まったくの
mixte	形 男女混合の // une école mixte 男女共学の学校
chaleur	女 暑さ // un été d'une chaleur accablante 耐えがたく暑い夏
chaud, *e*	形 暑い，熱い，暖かい // ne pas être chaud pour *qc* [pour+不定詞] …するのは気がすすまない：Je *ne suis pas chaud pour* sortir de nuit. 夜外出するのは気がすすまない
■ **chaud**	男 暑さ // au chaud 温めて，暖かくして
froid	男 寒さ，冷たさ // prendre [attraper] froid 風邪をひく / en froid (avec *qn*) (人と) 仲たがいして
■ **froid, *e***	形 寒い，冷たい
doux, *ce*	形 穏やかな，柔らかい，甘い，優しい // à feu doux とろ火で
◆ **plutôt**	副 むしろ // ou plutôt より正確に言えば：Il est aimable, *ou plutôt* il s'occupe bien des autres. 彼は親切だ，というか面倒みがいいのだ / [形容詞・副詞のまえで] かなり (= assez)：Ce professeur est *plutôt* ennuyeux. あの先生にはもううんざりだ
◆ **mais**	接 しかし // (ne) pas A, mais B Aではなくbである：Ce n'est pas ma faute, mais la tienne. これは私のではなく，君のまちがいだ
◆ **seulement**	副 …だけ；(時間について) ようやく；(節のまえで) ただし // Il est seulement six heures. まだ6時だ / Je voudrais bien lui envoyer un e-mail, seulement je n'ai pas son adresse. 彼(女)にメールを送りたいのだが，アドレスがわからない / Si seulement +直説法半過去 せめて…ならば：*Si seulement* il faisait beau demain !

明日晴れてくれたらなあ！ / non seulement A, mais (aussi [encore]) B AだけではなくBもまた : *Non seulement* on le respecte, *mais encore* on l'aime. 彼は尊敬されているだけではなく，愛されてもいる

EXERCICE 10

次のフランス語の文が，それぞれあたえられた日本語の文が表わす意味になるように，（　）内に入れるのにもっとも適切な語（各1語）を解答欄に書いてください。

(1)　C'est tout à fait par (　　　　) que j'ai appris son accident.
　　　私が彼の事故を知ったのは，まったくの偶然からです。　　　　　＿＿＿＿＿

(2)　C'est une cuisine (　　　　) à cette région.
　　　これはこの地方特有の料理です。　　　　　＿＿＿＿＿

(3)　D'(　　　　), je déjeune au restaurant universitaire.
　　　ふつう私は学食で昼食をとる。　　　　　＿＿＿＿＿

(4)　Donnez mon pantalon à (　　　　).
　　　ズボンをクリーニングに出してください。　　　　　＿＿＿＿＿

(5)　Faites réchauffer la sauce à feu (　　　　).
　　　ソースをとろ火で温めなおしてください。　　　　　＿＿＿＿＿

(6)　Il fait une température (　　　　) pour la saison.
　　　この季節の平温だ。　　　　　＿＿＿＿＿

(7)　Il n'est pas paresseux, (　　　　) étourdi.
　　　彼は怠惰なのではなく，そそっかしいのです。　　　　　＿＿＿＿＿

(8)　J'aime mieux me taire (　　　　) que de risquer de dire une bêtise.
　　　ばかなことを言ってしまいそうならむしろ黙っているほうがいい。　　　　　＿＿＿＿＿

(9)　Je t'ai téléphoné à neuf heures (　　　　).
　　　ぼくは君にきっかり9時に電話した。　　　　　＿＿＿＿＿

(10)　Le menu est à prix (　　　　), mais le vin est en supplément.
　　　定食の料金は変わりませんが，ワインは別料金です。　　　　　＿＿＿＿＿

(11)　Le poids (　　　　) de ce paquet de lessive est de cinq cents grammes.
　　　この洗剤の正味の重さは500グラムです。　　　　　＿＿＿＿＿

(12)　Les résultats de l'enquête sont très (　　　　) d'une personne à l'autre.
　　　アンケート結果は人によってまちまちです。　　　　　＿＿＿＿＿

(13)　Mes enfants vont dans une école (　　　　).
　　　私の子どもたちは男女共学の学校に通っている。　　　　　＿＿＿＿＿

(14)　Non (　　　　) elle est méchante, mais aussi elle est avare.
　　　彼女は意地悪なだけでなく，けちだ。　　　　　＿＿＿＿＿

(15)　Paul, ne sors pas sans ton manteau, tu vas prendre (　　　　).
　　　ポール，コートも着ないで外出しなさんな，風邪をひくよ。　　　　　＿＿＿＿＿

使用する語： (1)〜(5)　doux　　hasard　　nettoyer　　ordinaire　　particulière
　　　　　　　 (6)〜(10)　fixe　　mais　　normale　　plutôt　　précises
　　　　　　　 (11)〜(15)　froid　　mixte　　net　　seulement　　variables

11. 価値

valeur	囡 価値, 能力 // C'est un acteur de grande valeur. 彼は優れた俳優だ / mettre *qc/qn* en valeur …を活用する, 立派に見せる / prendre de la valeur 値が上がる
valoir	自・他 価値がある // valoir la peine de+ 不定詞 [que+ 接続法] …に値する, 価値がある
prix	男 値段 ; 賞 ; 代償 // le mouvement des prix 物価の変動 / hors de prix (= très cher) とても高い / (à) moitié prix 半額の : Cette robe coûte *moitié prix* dans un autre magasin. このドレスは他の店では半額になっている / à aucun prix どうしても…ない : Ne me dérange *à aucun prix*. どんなことがあっても邪魔をしないでね / à tout prix なんとしても
payant, *e*	形 有料の // les places gratuites et les places payantes 無料席と有料席
raisonnable	形 良識的な, 手ごろな // Il a acheté un appartement à un prix raisonnable. 彼は手ごろな値段でアパルトマンを買った
qualité	囡 質, 長所 // de (bonne) qualité 良質の : C'est un vin *de qualité.* これは上質のワインです / de mauvaise qualité 質の悪い / en (sa) qualité de *qc* (= en tant que) … として : *en sa qualité de* directeur de l'école 校長として / mes qualités et mes défauts (= mérite, ↔ défaut) 私の長所と短所
efficace	形 有効な, 有能な // être efficace contre [pour] …に効果のある : un sirop *efficace contre* la toux 咳に効くシロップ
valable	形 有効な // Ce billet est valable quatre jours. この切符は4日間有効です
besoin	男 必要 // avoir besoin de *qc/qn* [de+ 不定詞 , que+ 接続法] …が必要だ / au besoin 必要な場合には / si besoin est [s'il en est besoin] もしその必要があれば
nécessaire ■ **nécessaire**	男 必要 // faire le nécessaire 必要なことをする 形 必要な
avoir beau+ 不定詞	いくら…してもむだである // J'ai eu beau courir, j'ai raté mon train. 走ったがむだだった, 列車に乗り遅れてしまった
vain, *e*	形 むだな (= inutile, ↔ efficace) // en vain むだに : Je t'ai téléphoné plusieurs fois, mais *en vain*. 君に何度も電話したがつながらなかった
bon, *ne*	形 良い, 善良な, 親切な, 優れた ; おいしい ; 正しい // une bonne clé 鍵穴に合う鍵 / une bonne adresse 正確な住所 / bon [meilleur] marché 安い [より安い]
vrai ■ **vrai, *e***	男 真実 // à vrai dire じつを言うと / être dans le vrai (= avoir raison) 正しい 形 ほんとうの
mauvais, *e*	形 悪い, 劣った, まずい // J'ai pris la mauvaise route. 私は道をまちがった / être mauvais en +学科名 (= faible, ↔ fort) …が劣っている : Il *est mauvais en* anglais. 彼は英語が苦手だ
pire ■ **pire**	男 最悪の事態 // au pire 最悪の場合は : *Au pire* on aura un jour de retard. 最悪の場合は1日遅れるでしょう 形 より悪い // de pire en pire ますます悪く
◆ **soi**	代 自分自身, それ自身 (再帰代名詞 se の強勢形, 性・数不変, 主語が不定代名詞のときにも用いる) // en soi それ自体 : Le meurtre est condamnable *en soi*. 殺人は本来的に非難されるべきものである / Cela va de soi. それは当然のことである (= Cela va sans dire.)

EXERCICE 11

次のフランス語の文が，それぞれあたえられた日本語の文が表わす意味になるように，（ ）内に入れるのにもっとも適切な語（各1語）を解答欄に書いてください。

(1) Ça vaut la (   ) de visiter ce musée.

　　この美術館は行ってみる価値がある。　　　　　　　　　　　　_____

(2) Ce médicament est très (   ) contre le rhume.

　　この薬は風邪によく効く。　　　　　　　　　　　　　　　　　_____

(3) Ce terrain a doublé de (   ) en dix ans.

　　10年間で，この土地は2倍に値上がりした。　　　　　　　　_____

(4) Cette voiture d'occasion coûte dix mille euros. C'est un prix (   ).

　　この中古車は1万ユーロする。妥当な価格です。　　　　　　_____

(5) Elle n'est pas venue au rendez-vous : à (   ) dire, je m'y attendais.

　　彼女は約束の場所に来なかった，じつはそんなことだろうと思っていた。　_____

(6) Il faut retrouver le voleur à tout (   ).

　　どうしてもその泥棒を見つけなければならない。　　　　　　_____

(7) J'ai cherché en (   ) à la voir hier.

　　私はきのう彼女に会おうとしたがだめだった。　　　　　　　_____

(8) J'ai eu (   ) courir, je n'ai pas pu attraper l'autobus.

　　走ったけどだめだった，バスにはまにあわなかった。　　　　_____

(9) L'entrée est (   ) pour les enfants de plus de quinze ans.

　　入場は15歳以上の子どもについては有料です。　　　　　　_____

(10) Mes chaussures sont (   ) marché que les tiennes.

　　私の靴は君のものより安い。　　　　　　　　　　　　　　　_____

(11) — Tu invites les Blier à dîner ?

　　— Oui, bien sûr. Cela va de (   ).

　　―ブリエさんたちを夕食に招待するの？

　　―もちろんさ。あたりまえだよ。　　　　　　　　　　　　　_____

(12) Tu n'as pas écrit la (   ) adresse ?

　　君は住所をまちがえて書いたんじゃない？　　　　　　　　　_____

(13) Votre carte d'identité n'est plus (   ).

　　あなたの身分証明書は有効期限がきれている。　　　　　　　_____

(14) Vous avez fait un (   ) numéro de téléphone.

　　電話番号をおまちがえですよ。　　　　　　　　　　　　　　_____

(15) Vous n'avez pas (   ) de lui donner les détails de l'accident.

　　事故の詳細を彼に教えるにはおよびませんよ。　　　　　　　_____

使用する語：(1)〜(5)　efficace　peine　raisonnable　valeur　vrai

　　　　　　 (6)〜(10)　beau　meilleur　payante　prix　vain

　　　　　　 (11)〜(15)　besoin　bonne　mauvais　soi　valable

2　語彙に関する問題

57

12. 類型

modèle	男 タイプ, 手本 // Ne prends pas modèle sur ce menteur ! あんなうそつきの真似をするな！/ prendre *qn* pour [comme] modèle （人）を手本にする
ainsi	副 そのように // Je la connais, ainsi que son mari. 私は彼女の夫同様彼女とも知りあいだ / pour ainsi dire いわば / s'il en est ainsi そういう事情なら
comme	副 …と同じように, …として // Il a les yeux bleus, comme son père. 彼は父親同様, 青い目をしている / comme il faut 申し分のない, きちんと
tel, *le*	不形 そのような // Telle est ma décision. これが私の決心です / Il s'est montré tel qu'il est. 彼はありのままの自分を見せた / en tant que tel それ自体；その資格で：Je suis ton père. Je te donne conseil *en tant que tel*. 私は君の父親です。父親として忠告します / tel que …のように / tel quel そのままの：Je l'ai retrouvé *tel quel*. 彼は昔のままだった
genre	男 種類, 態度, 好み // avoir bon genre 上品である, 育ちがよい / avoir un mauvais [un drôle de] genre 品が悪い / Il a le genre artiste. 彼は芸術家然としている / Cet individu n'est pas mon genre. あいつは私の好みではない
sorte	女 種類 // toutes sortes de+無冠詞名詞 あらゆる種類の… / de (telle) sorte que+接続法 (= pour que+接続法) …するように / de (telle) sorte que+直説法 (その結果) …である / faire en sorte de+不定詞 [que+接続法] …となるようにする：*Fais en sorte d'*être à l'heure. 時間にまにあうようにしなさい
quelconque	不形 何らかの：ありふれた // pour une raison quelconque 何らかの理由で / Mon époux est bien quelconque. 私の夫はとても平凡だ
certain, *e*	形 確かな：ある… // une certaine madame Martin マルタンとかいう人
autre	不形 他の // Il a une autre opinion que la mienne. 彼は私とはちがった意見だ / de temps à autre ときどき
	不代 ほかの人 [もの] // entre autres なかでも, とりわけ
même	形 同じ // Votre fille est dans la même classe que la mienne. あなたの娘さんは私の娘と同じクラスです / en même temps (= à la fois) 同時に
	副 …さえ, …すら // quand même それでも：Il est malade, mais il travaille *quand même*. 彼は病気なのに働いている
identique	形 同じ, 同一の // Sa robe est identique à la mienne. (= pareil) 彼女のドレスは私のと同じだ
égal, *e*	形 等しい // Ça m'est égal. それは私にはどうでもよい *cf.* N'importe. そんなことはどうでもいい, Ça ne me regarde [concerne] pas. それは私とは関係ない
commun, *e*	形 共通の, ありふれた // commun à *qc/qn* …に共通する：Le mur est *commun aux* deux maisons. 塀は2軒の家が共有している
■ **commun**	男 一般 // en commun 共同で
mode	女 流行, ファッション // à la mode 流行している：Ces couleurs de pantalon ne sont plus *à la mode*. このズボンの色はもう流行遅れだ
exception	女 例外 // à quelques exceptions près いくつかの例外は別にして / à l'exception [exception faite] de *qn/qc* (= excepté, sauf) …を除いて / faire exception 例外をなす
■ **excepter**	他 除く

EXERCICE 12

次のフランス語の文が，それぞれあたえられた日本語の文が表わす意味になるように，（　）内に入れるのにもっとも適切な語（各1語）を解答欄に書いてください。

(1)　Cette chanson est très à la (　　　) en ce moment.
　　　このシャンソンはいまとても流行っている。
　　　　　　　　　　　　　　　　　　　　　　　　　　　　　　_____

(2)　Charles a la même taille (　　　) ton frère.
　　　シャルルは君のお兄さんと同じ身長です。
　　　　　　　　　　　　　　　　　　　　　　　　　　　　　　_____

(3)　Daniel est venu en utilisant les transports en (　　　).
　　　ダニエルは公共の交通機関を使ってやってきた。
　　　　　　　　　　　　　　　　　　　　　　　　　　　　　　_____

(4)　Elle ne s'est jamais montrée (　　　) qu'elle est.
　　　彼女はありのままの自分を見せたことが1度もない。
　　　　　　　　　　　　　　　　　　　　　　　　　　　　　　_____

(5)　Il a trouvé une nouvelle méthode pas (　　　) les autres pour résoudre ce problème.
　　　彼はこの問題を解決するために他とはちがう新しい方法を見つけた。
　　　　　　　　　　　　　　　　　　　　　　　　　　　　　　_____

(6)　J'avais pour camarade de classe une (　　　) Corinne.
　　　私はクラスメイトにコリーヌとかいう人がいた。
　　　　　　　　　　　　　　　　　　　　　　　　　　　　　　_____

(7)　Nous dînons en ville de temps à (　　　).
　　　私たちはときどき外食する。
　　　　　　　　　　　　　　　　　　　　　　　　　　　　　　_____

(8)　Prends le parapluie, (　　　) que l'imperméable.
　　　傘を持って行きなさい，それからレインコートも。
　　　　　　　　　　　　　　　　　　　　　　　　　　　　　　_____

(9)　Prenez (　　　) sur Nathalie, regardez comme elle est studieuse.
　　　ナタリーを見習いなさい，彼女がどれほど勤勉か見てみなさい。
　　　　　　　　　　　　　　　　　　　　　　　　　　　　　　_____

(10)　Sarah n'a rien de (　　　) avec sa mère.
　　　サラは母親と少しも似たところがない。
　　　　　　　　　　　　　　　　　　　　　　　　　　　　　　_____

(11)　Si ça vous est (　　　), alors, je décide : on va au cinéma !
　　　もしあなたがどちらでもいいのなら，映画へ行くことにします！
　　　　　　　　　　　　　　　　　　　　　　　　　　　　　　_____

(12)　Tiens-toi (　　　) il faut.
　　　行儀よくしなさい。
　　　　　　　　　　　　　　　　　　　　　　　　　　　　　　_____

(13)　Tout le monde doit assister à la réunion, (　　　) faite pour les malades.
　　　病人を除く全員が会議に出席しなければならない。
　　　　　　　　　　　　　　　　　　　　　　　　　　　　　　_____

(14)　Toutes ces histoires ne me (　　　) pas.
　　　その話はどれもぼくには関係ないことだよ。
　　　　　　　　　　　　　　　　　　　　　　　　　　　　　　_____

(15)　— Tu aimes bien Francis ?
　　　— Il est pas mal, mais ce n'est pas mon (　　　).
　　　—フランシスは好き？
　　　— 彼は悪くないけど，私の好みじゃないわ。
　　　　　　　　　　　　　　　　　　　　　　　　　　　　　　_____

使用する語：
(1)〜(5)	comme	commun	mode	que	telle
(6)〜(10)	ainsi	autre	certaine	commun	modèle
(11)〜(15)	comme	égal	exception	genre	regardent

2 語彙に関する問題

59

13. 程度（1）

point　囲 点；程度　// à point ちょうどよい状態［とき］に / à quel point どれほど：Je sais *à quel point* il est déçu. 私は彼がどれほどがっかりしているかわかる / à un certain point ある程度 / à ce point これほどまでに / au point de+ 不定詞 ［que+ 直説法］ …するほどまで：Il a bu *au point d*'en être malade. 彼は体の具合をおかしくするほど飲んだ / être sur le point de+ 不定詞 今にも…するところである：J'*étais sur le point de* partir quand le téléphone a sonné. 電話が鳴ったとき, 私はちょうど出かけるところだった / faire le point (= mettre les choses au point) 現状を明らかにする / mettre au point 開発する, （機械を）調整する

fort, e　形 （程度が）激しい　// lunettes fortes 度の強いめがね
■fort　副 強く, 大きな声で　// Parlez plus fort [haut] ! もっと大きな声で話してください (↔ à voix basse) / Ça ne va pas fort ! （事態が）おもわしくない

degré　囲 程度；（気温, 角などの）度　// par degré(s) (= peu à peu) 徐々に

tant　副 それほど　// en tant que+ 無冠詞名詞 …として：On l'a engagée *en tant que* secrétaire. 彼女は秘書として雇われた / tant bien que mal (= avec peine) かろうじて / tant (de+ 無冠詞名詞) que+ 直説法 とても…なので〜である：Il a *tant* travaillé *qu*'il est tombé malade. 彼は働きすぎて病気になった / Tant mieux ! よかった / Tant pis ! 仕方がない / tant qu'à + 不定詞 どうせ…するなら：*Tant qu'à* voyager, je préfère que ce soit en Provence. どうせ旅行するなら南仏へ行きたい / tant que ça それほど：Tu as soif ? –Pas t*ant que ça*. のどがかわいた？ —それほどでもない

plus　副 より多く　// plus de +数量表現 …以上：Il a *plus de* quarante ans. 彼は40歳を過ぎている / au plus 最大限：Il est sorti il y a *au plus* cinq minutes. 彼が出たのはせいぜい5分まえです / de plus (= en plus) …だけ多く：Quelques jours *de plus* m'auraient permis d'achever. あと数日あったら終えることができたのだが / de plus en plus (↔ de moins en moins) ますます：Le vent est *de plus en plus* fort. 風はますます強くなった / plus…, (et) plus [moins] …であればあるほどますます〜である［〜でない］：*Plus* elle insiste, *moins* on la croit. 彼女が強調すればするほど彼女を信じられなくなる / plus ou moins 多少とも：Ça te convient ? –*Plus ou moins*. これで都合はいい？ —ある程度はね

trop　副 あまりに　// en trop 余分に：Vous avez un kilo de bagages *en trop*. あなたの手荷物は1キロ超過している / de trop 余分の：Tu es *de trop*. 君はじゃまだ

excès　囲 過度　// à l'excès (= trop) 過度に：Il boit toujours *à l'excès*. 彼はいつも飲みすぎる / un excès de vitesse スピードオーバー

moins　副 より少なく　// à moins de qc [de+ 不定詞, que (ne)+ 接続法] …でないかぎり：Tu n'arriveras pas à l'heure, *à moins de* partir. すぐに出発しないかぎり, 君はまにあわないだろう / de moins en moins (↔ de plus en plus) ますます少なく：Elle vient *de moins en moins* souvent. 彼女は来る回数がますます減ってきた / en moins de …以内で：*en moins d*'un mois 1ヶ月以内で

moindre　形 より小さい　// à moindre prix もっと安い価格で
　　　　　　　囲 最も小さいもの　// la moindre des choses 最低限のこと：C'est *la moindre des choses*. (= Ce n'est rien.) （礼に対して）何でもありません

EXERCICE 13

次のフランス語の文が，それぞれあたえられた日本語の文が表わす意味になるように，（　）内に入れるのにもっとも適切な語（各1語）を解答欄に書いてください。

(1)　À (　　　　) de trois mille euros, je refuse cet arrangement.
　　　3000ユーロ以下なら，私はこの示談を受け入れません。　　　　　　　_____

(2)　Combien coûte le voyage en avion ? —Au (　　　　), cent cinquante euros.
　　　飛行機の旅費はいくらになりますか？　—せいぜい150ユーロです。　_____

(3)　Elle n'a pas la (　　　　) idée de ce qui s'est passé.
　　　彼女にはなにが起こったのかまったく見当がつかない。　　　　　　　_____

(4)　Émilie restera chez elle demain, à (　　　　) que le temps ne s'améliore.
　　　エミリーは天気が好転しないかぎり，あすは出かけない。　　　　　　_____

(5)　Fais attention, ta valise est sur le (　　　　) de tomber.
　　　注意して，スーツケースが落ちそうだよ。　　　　　　　　　　　　　_____

(6)　Il faisait froid à tel (　　　　) que les rivières étaient gelées.
　　　川が凍ってしまうほど寒かった。　　　　　　　　　　　　　　　　　_____

(7)　La situation est-elle à ce (　　　　) critique ?
　　　状況はそんなに差し迫っているの？　　　　　　　　　　　　　　　　_____

(8)　Le médecin m'a interdit tout (　　　　) de boisson.
　　　私は医者から飲み過ぎを禁じられた。　　　　　　　　　　　　　　　_____

(9)　Le stade était bondé de spectateurs. —(　　　　) que ça !
　　　スタジアムは観客でうまっていたよ。—そんなに！　　　　　　　　　_____

(10)　Ne parle pas si (　　　　) ! J'ai mal à la tête.
　　　そんなに大きな声で話さないで！頭が痛いんだから。　　　　　　　　_____

(11)　(　　　　) qu'à faire, je préfère aller dans un bon restaurant.
　　　どうせならいいレストランへ行きたい。　　　　　　　　　　　　　　_____

(12)　Penses-y le (　　　　) souvent possible, tu oublieras.
　　　できるだけそのことを考えないようにしなさい，そうすればいずれ忘れるよ。_____

(13)　Plus il s'explique, (　　　　) on comprend ses raisons.
　　　彼が弁解すればするほど，彼の言い分がわからなくなる。　　　　　　_____

(14)　Pour faire la cuisine, elle met deux fois (　　　　) de temps que moi.
　　　彼女は料理に私より倍の時間をかける。　　　　　　　　　　　　　　_____

(15)　Vous vous êtes trompé en me rendant la monnaie, il y a un euro de (　　　　).
　　　あなたはおつりをまちがいました，1ユーロ多すぎる。　　　　　　　_____

使用する語：(1)〜(5)　moindre　moins　moins　plus　point
　　　　　　　(6)〜(10)　excès　fort　point　point　tant
　　　　　　　(11)〜(15)　moins　moins　plus　tant　trop

14. 程度（2）

niveau(x)	男 高さ, 水準 // au niveau de …の高さ［水準］で：Mettez-vous *au niveau des* élèves. 生徒たちのレベルに合わせてください / Il n'est pas au niveau en anglais. 彼は英語がレベルに達していない
limite	女 境界, 限界, 期限 // à la limite 極端な場合には：*À la limite*, l'intervention est inutile. 最悪の場合, 仲裁も役に立たない / sans limite(s) 限りない
■**limiter**	他 制限する
maximum	男 最大限 // le maximum de la vitesse autorisée 法定最高速度 / au maximum 最大限, せいぜい
minimum	男 最小限 // au minimum 最小限, 少なくとも
moins	男 最小限のこと // (tout) au moins (= au minimum) 少なくとも, せめて：Il pèse *au moins* 80 kilos. 彼は少なくとも80キロはある / du moins 少なくとも, いずれにしても：Il arrive vers midi, *du moins*, c'est ce qu'il m'a dit. 彼は正午ごろに着く, 少なくとも彼は私にそう言った
assez	副 じゅうぶんに // (en) avoir assez de *qc* [de+不定詞]（…に）うんざりする：J'*en ai assez* de tes cris. 君の叫び声にはうんざりだ
suffire	自 …でじゅうぶんである // Il ne suffit pas de bien parler, il faut donner confiance. うまく話せるだけではだめだ, 信頼感をあたえなければならない
beaucoup	副 たいへん // de beaucoup はるかに：Elle est *de beaucoup* la plus jeune de nous. 彼女は私たちのなかで断然若い
presque	副 ほとんど // Je n'ai presque rien mangé. 私はほとんどなにも食べなかった
autant	副 …と同じくらい // autant de+無冠詞名詞+que …と同じくらいの〜：J'ai commis *autant d*'erreurs *que* toi. 私は君と同じくらいのミスをおかした / autant que possible できるだけ
peu	副 ほとんど…ない // à peu près ほとんど：L'été, l'hôtel est *à peu près* complet. 夏場はホテルはほとんど満室です / de peu わずかの違いで：J'ai évité l'accident *de peu*. 私はちょっとしたところで事故を避けることができた / depuis peu 少しまえに：Il a déménagé *depuis peu*. 彼は最近引っ越した / peu à peu (= petit à petit) 少しずつ：*Peu à peu*, elle s'y habituera. 彼女は少しずつそれに慣れてゆくだろう / cf. *Petit à peti*t, il a appris à nager. 彼は少しずつ泳ぎを覚えていった / un petit peu de+無冠詞名詞 ほんの少しの…：Voilà *un* tout *petit peu de* vin. ワインほんの少しです / C'est bien peu de chose. それはまったくたいしたことではありません
◆**rien**	不代 Qu'est-ce que tu as ? – Je n'ai rien. どうしたの？ ―何でもないよ / Ça ne fait rien. (= Ce n'est rien.) 何でもありません / Ce n'est pas rien. 大変なことだ / De rien. どういたしまして / pour rien 無料で, ただ同然で：Il m'a donné un billet de concert *pour rien*. 彼はコンサートの切符をただで譲ってくれた / rien que *qc*/*qn* ただ…だけ (= seulement)：Ce gâteau est à moi et *rien qu*'à moi. このケーキは私のもの, 私だけのものだ / n'avoir rien à voir avec [dans] *qc*/*qn* …と何の関係もない：Je *n'ai rien à voir dans* cette affaire. 私はこの件とは何の関係もない / Rien à faire ! どうしようもない / sans rien+不定詞 …せずに：Elle est partie *sans rien* me dire. 彼女は私になにも言わずに出発した / Quoi de neuf ? — Rien de neuf. なにか変わったことある？―べつになにも

EXERCICE 14

次のフランス語の文が，それぞれあたえられた日本語の文が表わす意味になるように，（　）内に入れるのにもっとも適切な語（各1語）を解答欄に書いてください。

(1) Mon refus n'a rien à (　　　　) avec ta décision.
　　私が辞退するのは君の決断とは何の関係もない。

(2) Ce voyage te coûtera trois mille euros au (　　　　).
　　この旅行は最高で3000ユーロかかるだろう。

(3) —Comme c'est gentil de nous rendre visite !
　　—Vous savez, c'est bien peu de (　　　　) !
　　－来てくれてありがとう！
　　－どういたしまして！

(4) (　　　　) de gens sont venus à la réunion.
　　会議には人がほとんど来なかった。

(5) Dis-moi au (　　　　) si tu la connais.
　　彼女と知り合いかどうかぐらいは教えてよ。

(6) Il ne (　　　　) pas d'avoir pris des notes en classe, il faut aussi les relire à plusieurs reprises.
　　授業中にノートをとっただけではだめだよ，それを何回も読み返すことも必要だ。

(7) Il n'est pas (　　　　) connu pour pouvoir se présenter à cette élection.
　　彼はこの選挙に立候補できるだけの知名度がない。

(8) Jacques a (　　　　) de défauts que de qualités.
　　ジャックは長所も多いが欠点も多い。

(9) J'ai (　　　　) fini un livre que tu m'avais prêté.
　　君が貸してくれた本はもう少しで読み終える。

(10) Lucas a eu cette voiture d'occasion pour (　　　　).
　　リュカはこの中古車をただ同然で手にいれた。

(11) J'ai une confiance sans (　　　　) en Richard.
　　私はどこまでもリシャールを信頼している。

(12) J'en ai (　　　　) de cette pollution, de ces crimes !
　　公害に犯罪，ああもうたくさんだ！

(13) Je préfère de (　　　　) la mer à la montagne.
　　私は山より海のほうがはるかにいい。

(14) Jurez-vous de dire toute la vérité, (　　　　) que la vérité ?
　　真実をすべて，真実だけを述べると誓いますか？

(15) Les deux sœurs ont à peu (　　　　) la même taille.
　　2人の姉妹の身長はほぼ同じだ。

使用する語：
(1)〜(5)　chose　　maximum　　moins　　peu　　voir
(6)〜(10)　assez　　autant　　presque　　rien　　suffit
(11)〜(15)　assez　　beaucoup　　limites　　près　　rien

15. 運動と情勢

① 運動

avance	女 前進，先行，前払い // à l'avance 早めに : Je vous préviendrai *à l'avance*. 早めにお知らせします / en avance （予定より）早く / payer d'avance 前払いする / prendre [avoir] de l'avance sur *qn* （人）に先行する［先行している］
■ **avancer**	他・自 進める，進む
passage	男 通過，通路 // au passage 通りすがりに / prendre *qn* au passage （人）を迎えに立ち寄る / de passage à [dans] …に立ち寄る : Il est *de passage à* Lyon. 彼はリヨンに立ち寄っている
■ **passer**	他・自 過ごす，通る // passer sur *qc* …を大目に見る，省略する（↔ insister sur …を強調する）
se passer	代動 （事件が）起こる：（時が）過ぎる // Tout se passera bien. 何もかもうまくゆくよ
travers	男 à travers *qc* …を横切って : *à travers* les siècles 何世紀にもわたって / de travers 曲がって : Il a mis son chapeau *de travers*. 彼は帽子をはすにかぶった / en travers de *qc* …を横切って : Un camion est *en travers de* la route. トラックが道をふさいでいる
tour	男 回転，一周，順番 // donner un tour de clé 鍵を回す / faire le tour de *qc* …を一周する : Ils *ont fait le tour de* l'Espagne en circuit organisé. 彼らはパックツアーでスペインを一周した / à son tour 今度は…の順番 / C'est à qui le tour ? だれの番なの？ / c'est le tour de *qn* de+ 不定詞 （人）が…する番だ / à tour de rôle 順番に / tour à tour 交互に
■ **tourner**	他・自 回す，回る // tourner bien [mal] うまくいく［まずいことになる］
arrêt	男 停止：停留所 // sans arrêt (= sans cesse) たえまなく / un arrêt d'autobus バス停
■ **arrêter**	他・自 止める，止まる
ouverture	女 開くこと，開始，開店 // les jours d'ouverture 営業日，開館日
■ **ouvrir**	他・自 開く
fermeture	女 閉めること，閉店 // les heures de fermeture 閉店時間
■ **fermer**	他・自 閉める，閉まる

② 情勢

tendance	女 性向，傾向 // avoir tendance à+ 不定詞 …する傾向がある
vent	男 風：風潮 // dans le vent 流行にのった : jeune fille *dans le vent* いま風の女の子
progrès	男 進歩，向上 // Qu'est-ce que tu as fait comme progrès ! ずいぶん上達したね！ / faire des progrès 進歩する
■ **progresser**	自 進歩する
mieux	男 よりよいもの // faire au mieux [faire de son mieux, faire pour le mieux] 最善をつくす / pour le mieux 最高によく : Tout va *pour le mieux*. 万事順調だ
	副 よりよく // de mieux en mieux ますますよく : Elle se porte *de mieux en mieux*. 彼女の体調はますますよくなっている / faire mieux de+ 不定詞 …するほうがよい : Tu *ferais mieux de* te reposer. 君は休養するほうがよい / Il vaut mieux+ 不定詞 [que+ 接続法] …するほうがいい

EXERCICE 15

次のフランス語の文が，それぞれあたえられた日本語の文が表わす意味になるように，（　）内に入れるのにもっとも適切な語（各1語）を解答欄に書いてください。

(1)　Cette discussion risque de (　　　　) tourner.

　　　この議論はまずいことになりかねない。　　　　　　　　　　　　　＿＿＿＿＿

(2)　Ce n'est pas tranquille ici, on nous dérangera sans (　　　　).

　　　ここは静かではない，しょっちゅう邪魔ばかりされるよ。　　　　＿＿＿＿＿

(3)　C'est ton (　　　　) de faire la vaisselle.

　　　食事のあと片づけはあなたの番よ。　　　　　　　　　　　　　　＿＿＿＿＿

(4)　Des clients faisaient la queue dehors une heure avant l'(　　　　) du magasin.

　　　客は開店の1時間まえから外に並んでいた。　　　　　　　　　　＿＿＿＿＿

(5)　Elle sera (　　　　) en photo sans lunettes.

　　　彼女はめがねをはずせば写真うつりはもっとよくなりますよ。　　＿＿＿＿＿

(6)　Essaie pour une fois d'arriver en (　　　　).

　　　今度だけは時間まえに着くようにしなさい。　　　　　　　　　　＿＿＿＿＿

(7)　Fais de ton (　　　　) pour avoir de meilleures notes.

　　　得点をあげるためにベストをつくしなさい。　　　　　　　　　　＿＿＿＿＿

(8)　Il porte toujours sa cravate de (　　　　).

　　　彼のネクタイはいつも曲がっている。　　　　　　　　　　　　　＿＿＿＿＿

(9)　Je lui ai donné rendez-vous à côté de l'(　　　　) d'autobus.

　　　私は彼女とバス停の近くで会う約束をした。　　　　　　　　　　＿＿＿＿＿

(10)　Je vais voir mes parents parce que je suis de (　　　　) à Lyon.

　　　私は両親に会いに行きます，リヨンに立ち寄りますから。　　　　＿＿＿＿＿

(11)　Les prix de certains produits agricoles ont (　　　　) à grimper en ce moment.

　　　いくつかの農作物の値段がこのところ急騰傾向にある。　　　　　＿＿＿＿＿

(12)　Ne t'inquiète pas, tout se (　　　　) bien.

　　　心配しないで，なにもかもうまくゆくよ。　　　　　　　　　　　＿＿＿＿＿

(13)　Qu'est-ce que tu as fait comme (　　　　) !

　　　ずいぶん上達したね！　　　　　　　　　　　　　　　　　　　　＿＿＿＿＿

(14)　Tu ferais (　　　　) de demander conseil à tes parents.

　　　両親に相談したほうがいい。　　　　　　　　　　　　　　　　　＿＿＿＿＿

(15)　Vous parlerez à tour de (　　　　).

　　　順番に話してください。　　　　　　　　　　　　　　　　　　　＿＿＿＿＿

使用する語：(1)～(5)　　cesse　　　mal　　　mieux　　　ouverture　　　tour

　　　　　　　(6)～(10)　avance　　arrêt　　mieux　　　passage　　　　travers

　　　　　　　(11)～(15)　mieux　　passera　progrès　　rôle　　　　　　tendance

16. 増減と経過

① 増　減

naissance	囡 誕生　// donner naissance à *qn/qc* …を生む，生みだす	
■ **naître**	自 生まれる	
augmentation	囡 増加，値上がり　// une augmentation de salaire 昇給	
■ **augmenter**	他・自 増える，増やす	
double	男 2倍；コピー　// en double 2重に：J'ai ce livre *en double.* 私はこの本を2冊ももっている	
■ **doubler**	他 2倍にする	
réduction	囡 減少，値引き　// une réduction du personnel 人員削減 / une réduction de 10% 10%引き	
■ **réduire**	他 減らす	
ralentir	他・自 速度を落とす　//《Ralentir, travaux !》「工事中，徐行せよ」	
supplément	男 追加，追加料金　// payer un supplément 追加料金を支払う / en supplément 追加の：Le vin est *en supplément.* ワインは別料金です	
supplémentaire	形 追加の　// un train supplémentaire 臨時増発列車 / des heures supplémentaires 残業	
joint, *e*	形 結びついた，そえられた　// une carte jointe à un cadeau プレゼントにそえられたカード / ci-joint ［名詞のまえでは不変］同封の：Veuillez prendre connaissance des documents *ci-joints.* 同封の資料をお読みください	
défaut	男 欠陥，欠点，不足　// à défaut de …がなければ，の代わりに / faire défaut (= manquer) 足りない：Le temps m'*a fait défaut* pour visiter ce musée. その美術館へ行くだけの時間がなかった	
court	副 短く　// être à court de *qc* …を欠いている：Je suis *à court d'*argent. もうお金がない	
compris, *e*	形 含まれた　// y compris …を含めて：Le domaine fait deux hectares *y compris* la forêt. 領地は森を含めて2ヘクタールある	
sauf	前 …を除いて　// Je ne prends pas de taxi, sauf quand il pleut. 雨が降っているときを除いて，私はタクシーに乗らない	

② 経　過

suite	囡 続き，結果　// à la suite de *qc/qn* (= après) …に続いて，のあとで / de suite 続けて：Il a travaillé cinq heures *de suite.* 彼は5時間休みなく働いた / les suites de *qc* …の結果：Il est mort *des suites d'*une longue maladie. 彼は長わずらいのすえに亡くなった / prendre la suite de *qn* (人)のあとを継ぐ / par la suite [dans la suite] そのあとで / tout de suite すぐに / une suite de+無冠詞名詞 (= une série) 一連の…：*une suite d'*événements 一連の出来事	
■ **suivre**	他・自 あとについて行く，続く	
cours	男 講義，流れ　// au cours [dans le cours] de *qc* (= pendant) …のあいだに / en cours 進行中の / avoir cours (貨幣，言葉などが) 通用する	
série	囡 ひと続き，シリーズ　// en série 相次いで：大量に：une fabrication *en série* 大量生産	
queue	囡 尾；行列　// faire la queue 列を作って並ぶ	

EXERCICE 16

次のフランス語の文が，それぞれあたえられた日本語の文が表わす意味になるように，（　）内に入れるのにもっとも適切な語（各1語）を解答欄に書いてください。

(1) À (　　　) de champagne, je prendrai de la bière glacée.
シャンパンがなければ，よく冷えたビールをいただきます。
_____

(2) Cette fausse nouvelle a donné (　　　) à des commentaires absurdes.
このような誤報がばかげた解釈を生んだ。
_____

(3) Faites la (　　　) comme tout le monde !
みんなと同じように並んでください！
_____

(4) Il faut payer un (　　　) pour couchettes dans le train.
寝台席は割増料金を払わなければならない。
_____

(5) Ils ont obtenu une (　　　) des heures de travail.
彼らは労働時間削減を獲得した。
_____

(6) Je peux te donner ce disque compact car je l'ai en (　　　).
このCDは君にあげてもいいよ，ぼくは2枚もってるから。
_____

(7) Le nombre de chômeurs a augmenté au (　　　) de ces dernières années.
失業者数がこの数年で増加した。
_____

(8) Le voyage s'est bien passé, (　　　) que, à un moment, nous nous sommes trompés de route.
1度道をまちがったことを除けば，旅行はつつがなくいった。
_____

(9) Mon entreprise a pour but de (　　　) ses effectifs de 5 % avant l'année prochaine.
私の会社は来年までに5%の人員削減を目標としている。
_____

(10) Mon mari fait des heures (　　　) tous les soirs.
私の夫は毎晩残業している。
_____

(11) Répondez-moi tout de (　　　).
すぐに私に返事をください。
_____

(12) «(　　　), École»
「学校地区，徐行」
_____

(13) Tout le monde était là, y (　　　) Jacques.
ジャックをふくめて，全員がいた。
_____

(14) Une (　　　) d'impôt est prévue pour l'année prochaine.
来年は増税が予定されている。
_____

(15) Vous trouverez (　　　) une copie de mon passeport.
パスポートのコピーを同封します。
_____

使用する語：
(1)〜(5)　défaut　　naissance　queue　réduction　supplément
(6)〜(10)　cours　　double　réduire　sauf　supplémentaires
(11)〜(15)　augmentation　ci-joint　compris　ralentir　suite

17. 関係

affaire	囡 関わりのあること，用事，事件，取引 // Tu lui parleras toi-même, c'est ton affaire. 彼(女)には君が話してよ，君の問題だから / avoir affaire à *qn/qc* (= être en relation avec *qn*) …と関わりをもつ / faire l'affaire (de *qn*) 十分である : Cette valise *fera l'affaire*. このスーツケースでまにあうでしょう / Une chambre à un lit *fait mon affaire*. 私はシングルの部屋で十分です / faire une bonne affaire 得な買いものをする
indépendant, e	形 独立した，無関係な // Ces événements sont indépendants les uns des autres. これらの出来事はお互いに関係ない
rapport	男 報告；関係 // en rapport avec *qc/qn* …にみあった : Elle a trouvé un logement *en rapport avec* ses revenus. 彼女は収入にみあった住まいを見つけた / se mettre en rapport avec *qc/qn* …と連絡をとる : Mettez-vous *en rapport avec* lui. 彼と連絡をとってください / par rapport à *qn/qc* …と比べて
■ **rapporter**	他 もとの場所に返す
conflit	男 対立，衝突 // être en conflit avec *qn* (人)と対立している
opposition	囡 対立，反対 // être en opposition avec *qc/qn* …と対立している : Cet enfant *est en opposition avec* son père. この子は父親とそりが合わない / par opposition (à …) …と対照的に
■ **opposer**	他 対立させる // Des problèmes d'argent l'opposent à mon mari. 彼(女)は金銭問題で私の夫ともめている
opposé, e ■ **opposé**	形 反対側の，正反対の // Ils sont d'avis opposés. 彼らは正反対の意見をもっている 男 反対側，反対 // à l'opposé de …の反対側に，…と反対に
front	男 額；正面 // faire front à *qc/qn* …と向かい合う，に立ち向かう : Il faut *faire front à* ces difficultés. この困難に立ち向かわなければならない
face	囡 顔面；面，局面 // faire face à *qc/qn* …と向かい合う : Tu dois *faire face à* des problèmes d'argent. 君は金銭問題に正面からとりくむべきだ
réponse ■ **répondre**	囡 答え // avoir réponse à tout 何にでも対応できる 他・自 答える
origine	囡 出身，起源 // à l'origine (= au début) 初めは / être à l'origine de *qc* …の原因である : Un traumatisme *est à l'origine de* cette maladie. トラウマがこの病気の原因である
■ **original, e**	形 もとの
conséquence ■ **conséquent, e**	囡 結果 // sans conséquence とるに足りない / en conséquence したがって 形 首尾一貫した；重要な
résultat	男 結果，成果 // avoir pour résultat *qc* [de+不定詞] 結果として…をもつ
effet	男 結果，効果 // Le médicament a fait effet rapidement. その薬はすぐに効果があった / sous l'effet de *qc* …のせいで
influence	囡 影響 // Ce film exerce [a] une mauvaise influence sur les enfants. この映画は子どもたちに悪影響がある / sous l'influence de *qn/qc* … の影響をうけて
■ **influencer**	他 影響を及ぼす
suivant	前 …に応じて (= selon) // suivant le temps et le lieu 時と場所に応じて
équilibre	男 バランス // en équilibre 釣り合いのとれた
ordre	男 秩序；順番；命令 // mettre *qc* en ordre [de l'ordre dans *qc*] …を整理する : *Mets de l'ordre dans* ton appartement. アパルトマンを整頓しなさい / par [dans l'] ordre alphabétique アルファベット順に

rang	男 列：順位 // se mettre en rang 整列する / par rang de *qc* …の順に : *par rang de* taille 身長順に

EXERCICE 17

次のフランス語の文が，それぞれあたえられた日本語の文が表わす意味になるように，（　）内に入れるのにもっとも適切な語（各1語）を解答欄に書いてください。

(1)　(　　　) à une crise économique de cette ampleur, les solutions sont difficiles à trouver.

これほどの経済危機に直面して，解決策を見いだすことはむずかしい。　＿＿＿＿＿

(2)　Ça fait très mauvais (　　　) d'arriver en retard à une réunion.

会議に遅刻したら，とても悪い印象をあたえる。　＿＿＿＿＿

(3)　Ce qu'il a l'air dur et sévère ! Je n'aimerais pas avoir (　　　) à lui.

彼はなんて冷たくて厳しそうなんだろう！彼とはかかわりあいたくないんだけど。＿＿＿＿＿

(4)　Cet enfant a (　　　) à tout.

この子は頭の回転がはやい。　＿＿＿＿＿

(5)　Cette grève a eu pour (　　　) une amélioration des conditions de travail.

今度のストの結果として，労働条件が改善された。　＿＿＿＿＿

(6)　Classez les livres par (　　　) de taille.

本をサイズによって分類してください。　＿＿＿＿＿

(7)　Elle aime bien se lever et se coucher tôt, par (　　　) à toute sa famille.

彼女は彼女の家族とは対照的に，早寝早起きが好きだ。　＿＿＿＿＿

(8)　Elle s'est mise à lire Baudelaire sous l'(　　　) de son petit ami.

彼女は恋人に影響されてボードレールを読み始めた。　＿＿＿＿＿

(9)　Il faut faire (　　　) aux dépenses.

浪費には厳しく対処しなければならない。　＿＿＿＿＿

(10)　Je n'ai pas payé cher cette voiture. J'ai fait une bonne (　　　).

この車は高くなかった。お買い得だったよ。　＿＿＿＿＿

(11)　L'(　　　) du conflit était contenue dans le traité conclu quelques années auparavant.

紛争の芽は数年まえに締結された条約のなかにふくまれていた。　＿＿＿＿＿

(12)　Les étoiles nous paraissent très petites par (　　　) au soleil.

星は太陽に比べたらとても小さく見える。　＿＿＿＿＿

(13)　Les ouvriers sont entrés en (　　　) avec les patrons au sujet du renvoi.

解雇をめぐって労使が対立した。　＿＿＿＿＿

(14)　Marie est une pure intellectuelle, Monique est tout à l'(　　　).

マリーはまったくのインテリですが，モニックは正反対だ。　＿＿＿＿＿

(15)　Mettez-vous par (　　　) d'arrivée.

到着順に席についてください。　＿＿＿＿＿

使用する語：	(1)～(5)	affaire	effet	face	réponse	résultat
	(6)～(10)	affaire	front	influence	opposition	rang
	(11)～(15)	conflit	opposé	ordre	origine	rapport

2 語彙に関する問題

69

18. 行　動

fait	男 事実；行為 // tout à fait まったく，完全に / les faits et gestes de *qn* (人)の全行動 / prendre *qn* sur le fait (人)の現場をおさえる：Le voleur *a été pris sur le fait.* 泥棒は現行犯で逮捕された
■ **faire**	他・自 作る，する // Qu'est-ce que j'ai fait de mes gants ? 手袋はどうしたんだろう？ / faire + 不定詞 [使役] …させる：faire tomber [griller] 落とす [焼く]
se faire	代動 作られる；行なわれる；礼儀にかなう // Il s'est fait renverser par une voiture. 彼は車にはねられた / Ça ne se fait pas. 行儀が悪い　*cf.* Ce n'est pas beau de manger debout. 立ったまま食べるのは行儀が悪い
pas	男 歩，歩幅 // à deux pas すぐ近くに：L'hôpital est *à deux pas* d'ici. 病院はここからすぐ近くです / pas à pas 少しずつ：avancer *pas à pas* 一歩ずつ前進する / revenir [retourner] sur ses pas 引き返す，意見を撤回する
marche	女 歩くこと；進行；(階段の)段 // mettre en marche *qc* …を始動させる / « Attention à la marche ! » 「段差に注意」
tomber	自 転ぶ；落ちる // tomber bien [mal] タイミングがよい [悪い]
venue	女 到来 // lors de ma venue au monde 私が生まれたとき
■ **venir**	自 来る // D'où viens-tu ? どこへ行っていたの？
retour	男 帰ること // un (billet d') aller (et) retour 往復乗車券 / à son retour 帰ったとき：Je t'appellerai *à mon retour.* 帰ったら電話するよ / être de retour 帰っている：J'ai rencontré hier mon ami *de retour* d'Italie. 私はきのうイタリア帰りの友人に会った
■ **retourner**	自 戻る
vol	男 飛ぶこと，飛行 // Combien y a-t-il d'heures de vol entre Tokyo et Paris ? 東京−パリ間は飛行機で何時間かかりますか？
■ **voler**	自 飛ぶ
vue	女 視覚，見ること，眺め，見方 // à première vue 一見して / à perte de vue 見渡す限り / connaître *qn* de vue (人)の顔だけは知っている / perdre *qn* de vue (人)を見失う / en vue 見えるところに：Ton stylo est bien *en vue* sur la table. 君の万年筆はテーブルの見えるところにある / avoir vue sur *qc* (= donner sur) …を見晴らす：Ma chambre *a vue sur* le jardin. 私の部屋は庭に面している / point de vue 観点 / en vue de *qc* [de + 不定詞] (= pour) …をめざして
■ **voir**	他 見える，理解する // Tu vois ce que je veux dire ? 私の言っている意味がわかる？
se voir	代動 自分の姿を見る，会う，目につく // Ça se voit. それは一目瞭然です
entendre	他 聞こえる；理解する // entendre A par B BでAを言おうとする：J'entends par là que + 直説法 私が言いたいのは…ということです / entendre dire que + 直説法 …という噂を聞く / entendre parler de *qn/qc* …の噂を耳にする / s'entendre bien [mal] avec *qn* (人)と仲がいい [悪い]
chauffer	他 暖める；奮い立たせる // chauffer un public 観客をわかせる
enlever	他 取り除く；脱ぐ // enlever quelques mots inutiles むだな単語をいくつか削除する / enlever son manteau [son chapeau] コートを脱ぐ [帽子をとる]
◆ **voilà**	Voilà + 名詞 [人称代名詞] + voilà] + qui + 直説法 ほら… : *Voilà* votre femme [La *voilà*] qui vient. ほら奥さん [彼女] が来たよ / 人称代名詞 + voilà… : La *voilà* partie. 彼女は行ってしまった / voilà + 時間表現(= il y a …) …まえに：Il est parti *voilà* huit jours. 彼は1週間まえに出発した / Voilà + 時間表現 + que + 直説法 …して〜になる：*Voilà* longtemps *que* je n'ai pas vu Jacques. ジャックに会わなくなって

ずいぶんになる

EXERCICE 18

次のフランス語の文が，それぞれあたえられた日本語の文が表わす意味になるように，（　）内に入れるのにもっとも適切な語（各1語）を解答欄に書いてください。

(1) C'est la première fois que j'entends (　　　) de cette dame.
その女性のうわさを耳にするのは初めてです。　　　　　　　　　　　　_____

(2) Cette mer qui s'étend à (　　　) de vue, ce que c'est ennuyeux !
見渡すかぎり広がる海，なんて退屈なんだろう！　　　　　　　　　　　_____

(3) Je la connais de (　　　), mais je ne lui ai jamais parlé.
彼女の顔は知ってるけれど，1度も話したことはない。　　　　　　　　_____

(4) Je n'arrive pas à mettre en (　　　) cet ordinateur, il doit être en panne.
このコンピューターはうまく起動できない，きっと故障しているんだろう。　_____

(5) On ne mange pas debout, ça ne se (　　　) pas.
立ったまま食べるもんじゃありません。　　　　　　　　　　　　　　　_____

(6) Patricia a fait (　　　) de l'eau pour le café.
パトリシアはコーヒーのためにお湯を沸かした。　　　　　　　　　　　_____

(7) Qu'est-ce que j'ai (　　　) de mon portable, je ne le trouve nulle part.
あれ，携帯電話はどうしたんだろう，どこにもない。　　　　　　　　　_____

(8) Qu'est-ce que vous (　　　) par là ?
それはどういう意味ですか？　　　　　　　　　　　　　　　　　　　_____

(9) Roger est en colère, ça se (　　　).
ロジェは怒ってるね，見ればわかるよ。　　　　　　　　　　　　　　　_____

(10) Tu (　　　) bien ! Tu peux me donner un coup de main ?
いいときに来たね！手を貸してくれる？　　　　　　　　　　　　　　　_____

(11) —Tu vas à la poste ?
— Non, j'en (　　　).
—郵便局へ行くの？
—いや，行ってきたところだよ。　　　　　　　　　　　　　　　　　　_____

(12) Véronique s'est (　　　) voler sa valise dans la salle d'attente.
ヴェロニックは待合室でスーツケースを盗まれた。　　　　　　　　　　_____

(13) Votre dictionnaire ? Le (　　　).
あなたの辞書？ほら，ここですよ。　　　　　　　　　　　　　　　　　_____

(14) Voulez-vous (　　　) votre manteau ?
どうぞ，コートを脱いでください。　　　　　　　　　　　　　　　　　_____

(15) Vous vous (　　　) bien avec votre mari ?
ご主人とはうまくいってますか？　　　　　　　　　　　　　　　　　　_____

使用する語：(1)〜(5)　fait　　　marche　　parler　　perte　　vue

(6)〜(10)　chauffer　entendez　fait　　tombes　voit

(11)〜(15)　enlever　　entendez　fait　　viens　　voilà

19. 話題，話しあい

① 話題

sujet	男 主題，テーマ // au sujet de *qn/qc* …について / à quel sujet 何のことで
question	女 質問；問題 // en question 問題の / mettre en question *qc* …を問題にする / Il est question de *qn/qc* [de+不定詞 / que+接続法] …が問題［話題］になっている / Il est hors de question de+不定詞 [que+接続法] …は論外である / Pas question de+不定詞 [que+接続法] …するなんてとんでもない
propos	男 発言，話 // à ce propos その点については / à propos ところで / à propos de *qn/qc* (= au sujet de) …について / à tout propos なにかにつけて / tenir des propos+形容詞 …な話をする : Elle m'*a tenu des propos* désagréables. 彼女は私に不愉快なことを言った
plan	男 面；地図；計画 // au premier plan [de *qc*] …の前面に / sur le plan [au plan] +形容詞 [de *qc*] …の面で : *sur le plan* économique 経済面で
quant à	前置詞句 …については // *Quant à* lui demander de l'aide, je pense que c'est impossible. 彼(女)に援助を求めるのは不可能だと思う

② 話しあい

réunion	女 会合，会議 // être en réunion 会議中である
■ **réunir**	他 集める
assemblée	女 集会，議会 // l'Assemblée nationale 国民議会（下院）
■ **assembler**	他 組み立てる，集める
dispute	女 口論 // La dispute entre Jean et Pierre s'est terminée par des coups. ジャンとピエールの口論は殴り合いで終わった
disputer	他 争う // disputer *qn/qc* à *qn* …を得るために（人）と争う : Il *a disputé* la première place *à* ses rivaux. 彼は 1 位をライバルと争った
avis	男 意見，見解 // à mon [ton, son] avis 私［君，彼（女）］の考えでは / être d'avis de+不定詞 [que+接続法] …すべきだと考える : Je *suis d'avis de* passer par cette route. 私はこの道路を通るべきだと思う
opinion	女 意見，世論 // l'opinion publique 世論 / un sondage d'opinion 世論調査
parole	女 言葉，発言，約束 // prendre la parole 発言する / couper la parole à *qn* （人）の発言をさえぎる / donner sa parole à *qn* （人）に約束する / tenir (sa) parole 約束を守る
silence	男 沈黙，音沙汰のないこと，静寂 // respecter [rompre] le silence 沈黙を守る［破る］/ en silence 静かに，黙々と : Travaillez *en silence*. 黙って勉強しなさい / passer *qc* sous silence …に触れない，…を黙殺する
reproche	男 非難 // faire des reproches à *qn* (= blâmer) （人）を非難する
■ **reprocher**	他 非難する
conseil	男 忠告，会議 // demander conseil à *qn* （人）に相談する / donner (un) conseil à *qn* （人）に忠告する
■ **conseiller**	他 忠告する
remarque	女 指摘，批判 // Mon chef m'a fait des remarques sur ma tenue. 私は服装のことで上司から注意された
■ **remarquer**	他 気づく

EXERCICE 19

次のフランス語の文が，それぞれあたえられた日本語の文が表わす意味になるように，（　）内に入れるのにもっとも適切な語（各1語）を解答欄に書いてください。

(1) À (　　　) ! Je te raconte la dernière histoire qui m'est arrivée.

ところで，私のまわりで起こった最新の話をしますね。　　　　　　　　　_____

(2) À mon (　　　), nous devrions partir si nous voulons arriver avant la nuit.

夜になるまえに着きたいのなら，出発すべきだと思います。　　　　　_____

(3) (　　　) à sa proposition, il faut l'examiner de près.

彼の提案については，よく検討してみる必要がある。　　　　　　　_____

(4) Faire une randonnée sous la pluie ? C'est (　　　) de question.

雨のなかをハイキングするなんて，とんでもない。　　　　　　　　_____

(5) Il est en (　　　) en ce moment, voulez-vous le rappeler plus tard ?

彼はいま会議中です，あとでもう1度電話してくださいますか？　_____

(6) Il roule trop vite et sa femme lui en fait souvent la (　　　).

彼はスピードを出しすぎ，奥さんはよくそのことを彼に注意する。_____

(7) J'ai un léger (　　　) à vous faire, vous auriez dû réviser votre projet.

ちょっと苦言を呈するけれど，あなたは計画を見直すべきでした。_____

(8) Je m'inquiète de son long (　　　).

彼から長らく音沙汰のないのが気がかりだ。　　　　　　　　　　_____

(9) Je prends ce médicament sur le (　　　) du médecin.

私は医者の勧めでこの薬を服用している。　　　　　　　　　　　_____

(10) — Je voudrais parler à monsieur Dupuis.

— Oui, c'est à quel (　　　) ?

—デュピュイさんと話したいのですが。

—はい，どんなご用件でしょうか？　　　　　　　　　　　　　　_____

(11) Les journaux ont tous passé sous (　　　) cette affaire qui aurait causé du scandale.

新聞はどれもスキャンダルの原因になったと思われるこの事件には触れていなかった。

_____

(12) Pas (　　　) de laisser de côté ce problème.

この問題を無視するなんてとんでもない。　　　　　　　　　　　_____

(13) Taisez-vous, ne me (　　　) pas la parole !

黙ってください，ぼくの話をさえぎらないでください！　　　　　　_____

(14) Tu auras beau le lui dire, vous n'avez pas du tout la même (　　　).

君がそれを彼に言ってもむだだよ，君たちは見解がまるっきりちがう。_____

(15) Tu me donnes ta (　　　) que tu ne mens pas ?

うそをつかないと約束してくれる？　　　　　　　　　　　　　　_____

使用する語：
(1)〜(5)　avis　　　hors　　　propos　　　quant　　　réunion
(6)〜(10)　conseil　　remarque　reproche　silence　sujet
(11)〜(15)　coupez　　opinion　　parole　　question　silence

20. 仕事と過失

① 仕　事

carrière	囡 職業 // faire carrière dans *qc* …の職業で成功する
œuvre	囡 作品, 成果, 仕事 // mettre en œuvre *qc* …を実行に移す / se mettre à l'œuvre 仕事にとりかかる
ménag*er, ère*	形 家事の // des appareils ménagers 家庭用品 / les travaux ménagers 家事
emploi	男 職；使用 // Il est sans emploi depuis deux mois. 彼は2ヶ月まえから失業中だ / un emploi du temps スケジュール / le mode d'emploi 使用説明書
■ **employer**	他 使用する, 雇う
métier	男 職業, 熟練 // être du métier 専門家である / avoir du métier 熟練している
fonction	囡 機能, 職務 // en fonction de *qn/qc* …に応じて：La conception du mariage varie *en fonction de* l'âge. 結婚観は年齢に応じて異なる / être fonction de *qn/qc* …次第である：La qualité *est fonction du* prix. 品質は価格次第である
■ **fonctionner**	自 機能する
rôle	男 役, 役割 // avoir le beau rôle わりのいい役回りを演じる
gagner	他・自 稼ぐ, 勝つ // gagner de l'argent [du temps] 金銭を稼ぐ [時間を節約する] / gagner sa vie [son pain] 生計を立てる
mi-temps	男 パートタイムの仕事 // travailler à mi-temps パートタイムで働く
service	男 手助け, サービス // Le menu à 20 euros, service [non] compris. サービス料込み[別]で20ユーロのコース料理 / les heures de service 勤務時間 / un service aérien 飛行機の便 / être de [en] service 勤務中である, 営業中である / rendre service à *qn* (人)に役だつ：Ce dictionnaire m'a bien *rendu service*. この辞書はとても役に立った
servir	他・自 食事を出す；役にたつ // Ça ne sert à rien de mentir. うそをついても何にもならない
congé	男 休み, 休暇 // les congés payés 有給休暇 / le congé annuel 年次休暇
relâche	囡 中断, 休息 // Le jour de relâche du cinéma est le lundi. 映画館の休館日は月曜日です / sans relâche 休みなく
grève	囡 ストライキ // être en grève ストライキ中である / faire [se mettre en] grève ストライキをする
chômage	男 失業 // être au [en] chômage 失業中である

② 過　失

faute	囡 まちがい, 過失 // faute de *qc* [de+不定詞] …がないので, しなければ：*Faute de* voiture, je prendrai le métro. 車がないので地下鉄に乗ります / faute de mieux 仕方がないので：Il a accepté ce travail, *faute de mieux*. 彼は仕方なくその仕事を受諾した / sans faute まちがいなく, かならず
tort	男 まちがい, 迷惑 // à tort まちがって / avoir tort (de+不定詞) (↔ avoir raison)：Tu *as tort de* ne pas m'écouter. 君が私の言うことを聞かないのはまちがっている / donner tort à *qn* (人)を非難する / être en tort [dans son tort] まちがっている：Dans cet accident, l'automobiliste *est dans son tort*. この事故で非はドライバーのほうにある / faire du tort à *qn* (= faire du mal à) (人)に迷惑をかける
tromper	他 だます, 判断を誤らせる // Ma mémoire peut me tromper. 私の記憶違いかもしれない

EXERCICE 20

次のフランス語の文が，それぞれあたえられた日本語の文が表わす意味になるように，（　）内に入れるのにもっとも適切な語（各1語）を解答欄に書いてください。

(1)　Ça ne sert à (　　　　) de se fâcher.
　　そんなに腹を立ててもしょうがないよ。

(2)　Ce guide touristique nous a bien rendu (　　　　) durant le voyage.
　　このガイドブックは旅行中とても役に立った。

(3)　Comment (　　　　)-tu ta vie ?
　　君はどうやって生計を立てているの？

(4)　(　　　　) de mieux, allons au cinéma pour tuer le temps.
　　仕方ないので，時間をつぶしに映画を見にいきましょう。

(5)　Elle travaille à (　　　　) chez Renault à Flins.
　　彼女はルノーのフラン工場でパートタイムとして働いている。

(6)　Il a fait (　　　　) dans les lettres.
　　彼は文壇で名をあげた。

(7)　Le libraire a fait faillite et tous les employés sont au (　　　　).
　　本屋が倒産して，全従業員が失業している。

(8)　Le menu est à vingt euros, service (　　　　).
　　定食はサービス料込みで20ユーロです。

(9)　Les ouvriers se sont (　　　　) en grève pour protester contre les conditions de travail.
　　労働者は労働条件に抗議してストに入った。

(10)　On a deux semaines de (　　　　) payés par an.
　　われわれには年に2週間の有給休暇がある。

(11)　On a tout mis en (　　　　) pour éteindre le feu.
　　火を消すためにあらゆる手段が講じられた。

(12)　Simon viendra en (　　　　) du temps qu'il fera.
　　シモンが来るかどうかは天気がどうなるかによる。

(13)　Si tu prends le métro au lieu du taxi, tu peux (　　　　) vingt minutes.
　　タクシーではなく地下鉄に乗れば，20分かせげる。

(14)　Tu as grand (　　　　) de ne pas écouter nos conseils.
　　私たちの忠告を聞かないなんて君はまちがってる。

(15)　Tu connais déjà ton (　　　　) du temps pour la semaine prochaine ?
　　もう君の来週のスケジュールはわかる？

使用する語：(1)〜(5)　faute　　gagnes　　mi-temps　　rien　　service

　　　　　　(6)〜(10)　carrière　　chômage　　compris　　congés　　mis

　　　　　　(11)〜(15)　emploi　　fonction　　gagner　　œuvre　　tort

21. 選択・所有と建設・設置

① 選択・所有

choix　男 選択　// au choix 好みで：On peut prendre, *au choix*, fruits ou fromage. 果物かチーズ好きなほうを選べます / de choix えりぬきの：Cette viande est *de premier choix.* この肉は特選品です　■**choisir**　他 選ぶ

préférence　女 好み　// Fais comme tu veux, je n'ai pas de préférence. お好きなように，私はどちらでもいいよ　■**préférer**　他 …のほうを好む

gré　男 好み　// à mon [ton, son…] gré 私 [君，彼(女) …] の好み [意見] で

possession　女 所有　// avoir *qc* en sa possession (= être en possession de *qc*) …を所有している / prendre possession de *qc* …を受けとる　■**posséder**　他 所有している

réserve　女 貯え，留保　// Elle a une bonne réserve d'argent. 彼女は貯えがかなりある / avoir [garder] *qc* en réserve …を予備にとってある [とっておく] / avec réserve 条件つきで / sans réserve 無条件で

rechange　男 予備　// de rechange 予備の：une roue *de rechange* スペアタイヤ

abandon　男 放棄　// à l'abandon 放置された状態に：Le jardin est *à l'abandon.* 庭は荒れほうだいになっている　■**abandonner**　他 放棄する

échange　男 交換　// en échange ひき換えに / faire un échange de+無冠詞名詞 …を交換する

■**échanger**　他 交換する

② 建設・設置

construction　女 建設(物)　// un immeuble en construction 建設中のビル
■**construire**　他 建てる

usage　男 使用：慣習　// à l'usage de *qn* (人)向けの：Ce dictionnaire est *à l'usage des* débutants. この辞書は初心者向けです / d'usage courant ふつうに使われている：Un couteau est un objet *d'usage courant.* ナイフは日用品です / faire usage de *qc* …を使う / hors d'usage 使われなくなった

■**user**　他・自 使い古す，用いる

réparation　女 修理　// Ma voiture est en réparation. 私の車は修理に出ている
■**réparer**　他 修理する

installation　女 とりつけ　// l'installation du chauffage central セントラルヒーティングの設置
■**installer**　他 設置する

mise　女 置くこと　// une mise au point 調整，開発 / une mise en marche 始動 / une mise en scène 演出 / une mise en vente 発売

■**mettre**　他 置く

■**se mettre**　代動 身をおく　// On se met là ? あそこに座りましょうか？

charge　女 責任：負担：荷物　// être à la charge de *qn* (人)に扶養されている / prendre *qn/qc* en charge …をひき受ける，面倒をみる

■**charger**　他 積む

◆ **coup**　男 打つこと，打撃　// à coup sûr 確かに / d'un (seul) coup 一挙に / tout à coup 突然 / après coup そのあとで：Je n'ai compris qu'*après coup.* あとになってはじめてわかった / donner un coup de fil 電話をかける　*cf.* appeler [demander] *qn* au téléphone …に電話をかける / un coup de main 手助け：Voulez-vous me donner *un coup de main* ? 手を貸してくれませんか？

EXERCICE 21

次のフランス語の文が，それぞれあたえられた日本語の文が表わす意味になるように，（　）内に入れるのにもっとも適切な語（各1語）を解答欄に書いてください。

(1) Ce livre de mathématiques est à l'(　　　) des élèves de sixième.
この数学の本は第6学級の生徒用です。

(2) Je n'ai aucune (　　　), choisissez vous-même.
私はどちらでもかまいません，あなたが選んでください。

(3) Je n'arriverai jamais à faire ce travail, tant pis ! j'(　　　).
この仕事はけっしてうまくいかない，しかたない！あきらめよう。

(4) — Je reste à la maison aujourd'hui.
— À ton (　　　).
－きょうは家にいます。
－お好きなように。

(5) La (　　　) de ma voiture demandera huit jours.
私の車の修理には1週間かかるだろう。

(6) La (　　　) en vente de la nouvelle voiture aura lieu plus tard, dans un mois environ.
新車の販売はもっとあとになるだろう，1ヶ月ばかりあとに。

(7) L' (　　　) de la salle de bains dans cette pièce a été difficile.
この部屋の浴室設備工事は骨がおれた。

(8) Les frais de transport seront à votre (　　　).
交通費はあなたの負担になります。

(9) Les habitants de la région ont protesté contre la (　　　) d'un barrage.
地域住民はダム建設に反対した。

(10) Madame Girard vous (　　　) au téléphone.
ジラールさんからお電話です。

(11) On lui a donné de l'argent en (　　　) de son silence sur cette affaire.
彼はその件について口止め料をもらった。

(12) On se (　　　) sur ce banc ?
あのベンチに座りましょうか？

(13) Pour leur anniversaire de mariage, ils gardent une vieille bouteille de vin en (　　　).
彼らは結婚記念日のために年代物のワインをとっておく。

(14) Tout à (　　　), je me suis souvenu que j'avais oublié mon portefeuille.
私は突然，財布を忘れてきたことを思いだした。

(15) Vous pouvez prendre, au (　　　), café ou thé.
コーヒーでも紅茶でもお好きなほうをどうぞ。

使用する語：	(1)～(5)	abandonne	gré	préférence	réparation	usage
	(6)～(10)	appelle	charge	construction	mise	installation
	(11)～(15)	choix	coup	échange	met	réserve

22. 思考

idée	囡 思いつき，意見　// avoir dans l'idée de+不定詞 [que+直説法] …だと考える：J'ai dans l'idée qu'elle ne viendra pas. 彼女は来ないと思う / venir à l'idée 頭に浮かぶ
pensée	囡 考え，思考，思想　// à la pensée de+不定詞 [que+直説法] …と考えると：Je suis excité à la pensée des vacances. ヴァカンスのことを考えるとわくわくする
■ **penser**	自・他 考える
sens	男 感覚；意見；意味　// à mon (ton, son…) sens (= à son avis, de mon point de vue) 私 [君，彼（女）…] の考えでは / en [dans] un sens (= en un certain sens) ある意味では / bon sens 分別，良識　■ **sentir** 自 感じる
considération	囡 考慮　// prendre qn/qc en considération …を考慮に入れる：Ils n'ont pas pris mon projet en considération. 彼らは私の案を考慮してはくれなかった
■ **considérer**	他 考察する
connaissance	囡 知り合うこと；知識　// faire connaissance avec [faire la connaissance de] qn （人）と知り合いになる　■ **connaître** 他 知っている
recherche	囡 探すこと，研究　// à la recherche de qn/qc …を探して：Je suis à la recherche de ma montre. 私は腕時計を探している
■ **rechercher**	他 探す
courant	男 流れ，傾向　// courant d'air すきま風 / être au courant de qc …を知っている / mettre [tenir] qn au courant de qc …を（人）に知らせる
cœur	男 心臓；心　// de bon cœur (= avec plaisir) 喜んで，心から / par cœur そらで，暗記して：Je connais tout ça par cœur. 私はそれを全部暗記している
esprit	男 精神，知性，機知　// Elle a l'esprit ailleurs. 彼女はうわのそらだ
mémoire	囡 記憶（力）　// Elle a de la mémoire. 彼女は記憶力がいい / à la mémoire de …の記念に / de mémoire (= de tête, par cœur) そらで / si j'ai bonne mémoire 私の記憶にまちがいがなければ
dire	他 言う　// dire à qn (+不代)（人）の心に…を訴える，思い出させる：Ça ne me dit rien d'aller me promener. 散歩に行く気にはなれない / Sa tête me dit quelque chose. 彼（女）の顔には見覚えがある　cf. Ça me revient！あっ，思い出した
rappeler	他 思い出させる　// Cette photo me rappelle mon enfance. この写真を見ると子どもの頃を思い出す
impression	囡 印象　// avoir l'impression de qc [de+不定詞] …のような気がする
sûr, e	形 確かな，安全な　// être sûr de qc [de+不定詞，que+直説法] …を確信している，に自信がある
sérieux	男 まじめ，真剣　// prendre qn [qc] au sérieux …を真に受ける：Ne prenez pas sa plaisanterie au sérieux. 彼（女）の冗談を真に受けないでください
■ **sérieux, se**	形 まじめな
doute	男 疑い　// sans doute (= peut-être) おそらく / sans aucun doute 確かに / hors de doute 確実な / Cela ne fait aucun doute. それは疑いの余地がない
■ **douter**	自・他 疑う
léger, ère	形 軽い　// à la légère 軽々しく：Ne prenez pas ces choses à la légère. 事態を軽く見ないでください
prendre A pour B	AをBととりちがえる　// Il m'a prise pour ta sœur. 彼は私を君の姉[妹]と勘ちがいした
résolution	囡 決意，決定　// Prenez la résolution de ne pas fumer. 禁煙すると決めてください
■ **résoudre**	他 解決する

hésitation	囡 ためらい // avec [sans] hésitation ためらいがちに [ためらうことなく]
■ hésiter	圓 ためらう // N'hésitez pas à poser des questions. 遠慮せずに質問してください

EXERCICE 22

次のフランス語の文が，それぞれあたえられた日本語の文が表わす意味になるように，（　）
内に入れるのにもっとも適切な語（各1語）を解答欄に書いてください。

(1)　Corinne est trop (　　　　) d'elle.
コリーヌは自信過剰だ。

(2)　De loin, je l'ai (　　　　) pour ta sœur.
遠くからだったので，あの女性を君の妹と勘ちがいした。

(3)　Elle n'est pas au (　　　　) de ce qui s'est passé hier.
彼女はきのうなにがあったのか知らない。

(4)　Ils sont à la (　　　　) d'une solution pour cette affaire.
彼らはこの問題の解決策を探している。

(5)　J'ai dans l'(　　　　) d'aller en France.
私はフランスへ行くつもりです。

(6)　J'ai l'(　　　　) d'avoir vu cette femme quelque part.
あの女性はどこかで会ったような気がする。

(7)　Je ne sais pas par (　　　　) son numéro de téléphone.
私は彼の電話番号を覚えていない。

(8)　La fenêtre est mal fermée, on sent un (　　　　) d'air.
窓がよく閉まっていない，すきま風が入ってくる。

(9)　Michel a une bonne (　　　　).
ミシェルは物覚えがよい。

(10)　N'(　　　　) pas à nous téléphoner, si vous avez besoin de nous.
われわれに用事があるときは，遠慮なく電話してください。

(11)　Ne prends pas au (　　　　) ce qu'il t'a dit.
彼が言ったことを真に受けないで。

(12)　Réfléchis un peu de bons (　　　　), tu vois bien que tu as tort !
少し良識をもって考えなさい，君がまちがっていることがよくわかるよ！

(13)　Son innocence est hors de (　　　　).
彼の潔白はまちがいない。

(14)　Son nom me (　　　　) maintenant.
彼女の名前をやっと思いだしたよ。

(15)　Venez dîner chez nous, vous ferez (　　　　) avec nos parents.
私たちの家へ夕食をとりに来てください，私たちの両親と近づきになれますよ。

使用する語：	(1)〜(5)	courant	idée	prise	recherche	sûre
	(6)〜(10)	cœur	courant	hésitez	impression	mémoire
	(11)〜(15)	connaissance	doute	revient	sens	sérieux

23. 測定と意向

① 測 定

mesure
女 測定；(面積，長さなどの)単位，手段 // sur mesure 寸法に合わせた : une chemise *sur mesure* オーダーメイドのワイシャツ / dans la mesure du possible (= autant que possible) できる限り / dans une certaine mesure ある程度は / être en mesure de+不定詞 …できる : Je ne *suis* pas *en mesure de* vous aider. 私はあなたに手を貸すことができない

■ **mesurer**
他 測る

moyen, ne
形 中間の，平均の // la température moyenne 平均気温

■ **moyenne**
女 平均 // faire la moyenne 平均する / en moyenne 平均して

fur
男 率 // au fur et à mesure que+直説法 … に応じて : *Au fur et à mesure que* mon travail avance, il devient plus difficile. 仕事は先へゆくにつれて，むずかしくなってくる

comparaison
女 比較 // faire la comparaison entre A et B AとBを比較する : *Faisons la comparaison entre* la vie à la campagne *et* la vie en ville. 田舎暮らしと都会生活を比べてみましょう

■ **comparer**
他 比較する

différence
女 違い // faire des différences 差別する / une différence avec …との違い / une différence entre A et B AとBの違い

■ **différent, e**
形 違った

② 意 向

volonté
女 意志，意向 // bonne volonté 善意，熱意 / à volonté 好きなだけ : «Pain et beurre à volonté» 「パンとバターはお代わり自由」 / faire *qc* avec mauvaise volonté いやいや…をする / mettre de la mauvaise volonté à+不定詞 …する気がない : Il *met de la mauvaise volonté à* exécuter un ordre. 彼には命令を実行する気がない

vouloir
他 望む // Que veux-tu [voulez-vous] ? どうしろと言うんだい，しかたないじゃない / Qu'est-ce que ça veut dire ? それはどういう意味ですか？ / en vouloir à *qn* (人)に恨みをいだく : Ne m'*en veux* pas ! 私を恨まないで！

volontaire
形 自発的な，故意の // être volontaire pour *qc* [pour+不定詞] すすんで…する : Qui *est volontaire pour* faire la vaisselle ? だれかすすんで皿洗い[食後の後かたづけ]をしてくれる人はいる？

名 ボランティア，志願者

intention
女 意図 // à l'intention de *qn* (= pour) (人)のために : un film *à l'intention des* enfants 子ども向けの映画 / avoir l'intention de+不定詞 …するつもりである : J'*ai l'intention de* déménager. 私は引っ越すつもりです

exprès
副 わざと // faire exprès de+不定詞 わざと…する : Je n'*ai* pas *fait exprès de* vous marcher sur les pieds. わざと足を踏んだのではありません

prêt, e
形 支度ができた // être prêt à *qc* [à+不定詞] …する準備ができている

disposition
女 配置，意向，準備 // à la disposition de *qn* (人)が自由に使えるように : Je suis *à votre disposition*. 何なりといたします

■ **disposer**
他・自 配置する，自由に使える

disposé, e
形 配置された，整えられた // être bien [mal] disposé 機嫌がいい[悪い] / être disposé à+不定詞 …する気でいる

EXERCICE 23

次のフランス語の文が，それぞれあたえられた日本語の文が表わす意味になるように，（ ）内に入れるのにもっとも適切な語（各1語）を解答欄に書いてください。

(1) Au (   ) et à mesure qu'il avançait en âge, il devenait têtu.
　　　彼は歳をとるにつれて頑固になっていった。　　　　　　　　　　_____

(2) Il y a une très grande (   ) de prix entre ces deux savons.
　　　これら2つの石鹸は値段が大きく異なる。　　　　　　　　　　　　_____

(3) Je n'avais pas l'(   ) de téléphoner à mes parents hier soir.
　　　昨晩は両親に電話する気になれなかった。　　　　　　　　　　　　_____

(4) Je serai en (   ) de vous donner une réponse avant mardi.
　　　火曜日までにはお返事できるでしょう。　　　　　　　　　　　　　_____

(5) La température (   ) de cet hiver a été basse.
　　　今年の冬の平均気温は低かった。　　　　　　　　　　　　　　　　_____

(6) Les légumes sont bon marché, en (   ) du mois dernier.
　　　野菜の値段は先月と比べて安い。　　　　　　　　　　　　　　　　_____

(7) Nous sommes (   ) à vous aider.
　　　私たちは喜んであなたのお手伝いをします。　　　　　　　　　　　_____

(8) Qu'est-ce que ça (   ) dire, ce mot ?
　　　この単語はどういう意味ですか？　　　　　　　　　　　　　　　　_____

(9) Que (   )-tu que je fasse ? C'est le chef qui décide.
　　　どうしろって言うんだい？　決めるのは上なんだから。　　　　　　_____

(10) Sois (   ) à partir dès cinq heures.
　　　5時には出発できるようにしておいてね。　　　　　　　　　　　　_____

(11) Tous les documents de la bibliothèque sont à votre (   ).
　　　図書館の資料はどれでも自由にお使いください。　　　　　　　　　_____

(12) Tu fais (   ) de me déranger.
　　　君はわざと私の邪魔をしているね。　　　　　　　　　　　　　　　_____

(13) Tu m'en (   ) encore ?
　　　君はまだ私を恨んでいるの？　　　　　　　　　　　　　　　　　　_____

(14) Une série de photos ont été prises aux (   ) heures de la journée.
　　　一連の写真は1日のさまざまな時間に撮影された。　　　　　　　　_____

(15) «Vin à (   )»
　　　「ワイン飲み放題」　　　　　　　　　　　　　　　　　　　　　　_____

使用する語：(1)～(5)　différence　　fur　　　　intention　mesure　moyenne
　　　　　　(6)～(10)　comparaison　disposés　　prêt　　　veut　　veux
　　　　　　(11)～(15)　différentes　disposition　exprès　　veux　　volonté

24. 関心・期待と労苦

① 関心・期待

intérêt 　[男] 興味；重要性；利益 // avec intérêt 興味深く / avoir intérêt à+[不定詞] …するのが得だ：Tu *as intérêt à* te dépêcher. 君は急いだほうがいい / dans [contre] l'intérêt de qn (人)の利益のために [利益に反して]：Je dis ça *dans ton intérêt*. 私は君のためにそう言っている

■ intéresser 　[他] (人の)関心をひく

intéressant, e 　[形] 興味深い；有利な // J'ai acheté une voiture à un prix intéressant. 私は買い得の値段で車を買った

indifférent, e 　[形] 無関心な // Ça m'est indifférent. (= Ça m'est égal.) それはどうでもよい / Le jazz le laisse indifférent. 彼はジャズには興味がない

attention 　[女] 注意 // faire attention à [de]+[不定詞] [à ce que+[接続法]] …するように気をつける：*Faites attention à* [de] ne pas trop boire. 飲みすぎないように気をつけてください

attente 　[女] 待つこと，期待 // une salle d'attente 待合室 / contre toute attente 期待に反して，意外にも

■ attendre 　[他] 待つ // se faire attendre 待たせる，なかなか来ない

envie 　[女] 欲求 // avoir envie de qc [de+[不定詞]] …が欲しい，したい / donner envie (à qn) de qc [de+[不定詞]] (人)を…する気にさせる

projet 　[男] 計画，草案 // modifier ses projets 計画を変更する
■ projeter 　[他] 計画する

organisation 　[女] 準備，企画，組織 // L'organisation de ce voyage est parfaite. 今度の旅行の企画は万全だ

■ organiser 　[他] 企画する

◆ y 　Ça y est. さあできた

② 労苦

peine 　[女] 心痛，労苦 // à peine (= presque pas) ほとんど…ない：On entend *à peine* le bruit de la rue. 通りの騒音はほとんど聞こえない / à peine…, (que)+[直説法] …するとすぐに：*À peine* arrivé, il s'est mis à sa table de travail. 着くとすぐに彼は仕事机のまえにすわった / avec peine (= difficilement) やっとのことで / ce n'est pas la peine de+[不定詞] [que+[接続法]] …するには及ばない：*Ce n'est pas la peine de* me le répéter. そのことを繰りかえすには及びません / pour la peine ほうびとして：罰として / sans peine たやすく / valoir la peine de+[不定詞] [que+[接続法]] (= mériter de[que]) …する価値がある / avoir (de la) peine à+[不定詞] …するのに困難を感じる / faire de la peine à qn de +[不定詞] …するのは(人)を悲しませる

soin 　[男] 配慮，世話，治療 // avoir [prendre] soin de qn/qc …に気を配る：Il *prend soin de* ses parents. 彼は両親を大事にしている / donner des soins à qn (人)を治療する

■ soigner 　[他] 世話する，(仕事などを)入念にする，治療する
■ se soigner 　[代動] 健康に気をつける // Soignez-vous bien. お大事に

souci 　[男] 心配 // se faire du souci pour qn/qc …のことで気をもむ

patience 　[女] 忍耐 // avec patience 忍耐強く / avoir de la patience 我慢強い
■ patient, e 　[形] 我慢強い

EXERCICE 24

次のフランス語の文が，それぞれあたえられた日本語の文が表わす意味になるように，（　）内に入れるのにもっとも適切な語（各1語）を解答欄に書いてください。

(1) Aie toujours (　　　　) de bien fermer la porte à clef en partant !

出かけるときはドアにちゃんと鍵をかけるようにいつも気をつけなさい！　_____

(2) À (　　　　) réveillée, Nicole s'est plainte de maux de tête.

目が覚めるとすぐに，ニコルは頭痛を訴えた。　_____

(3) Ce beau temps me donne (　　　　) de me promener.

こんなにいい天気だと散歩したくなる。　_____

(4) C'est André qui s'est chargé de l'(　　　　) de ce pique-nique.

今度のピクニックの企画を担当したのはアンドレです。　_____

(5) Elle est complètement (　　　　) aux malheurs des autres.

彼女は他人の不幸にまったく関心がない。　_____

(6) Il n'a pas répondu à l'(　　　　) de ses parents.

彼は両親の期待にこたえられなかった。　_____

(7) Il ne (　　　　) pas qu'on se fasse du souci pour lui.

彼は人に心配してもらうには値しない。　_____

(8) Ils ont visité l'Espagne en voyage (　　　　).

彼らはパックツアーでスペインを訪れた。　_____

(9) J'ai fait (　　　　) à ne pas réveiller ma femme en rentrant.

私は帰宅したとき妻の目を覚まさないように注意した。　_____

(10) J'ai vu ce film avec beaucoup d'(　　　　).

この映画はすごくおもしろかった。　_____

(11) Le salaire qu'on te propose est (　　　　) par rapport à ce que tu gagnais avant.

しめされた給与は君が以前にかせいでいた金額より高い。　_____

(12) Ses parents se font du (　　　　) pour lui.

両親は彼のことを心配している。　_____

(13) Soyez (　　　　), le film va commencer dans quelques minutes.

いらいらしないで，映画はまもなく始まります。　_____

(14) Tu aurais pu (　　　　) davantage ton devoir, il est plein de fautes !

宿題はもっとていねいにできただろうに，まちがいだらけだよ！　_____

(15) (　　　　) y est ! J'ai fini mon travail.

よし！仕事が終わった。　_____

使用する語：
(1)〜(5)	envie	indifférente	organisation	peine	soin
(6)〜(10)	attente	attention	intérêt	mérite	organisé
(11)〜(15)	ça	intéressant	patient	soigner	souci

25. 賛否・許否，平和・戦い，救助

① 賛否・許否

accord　圐 賛同，合意　// être d'accord sur *qc* [pour+不定詞] …について賛成である / se mettre d'accord 同意する

refus　圐 拒否　// Il a essuyé un refus à sa demande en mariage. 彼は結婚の申し込みを断られた / Ce n'est pas de refus. (= volontiers) 喜んでお受けします

　■ **refuser**　他 拒否する

permission　囡 許可　// avoir la permission de+不定詞 …する許可をえる / donner la permission à *qn* de+不定詞 （人）に…する許可をあたえる

　■ **permettre**　他 許可する　// se permettre +不定詞 あえて…する / L'absence de nuages permet de voir toutes les étoiles. 雲がないのですべての星が見える

acceptation　囡 承認，同意　// donner son acceptation à *qc* …を受け入れる

　■ **accepter**　他 受け入れる，同意する

interdiction　囡 禁止　// «Interdiction de stationner» 「駐車禁止」

interdire　他 禁止する　// Il est interdit [défendu] de+不定詞 …することは禁じられている : *Il est interdit de* fumer ici. ここでの喫煙は禁じられている

défense　囡 禁止　// «Danger, défense d'entrer» 「危険につき立ち入り禁止」

　■ **défendre**　他 守る，禁じる　// défendre A contre [de] B AをBから守る / défendre *qc* à *qn* [à *qn* de+不定詞] （人）に…を禁じる

laisser　他 残す，置いておく (= déposer)，放っておく　// laisser+不定詞 …させておく，するにまかせる : *Laissez* faire. まかせてください / laisser tomber *qn*/*qc* …を見捨てる，への関心を失う : Elle *a laissé tomber* le sport. 彼女はスポーツをあきらめた

　■ **se laisser+不定詞**　代動 …するままになる，されるままになる　// se laisser aller なげやりにふるまう : Ne *vous laissez* pas *aller* ! しっかりしてください

② 平和・戦い

paix　囡 平和　// en paix 平穏に : Ils vivent *en paix* avec leurs enfants. 彼らは子どもたちと仲よく暮らしている

sécurité　囡 安全，安心，保障　//de sécurité 安全のための : une ceinture *de sécurité* シートベルト

danger　圐 危険　// courir un danger [risque, péril] 危険をおかす

risque　圐 危険 (= danger)　// à ses risques et périls 全責任において / au risque de *qc* [de +不定詞] …の危険をおかして

　■ **risquer**　他 危険にさらす，…かもしれない

lutte　囡 闘争　// la lutte pour le pouvoir 権力闘争 / la lutte contre la pollution 公害対策
　■ **lutter**　自 戦う

résistance　囡 抵抗，耐久力　// Le voleur s'est laissé arrêter sans opposer aucune résistance. 泥棒はまったく抵抗することなく逮捕された

résister　自 抵抗する，もちこたえる　// résister à *qc* …に耐える : Cette plante *résiste à* la gelée. この植物は霜に強い

③ 救助

secours　圐 救助 (= aide)　// de secours 非常用の : une roue [la sortie] *de secours* スペアタイヤ [非常口] / porter secours à *qn* (= aider) （人）を救助する

protection　囡 保護　// Ils manifestent pour la protection de l'environnement. 彼らは環境保護のためにデモ行進する

　■ **protéger**　他 保護する

appel	男 呼ぶこと // faire appel à *qn/qc* …に助けを求める
■ **appeler**	他 呼ぶ
recours	男 頼ること // avoir recours à *qn/qc* …に頼る
■ **recourir**	自 頼る

EXERCICE 25

次のフランス語の文が，それぞれあたえられた日本語の文が表わす意味になるように，（　　）内に入れるのにもっとも適切な語（各1語）を解答欄に書いてください。

(1) Cette laine (　　　　) bien au lavage.
このウールは洗濯にも充分耐える。

(2) « (　　　　) d'afficher »
「張り紙禁止」

(3) Il n'a pas la (　　　　) de s'absenter.
彼は欠席してもよいという許可をえていない。

(4) Il (　　　　) qu'on inscrive son nom sur cette liste.
彼はこのリストに名前が載せられることを認めない。

(5) Il y a des nuages, la pluie (　　　　) de tomber.
雲がでてきた，雨になるかもしれない。

(6) Jacques est allé voir un film (　　　　) aux jeunes de moins de dix-huit ans.
ジャックは18歳未満入場禁止の映画を見に行った。

(7) J'ai laissé (　　　　) la pêche, je n'avais plus le temps.
釣りはやめてしまった。暇がなくなったから。

(8) Je vous fais cette remarque, au (　　　　) de vous déplaire.
嫌われるのを覚悟であなたにこのような注意をいたします。

(9) Le gouvernement a eu (　　　　) à l'armée pour maintenir l'ordre.
政府は秩序維持のために軍隊に助けを求めた。

(10) Les gants sont une bonne (　　　　) contre le froid.
手袋はよく寒さを防いでくれる。

(11) Les pompiers (　　　　) de graves dangers pour combattre les incendies.
消防士は火災と闘うためにたいへんな危険をおかす。

(12) Moi, je serais d'(　　　　) pour partir tôt, sinon, on aura des embouteillages.
私としてはすぐに出発することに賛成です，さもないと渋滞にあうでしょう。

(13) Si nous n'arrivons pas à déplacer seuls ce bureau, nous ferons (　　　　) à ton frère.
われわれだけでこの机を動かせなければ，君の弟の手を借りよう。

(14) Vous n'(　　　　) pas les cartes de crédit ?
クレジットカードで支払えませんか。

(15) Vous pouvez me (　　　　) Boulevard Saint-Jacques, s'il vous plaît ?
サン-ジャック大通りで降ろしてくれますか。

使用する語：(1)〜(5)　défense　permission　refuse　résiste　risque
　　　　　　(6)〜(10)　interdit　protection　recours　risque　tomber
　　　　　　(11)〜(15)　acceptez　accord　appel　courent　déposer

26. 対人関係

égard	男 敬意, 考慮 // à l'égard de *qn/qc* …に対して : Il est gentil *à l'égard de* sa grand-mère. 彼はおばあさんにやさしい
hommage	男 敬意 // en hommage de *qc* …のしるしとして : *en hommage de* mon amitié 友情のしるしとして / rendre hommage à *qc/qn* …に敬意を表する
confiance	女 信頼 // avoir confiance en [dans] *qn/qc* …を信頼している / faire confiance à *qn/qc* …を信用する / de confiance 信用できる, 信用して : quelqu'un *de confiance* 信頼できる人
mépris	男 軽蔑, 軽視 // avoir [éprouver] du mépris pour *qn* (人)に軽蔑の念を抱く / au mépris de *qc* …を無視して : *au mépris du* danger 危険をかえりみないで
■ **mépriser**	他 軽蔑する
grâce	女 恩恵 // grâce à *qn/qc* …のおかげで : C'est *grâce à* toi que j'ai obtenu ce poste. 私がこのポストにつけたのは君のおかげだ
faveur	女 特別のはからい, 好意 // de faveur 優待の : billet *de faveur* (= billet gratuit) 優待券 / en faveur de *qn/qc* …のために : J'ai voté *en faveur de* ce candidat. 私はその立候補者に投票した
■ **favoriser**	他 優遇する
digne	形 …に値する // digne de *qc/qn* [de+*qc*/不定詞] …にふさわしい [値する] : Ce mensonge n'est pas *digne de* toi. こんな嘘をつくなんて君らしくない
remercier	他 礼を言う // remercier *qn* de [pour] *qc* [de+不定詞] (…について人に) 礼を言う : Je vous *remercie de* m'avoir invité. 招待していただいたことを感謝します
honneur	男 名誉, 尊敬 // avoir l'honneur de+不定詞 光栄にも…する : J'ai *l'honneur de* vous faire part du mariage de ma fille. 娘の結婚を謹んでご通知申し上げます / d'honneur 名誉ある : un membre *d'honneur* 名誉会員
honte	女 恥 // avoir honte de *qc/qn* [de+不定詞] …が恥ずかしい : Tu n'as pas *honte de* manger debout ? 立ったまま食べたりして恥ずかしくないの？
discret, ète	形 控えめな, 秘密を守る // Sois discret ! 口外するな！
secret	男 秘密 // confier un secret à *qn* (人)に秘密をうち明ける / en secret [dans le secret] こっそりと / garder [trahir] un secret 秘密を守る [もらす] *cf.* répéter くりかえして言う, (秘密を)口外する
précaution	女 用心, 慎重 // prendre des [ses] précautions 用心のために手をうつ / avec précaution 慎重に / sans précaution 不用意に
correct, e	形 正確な, きちんとした // être correct avec *qn* (人)に対して礼儀正しい
fâché, e	形 怒った, 仲たがいしている // Il est fâché contre toi. 彼は君に腹をたてている / Il est fâché avec son frère. 彼は兄[弟]と仲たがいしている
naturel	男 気どりのなさ // Il sourit avec naturel sur la photo. 写真の彼は自然な笑みをうかべている

EXERCICE 26

次のフランス語の文が，それぞれあたえられた日本語の文が表わす意味になるように，（　）内に入れるのにもっとも適切な語（各1語）を解答欄に書いてください。

(1) (　　　) à ce renseignement, la police a pu arrêter le voleur.

この情報があったので，警察は泥棒を逮捕できた。

(2) Ce n'est pas (　　　) d'entrer dans la pièce sans frapper à la porte.

ノックもしないで部屋に入るのは礼儀に反する。

(3) Ce scientifique est (　　　) de représenter son pays au congrès.

その科学者は会議で国を代表するにふさわしい。

(4) C'est ce qu'elle m'a raconté, mais ne va pas le (　　　) !

これは彼女から聞いたことだよ，でも他言しないでね！

(5) Elle est (　　　) avec ses parents depuis cinq ans.

彼女は両親と5年まえから仲たがいしている。

(6) François a voté en (　　　) du candidat du parti socialiste.

フランソワは社会党の候補者に投票した。

(7) Il a plongé pour sauver l'enfant tombé à l'eau au (　　　) de sa vie.

彼は川に落ちた子どもを助けるために，身の危険をかえりみず水に飛びこんだ。

(8) J'ai l'(　　　) de vous annoncer que mon fils se marie le mois prochain.

息子が来月結婚することを謹んでお知らせ致します。

(9) Je n'ai plus (　　　) en toi, tu ne tiens jamais parole.

もう君を信用しない，君はぜんぜん約束を守らない。

(10) Je ne sais pas comment (　　　).

何とお礼を申し上げてよいかわかりません。

(11) Leur indifférence à mon (　　　) me fait de la peine.

彼らの私に対する冷淡さには心が痛む。

(12) Marie ne sait pas (　　　) un secret, ne lui dites jamais rien !

マリーは秘密を守れない，彼女にはけっしてなにも言わないでください！

(13) Ne crie pas si fort, tu me fais (　　　).

そんな大声をださないで，ぼくは君が恥ずかしいよ。

(14) Prends la (　　　) de réserver tes places à l'avance.

念のために席を予約しておきなさい。

(15) Sois (　　　) à ce sujet, n'en parle à personne.

この件は秘密にしてね，だれにも話さないで。

使用する語：
(1)〜(5)　　correct　　digne　　fâchée　　grâce　　répéter

(6)〜(10)　confiance　faveur　honneur　mépris　remercier

(11)〜(15)　discret　　égard　　garder　honte　précaution

27. 感情

sentiment	男 感情；印象 // avoir le sentiment de *qc* [de+不定詞, que+直説法] …であると思う：J'*ai le sentiment qu*'il se trompe. 彼はまちがっているような気がする
■ **sentir**	他・自 感じる
plaisir	男 喜び，楽しみ // avoir le plaisir de+不定詞 …してうれしい：Nous *avons le plaisir de* vous annoncer votre succès. あなたの合格をお知らせできてうれしい / faire plaisir à *qn* (人)を喜ばせる：Cette nouvelle me *fait* très *plaisir*. このニュースが私はとてもうれしい
■ **plaire**	自 …の気にいる
tenir à *qn/qc*	間・他 大切にする，執着する // Je tiens à ce livre. 私はこの本を大切にしている
mal	男 痛み，悪 // avoir mal à+体の一部 …が痛む：J'*ai mal au* cœur. 私は吐き気がする / le mal de mer 船酔い / avoir du mal à+不定詞 …するのに苦労する：J'*ai eu du mal à* me faire comprendre. 私は理解してもらうのに苦労した / se donner du mal pour+不定詞 …しようとがんばる：Il *se donne du mal pour* réussir les concours d'entrée. 彼は入学試験の合格をめざしてがんばっている / faire du mal à *qn* (人)に苦痛をあたえる / se faire (du) mal à+体の部位 …を痛くする，けがをする / Il n'y a pas de mal. (= De rien) 何でもありません
tranquille	形 静かな，安心した // Laisse-moi tranquille. 私をそっとしておいて [ほっといてよ]
calme	男 静けさ，落ち着き // Du calme ! 落ちつきなさい！[静かにしなさい！]
■ **calme**	形 静かな
aise	女 くつろぎ // être à l'aise [à son aise] くつろいで / mettre *qn* à l'aise [à son aise] (人)をくつろがせる
déranger	他 じゃまする // Excusez-moi de vous déranger. おじゃまして申しわけありません
■ **se déranger**	代動 席を立つ，仕事を中断する // Ne vous dérangez pas pour moi. どうぞそのまま仕事を続けてください
content, *e*	形 うれしい，満足した // être content de soi うぬぼれている
impatient, *e*	形 待ちきれない，いらだった // être impatient de+不定詞 早く…したくてたまらない
fidèle	形 …に忠実な，行きつけの // être fidèle à ses promesses 約束を守る / client fidèle 常連客
dommage	男 残念なこと，損害 // C'est dommage que+接続法 …なのは残念です，もったいない / L'inondation a causé de grands dommages aux cultures. 洪水は農作物に大損害をあたえた
regret	男 後悔，残念 // avoir le regret de+不定詞 残念ながら… : J'*ai le regret de* ne pouvoir accepter votre proposition. 残念ながらあなたの提案を受けいれることはできない / à regret (= malgré soi) 心ならずも / à mon [notre] (grand) regret 残念なことに
■ **regretter**	他 後悔する // Je regrette d'être venu. 来なければよかった
dépit	男 悔しさ // en dépit de *qc* (= malgré) …にもかかわらず : Il a refusé cette offre *en dépit de* mes conseils. 彼は私の助言を無視してこの申し出を断った / en dépit du bon sens 良識に反して，でたらめに
malgré	前 …にもかかわらず // malgré soi (= à regret) いやいや / malgré tout (= quand même) いずれにせよ
peur	女 恐怖 // faire peur (à *qn*) (人を)怖がらせる
horreur	女 恐怖 // Quelle horreur ! 何ということだ！
quel, *le*	感嘆形容詞 何という… // Quel sale temps ! 何とひどい天気なんだろう！

EXERCICE 27

次のフランス語の文が，それぞれあたえられた日本語の文が表わす意味になるように，（ ）内に入れるのにもっとも適切な語（各1語）を解答欄に書いてください。

(1) Arrêtez de crier, un peu de (　　　), s'il vous plaît !

　　　大声を出すのをやめてください，少し落ちついてください！ 　　　　　——————

(2) Elle ne peut pas voyager en bateau, elle a le mal de (　　　).

　　　彼女は船旅ができない。船酔いするから。 　　　　　——————

(3) Il a fait des projets de vacances en (　　　) du bon sens.

　　　彼のヴァカンスの計画はいいかげんだった。 　　　　　——————

(4) Il s'est présenté aux élections (　　　) les conseils de ses amis.

　　　彼は友人たちの助言を押しきって選挙に出馬した。 　　　　　——————

(5) Ils sont à l'(　　　) dans cet appartement, quatre pièces pour deux personnes.

　　　彼らはこのアパルトマンならゆったり暮らせる，2人で4部屋だもの。 　　　　　——————

(6) J'ai eu du (　　　) à trouver une place pour garer ma voiture.

　　　駐車する場所を探すのに苦労した。 　　　　　——————

(7) J'ai mal au (　　　) depuis ce matin.

　　　けさから吐き気がするんだ。 　　　　　——————

(8) Je (　　　) d'avoir acheté ce pantalon.

　　　このズボンは買わなければよかった。 　　　　　——————

(9) Je suis (　　　) à mon boucher.

　　　私はいつも同じ店で肉を買う。 　　　　　——————

(10) Laisse ton père (　　　). Il se repose après le déjeuner.

　　　お父さんの邪魔をしちゃだめよ。昼食後の休息をとっているのだから。 　　　　　——————

(11) Les enfants sont (　　　) d'aller jouer.

　　　子どもたちは早く遊びに行きたくてうずうずしている。 　　　　　——————

(12) Ne vous (　　　) pas pour moi, je prendrai un taxi.

　　　どうぞおかまいなく，タクシーを拾いますから。 　　　　　——————

(13) Quel (　　　) de laisser tout ce gâteau !

　　　このケーキを全部残すなんてもったいない！ 　　　　　——————

(14) (　　　) surprise !

　　　これは驚きだなあ 　　　　　——————

(15) Votre cadeau lui a fait grand (　　　).

　　　あなたのプレゼントに彼はとても喜びました。 　　　　　——————

使用する語： (1)～(5)　aise　　　calme　　　dépit　　　malgré　　　mer
　　　　　　 (6)～(10)　cœur　　　fidèle　　　mal　　　regrette　　　tranquille
　　　　　　 (11)～(15)　dérangez　dommage　impatients　plaisir　quelle

28. 身体，外観

① 身体

bras	男 腕 // accueillir *qn* à bras ouverts 大歓迎する / dans ses bras 腕のなかに：Elle tient son enfant *dans ses bras*. 彼女は子どもを腕に抱く
main	女 手 // sous la main 手元に：Je n'ai pas mon agenda *sous la main*. 手帳が手元にない / en main(s) propre(s) 直接本人に / donner un coup de main à *qn* (= aider) (人)に手を貸す / tendre la main à *qn* (人)に手をさしのべる / mettre la main sur *qc/qn* (= trouver) …を見つける：Je n'arrive pas à *mettre la main sur* ma clef. 鍵が見あたらない / prendre *qc* en main(s) …をひき受ける：Tu peux *prendre* cette affaire *en main*? この用事をひき受けてくれるかい？ / serrer la main [donner une poignée de main] à *qn* (人)と握手する
œil (圈 *yeux*)	男 目，視線 // sauter aux yeux 目に飛び込んでくる [明白である] / jeter un coup d'œil sur *qn/qc* …をちらりと見る，ざっと目を通す / ne pas fermer l'œil 眠らない：Je *n'ai pas fermé l'œil* de toute la nuit. 私は1晩中まんじりともしなかった / sous les yeux de *qn* (人)の目のまえで
pied	男 足，下部 // à pied 歩いて / au pied de *qc* …の下に：*au pied d*'une montagne 山のふもとに
tête	女 頭，顔；先頭 // en tête 頭のなかに：Je n'ai plus son nom *en tête*. 彼(女)の名前を忘れてしまった / de tête (= de mémoire, par cœur) そらで / perdre la tête 逆上する / être à la tête de *qc* …の先頭にいる，を率いる地位にいる / prendre la tête 首位にたつ，主導権を握る
ventre	男 腹 // à plat ventre 腹ばいに：se mettre *à plat ventre* devant *qn* (人)に屈従する / s'allonger [se coucher] sur le ventre うつぶせに寝る
dos	男 背 // s'allonger [se coucher] sur le dos あおむけに寝る / tourner le dos à *qc/qn* …に背を向ける，そっぽを向く：L'Odéon ? Mais vous lui *tournez le dos*. オデオン座ですか？それなら反対方向ですよ

② 外観

aspect	男 様子，外観 // au premier aspect 一目見て / sous tous ses aspects あらゆる角度から
air	男 様子 // Cette pomme a l'air bonne. このリンゴはおいしそうだ
mine	女 顔色，外観 // avoir bonne [mauvaise] mine 顔色がいい [悪い] / faire mine de+不定詞 (= faire semblant de) …するふりをする
semblant ■ **sembler**	男 見せかけ // faire semblant de+不定詞 …するふりをする 自 …のように見える
trait	男 線，顔だち // d'un trait 一気に / Elle a les traits très fins. 彼女はとても繊細な顔だちをしている

EXERCICE 28

次のフランス語の文が，それぞれあたえられた日本語の文が表わす意味になるように，（ ）内に入れるのにもっとも適切な語（各1語）を解答欄に書いてください。

(1) À plat (　　　) sur le canapé, Arthur regarde les images du livre.
ソファーに腹ばいになって，アルチュールは本の絵を眺めている。

(2) Couchez-vous sur le (　　　), je vais vous examiner.
あおむけに寝てください，診察しますから。

(3) Donnez-moi un coup de (　　　), s'il vous plaît.
ちょっと手伝ってください。

(4) Elle se moque de moi, ça saute aux (　　　).
彼女はぼくをばかにしている，明白だよ。

(5) Il a fait (　　　) de ne pas me voir.
彼は私が目に入らないふりをした。

(6) Il a seulement jeté un (　　　) d'œil sur le journal.
彼は新聞にはざっと目を通しただけだった。

(7) Ils habitent au (　　　) de la butte Montmartre.
彼らはモンマルトルの丘のふもとに住んでいる。

(8) Ils m'ont reçu à (　　　) ouverts.
彼らは私を歓迎してくれた。

(9) J'avais tellement soif que j'ai avalé mon verre de bière d'un (　　　).
私はとても喉が渇いていたので，グラスのビールを一気に飲み干した。

(10) Le gouvernement (　　　) le dos à la question de l'environnement.
政府は環境問題に無関心だ。

(11) Le temps a l'(　　　) de se gâter, il pleuvra demain.
天気が崩れそうだ，あすは雨が降るだろう。

(12) Pardonnez tout à ma fille et (　　　)-lui la main.
私の娘のすべてを許して，彼女に手をさしのべてください。

(13) Pauline est malade, elle a très mauvaise (　　　).
ポリーヌは病気だよ，とても顔色が悪い。

(14) Remettez-lui cette lettre en mains (　　　).
この手紙は本人に直接渡してください。

(15) Sophie est à la (　　　) de sa classe.
ソフィーはクラスでトップだ。

使用する語：(1)～(5)　dos　　main　　semblant　　ventre　　yeux
　　　　　　 (6)～(10)　bras　　coup　　pied　　　　tourne　　trait
　　　　　　 (11)～(15)　air　　mine　　propres　　tendez　　tête

2　語彙に関する問題

29. 能力

pouvoir	他（+ 不定詞 ）…することができる // n'en pouvoir plus 疲れはてる : Je *n'en peux plus* de fatigue. 私は疲労の限界だ / ne pas pouvoir ne pas+ 不定詞 …せざるをえない / n'y pouvoir rien どうにもできない : On *n'y peut rien*. おてあげだ
capable	形 …する能力[可能性]がある // être capable de+ 不定詞 …する可能性がある．するかもしれない : Il *est capable de* mentir pour obtenir ce qu'il désire. 彼は欲しいものを手に入れるためなら嘘もつきかねない
brillant, e	形 輝く，優秀な // un élève brillant (= excellent, ↔ médiocre) 優秀な生徒
attentif, ve	形 注意深い，熱心な (↔ distrait) // un élève attentif 熱心な生徒
étoffe	女 布地：素質 // avoir l'étoffe de …の素質がある : Il n'*a* pas *l'étoffe d'*un chef. 彼は指導者の器じゃない
force	女 力 // à force (= à la fin) ついには / à force de *qc* [de+ 不定詞] 大いに…したので : *À force d'*acharnement, il finira par réussir. とても熱心なので，彼は最後には成功するだろう / de force 力ずくで / de toutes ses forces 全力で / être dans la force de l'âge 円熟期にある
■ **forcer**	他・自 無理する
courage	男 勇気，元気，熱意 // Courage ! [Du courage !] がんばれ！しっかり！ / Bon courage ! がんばってください！ / perdre courage やる気をなくす
se débrouiller	代動 困難を切り抜ける．うまくやる // Il faut se débrouiller pour arriver dans la matinée. 何とか午前中に着かなければならない
éviter	他 避ける // éviter à *qn* de+ 不定詞 …を免れさせる : Cette route t'*évitera d'*être pris dans un embouteillage. この道を行けば，渋滞にまきこまれずにすむよ
dur, e	形 固い，困難な，きびしい // dur à+ 不定詞 …するのがつらい [むずかしい]
■ **dur**	副 懸命に，激しく // travailler dur 懸命に働く [勉強する]
talent	男 才能 // Il a de nombreux talents. 彼は多才だ / de talent 才能のある : un écrivain *de talent* 才能のある作家
compétent, e	形 専門的能力のある // Il est compétent en peinture. 彼は絵画に詳しい
habile	形 器用な，巧みな (= adroit) // Elle est habile de ses mains. 彼女は手先が器用だ / être habile à *qc* [à+ 不定詞] …が上手である : Il *est habile à* cacher la vérité. 彼は巧みに真実を隠している
mal	副 悪く，不充分に // Il parle mal le français. 彼はフランス語をうまく話せない / pas mal 悪くない / pas mal de *qn/qc* (= beaucoup de) たくさんの…
difficilement	副 かろうじて // Il s'exprime difficilement en français. 彼はなかなかフランス語で自分の言いたいことを表現できない
herbe	女 草 // en herbe まだ青い：(人が)…の卵 : Elle est une pianiste *en herbe*. 彼女はピアニストの卵だ
goût	男 味，好み，趣味 // avoir le [du] goût de [pour] …が好きである(= aimer) : Il *a du goût pour* la lecture. 彼は読書が好きだ / prendre goût à *qc* …が好きになる / de bon [mauvais] goût 趣味のいい [悪い]
■ **goûter**	他・自 味わう

EXERCICE 29

次のフランス語の文が，それぞれあたえられた日本語の文が表わす意味になるように，（　）内に入れるのにもっとも適切な語（各1語）を解答欄に書いてください。

(1) Ce n'est pas ma faute, je n'y peux (　　　).

これは私のミスではない．私には手の打ちようがない．

_____

(2) Ces jeunes gens ont pris (　　　) à leurs nouvelles fonctions.

この青年たちは新しい職務に興味を抱きはじめた．

_____

(3) Depuis son accident, ma femme marche (　　　).

事故にあって以来，私の妻はやっと歩いている．

_____

(4) Du (　　　) ! L'ambulance arrive !

しっかりしろ！もうすぐ救急車が来る．

_____

(5) Elle est bien (　　　) d'avoir oublié le rendez-vous.

彼女は約束を忘れたのかもしれない．

_____

(6) Il est (　　　) à me couper la parole.

彼は巧みに私の話をさえぎる．

_____

(7) J'ai (　　　) choisi mon métier.

私は職業の選択を誤ってしまった．

_____

(8) J'ai travaillé (　　　) pour réussir à mon examen du premier coup.

私は1発で試験に合格するように猛勉強した．

_____

(9) Je n'ai pas besoin de ton aide. Je me (　　　) tout seul.

君の助けはいらない．1人でなんとかするから．

_____

(10) Je ne (　　　) pas ne pas aller la voir.

彼女に会いに行かないわけにはいかないね．

_____

(11) Louis en sait pas (　　　) sur ton compte.

ルイは君のことをまあまあ知っている．

_____

(12) Ne perds pas (　　　), recommence encore une fois.

くじけていないで，もう一度やってごらん．

_____

(13) Partez de bonne heure, ça vous (　　　) d'être pris dans les embouteillages.

朝早く出発してください．そうすれば渋滞に巻き込まれずにすみますよ．

_____

(14) Son fils est un avocat en (　　　).

彼の息子は弁護士の卵だ．

_____

(15) Tu devrais écrire dans une revue, je t'assure que tu as l'(　　　) d'un grand écrivain.

君は雑誌に寄稿すべきだよ．きっと君には大作家の素質がある．

_____

使用する語：
(1)〜(5)	capable	courage	difficilement	goût	rien
(6)〜(10)	débrouille/débrouillerai	dur	habile	mal	peux
(11)〜(15)	courage	étoffe	évitera	herbe	mal

30. 性格，立場，境遇

① 性格

caractère 男 性格：文字 // un organisme à caractère officiel 公的性格の機関 / avoir bon [mauvais] caractère 人柄がいい [悪い] / les caractères chinois 漢字

nature 女 自然，性質 // de [par] nature 生まれつき：Il est jaloux *de nature*. 彼はもともと嫉妬深い性格だ

naturel, le 形 自然な，生まれつきの // C'est tout naturel. (= pas de quoi) どういたしまして（まったく当然のことです）

négligent, e 形 怠惰な (= paresseux) // un enfant négligent だらしない子ども

drôle 形 滑稽な // un [une] drôle de + 無冠詞名詞 （冠詞は名詞の性・数に一致する）奇妙な：*une drôle d'*histoire 妙な話，*un drôle de* type 変なやつ

② 立場

parti 男 党：解決策 // prendre le parti de qc [de+不定詞] …を決意する：J'*ai pris le parti d'*en rire. 私はそれを聞き流すことにした / prendre parti pour [contre] qn/qc …に味方 [反対] する / prendre son parti de qc …を甘受する / un parti pris 偏見

position 女 位置，姿勢，立場 // prendre position pour [contre] qc …に賛成 [反対] の態度を表明する

nom 男 名 // au nom de qn/qc …の名において：Je vous arrête *au nom de* la loi. 法の名において，私はあなたを逮捕します

■ **nommer** 他 任命する，名づける

titre 男 題名，肩書き，資格 // à titre+形容詞 [de qc] …として：*à titre* personnel 個人の資格で，*à titre d'*exemple 例として

inscription 女 登録，申し込み // faire son inscription en faculté 学部に登録する

■ **inscrire** 他 記入する，登録する

personne 女 人 // par personne 1人当たり：le prix du repas *par personne* 1人当たりの食事代 / en personne みずから

不代 Je n'ai besoin de personne. 私はだれも必要としない / Ce n'est un secret pour personne que+直説法 …は公然の秘密だ

personnellement 副 個人的に // Personnellement, je pense qu'elle a tort. 私個人としては，彼女はまちがっていると思う

③ 境遇

succès 男 成功，合格 // avec succès 首尾よく：Il a passé *avec succès* le bachot cette année. 彼は今年バカロレアに合格した / sans succès (= en vain) むなしく：J'ai essayé de le joindre au téléphone, mais *sans succès*. 彼と電話連絡をとろうとしたがだめだった

candidat, e 名 候補者，受験者 // Il s'est porté candidat aux élections pour être maire. 彼は市長選に立候補した

bonheur 男 幸福，幸運 // par bonheur (= heureusement, par chance) 幸いにも

malheur 男 不幸 // par malheur (= malheureusement) 不幸にも

accident 男 事故 // causer un accident de la circulation [de la route] 交通事故を起こす

promesse 女 約束，将来の見込み // tenir [manquer à] sa promesse 約束を守る [破る]

promettre 他 約束する，見込みがある // Cet enfant promet beaucoup. この子は将来大いに見込みがある

EXERCICE 30

　次のフランス語の文が，それぞれあたえられた日本語の文が表わす意味になるように，（　　）内に入れるのにもっとも適切な語（各1語）を解答欄に書いてください。

(1)　Ce n'est un secret pour (　　　　) que les négociations se sont rompues.
　　　交渉が決裂したことはみんなが知っていることだよ。　　　　　　　　　　＿＿＿＿＿

(2)　En voyant le peu d'ardeur des autres, il a pris le (　　　　) d'agir seul.
　　　他の人に熱意がないのをみて，彼はひとりで行動することにした。　　　＿＿＿＿＿

(3)　Il a fait des démarches sans (　　　　) pour obtenir un emploi.
　　　彼は職をえるために奔走したがうまくいかなかった。　　　　　　　　　＿＿＿＿＿

(4)　Ils ont (　　　　) leur fille Catherine.
　　　彼らは娘をカトリーヌと名づけた。　　　　　　　　　　　　　　　　　＿＿＿＿＿

(5)　J'ai entendu un (　　　　) de bruit.
　　　妙な音が聞こえた。　　　　　　　　　　　　　　　　　　　　　　　　＿＿＿＿＿

(6)　(　　　　), je ne suis pas de cet avis.
　　　私個人としては，これと同意見ではない。　　　　　　　　　　　　　　＿＿＿＿＿

(7)　Je prends la parole au (　　　　) de la majorité des assistants.
　　　私は出席者の過半数を代表して発言します。　　　　　　　　　　　　　＿＿＿＿＿

(8)　Je vous le dis à (　　　　) d'ami.
　　　私はあなたに友人として言っているのです。　　　　　　　　　　　　　＿＿＿＿＿

(9)　Les accidents de la (　　　　) ont été très nombreux pendant le week-end.
　　　週末は交通事故が多発した。　　　　　　　　　　　　　　　　　　　　＿＿＿＿＿

(10)　(　　　　) n'est pour la construction de la centrale nucléaire.
　　　みんな原子力発電所の建設に反対している。　　　　　　　　　　　　　＿＿＿＿＿

(11)　Noël est avant tout une fête à (　　　　) familial.
　　　クリスマスはなによりも家族的な祝日である。　　　　　　　　　　　　＿＿＿＿＿

(12)　On a droit à trente kilos de bagages par (　　　　).
　　　1人当たり30キロの手荷物をもちこむことができる。　　　　　　　　　＿＿＿＿＿

(13)　Sylvie a (　　　　) à sa mère qu'elle rentrerait tôt.
　　　シルヴィは母親に早く帰ると約束した。　　　　　　　　　　　　　　　＿＿＿＿＿

(14)　—Votre fils est encore malade ?
　　　—Oui, il est fragile de (　　　　).
　　　—息子さんはまた病気なのですか？
　　　—そうです，生まれつき身体が弱いんです。　　　　　　　　　　　　　＿＿＿＿＿

(15)　Vous n'avez pas à me remercier, c'est bien (　　　　) qu'on vous invite à dîner.
　　　お礼には及びません，あなたを夕食に招待するのはごく当然のことです。　＿＿＿＿＿

使用する語：(1)〜(5)　drôle　　　　nommé　　　　parti　　　personne　　succès

　　　　　　(6)〜(10)　circulation　nom　personne　personnellement　titre

　　　　　　(11)〜(15)　caractère　nature　　　　naturel　personne　promis

31. 人，買いもの

① 人

monde	男 世界：人々 // le monde entier 全世界 / beaucoup de monde 大勢の人々 / recevoir du monde 客をもてなす
foule	女 群衆 // en foule 大勢で / une foule de＋無冠詞複数名詞 たくさんの… : *une foule de* visiteurs 大勢の訪問者
groupe ■ **grouper**	女 集まり，グループ // un voyage en groupe 団体旅行 他 集める
masse	他 大衆，多数，多量 // en masse 大勢で，多量に
foyer	男 家庭 // fonder un foyer 家庭をもつ，結婚する
les miens [tiens siens, nôtres...]	複 私 [君，彼(女)，私たち…] の家族 [身内，仲間] // Vous serez des nôtres samedi soir ? 土曜の夕方，私たちといっしょに来ていただけますか [出席していただけますか] ?
famille	女 家族，家庭 // en famille 家族そろって : passer la nuit de Noël *en famille* クリスマスイヴを家族みんなで過ごす
compagnie	女 一緒にいること：会社 // en compagnie de qn (= avec) (人)といっしょに
ensemble	副 いっしょに // aller ensemble いっしょに行く：調和する : Ces couleurs ne *vont* pas *ensemble*. これらの色は調和しない
majorité	女 大多数：成年 // atteindre sa majorité 成年に達する
majeur, e	形 成年に達した，主要な (↔ mineur) // en majeure partie (= pour la plupart, en majorité) 大部分は，大多数は
minorité	女 少数(派)：未成年 // Les adversaires du maire sont en minorité au conseil municipal. 市長の反対派は市議会の少数派だ
mineur, e	名 未成年者 (↔ majeur, e 成年者) // Ce film est interdit aux mineurs. この映画は未成年者には禁じられている

② 買いもの

marché	男 市場：取引 // (à) bon marché [不変化の形容詞句として] 安い (↔ cher 高い) : Ces chaussures sont *bon marché*. この靴は安い *cf.* La vie est chère à Paris. パリは物価が高い
caisse	女 箱：レジ // passer à la caisse レジへ支払いに行く
monnaie	女 小銭，釣り銭 // Gardez la monnaie. お釣りはいりません
addition ■ **additionner**	女 足し算，勘定 // L'addition, s'il vous plaît. 勘定をお願いします 他 足す
rayon	男 棚：(デパートなどの) 売り場 // le rayon des bagages 鞄売り場
cadeau(x)	女 プレゼント // faire cadeau à qn de qc …を(人)に贈る
panier	女 かご // un panier à provisions 買いものかご
solde ■ **solder**	男 バーゲン // en solde バーゲンで : J'achète souvent mes vêtements *en solde*. 私はよくバーゲンで服を買う / C'est une solde de chez Céline. これはセリーヌのバーゲン品です (バーゲン品の意味では女性名詞として使われることがある) 他 安売りする
achat ■ **acheter**	男 買うこと // faire des achats [des courses, les commissions] 買いものをする 他 買う
vente	女 販売 // en vente 発売中の / mettre qc en vente …を売りだす

■ **vendre**   他 売る

EXERCICE 31

次のフランス語の文が，それぞれあたえられた日本語の文が表わす意味になるように，（ ）内に入れるのにもっとも適切な語（各1語）を解答欄に書いてください。

(1) Attends-moi cinq minutes, j'ai un petit (   ) à faire.

少し待ってて，ちょっと買いものがあるの。   ＿＿＿＿＿＿

(2) C'est une raison (   ) pour refuser le projet.

これが，計画を受け入れられない主要な理由です。   ＿＿＿＿＿＿

(3) Cette chemise rouge avec ce pantalon vert, ça ne va pas (   ).

その緑のズボンに赤いシャツは，ちぐはぐだよ。   ＿＿＿＿＿＿

(4) Cette nouvelle voiture sera bientôt en (   ).

この新型車はまもなく発売される。   ＿＿＿＿＿＿

(5) Il y avait beaucoup de (   ) à la réunion.

集会にはたくさんの人が来ていた。   ＿＿＿＿＿＿

(6) J'ai acheté ces livres d'occasion à bon (   ).

私はこれらの古本を安く買った。   ＿＿＿＿＿＿

(7) Je donne une réception demain. Vous serez donc des (   ) ?

あすパーティーを開きます。わが家に来てくださいますよね？   ＿＿＿＿＿＿

(8) La (   ) à Paris est plus chère qu'en province.

パリは地方より物価が高い。   ＿＿＿＿＿＿

(9) (   ) la monnaie.

おつりはとっておいてください。   ＿＿＿＿＿＿

(10) Les (   ) n'ont pas le droit de vote.

未成年者には選挙権はない。   ＿＿＿＿＿＿

(11) Les supporters sont venus en (   ) pour assister au match de football.

サポーターがサッカーの試合を観戦するために大挙してやってきた。   ＿＿＿＿＿＿

(12) Nous avons voyagé en Italie en (   ) de ton frère.

私たちは君のお兄さんといっしょにイタリア旅行をした。   ＿＿＿＿＿＿

(13) —Où se trouve le (   ) pour hommes ?

—Au deuxième étage.

—紳士物売場はどこですか？

—3階です。   ＿＿＿＿＿＿

(14) Réglez la facture à la (   ) n° 6.

6番レジで支払いをすませてください。   ＿＿＿＿＿＿

(15) Si tu veux me faire un (   ) pour mon anniversaire, achète-moi du parfum.

誕生日プレゼントをしたいのなら，香水を買って。

使用する語 :	(1)〜(5)	achat	ensemble	majeure	monde	vente
	(6)〜(10)	gardez	nôtres	marché	mineurs	vie
	(11)〜(15)	cadeau	caisse	compagnie	masse	rayon

32. 取　引

commerce	男 商業，商店　// être dans le commerce (= en vente) 販売されている
banque	女 銀行　// retirer de l'argent de la banque 銀行からお金を引きだす / ouvrir un compte en banque 銀行口座を開く / une banque de données データバンク
change	男 両替，両替所　// un (bureau de) change 両替所
■ changer	他・自 変える，変わる
mandat	男 為替　// un mandat postal 郵便為替
assurance	女 確信，保証，保険　// une assurance contre l'incendie [les accidents] 火災 [災害] 保険 / une assurance sur la vie (= assurance-vie) 生命保険
■ assurer	他 断言する
réserver	他 予約する　// réserver [retenir] une chambre à l'hôtel ホテルに部屋を予約する
abonnement	男 予約購読　// prendre un abonnement à un journal 新聞の購読を申し込む
reprendre	他 再びとる，(品物を)引き取る，下取りする　// Les articles soldés ne sont pas repris. バーゲン品は返品できません
profit	男 利益，利点　// L'entreprise a fait de gros profits cette année. 会社は今年大きな利益をあげた / au profit de *qn/qc* …のために / mettre *qc* à profit …を利用する：J'ai mis mes vacances *à profit* pour faire le tour de l'Europe. 私は休暇を利用してヨーロッパを一周した
■ profiter	間・他 (de…を)活用する
bénéfice	男 利益　// au bénéfice de *qc/qn* (= au profit de) …の利益になるように：*au bénéfice des* handicapés 身障者のために
■ bénéficier	自 恩恵に浴する
perte	女 失うこと　// à perte 損をして：J'ai vendu ma maison *à perte*. 私は家を買値以下で売った
■ perdre	他・自 失う
budget	男 予算；家計　// le budget de l'État 国家予算
dépense	女 出費 (= frais)；消費 (= consommation)　// regarder à la dépense 節約する
■ dépenser	他 (お金を)使う，(電気やガソリンを)消費する
frais	男複 費用，経費　// des frais de déplacement [de logement] 旅 [住居] 費 / faire des frais 多額の出費をする：がんばる
fortune	女 財産　// de fortune 仮の：Il a bricolé une installation *de fortune*. 彼は仮の住居を自分で建てた / coûter une fortune 大金がかかる
espèces	女複 現金　// payer en espèces 現金で支払う　*cf.* payer comptant 即金で全額払う
liquide	男 現金　// de l'argent liquide 現金 / payer en liquide 現金で支払う
chèque	男 小切手　// payer par chèque 小切手で支払う
crédit	男 クレジット；予算　// à crédit 分割払いで (←→ au comptant 即金で)：Il a acheté une voiture *à crédit* sur 24 mois. 彼は車を24ヶ月払いで買った
récompense	女 報酬　// Qu'est-ce que tu as eu en récompense ? 君は褒美になにをもらったの？
■ récompenser	他 報いる
salaire	男 給料　// un maigre salaire 薄給
loyer	男 家賃　// un loyer mensuel de 500 euros 月額500ユーロの家賃 / habitation à loyer modéré [HLM] 低家賃集合住宅
location	女 賃貸借，家賃　// une voiture de location レンタカー / en location 賃貸の：Ils sont *en location*. 彼らは借家住まいだ

■ **locataire**　　图 借家人

■ **louer**　　他 賃貸しする；賃借りする　// louer une voiture レンタカーを借りる

EXERCICE 32

　次のフランス語の文が，それぞれあたえられた日本語の文が表わす意味になるように，（　　）内に入れるのにもっとも適切な語（各1語）を解答欄に書いてください。

(1)　Ce livre est tout récent, il n'est pas encore dans le (　　　).

　　　この本はごく新しい，まだ市販されていない。　　　　　　　　　　＿＿＿＿＿

(2)　C'est vrai que les (　　　) vont encore augmenter ?

　　　家賃がまた上がるってほんと？　　　　　　　　　　　　　　　　　＿＿＿＿＿

(3)　Dans ce restaurant très connu, il faut (　　　) sa table huit jours à l'avance.

　　　このとても有名なレストランだと1週間前にテーブルを予約しなければならない。＿＿＿＿＿

(4)　Il faut que j'aille à la banque (　　　) de l'argent.

　　　お金を引き出しに，銀行に行かなければなりません。　　　　　　　＿＿＿＿＿

(5)　J'ai (　　　) beaucoup d'argent dans ce procès.

　　　私は今度の訴訟で大金をむだにした。　　　　　　　　　　　　　　＿＿＿＿＿

(6)　J'ai mis à (　　　) ces quelques jours de congés pour terminer un tableau.

　　　私はこの数日の休みを利用して絵を1枚仕上げた。　　　　　　　　＿＿＿＿＿

(7)　Je vais payer en (　　　).

　　　私はキャッシュで支払います。　　　　　　　　　　　　　　　　　＿＿＿＿＿

(8)　Je vous conseille de prendre une (　　　) contre l'incendie, c'est plus sûr.

　　　火災保険に入ることをおすすめします，そのほうが安全です。　　＿＿＿＿＿

(9)　La réparation de la voiture entraînerait de trop gros (　　　), il vaut mieux la vendre.

　　　車の修理には費用がかかりすぎるだろう，それは売ってしまうほうがいい。＿＿＿＿＿

(10)　N'oubliez pas de (　　　) votre parapluie en partant.

　　　お帰りになるときに，傘を忘れないでください。　　　　　　　　　＿＿＿＿＿

(11)　Nous avons (　　　) des vacances pour faire un voyage en Afrique.

　　　私たちは休暇を利用してアフリカへ旅行した。　　　　　　　　　　＿＿＿＿＿

(12)　On peut prendre un (　　　) à ce journal pour un an.

　　　この新聞は1年間の予約講読ができる。　　　　　　　　　　　　　＿＿＿＿＿

(13)　On va étaler nos (　　　) sur douze mois.

　　　費用は12ヶ月の分割払いにしよう。　　　　　　　　　　　　　　　＿＿＿＿＿

(14)　Si on (　　　) une voiture à l'aéroport ?

　　　空港でレンタカーを借りることにしない？　　　　　　　　　　　　＿＿＿＿＿

(15)　Vous avez acheté cette voiture comptant ou à (　　　) ?

　　　あなたはこの車をキャッシュで買ったの？それともクレジット？　　＿＿＿＿＿

使用する語：
(1)〜(5)	commerce	loyers	perdu	réserver	retirer
(6)〜(10)	assurance	espèces	frais	profit	reprendre
(11)〜(15)	abonnement	crédit	dépenses	louait	profité

33. 法律，情報

① 法律

loi	囡 法律，法則 // au nom de la loi 法の名において / respecter la loi 法を守る
droit	男 権利：法律 // avoir le droit de+不定詞 …する権利がある / avoir droit à *qc* …を受ける権利がある
règle	囡 定規：規則 // en règle 規則通りに：Vos papiers ne sont pas *en règle*. あなたの身分証明書は正規のものではない / en règle générale 一般に / se mettre [être] en règle avec *qn*/*qc* …との関係をきちんとする
garde	囡 管理，世話 // un chien de garde 番犬 / prendre garde à *qn*/*qc* …に気をつける：*Prends garde à toi !* 気をつけろ！
■ **garder**	他 世話をする
obligatoire	形 義務的な // l'instruction obligatoire 義務教育
obligé, e	形 …せざるをえない // Je suis obligé de partir. 私は出発せざるをえない
responsable	形 責任がある // Il est responsable de cet accident d'auto. この自動車事故の責任は彼にある
	名 責任者 // Je la tiens pour responsable de cette dispute. 私は彼女にこの口論の責任があると思う
rigueur	囡 厳密さ，厳格さ // à la rigueur やむをえなければ：*À la rigueur*, on peut se passer de lui. やむをえなければ，彼ぬきですますこともできる / de rigueur ぜひとも必要な：Dans cette école, l'uniforme est *de rigueur*. この学校では制服着用が義務づけられている

② 情報

nouvelle	囡 知らせ，ニュース：便り // avoir des nouvelles de *qn* (人) から便りがある / donner de ses nouvelles 消息を知らせる / être sans nouvelles de *qn* (人) から便りがない：Nous *sommes sans nouvelles de* Jean. ジャンの消息がわからない
actualités	女複 現状，ニュース (= informations, nouvelles) // Il regarde les actualités à la télévision. 彼はテレビでニュースを見ている
météo	囡 天気予報 // La météo dit que le ciel sera couvert. (=nuageux) 天気予報では曇りと言っている
renseignement	男 情報 (= information)，案内所 // Je voudrais un renseignement sur les horaires des avions. 飛行機の運行時刻を知りたいのですが / donner des renseignements à *qn* sur *qc* (人) に…について教える / prendre des renseignements sur *qn*/*qc* …について調査する
■ **renseigner**	他 情報をあたえる
information	囡 情報，ニュース // les informations télévisées (= un journal télévisé) テレビニュース
annonce	囡 知らせ，広告 // les petites annonces 三行広告 / Il a passé [mis] une annonce dans le journal pour vendre sa moto. 彼はバイクを売るために新聞に広告を出した
■ **annoncer**	他 知らせる
affiche	囡 ポスター // une affiche publicitaire 宣伝広告 / coller [apposer] une affiche ポスターを張る

EXERCICE 33

次のフランス語の文が，それぞれあたえられた日本語の文が表わす意味になるように，（　）内に入れるのにもっとも適切な語（各1語）を解答欄に書いてください。

(1) À la (　　　　), je pourrais venir demain soir.
どうしてもとおっしゃるなら，明晩来ることにします。
＿＿＿＿＿

(2) Aux dernières (　　　　), elle était encore à Paris.
このまえの便りによると，彼女はまだパリにいた。
＿＿＿＿＿

(3) Il est (　　　) de la mauvaise gestion de cette entreprise.
彼にはこの会社の不良経営に責任がある。
＿＿＿＿＿

(4) Il faut que tu te mettes en (　　　) avec l'Administration.
行政機関を相手にするときは手落ちのないようにしなければならない。
＿＿＿＿＿

(5) Il faut respecter la (　　　　), personne n'a le droit de faire cela.
法を守らなければならない，だれにもそんなことをする権利はない。
＿＿＿＿＿

(6) Il suit de près les (　　　) sur l'accident d'avion survenu à midi.
彼は正午に起こった飛行機事故関連のニュースに注目している。
＿＿＿＿＿

(7) J'ai pris (　　　) à ce que toute la maison soit en ordre.
私は家中をきちんとしているようにこころがけた。
＿＿＿＿＿

(8) Je suis (　　　) de lui rendre visite demain.
私はあす彼の家へ行かざるをえない。
＿＿＿＿＿

(9) La (　　　) annonce de la neige pour demain.
天気予報によるとあすは雪だ。
＿＿＿＿＿

(10) Le contrôleur pourra vous (　　　) sur les horaires de train.
車掌が列車の発着時刻を教えてくれると思いますよ。
＿＿＿＿＿

(11) On peut vous fournir les (　　　) nécessaires pour le voyage en Chine.
中国旅行に必要な情報を提供することができます。
＿＿＿＿＿

(12) Pour annoncer l'élection, on a collé des (　　　) dans les rues.
選挙を知らせるために町にはポスターが張られた。
＿＿＿＿＿

(13) Sa fille n'a pas le (　　　) de sortir jusqu'à minuit.
彼の娘は深夜までの外出は許されていない。
＿＿＿＿＿

(14) «Tenue de soirée (　　　)»
「夜会服着用のこと」
＿＿＿＿＿

(15) Thomas s'est chargé de la (　　　) des bagages.
トマは荷物の保管をひきうけた。
＿＿＿＿＿

使用する語：
(1)〜(5)	loi	nouvelles	règle	responsable	rigueur
(6)〜(10)	garde	informations	météo	obligé	renseigner
(11)〜(15)	affiches	droit	garde	obligatoire	renseignements

34. 交際，習慣

① 交際

rendez-vous	男 会う約束（の場所）// sur rendez-vous 予約で：Ce médecin reçoit uniquement *sur rendez-vous*. この医者は予約診療しかしない / avoir rendez-vous avec qn (人)と会う約束がある / fixer [donner] rendez-vous à qn (人)と会う約束をする / prendre (un) rendez-vous avec qn (人)と会う約束をとりつける：J'*ai pris rendez-vous avec* le docteur. 私は医者に予約した
rencontre	女 出会い // J'ai fait la rencontre de sa sœur. 私は彼(女)の姉[妹]と会った / aller [venir] à la rencontre de qn (人)を迎えに行く[来る]
■ **rencontrer**	他 出会う
devenir	自 …になる // Que devenez-vous ? （久しく会わなかった人に）どうしていますか？
contact	男 接触，交際 // J'ai pris contact avec un avocat. 私は弁護士と連絡をとった
relation	女 関係；交際 // être [rester] en relation(s) avec qn (人)とつきあっている / avoir de bonnes [mauvaises] relations avec qn (人)と仲がいい[悪い]
annuler	他 （約束などを）とり消す // Je suis obligé d'annuler notre rendez-vous. やむをえず約束をキャンセルしなければならない　cf. Elle m'a fait faux bond. 彼女は私との約束をすっぽかした
invité, e	名 招待客 // Vous êtes mon invité. あなたはお客様です（私に支払わせてください）
bienvenu, e	名 歓迎される人 // Soyez le bienvenu [la bienvenue]. ようこそいらっしゃいました
■ **bienvenue**	女 歓迎 // souhaiter la bienvenue à qn (人)を歓迎する
visite	女 訪問，見物 // avoir [recevoir] la visite de qn (人)の訪問を受ける / rendre [faire une] visite à qn (人)を訪問する　cf. Demain soir, je ferai un saut chez toi. D'accord ? 明晩君の家にちょっと立ち寄るよ，いいかい？
■ **visiter**	他 訪れる

② 習　慣

habitude	女 習慣 // avoir l'habitude de qc/qn [de+不定詞] …に慣れている，の習慣がある：J'*ai l'habitude de* me lever de bonne heure. 私は早起きの習慣がある / d'habitude (= en général) いつもは：comme *d'habitude* いつものように / prendre l'habitude de+不定詞 …する習慣を身につける
coutume	女 慣習 // avoir coutume de+不定詞 …する習慣がある：Nous *avons coutume de* passer nos vacances en Provence. 私たちはヴァカンスを南仏ですごす習慣がある / de coutume いつも，ふだん
tradition	女 伝統，慣習 // Ils sont très attachés aux traditions familiales. 彼らは家族のしきたりに縛られている
usage	男 慣習；使用 // On fait comme ça parce que c'est l'usage. このようにします，それが習慣だからです / à l'usage de qn (人)向けの / d'usage 慣例的な，よく用いられる / hors d'usage 使われなくなった
pratique	女 実践，仕事の経験 // Il a une longue pratique de la pédagogie. 彼には長い教育経験がある

EXERCICE 34

次のフランス語の文が，それぞれあたえられた日本語の文が表わす意味になるように，（　）内に入れるのにもっとも適切な語（各1語）を解答欄に書いてください。

(1) Albert a l'(　　　) de prendre son petit déjeuner au café.
アルベールはカフェで朝食をとる習慣がある。

(2) Aujourd'hui, elle est moins nerveuse que de (　　　).
今日の彼女はいつもほどいらだっていない。

(3) Brigitte a de bonnes (　　　) avec les Legrand.
ブリジットはルクラン家の人たちとは仲よくしている。

(4) Cécile m'a fait une petite (　　　) en passant.
セシルは通りすがりにちょっと私の家に立ち寄った。

(5) Ce livre de grammaire est à l'(　　　) des débutants.
この文法書は初心者向けだ。

(6) Ce mot est hors d'(　　　), il faudra en employer un autre.
この単語は使われなくなった，ほかのを用いるべきでしょう。

(7) Je partirai plus tôt que d'(　　　) : je dois aller chez le médecin.
私はふだんより早く出かける。医者へ行かなければならないから。

(8) Je vous souhaite la (　　　) à Lyon.
ようこそリヨンにいらっしゃいました。

(9) Le dentiste m'a (　　　) rendez-vous demain à 14 heures.
歯医者はあすの14時に来るようにと言った。

(10) Le dimanche de Pâques, on offre des œufs en chocolat, c'est la (　　　).
復活祭の日曜日には卵形チョコレートを贈ります，それがならわしです。

(11) M. Girard a beaucoup de (　　　) avec le monde des affaires.
ジラール氏は実業界と多くの人的つながりをもっている。

(12) Qu'est-ce qu'il (　　　) ? Ça fait longtemps que je ne l'ai pas vu.
彼はどうなったのだろう？久しく会っていない。

(13) Qui est arrivé le premier au (　　　), Jean ou toi ?
だれが最初に約束の場所に来たの？　ジャン，それとも君？

(14) Tous les vols en direction de Marseille ont été (　　　).
マルセイユ行きの全便がキャンセルされた。

(15) Tu as fait des (　　　) au cours de ce voyage ?
今度の旅行でだれかと知り合いになった？

使用する語：(1)～(5)　coutume　　habitude　　relations　　usage　　visite
(6)～(10)　bienvenue　donné　　habitude　　tradition　usage
(11)～(15)　annulés　　contacts　devient　　rencontres　rendez-vous

35. 話，目的，理由

① 話

histoire	囡 物語，出来事，歴史 // C'est une (tout) autre histoire. それは別問題だ / avoir des histoires avec *qn* (人)ともめごとを起こす / histoire de+不定詞 (= afin de) …するために : Je fais des économies, *histoire de* m'acheter une voiture. 私は車を買うためにお金をためている
bruit	男 物音；うわさ // le bruit court [circule] que+直説法 …といううわさが流れている
compte	男 計算；報告；口座 // rendre compte de *qc* …の報告[説明]をする / se rendre compte de *qc* [que+直説法] …に気づく，を理解する / tenir compte de *qc* …を考慮にいれる / en fin de compte 要するに
■ **compter**	他・自 数える
exagérer	他・自 誇張する，度を過ごす // Lui, pauvre ? N'exagérons rien ! 彼が貧乏だって，それは言いすぎでしょう！ *cf.* Tu en as de bonnes ! ご冗談でしょう！

② 目 的

but	男 目的，ゴール // dans le but de+不定詞 (= pour, afin de) …する目的で / avoir pour but [objet] de+不定詞 …することを目的とする
objet	男 もの，目的 // faire [être] l'objet de *qc* …の対象になる [である] : Le montant des salaires *a fait l'objet de* discussions. 給与の額が議論された *cf.* La discussion porte sur l'éducation des enfants. 議論の対象は子どもの教育である (porter sur …を対象とする) / sans objet 根拠のない
principal	男 重要なこと // le principal est de+不定詞 [que+接続法] : *Le principal est d*'arriver à l'heure à la gare. 大事なのは定刻に駅に着くことだ
■ **principal, e**	形 主要な
principe	男 原則，方針 // avoir pour principe de+不定詞 原則として…する / en principe 原則的には : *En principe*, ils rentrent de vacances demain. ふつうなら彼らはあすヴァカンスから帰ってくる / par principe 方針[主義]として : Il critique tout *par principe*. 何でも批判するのは彼の主義だ

③ 理 由

prétexte	男 口実 // prendre prétexte de *qc* pour+不定詞 …を〜するための口実にする / sous prétexte de *qc* [de+不定詞, que+直説法] …を口実にして / sous aucun prétexte (= en aucun cas) どんなことがあっても…ない : Ne me téléphone *sous aucun prétexte*. どんなことがあっても私に電話しないでね
pourquoi	疑副 なぜ // c'est pourquoi そういうわけで，だから… / pourquoi pas いいですね : Tu veux m'accompagner ? — *Pourquoi pas* ? 私といっしょに来ない？ −いいよ
donné, e	形 定められた // étant donné *qc*/que +直説法 …から考えて，なので : *Étant donné* la situation, il faut remettre ton voyage de quelques jours. 状況から考えて，旅行は数日延期すべきだ
raison	囡 理性，理由 // Ce n'est pas une raison [excuse] pour mentir. だからといって嘘をついてもいいということにはならない / avoir raison (de+不定詞) (…するのが)正しい，もっともである / donner raison à *qn* (人)が正しいと認める / en raison de *qc* (= à cause de) …の理由で : L'avion n'a pas décollé à l'heure *en raison du* mauvais temps. 飛行機は悪天候のため定刻には離陸しなかった / Il n'y a pas de raison. そんなことをしていただくわけにはいきません
■ **raisonner**	自・他 推論する，さとす

EXERCICE 35

次のフランス語の文が，それぞれあたえられた日本語の文が表わす意味になるように，（　）
内に入れるのにもっとも適切な語（各1語）を解答欄に書いてください。

(1) Ce n'est pas une (　　　　) pour manquer à ta parole.
   だからといって約束を破っていいことにはならないよ。　　　　_____

(2) Elle a pris (　　　　) de la fatigue pour ne pas venir.
   彼女は疲れているからといって来なかった。　　　　_____

(3) Elle ne s'entend pas avec son patron, elle a souvent des (　　　　) avec lui.
   彼女は上司とそりがあわない，2人はよくもめる。　　　　_____

(4) Étant (　　　　) qu'il pleut, on ne sort pas.
   雨が降っているので，外出できない。　　　　_____

(5) Il ne m'a jamais salué, c'est (　　　　) je le déteste.
   彼は私にあいさつしたことがない，だから彼が大嫌いだ。　　　　_____

(6) Il n'est pas venu au rendez-vous. Il (　　　　).
   彼は約束の場所に来なかった。あんまりだよ。　　　　_____

(7) Ils viennent justement de partir dans le (　　　　) de vous rencontrer.
   彼らはあなたと会うためにたったいま出発したところだ。　　　　_____

(8) Jade parle beaucoup, mais elle ne se rend pas (　　　　) de ce qu'elle dit.
   ジャドはさかんに話すけれど，自分でなにを言っているのかわかっていない。　　　　_____

(9) J'ai pour (　　　　) de répondre à toutes les cartes que je reçois.
   私は主義としてうけとる絵はがきには全部返事を書くことにしている。　　　　_____

(10) Le bruit (　　　　) qu'une centaine d'emplois vont être supprimés.
   100名ほどの従業員がやめさせられるという噂が流れている。　　　　_____

(11) Le (　　　　), c'est d'améliorer les conditions de travail.
   肝心なのは労働条件を改善することだ。　　　　_____

(12) Le divorce du président de la République a fait l'(　　　　) de nombreux
   articles dans les journaux.
   大統領の離婚は新聞で数多くとりあげられた。　　　　_____

(13) Mathis a quitté son travail en (　　　　) de son mauvais état de santé.
   健康状態がおもわしくなかったので，マチスは仕事をやめた。　　　　_____

(14) Son exposé (　　　　) sur le marché de l'automobile.
   彼の発表は自動車市場を対象としている。　　　　_____

(15) « Tu peux me prêter de l'argent ? » « (　　　　) pas ? »
   「お金を貸してくれる？」「いいよ。」　　　　_____

使用する語：(1)～(5)　donné　histoires　pourquoi　prétexte　raison

(6)～(10)　but　compte　court　exagère　principe

(11)～(15)　objet　porte　pourquoi　principal　raison

36. 記号，方法

① 記号

signe　[男] 記号，徴候，合図　// donner des signes de+ [無冠詞名詞] …の徴候をしめす : Ma voiture *donne des signes de* fatigue. 私の車はがたがきている / c'est signe de qc [que+ [直説法]] それは…の前兆である / c'est bon [mauvais] signe それはよい [悪い] きざしだ / faire un signe à *qn* (人) に合図する / faire signe à *qn* de+ [不定詞] (人) に…するように合図する / faire signe à *qn* (人) に連絡する : Je te *ferai signe* dès mon arrivée. 着いたらすぐ，君に連絡するよ / ne pas donner signe de vie 音信がない

marque　[女] 目印：ブランド　// de marque 一流メーカーの : C'est un produit *de marque*. これはブランド品です

lettre　[女] 文字：手紙　// écrire son nom en toutes lettres 名前を省略せずに書く / à la lettre 文字どおりに，そのとおりに

mot　[男] 語，言葉　// mot à mot (= mot pour mot, exactement) 一語一語正確に

page　[女] ページ　// À quelle page en sommes-nous ? 何ページまで進んでいますか？ / être à la page (= être à la mode) 時勢 [流行] に通じている / tourner la page ページをめくる：話題を変える，過去のことは忘れて先へ進む

table　[女] 一覧表　// la table des matières もくじ

② 方法

formule　[女] 手段：公式　// une formule de paiement 支払い方法

■ formuler　[他] 表明する

formalité　[女] 手続き，形式　// accomplir [remplir] les formalités de douanes 税関手続きをする

■ formaliser　[他] 形式化する

comment　[疑副] どのように　// Comment ça se dit en français ? それはフランス語で何と言うのだろう？ / comment+ [不定詞] どのように…すべきか : *Comment* faire ? どうしたらいいのだろうか？

façon　[女] やり方　// de cette façon (= ainsi) そのように / de toute façon いずれにせよ / de [d'une] façon+ [形容詞] …のやり方で : Il s'exprime *de façon* très claire. 彼はとてもはっきりと自分の考えを言う / de façon à+ [不定詞] (= afin de) …するように : Il est parti très tôt *de façon à* être en avance. 彼は早めに着くようにとても早く出かけた / sans façon(s) 遠慮なく : Non merci, *sans façons*. 遠慮ではなく，ほんとうに結構です

manière　[女] やり方　// de cette manière (= comme ça) こんな風に / de toute manière (= de toute façon, en tout cas) いずれにせよ / à la manière+ [形容詞] [de+ [名詞]] (= comme) …風に : Il peint *à la manière de* Monet. 彼はモネ風の絵を描く / de manière à+ [不定詞] (= afin de) …するように

autrement　[副] 別な風に　// J'aurais fait autrement. 私なら別のやり方をしただろうに

moyen　[男] 手段，方法　// (il n'y a) pas moyen de+ [不定詞] (= il n'est pas possible de) …することはできない / au moyen de qc …を用いて

EXERCICE 36

次のフランス語の文が，それぞれあたえられた日本語の文が表わす意味になるように，（　）内に入れるのにもっとも適切な語（各1語）を解答欄に書いてください。

(1) Alain ne parle pas encore très bien l'espagnol, il cherche ses (　　　).

アランはスペイン語をまだじょうずに話せない，話しかたがたどたどしい。

(2) Avec la prise de la Bastille, une page de l'histoire de France est (　　　).

バスティーユ牢獄の奪取によって，フランス史の新しい時代が始まる。

(3) « Chat » se (　　　) « cat » en anglais.

「猫」のことを英語では「キャット」という。

(4) De (　　　) manière, il viendra ce soir.

どっちにしても，彼は今晩来るよ。

(5) Elle a suivi à la (　　　) ce que je lui avais dit de faire.

彼女は私がするように言っておいたことをそのとおりに実行した。

(6) Il n'y a pas (　　　) de faire tout ce qu'il demande.

何でも彼の要求どおりにすることはできない。

(7) Je ne sais (　　　) faire.

どうしたらいいのかわからない。

(8) Le temps est lourd, c'est (　　　) d'orage.

うっとうしい天気だ，嵐になるかもしれない。

(9) Où en (　　　)-vous dans votre manuel de grammaire ?

文法の教科書は何ページまで進みましたか？

(10) Quelle est la (　　　) de cette montre ?

この腕時計はどのメーカーのものですか？

(11) Quelles sont les (　　　) à remplir pour obtenir la carte de séjour ?

滞在許可証を取得するためにしなければならない手続きは何々ですか？

(12) Reste tranquille de (　　　) à ne pas le déranger.

彼の邪魔をしないように静かにしていなさい。

(13) Si tu t'y prenais (　　　), tu réussirais mieux.

違ったやり方をすればもっとうまくいくのに。

(14) Voilà deux semaines qu'il ne m'a pas donné signe de (　　　).

私は2週間も彼から便りをもらっていない。

(15) Vous essayez d'écrire à la (　　　) de Balzac ?

あなたはバルザックのように書こうとしているのですか？

使用する語：
(1)〜(5)　　dit　　　lettre　　mots　　　tournée　　toute
(6)〜(10)　comment　êtes　　marque　moyen　　signe
(11)〜(15)　autrement　façon　formalités　manière　vie

2 語彙に関する問題

107

37. 文書，娯楽，食事，建物

① 文 書

certificat	男 証明書，修了証書	// un certificat de scolarité 在学証明書
identité	女 身元，一致	// une carte [pièce] d'identité 身分証明書
■ **identique**	形 同一の	
preuve	女 証拠	// faire preuve de *qc* (= montrer) …を示す : Il *a fait preuve d'*une grande patience. 彼は忍耐強いところをみせた / faire ses preuves 実力を示す
■ **prouver**	他 証明する	
enveloppe	女 封筒	// une enveloppe timbrée 切手を貼った封筒 / coller un timbre sur une enveloppe 封筒に切手を貼る
papier	男 紙，書類；身分証明書	// du papier à lettres 便箋
exprès	男 速達	// envoyer une lettre par [en] exprès 手紙を速達で出す

② 娯 楽

jeu	男 遊び，ゲーム	// être en jeu 問題になっている : Votre honneur *est en jeu*. あなたの名誉がかかっている
lecture	女 読書	// faire la lecture à *qn* (人)に本を読んで聞かせる
se lire	代動 読まれる	// se lire difficilement [facilement] 読みにくい[やすい]
passer	自・他 上映する	// On a déjà passé cette émission à la télévision. その番組はすでにテレビで放映された
séance	女 会議；会期；上映	// La prochaine séance est à 19 heures. 次の上映は19時です
billet	男 切符；紙幣	// un billet de cinéma 映画の切符
photo(graphie)	女 写真	// prendre *qc*/*qn* en photo [une photo de *qc*/*qn*] (= photographier) …の写真をとる

③ 食 事

menu	男 献立，定食	// un menu à quinze euros 15ユーロの定食
boisson	女 飲みもの	// Qu'est-ce que vous prenez comme boisson ? 飲みものは何にしますか？
appétit	男 食欲	// Bon appétit ! たくさん召し上がれ！
chaud	副 熱くして	// manger [boire] chaud 温かくして食べる [飲む]
couvert	男 食器類，1人前の食器セット	// mettre le couvert (= mettre la table) 食卓を用意する
assiette	女 皿；(1皿分の)料理	// une assiette à soupe スープ皿
bouteille	女 瓶	// J'ai acheté une bouteille de vin. 私はワインを1本買った
cuillère	女 スプーン	// une cuillère [cuillerée] à soupe de farine 大さじ1杯の小麦粉
vaisselle	女 食器；(食後の)食器洗い	// faire la vaisselle 皿洗いをする
verre	男 グラス；ガラス	// remplir [vider] son verre グラスを満たす [飲みほす]

④ 建 物

bâtiment	男 建物	// J'habite le bâtiment B. 私はB棟に住んでいる
■ **bâtir**	他 建てる	
agence	女 代理店	// une agence de voyages 旅行代理店
ambassade	女 大使館	// l'Ambassade du Japon à Paris パリの日本大使館

EXERCICE 37

次のフランス語の文が，それぞれあたえられた日本語の文が表わす意味になるように，（ ）内に入れるのにもっとも適切な語（各1語）を解答欄に書いてください。

(1) Aide-moi à mettre le (　　　) au lieu de regarder la télévision.
   テレビばかり見ていないで食卓の準備を手伝ってよ。　　　　　　　＿＿＿＿

(2) À quelle heure est la prochaine (　　　) ?
   次の上映は何時ですか？　　　　　　　＿＿＿＿

(3) Ce film (　　　) à la télévision le mois prochain.
   その映画は来月テレビでやるよ。　　　　　　　＿＿＿＿

(4) Il a bu trois (　　　) de vin pendant le repas.
   彼は食事中にワインを3杯飲んだ。　　　　　　　＿＿＿＿

(5) J'ai oublié de mettre un timbre sur l'(　　　).
   封筒に切手を貼るのを忘れたよ。　　　　　　　＿＿＿＿

(6) Je passe à l'agence chercher les (　　　) d'avion demain.
   私はあす旅行代理店へ飛行機の切符をとりに行く。　　　　　　　＿＿＿＿

(7) Je suis allé demander un visa à l'(　　　) du Japon à Paris.
   私はパリの日本大使館へビザの申請に行った。　　　　　　　＿＿＿＿

(8) Le médecin lui a délivré un (　　　) médical pour son employeur.
   医者は彼に雇用主あての健康診断書を交付してくれた。　　　　　　　＿＿＿＿

(9) Si tu cherches un logement près d'ici, adresse-toi à cette (　　　) immobilière.
   この近くに住居を探しているのなら，あの不動産屋に問い合わせてみなさい。　　　　　　　＿＿＿＿

(10) La peur se (　　　) dans ses yeux.
   彼の目から恐怖が読みとれた。　　　　　　　＿＿＿＿

(11) Sur ma carte d'(　　　), il y a ma photo, mon nom, mon prénom, mon adresse et ma date de naissance.
   私の身分証明書には写真と氏名と住所と生年月日が記されている。　　　　　　　＿＿＿＿

(12) Vous pouvez avoir toutes les informations utiles pour vos (　　　) administratifs.
   あなたは証明書をとるのに役だつあらゆる情報を知ることができます。　　　　　　　＿＿＿＿

(13) Vous pouvez lui confier ce travail, elle a déjà fait ses (　　　).
   この仕事は彼女に任せてもよい，彼女はすでにその実力を示しました。　　　　　　　＿＿＿＿

(14) Vous prendrez deux (　　　) de ce médicament après le repas.
   食後にこの薬をスプーン2杯飲んでください。　　　　　　　＿＿＿＿

(15) —Vous savez où se trouve l'église du village ?
   —Oui, c'est le (　　　) très ancien au bout de cette rue.
   —村の教会がどこにあるかご存じですか？
   —はい，それはこの通りのつきあたりのとても古い建物です。　　　　　　　＿＿＿＿

使用する語： (1)〜(5) 　couvert　　enveloppe　　passera　　séance　　verres

(6)〜(10) 　agence　　Ambassade　　billets　　certificat　　lisait

(11)〜(15) 　bâtiment　　cuillères　　identité　　papiers　　preuves

38. 交通, 住まい

① 交通

train　男 列車 // en [par le] train 列車で / prendre le train 列車に乗る　*cf*. Le taxi a pris un client. タクシーは客を拾った / manquer [rater] le train 列車に乗り遅れる / être en train de+不定詞 …している最中である : Il *est en train de* dormir. 彼はいま眠っている

quai　男 (駅の)プラットホーム : 河岸 // Le train pour Paris part au quai numéro 7, voie numéro 12. パリ行きの列車は7番ホーム12番線から出発する / un billet de quai (駅の)入場券

accès　男 接近 : 入口 // «Accès aux quais» 「プラットホーム入口」

correspondance　女 一致 : 文通 : 接続 // Des autobus assurent la correspondance entre la gare et l'aéroport. バスが駅と空港を結んでいる

■ correspondre　自 一致する

arrivée　女 到着, 到着場所 // l'heure d'arrivée 到着時刻 (↔ l'heure de départ 発車時刻)

■ arriver　自 到着する

changement　男 変更 : 乗り換え // D'ici à Odéon, vous avez un changement. ここからオデオンまでは1回乗り換えなければなりません

■ changer　他・自 変える, 変わる

carnet　男 手帳, 回数券 // un carnet d'adresses 住所録 / un carnet de métro 地下鉄の回数券

horaire　男 時刻表, 時間割 // consulter l'horaire des trains 列車の時刻表を調べる

feu　男 火 : 信号 // le feu vert [orange, rouge] 青 [黄, 赤] 信号 : brûler [respecter] un feu rouge 赤信号を無視する [守る]

② 住まい

domicile　男 住所, 住居 (= maison) // à domicile 自宅に : Vous livrez les commandes *à domicile* ? 注文の品を宅配してくれますか?

pièce　女 部屋 : 1個 // un (appartement de) trois pièces 3部屋のアパルトマン / Cela coûte un euro (la) pièce. これは1個1ユーロする

porte　女 ドア, 出入口 // être à la porte 締めだされている : Tu *es à la porte* ? 家に入れないの? / mettre *qn* à la porte (人)を追いだす

ascenseur　男 エレベーター // On peut monter à cinq personnes maximum dans cet ascenseur. このエレベーターには最高5人まで乗ることができる

meublé, e　形 家具つき // un appartement meublé 家具つきのアパルトマン

armoire　女 洋服タンス, 収納棚 // une armoire à chaussures 靴箱

électricité　女 電気 // une panne d'électricité 停電 / allumer [éteindre] l'électricité 電気のスイッチを入れる [切る]

fil　男 電話 // avoir *qn* au bout du fil (人)と電話で話す / donner [passer] un coup de fil (= téléphoner) 電話をかける　*cf*. composer [faire] un numéro 電話番号を押す

aspirateur　男 電気掃除機 // Elle passe l'aspirateur sur la moquette. 彼女はカーペットに掃除機をかける

■ aspirer　他・自 吸い込む : あこがれる

nettoyage　男 掃除, クリーニング // faire le nettoyage 掃除する

ordinateur　男 コンピュータ // un ordinateur personnel パソコン

article　男 記事, 品物 // un article de voyage [sport] 旅行 [スポーツ] 用品

bagage　男 荷物 // un bagage à main 手荷物 / faire ses bagages 荷作りをする

EXERCICE 38

次のフランス語の文が，それぞれあたえられた日本語の文が表わす意味になるように，（　）内に入れるのにもっとも適切な語（各1語）を解答欄に書いてください。

(1) « (　　　　) interdit à toute personne étrangère aux travaux»
「工事関係者以外立ち入り禁止」 _____

(2) —À quelle heure part le train de Nice ?
—Je ne sais pas, mais vous avez les (　　　　) là-bas.
—ニース行きの列車は何時に出発するのですか？
—さあ，でもむこうに時刻表があります。 _____

(3) Elles sont chères ces assiettes, dix euros (　　　　) !
これらの皿は高い，1枚10ユーロもする！ _____

(4) J'ai acheté une (　　　　) de toilette pour la salle de bains, elle te plaît ?
バスルームに洗面用キャビネットを買ったんだけど，気に入った？ _____

(5) J'ai loué un appartement (　　　　) avec douche, W.C. et cuisine.
私はシャワー，トイレ，台所のあるの家具つきアパルトマンを借りた。 _____

(6) Je dois passer un (　　　　) de fil.
電話をかけなければならない。 _____

(7) Je retourne à Paris demain, mais je n'ai pas encore fait les (　　　　).
私はあすパリへ帰ります，でも荷づくりはまだです。 _____

(8) J'étais en (　　　　) de lire quand tu m'as téléphoné.
君が電話したとき，私は本を読んでいた。 _____

(9) N'entrez pas dans le salon, je vais passer l'(　　　　).
応接間に入らないで，掃除機をかけるから。 _____

(10) N'oublie pas d'éteindre l'(　　　　) avant de partir.
出かけるまえに電気を消すのを忘れないでね。 _____

(11) Pour appeler vers l'étranger, vous devez (　　　　) d'abord le 00.
海外に電話するなう，まず00をダイヤルしなければなりません。 _____

(12) Quelle est l'heure d'(　　　　) du train ?
列車の到着時刻は何時ですか？ _____

(13) Tu as porté ton manteau au (　　　　) ?
コートはクリーニングへもって行った？ _____

(14) —Tu es à la (　　　　) ?　—Oui, j'ai oublié mes clefs.
—家に入れないの？　—うん，鍵を忘れたんだ。 _____

(15) Vous mettez une carte mémoire dans votre (　　　　).
あなたのコンピューターにメモリーカードを入れてください。 _____

使用する語：	(1)〜(5)	accès	armoire	horaires	meublé	pièce
	(6)〜(10)	aspirateur	bagages	coup	électricité	train
	(11)〜(15)	arrivée	composer	nettoyage	ordinateur	porte

まとめの問題

次の各設問において，フランス語の文（1）～（5）が，それぞれあたえられた日本語の文が表わす意味になるように，（　）内に入れるのにもっとも適切な語（各1語）を解答欄に書いてください。（配点 10）

1 (1) Ce malfaiteur est passé à (　　　) les contrôles multipliés.
その犯人は増強されたとり締まりをうまくくぐり抜けた。

(2) Dites-leur bien le bonjour de ma (　　　).
私からよろしくと彼らにお伝えください。

(3) Elle a (　　　) la première place à sa rivale.
彼女はライバルと首位を争った。

(4) Elle a un (　　　) pris contre la littérature américaine.
彼女はアメリカ文学に対して偏見をもっている。

(5) Il ne faut à aucun (　　　) accepter cette proposition.
絶対にその提案をうけ入れるべきではない。

(1)	(2)	(3)	(4)	(5)

2 (1) Elle s'ennuie à Nîmes, ou (　　　) elle ne s'y amuse pas.
彼女はニームで退屈している，というか楽しもうとしないのだ。

(2) —Il est à vous l'appartement ? —Non, nous sommes en (　　　).
－アパルトマンは持ち家ですか？ －いいえ，賃貸です。

(3) Il n'a pas assisté à cette réunion sous (　　　) qu'il était fatigué.
彼は疲れているという口実をつけてその会議に出なかった。

(4) J'ai eu ta mère au bout du (　　　) hier soir.
私は昨晩君のおかあさんと電話で話したよ。

(5) J'ai lu les petites (　　　) pour trouver mon appartement.
私はアパルトマンを探すために三行広告を読んだ。

(1)	(2)	(3)	(4)	(5)

3 (1) Elle s'est fait (　　　) au genou en tombant.
彼女は転んで膝を痛めた。

(2) Jeanne parle encore un (　　　) japonais, elle commence seulement à l'apprendre.
ジャンヌの話す日本語はまだ不正確です，日本語を習いはじめたばかりだから。

(3) Je suis désolé, j'ai parlé à la (　　　).
申しわけありません，軽率なことを言いました。

(4) La maîtresse (　　　) sur l'orthographe des mots difficiles.
先生はむずしい単語のスペルにこだわる。

(5) Soyez là demain sans (　　　) à neuf heures.
あすはかならず9時に来てください。

(1)	(2)	(3)	(4)	(5)

4 (1) Elle a parfaitement (   ) d'avoir quitté son mari.

彼女がご主人と別れたのももっともだね。

(2) L'accident de la circulation s'est produit en ma (   ).

交通事故が私の目のまえで起こった。

(3) La police a mené une enquête dans le plus grand (   ).

警察は極秘裏に捜査を進めた。

(4) Le concert de demain n'aura pas lieu pour des raisons (   ) de notre volonté.

やむをえない理由で，あすのコンサートは開催されません。

(5) Qui est-ce qui a payé l'(   ) au café ?

カフェの勘定はだれが払ったの？

(1)	(2)	(3)	(4)	(5)

5 (1) Est-il malade à ce (   ) ?

彼はそんなに悪いの？

(2) Fais en (   ) d'arriver à l'heure la prochaine fois.

今度は定刻に着くようにしなさい。

(3) Pour traverser ce grand boulevard, empruntez le passage (   ).

この大通りを横断するには，地下道を使ってください。

(4) Si tu ne veux pas rater ton train, (   ) ta montre à l'heure.

列車に乗り遅れたくないのなら，時刻を合わせとけよ。

(5) Tu t'achètes un nouveau bijou chaque année. Il ne faut pas (   ) !

君は毎年新しい宝石を買ってる。ほどほどにしてよ！

(1)	(2)	(3)	(4)	(5)

6 (1) Dans cette négociation, c'est toi seul qui as le beau (   ).

この交渉でいい目をみたのは君だけだ。

(2) Il a manqué une (   ) en descendant l'escalier.

彼は階段を降りるとき1段ふみはずした。

(3) Il a (   ) griller des saucisses au barbecue.

彼はバーベキューでソーセージを焼いた。

(4) Si vous ne pouvez pas venir pour une raison (   ), prévenez-moi.

何らかの理由で来ることができないなら，まえもってお知らせください。

(5) Tu n'as pas à te dépêcher, de toute (   ), nous ne pourrons pas attraper le train de 6h52.

急ぐにはおよばないよ，どうせ6時52分の列車には間に合わないから。

(1)	(2)	(3)	(4)	(5)

3

動詞に関する問題

2級の受験者がもっとも手こずるのが本章でとりあげる問題です。これは動詞の活用というより動詞の用法に主眼をおいた問題です。出題される動詞の範囲はそれほど広いわけでもなく、解答をみるとよく目にする動詞であったりもするのですが、これがなかなか思いつかないのです。基本動詞ほど用法も広いといえます。動詞は基本的な意味と派生的な意味のあいだのへだたりが大きいし、前置詞や目的語との結びつきに慣用的なものもあるしで、用法を習得するのはなかなかやっかいです。動詞とその日本語訳を短絡的に覚えるのではなく、例文のなかで動詞がどういう働きをしているのかをよく考えるようにしましょう。仏検の設問は5問で、2つのフランス語文が同じ意味になるように、不定詞の形で示された8つの動詞のなかから適切なものを選択して活用させる問題です。配点は10点です。

出題例（2016年春季 3）

次の (1) ～ (5) について、A, B がほぼ同じ意味になるように、(　) 内に入れるのにもっとも適切なものを、下の語群から1つずつ選び、必要な形にして解答欄に書いてください。ただし、同じものを複数回用いることはできません。（配点 10）

(1) A　Dès qu'elle en a l'occasion, elle mange des pâtisseries.
　　 B　Elle ne (　　) pas aux pâtisseries.

(2) A　Je suis tombé amoureux d'elle sans savoir qu'elle était l'auteur de mon roman préféré.
　　 B　J'(　　) qu'elle était l'auteur de mon roman préféré, quand je suis tombé amoureux d'elle.

(3) A　Quand est-ce que vous avez atterri ?
　　 B　À quelle heure est-ce que votre avion (　　) ?

(4) A　Tu le laisseras se reposer de temps en temps. Il en a le droit.
　　 B　Ne le (　　) pas à travailler trop longtemps. Il a le droit de se reposer.

(5) A　Vous n'aurez aucune difficulté à faire ces exercices.
　　 B　Ces exercices ne vous (　　) aucun mal.

| donner | éviter | forcer | ignorer |
| refuser | résister | se poser | s'établir |

1. 生死，危険

① 生 死

vivre
自 生きる // vivre de ses rentes (= avoir suffisamment de rentrées d'argent pour vivre sans travailler) 年金生活をする / avoir de quoi vivre (= avoir assez d'argent pour subsister) 食べてゆくだけの稼ぎはある

vieillir
自 年をとる // faire [laisser] vieillir du vin ワインを熟成させる

他 老けさせる // Cette robe te vieillit beaucoup. (= faire paraître plus âgée) その服だととても老けて見えるよ

guérir
他 治す // guérir qn de... (人)の…を治す : Ce médecin m'a guéri de mon rhume. (= rétablir) その医者は私の風邪を治してくれた

自 治る // Il guérira vite. 彼はすぐに元気になるだろう

sauver
他 …を救う sauver la vie à qn (人)の命を救う

mourir
自 死ぬ // mourir [être mort] de qc …で死ぬ, 死にそうだ : Ma mère est morte d'un cancer. 私の母は癌で死んだ / Je meurs de faim. お腹がすいて死にそうだ

tuer
他 殺す // tuer le temps 時間をつぶす : Il est allé au cinéma pour tuer le temps. (= faire écouler le temps pour ne pas s'ennuyer) 彼は時間をつぶすために映画へ行った

étouffer
他 窒息させる // Cet homme politique a cherché à étouffer ce scandale. (= cacher) その政治家はこのスキャンダルをもみ消そうとした

② 危 険

risquer
他 危険にさらす. 危険を冒す (= courir un risque) // risquer son honneur (= mettre en danger) 名誉を危険にさらす / risquer de+ 不定詞 …のおそれがある : …かもしれない : Aujourd'hui mardi, le musée risque d'être fermé. 今日は火曜日だ. 美術館は閉まっているおそれがある / Notre équipe risque de perdre le match de football. (= pouvoir) わがチームはそのサッカーの試合に負けるかもしれない

se risquer
代動 (à+ 不定詞) 思い切って…する // Je me suis risqué à le contredire. (= oser) 私はあえて彼に異議をとなえた

assurer
他 保証する, 断言する // assurer sa maison contre l'incendie 家に火災保険をかける

s'assurer
代動 保険に入る // s'assurer contre l'incendie 火災保険に入る

garantir
他 保証する, 請け合う // Je te garantis la réussite. (= être sûr) 君の成功は請け合う

jurer
他 誓う, 断言する, 請け合う // Je vous jure ! 絶対に！

◆être
自 …である // Il est au chômage. 彼は失業中です / être à+ 不定詞 …するためのものである : Cette maison est à vendre. この家は売家です / y être 理解する : Je n'y suis pas du tout. (= comprendre) 私にはまったく理解できない / être capable de+ 不定詞 …する能力 [可能性] がある : Il est capable d'avoir oublié notre rendez-vous. (= pouvoir) 彼は私たちの約束を忘れたのかもしれない / être en mesure de+ 不定詞 …できる : Je ne serai pas en mesure de vous répondre avant lundi. (= pouvoir) 月曜までにご返事することはできません / être loin de+ 不定詞 …するどころではない : Je suis loin d'avoir terminé mon travail. 私はまだ仕事が終わりそうにない / en être …まで達している : À quelle page en sommes-nous ? 何ページまですみましたか？ / être au courant de qc [que+ 直説法] …を知っている : Je suis au courant de la nouvelle. (= savoir) 私はそのニュースを知っている

◆ 印は補足項目です。

EXERCICE 1

次の各設問の（1）〜（5）について，**A**，**B**がほぼ同じ意味になるように，（　）内に入れるのにもっとも適切なものを，下の語群から1つずつ選び，必要な形にして解答欄に書いてください。ただし，同じものを複数回用いることはできません。

1 (1)　**A**　Ce médecin a guéri mon père d'un cancer.

　　　　B　Mon père cancéreux (　　　　) par ce médecin.

　(2)　**A**　Elle lit un magazine pour ne pas s'ennuyer.

　　　　B　Elle lit un magazine pour (　　　　) le temps.

　(3)　**A**　Il est capable d'avoir oublié notre rendez-vous.

　　　　B　Il (　　　　) avoir oublié notre rendez-vous.

　(4)　**A**　Il se peut qu'il pleuve, avec ces nuages.

　　　　B　Il y a des nuages. Il (　　　　) de pleuvoir.

　(5)　**A**　Il fait horriblement froid dans la salle d'attente.

　　　　B　On (　　　　) de froid dans la salle d'attente.

| **mourir** | **pouvoir** | **risquer** | **sauver** | **tuer** |

(1)	(2)	(3)	(4)	(5)

2 (1)　**A**　Je suis sûr que ce tableau est authentique.

　　　　B　Je (　　　　) l'authenticité de ce tableau.

　(2)　**A**　J'y suis, maintenant ! Voilà pourquoi il me l'a dit.

　　　　B　J'(　　　　), maintenant ! Voilà pourquoi il me l'a dit.

　(3)　**A**　La fortune que m'ont laissé mes parents me permet de ne pas mourir de faim.

　　　　B　J'ai de quoi (　　　　) avec ce que m'ont laissé mes parents.

　(4)　**A**　Quelques jours à la montagne vous remettront sur pied.

　　　　B　Vous (　　　　) avec quelques jours à la montagne.

　(5)　**A**　Tu es au courant ? Guy a gagné le premier prix au concours.

　　　　B　Tu (　　　　) que Guy a gagné le premier prix au concours ?

| **comprendre** | **garantir** | **guérir** | **savoir** | **vivre** |

(1)	(2)	(3)	(4)	(5)

2. 通 行

aller	自 行く // aller à *qn* (人)に似合う：Cette jupe *te va* très bien. そのスカートは君にとてもよく似合う / aller à [avec] *qn/qc* …と合う．調和する：Le vin rouge *va* bien *avec* la viande. (= convenir) 赤ワインは肉料理に合う / aller loin 度を越す：[未来形で]出世する / aller sur ses … ans …歳に近づく / Ça va de soi [Ça va sans dire]. (= C'est évident.) それは言うまでもないことだ / On se revoit demain, ça va ? –Ça me va très bien. (=d'accord) あす会うということでいいですか？－結構です
se rendre	代動 行く：…になる // se rendre à son travail (= aller) 仕事に行く / Je veux me rendre utile à tout le monde. (= se montrer) 私はみんなの役にたちたい / se rendre compte de *qc* [que + 直説法] …に気づく：Je *me suis rendu compte de* son absence. (= s'apercevoir) 私は彼(女)がいないことに気づいた
fréquenter	他 …に頻繁に通う；交際する // Il fréquente ce café. 彼はこのカフェの常連だ / fréquenter un camarade de classe クラスメイトとつきあう
circuler	他 通行する // Il est interdit de circuler dans cette rue le dimanche. (= rouler) 日曜日はこの通りは通行禁止だ
passer	自 通る；移る；上映される // Je suis allé à Paris en passant par Moscou. 私はモスクワを経由してパリへ行った / Je passerai chez vous ce soir. (= aller) 今晩お宅にうかがいます / Passons à table. 食卓へ移りましょう / Rapporte une cuiller en passant. (= au passage) ついでにスプーンを1本もってきて / Ce film passe au Rex en ce moment. その映画はいまレックスで上映されている / passer pour+属詞 [pour+不定詞] …として通る：Il *passe pour* savant. (= être considéré comme…) 彼は学者で通っている / passer sur *qc* …を省略する；大目に見る：*passer sur* les détails 細部をとばす
	他 通り過ぎる；(時を)過ごす；渡す // J'ai passé l'après-midi à regarder la télé. (= employer son temps) 彼はテレビを見て午後を過ごした / Passez-moi la parole. 次は私に発言させてください
se passer	代動 起こる // Cet événement, où est-ce qu'il s'est passé ? (= arriver, avoir lieu) その事件はどこで起こったのですか？ / se passer de *qc/qn* [de+不定詞] …なしで済ます：Je *me suis passé de* tabac pendant un an. (= se priver) 私は1年間たばこをすわないで過ごした
parcourir	他 歩きまわる；ざっと目を通す // parcourir l'Espagne (= visiter) スペインを見てまわる / parcourir son journal (= lire rapidement) 新聞にざっと目を通す
rester	自 とどまる，残る // rester à+不定詞 …するために残る：Reste à déjeuner avec nous. 一緒に昼食を食べていきなさい / en rester à *qc* …まででやめる：*Restons-en* là. (= ne pas aller plus loin) そこまでにしておこう
	[非人称構文で] Il reste à+不定詞 …すべきことが残っている：*Il me reste à* finir mon devoir d'anglais. 私はまだ英語の宿題を終えなければならない
reculer	自 退く，しりごみする // Nous ne pouvons plus reculer. (= retourner en arrière) 私たちはもうあとには引けない / Il ne recule devant rien. 彼は何事にもたじろがない
	他 うしろにさげる；延期する // Reculez l'heure de notre rendez-vous. (= retarder, ↔avancer) 約束の時間を遅らせてください

EXERCICE 2

次の各設問の（1）〜（5）について，**A**，**B**がほぼ同じ意味になるように，（　）内に入れるのにもっとも適切なものを，下の語群から1つずつ選び，必要な形にして解答欄に書いてください。ただし，同じものを複数回用いることはできません。

1 (1) **A** Elle est allée à l'étranger pendant les vacances.

  B Elle (　　　) à l'étranger pendant les vacances.

(2) **A** Il a jeté un coup d'œil sur mon projet.

  B Il (　　　) mon projet.

(3) **A** Il exagère ses succès en les racontant.

  B Quand il raconte ses succès, il (　　　) trop loin.

(4) **A** Il faut que tu acceptes. Tu n'as pas le choix.

  B Il faut que tu acceptes. C'est tout ce qui te (　　　) comme choix.

(5) **A** Ne faites pas trop attention aux détails.

  B (　　　) sur les détails.

aller	parcourir	passer	rester	se rendre

(1)	(2)	(3)	(4)	(5)

2 (1) **A** Il allait souvent au cinéma quand il était jeune.

  B Il (　　　) les cinémas dans sa jeunesse.

(2) **A** Ils feront face à toutes les difficultés.

  B Ils ne (　　　) devant aucune difficulté.

(3) **A** Le tabac ne nous est pas nécessaire.

  B On peut (　　　) de tabac.

(4) **A** On le considérait comme un homme intelligent.

  B Il (　　　) pour un homme intelligent.

(5) **A** Nous n'arrivons pas encore à résoudre une question.

  B Il nous (　　　) à résoudre une question.

fréquenter	passer	reculer	rester	se passer

(1)	(2)	(3)	(4)	(5)

3．去来，出入り

① 去来

venir　　自 来る　// Ce vin vient d'Espagne. (= provenir) このワインはスペイン産だ / Cette panne vient du moteur. (= découler) この故障の原因はエンジンにある / Une idée lui est soudain venue à l'esprit. (= apparaître) ある考えがふと彼(女)の脳裏にひらめいた / (en) venir à *qc* (問題に)とり組む : *Venons-en au* sujet qui nous intéresse. (= parler de) 私たちが関心をもっている本題に入りましょう / en venir à *qc* [à+不定詞] ついに…に至る : J'*en viens à* croire qu'elle m'a menti. (= commencer à) 私は彼女が嘘をついたと思うようになった / D'où vient que+直説法 [接続法] ? なぜ…なのか？ : *D'où vient qu'*il n'arrive jamais à l'heure ? (= pourquoi) なぜ彼はけして時間どおりに来ないのだろう？ / Ça vient ? まだかい？ / venir au monde (= naître) 生まれる

provenir　　自 (de …から) 来る　// Ces vins proviennent d'Espagne. (= en provenance de) このワインはスペイン産だ

revenir　　自 ふたたび来る，帰って来る　// Revenons(-en) à notre sujet. (= retourner) 本題にもどりましょう / Cela revient à la même chose. (= C'est la même chose.) それは結局同じことだ / revenir sur *qc* …を考えなおす : *Revenons sur* cette question plus tard. (= reprendre) その問題についてはあとでもう1度考えてみましょう / n'en pas revenir とても驚く : Je *n'en reviens pas* qu'il ait été arrêté. (= être surpris) 彼が逮捕されたとはまったく驚きだ / revenir à *qn* 記憶によみがえる : Ça me *revient* ! (= se présenter de nouveau à son esprit) 思い出した！ / revenir à+不定詞 …であるに等しい : Cela *revient à* dire que vous refusez ma proposition. (= équivaloir) それはあなたが私の提案を拒否するというのと同じです / revenir à+金額 (金額が) …だけかかる : Cette réception nous *est revenue à* mille euros. (= coûter) そのレセプションは1000ユーロかかった

② 出入り

pénétrer　　自 (dans …に) 侵入する　// Le vent pénètre par les interstices de la porte. (= entrer) ドアの隙間から風が入る

　　　　　　他 侵入する，見ぬく　// J'ai fini par pénétrer son secret. (= découvrir) 私はついに彼(女)の秘密を見ぬいた

tremper　　他 浸す　// La sueur trempe sa chemise. (= mouiller) 彼のシャツは汗びっしょりだ

　　　　　　自 (dans …に) 加担する　// tremper dans un vol (= être complice de, participer à) 窃盗の片棒をかつぐ

sortir　　自 出る，外出する，発表される　// Son nouveau livre vient de sortir. (= paraître) 彼(女)の新作が刊行された

　　　　　　他 出す，発表する　// sortir les mains de ses poches ポケットから手を出す / Renault a sorti son nouveau modèle. ルノー社は新型車を発表した

partir　　自 出発する　// à partir de *qc* …から : *à partir de* dix heures (= dès) 10時から / *à partir d'*ici (= depuis) ここから

échapper　　間他 (à …から) 逃れる，(危険などを) 免れる　// Son nom m'échappe souvent. (= ne pas revenir à sa mémoire) 彼(女)の名前をよく忘れてしまう / La raison de ton acte m'échappe complètement. (= ne pas comprendre) 君がなぜあんなことをしたのかまったく理解できない / échapper à un grave accident 大事故を免れる

EXERCICE 3

次の各設問の（1）〜（5）について，**A**，**B**がほぼ同じ意味になるように，（　）内に入れるのにもっとも適切なものを，下の語群から1つずつ選び，必要な形にして解答欄に書いてください。ただし，同じものを複数回用いることはできません。

1 (1) **A** Ce mot était souvent prononcé dans la conversation.

      B Ce mot (　　　) souvent dans la conversation.

  (2) **A** Il est tout mouillé, malgré ses vêtements.

      B La pluie (　　　) ses vêtements.

  (3) **A** La raison de leur divorce m'échappe complètement.

      B Je ne (　　　) pas du tout pourquoi ils ont divorcé.

  (4) **A** Le dernier roman de cet écrivain sera en vente le mois prochain.

      B L'éditeur (　　　) le dernier roman de cet écrivain le mois prochain.

  (5) **A** Tous les voleurs se sont fait attraper par la police, sauf lui.

      B Il est seul à (　　　) à la police.

comprendre   échapper   pénétrer   revenir   sortir

(1)	(2)	(3)	(4)	(5)

2 (1) **A** À combien revient cette voiture ?

      B Combien (　　　) cette voiture ?

  (2) **A** Mon grand-père ne se souviendra jamais de votre date de naissance.

      B Votre date de naissance ne (　　　) jamais à mon grand-père.

  (3) **A** Je t'ai dit de ne pas mettre ma voiture au garage.

      B (　　　) ma voiture du garage !

  (4) **A** Plusieurs personnes ont participé à ce kidnapping.

      B Plusieurs personnes (　　　) dans ce kidnapping.

  (5) **A** Pourquoi cet acteur a-t-il du succès ?

      B D'où (　　　) le succès de cet acteur ?

coûter   revenir   sortir   tremper   venir

(1)	(2)	(3)	(4)	(5)

4．接近，昇降

① 接 近

approcher	他 (de …に) 近づける // Il a approché sa chaise du mur. 彼は椅子を壁に近づけた 自 近づく // L'heure du départ approche. 出発の時間がせまっている
s'approcher	代動 (de …に) 近づく // Elle s'est approchée de la fenêtre. (= venir près) 彼女は窓辺に近づいた
rapprocher	他 (de …に) 近づける // rapprocher son lit de la fenêtre (↔éloigner de) ベッドを窓に近づける
se rapprocher	代動 (de …に) 近づく // Rapproche-toi de la cheminée. (= venir plus près) もっと暖炉の近くに来なさい
éloigner	他 (de …から) 遠ざける // Cette affaire de corruption l'a éloigné de la vie politique. (= détourner) この汚職問題で彼は政界を退いた
s'éloigner	代動 (de …から) 遠ざかる // Ne vous éloignez pas du sujet. (↔s'approcher) 本題からそれないでください
serrer	他 締めつける // Cette robe me serre trop. (= mouler) このドレスはきつすぎる
se serrer	代動 つめあう // Serrez-vous davantage pour faire de la place.(= se rapprocher) 場所を空けるためにもっとつめてください / se serrer la main 握手を交わす

② 昇 降

monter	自 登る, 乗る, 上がる // monter à bicyclette [en voiture, dans un taxi] 自転車 [車, タクシー] に乗る / Les prix ne cessent de monter. (= augmenter, ↔baisser) 物価は上がり続けている
composter	他 自動改札機に切符を通す // Il faut composter votre billet avant de monter dans le train. 乗車するまえに切符を自動改札機に通さなければならない
descendre	自 降りる // descendre chez *qn* (人)の家に泊まる
lever	他 上 げ る // Levez le doigt pour poser une question. (↔baisser) 質問があれば指を立ててください / La séance est levée. (↔ouvrir) 閉会します
baisser	他 下 げ る // baisser les bras (↔lever) 腕 を 下 げ る / baisser les prix (↔augmenter) 値段を下げる / baisser la voix 声を落とす 自 下がる // Le niveau de la rivière a baissé. (= descendre) 川の水位が下がった
tomber	自 落ちる, 倒れる // Sa fièvre est tombée. (= baisser) 彼(女)の熱が下がった / En hiver, le jour tombe vite. (= décliner) 冬は日没がはやい / tomber+属詞…になる : *tomber* malade [amoureux] (= devenir subitement) 病気になる [恋におちる] / Le 14 juillet tombe un lundi cette année. (= coïncider avec) 今年の革命記念日は月曜日だ / tomber bien [mal] タイミングがよい [悪い] : Tu *tombes bien*, je viens de rentrer à la maison. (= arriver à propos) タイミングがよかったね, いま帰宅したところなんだ / laisser tomber *qc/qn* …をやめる, ほおっておく : J'ai *laissé tomber* le tennis. (= abandonner, ↔continuer) 私はテニスをあきらめた / tomber sous les yeux [la main] 偶然目に入る [手にする] : Cette photo m'est *tombée sous les yeux*. (= se trouver par hasard à portée de) その写真が偶然目にとまった / tomber sur *qn/qc* …にたまたま出会う : Je *suis tombé sur* elle dans la rue. (= rencontrer par hasard) 私は通りで彼女とばったり会った

EXERCICE 4

次の各設問の（1）～（5）について，**A**，**B**がほぼ同じ意味になるように，（　）内に入れるのにもっとも適切なものを，下の語群から1つずつ選び，必要な形にして解答欄に書いてください。ただし，同じものを複数回用いることはできません。

1 (1)　**A**　J'ai l'impression qu'un orage se prépare.

　　　　B　On dirait qu'un orage (　　　).

　(2)　**A**　J'ai mal aux pieds, ces nouvelles chaussures sont trop justes.

　　　　B　J'ai mal aux pieds, ces nouvelles chaussures me (　　　).

　(3)　**A**　Les enfants, restez près d'ici !

　　　　B　Les enfants, ne (　　　) pas !

　(4)　**A**　Ne vous attachez pas trop aux détails inutiles.

　　　　B　(　　　) tomber les détails inutiles.

　(5)　**A**　Son anniversaire, cette année, c'est un dimanche.

　　　　B　Son anniversaire (　　　) un dimanche cette année.

approcher	laisser	s'éloigner	serrer	tomber

(1)	(2)	(3)	(4)	(5)

2 (1)　**A**　Hier, j'ai rencontré François par hasard devant le cinéma.

　　　　B　Hier, je (　　　) sur François devant le cinéma.

　(2)　**A**　Le taux d'intérêt a augmenté cette année.

　　　　B　Le taux d'intérêt (　　　) cette année.

　(3)　**A**　Ne laissez pas tomber le sport.

　　　　B　Il faut que vous (　　　) le sport.

　(4)　**A**　Ne va pas trop près de ce chien.

　　　　B　Ne (　　　) pas de ce chien.

　(5)　**A**　Pendant mon séjour à Nice, mon ami veut toujours me loger chez lui.

　　　　B　Quand je vais à Nice, mon ami veut toujours que je (　　　) chez lui.

continuer	descendre	monter	s'approcher	tomber

(1)	(2)	(3)	(4)	(5)

5．離合，到達

① 離　合

réunir　他 集める，結びつける // Il réunit ses collaborateurs une fois par mois. (= mettre ensemble) 彼は月に1度協力者たちを召集する / Le tunnel sous la Manche réunit l'Angleterre à la France. (= relier) 英仏海峡トンネルがイギリスとフランスを結んでいる

se réunir　代動 集まる // Réunissons-nous demain si vous voulez. (= se retrouver) もしよければ，あす集まりましょう

rejoindre　代動 合流する，戻る // Je vais vous rejoindre à l'hôtel. (= retrouver) 私はホテルであなたたちに合流します / Il est temps de rejoindre votre domicile. (= retourner à) 家へ帰る時間ですよ

participer　間他 (à …に) 参加する // Il participe à toutes les réunions. (= assister à) 彼はどんな会議にでも出席する

diviser　他 分ける // Divise la pizza en six parts égales. (= partager) ピザを6等分しなさい

se diviser　代動 (en …に) // 分かれる，分裂する

partager　他 分ける // Elle a partagé le gâteau en deux par la moitié. (= diviser en parts) 彼女はケーキを2等分にした / Elle partage un appartement avec une amie. (= avoir en commun) 彼女はアパルトマンを友だちと共有している / Les avis sont partagés sur ce problème. (= être divers) その問題については意見が割れている

séparer　他 分ける，隔てる // séparer A de [d'avec] B BからAをひき離す : La guerre m'a séparé de mes parents. (↔réunir) 戦争が私を両親からひき離した

se séparer　代動 別れる // se séparer de qn (人) と別れる : J'ai décidé de me séparer de mon mari. (= quitter) 私は夫と別れることにした

quitter　他 (人と)別れる，(場所を)離れる // ne pas quitter qn/qc des yeux …から目を離さない : Ne quitte pas notre bébé des yeux. (= surveiller) 赤ちゃんから目を離さないでね / Allô, ne quittez pas ! (= rester en ligne) もしもし，切らないでお待ちください

② 到　達

arriver　自 <à+不定詞>…できる // Je suis arrivée à convaincre mes parents. (= réussir à) 私はうまく両親を説得することができた
[非人称構文で] Il arrive qc [de+不定詞, que+接続法] …が起こる : Il arrive qu'il fasse froid en septembre. (= se produire) 9月に寒くなることもある / quoi qu'il arrive (= de toute façon) なにが起ころうと，いずれにせよ

aboutir　間他 (à, sur, dans …に) 通じる // Le couloir aboutit dans le salon. (= mener) この廊下は応接間に通じている

parvenir　間他 (à …に) たどり着く // Votre colis ne m'est pas encore parvenu. あなたの小包はまだ着いていません / parvenir à+不定詞 …することに成功する : Je ne parviens pas à comprendre ses explications. (= arriver à) 私にはどうしても彼(女)の説明が理解できない

toucher　他 触れる；感動させる // Il touche un gros salaire. (= gagner) 彼は高給をもらっている / Ce recueil de poèmes m'a touché. (= émouvoir) この詩集は私の心を打った

目 (à …に) 触れる，達する // Il a à peine touché aux légumes. (= prendre) 彼は野菜にはほとんど手をつけなかった / Les grandes vacances touchent à leur fin. (= atteindre) 夏休みもそろそろおしまいだ

atterrir	目 着陸する (↔décoller)

EXERCICE 5

次の各設問の（1）〜（5）について，**A**，**B**がほぼ同じ意味になるように，（　）内に入れるのにもっとも適切なものを，下の語群から1つずつ選び，必要な形にして解答欄に書いてください。ただし，同じものを複数回用いることはできません。

1 (1)　**A**　De toutes façons, vous pouvez compter sur moi.

　　　　B　Quoi qu'il (　　　), vous pouvez compter sur moi.

　　(2)　**A**　Il est parti de son bureau vers 17 heures.

　　　　B　Il (　　　) son bureau vers 17 heures.

　　(3)　**A**　Il y a dans ce livre dix conférences sur l'Antarctique.

　　　　B　Ce livre (　　　) dix conférences sur l'Antarctique.

　　(4)　**A**　Les deux frères occupent ensemble la même chambre.

　　　　B　Les deux frères (　　　) la même chambre.

　　(5)　**A**　Tu dois prendre part à la conversation.

　　　　B　Tu dois (　　　) à la conversation.

arriver　　partager　　participer　　quitter　　réunir

(1)	(2)	(3)	(4)	(5)

2 (1)　**A**　Elle a été sensible à cette poésie.

　　　　B　Cette poésie l'(　　　).

　　(2)　**A**　Il a enfin obtenu un résultat satisfaisant après ses longues recherches.

　　　　B　Ses longues recherches (　　　) à un résultat satisfaisant.

　　(3)　**A**　Les partis politiques ont des avis partagés sur ce problème.

　　　　B　Les partis politiques (　　　) sur ce problème.

　　(4)　**A**　Nous ne sommes pas d'accord avec vous.

　　　　B　Nous ne (　　　) pas votre avis.

　　(5)　**A**　Sa grippe l'a empêchée de rassembler tout le monde pour la nouvelle année.

　　　　B　Si elle n'avait pas attrapé une grippe, elle (　　　) tout le monde pour la nouvelle année.

aboutir　　partager　　réunir　　toucher　　se diviser

(1)	(2)	(3)	(4)	(5)

6．接続，出し入れ

① 接　続

couper 他 切る // Ne coupez pas ! (電話を)切らないでください / couper la parole à *qn* (人)の話をさえぎる : La tristesse lui *a coupé la parole*. (= ne pas lui permettre de parler) 彼(女)は悲しみのあまり言葉につまった

trancher 他 切断する，決着をつける // En cas de désaccord entre eux, c'est toujours moi qui tranche. (= décider) 彼らの意見が対立するとき解決するのはいつも私だ
自 決断する：対照をなす // Le rouge de sa jupe tranche avec le noir de son chemisier. (= ressortir) 彼女のスカートの赤はブラウスの黒と対照的だ

éteindre 他 消す // éteindre la radio (= arrêter) ラジオのスイッチを切る

succéder 間他 (à …の) あとに続く // Qui succèdera à notre entraîneur ? (= remplacer) だれがわれわれのチーム監督のあとを継ぐのだろうか?

se succéder 代動 続く // Les visiteurs se sont succédé sans interruption toute la journée. (= se suivre) 訪問客が一日中ひっきりなしにやって来た

suivre 他 …のあとについて行く，…に続く：理解する // suivre l'exemple de *qn* (人)をみならう / Caroline suit des cours de piano. (= assister à) カロリーヌはピアノのレッスンを受けている / Suivez cette rue jusqu'au prochain carrefour. (= longer) 次の交差点までこの道に沿って行ってください / Les jeunes suivent la mode. (= se conformer à) 若者たちは流行を追いかける / Il ne suit pas mes conseils. (= obéir à) 彼は私の忠告を聞こうとしない / J'ai suivi un match de football à la télé hier soir. (= regarder) 私は昨晩テレビでサッカーの試合を見た / Vous me suivez ? (= comprendre) 私の言っていることがおわかりですか?

se suivre 代動 相次ぐ，続く // Les gens se suivent sur le trottoir qui mène au stade. (= aller les uns derrière les autres) スタジアムに続く歩道では人が列をなして歩いている

coller 他 貼る // Colle le timbre sur l'enveloppe. (= mettre, ↔décoller) 封筒に切手を貼りなさい

affranchir 他 解放する：切手をはる // affranchir une lettre 手紙に切手をはる (= coller)

② 出し入れ

tirer 他 引っ張る，引きだす：印刷する // Il a tiré un portefeuille de sa poche. (= sortir) 彼はポケットから財布をとりだした / tirer une balle de revolver sur *qn* (人)に拳銃を1発撃つ / tirer une revue à deux mille exemplaires (= imprimer) 雑誌を2000部刷る
間他 (sur …を) 引っ張る，撃つ：(à + 数詞) …部印刷される // Le fuyard a tiré sur l'inspecteur de police. 逃亡犯は刑事めがけて発砲した / Son roman tire à cent mille exemplaires. (= paraître) 彼の小説は10万部発行される

retirer 他 (de …から) ひきだす，とりあげる // retirer de l'argent de la banque (= prendre) 銀行からお金をおろす / On m'a retiré mon permis de conduire. (= enlever) 私は免許証をとりあげられた

se retirer 代動 身をひく // se retirer des affaires (= quitter) 商売から身をひく / Nous nous retirerons à la campagne l'année prochaine. (= prendre sa retraite) 私たちは来年田舎にひっこみます

introduire 他 導入する，入れる // introduire la clef dans la serrure (= mettre dans) 鍵を錠前に差しこむ

EXERCICE 6

次の各設問の（1）〜（5）について，**A**，**B**がほぼ同じ意味になるように，（　）内に入れるのにもっとも適切なものを，下の語群から1つずつ選び，必要な形にして解答欄に書いてください。ただし，同じものを複数回用いることはできません。

1 (1)　**A**　Après la cérémonie, il y aura un grand festin.
　　　　B　La cérémonie (　　　) d'un grand festin.
　　(2)　**A**　Arrête la télévision, s'il te plaît.
　　　　B　(　　　) la télévision, s'il te plaît.
　　(3)　**A**　Je dois aller chercher de l'argent à la banque.
　　　　B　Je dois (　　　) de l'argent de la banque.
　　(4)　**A**　Je dois mettre la clé dans la serrure pour ouvrir la porte.
　　　　B　Il faut que j'(　　　) la clé dans la serrure pour ouvrir la porte.
　　(5)　**A**　Ne m'interromps pas tout le temps !
　　　　B　Il ne faut pas que tu me (　　　) la parole.

| couper | éteindre | introduire | retirer | suivre |

(1)	(2)	(3)	(4)	(5)

2 (1)　**A**　Catherine parle trop vite, on ne peut pas comprendre ce qu'elle dit.
　　　　B　Catherine parle trop vite, on ne peut pas la (　　　).
　　(2)　**A**　Il laisserait tomber le tennis s'il était battu à la finale.
　　　　B　Il (　　　) du tennis s'il ne gagnait pas la finale.
　　(3)　**A**　N'oubliez pas d'affranchir votre lettre.
　　　　B　Il faut que vous (　　　) un timbre sur l'enveloppe.
　　(4)　**A**　Qui remplacera notre directeur quand il prendra sa retraite ?
　　　　B　Qui (　　　) à notre directeur quand il va prendre sa retraite ?
　　(5)　**A**　Sa gentillesse d'aujourd'hui contraste avec sa mauvaise humeur d'hier.
　　　　B　Sa gentillesse d'aujourd'hui (　　　) avec sa mauvaise humeur d'hier.

| coller | se retirer | succéder | suivre | trancher |

(1)	(2)	(3)	(4)	(5)

7．変化，調整

① 変化

devenir	自 …になる　// Qu'est devenue ma clef ? 私の鍵はどこへいったんだろう？
transformer	他 変える　// transformer A en B AをBに変える：Il *a transformé* sa maison *en* restaurant. (= donner un autre aspect) 彼は家をレストランに改装した／Cette expérience l'a beaucoup transformée. (= changer) この経験で彼女はすっかり変わった
varier	他 変化をつける　// varier le menu メニューに変化をつける 自 変わる，異なる　// Le prix de cet article varie selon les magasins. この品物の値段は店によって異なる
renouveler	他 新しくする　// Cette entreprise a renouvelé son personnel. (= changer) その会社はスタッフを一新した／Je dois renouveler mon passeport qui n'est plus valable. (= prolonger la validité) 私は期限切れのパスポートを更新しなければならない
s'aggraver	代動 悪化する　// L'état du malade s'est aggravé dans la nuit. (= devenir plus grave) 病人の容体が夜のあいだに悪化した
gâter	他 甘やかす：台なしにする　// Cette pluie a gâté notre promenade. この雨が私たちの散歩を台なしにした
se gâter	代動 台なしになる　// Le poisson se gâte facilement. (= pourrir) 魚は簡単に腐ってしまう／Le temps va se gâter. 天気がくずれそうだ
rendre	他 （人に）…を返す：AをBにする　// Il rendra sa femme heureuse. 彼は妻を幸せにするだろう

② 調整

débarrasser	他 片づける　// débarrasser A de B AからBをとりのぞく：On est arrivé à le *débarrasser de* cette mauvaise habitude. (= défaire) うまく彼に悪習を絶たせることができた
se débarrasser	代動 (de …を) 捨てる，…から解放される　// se débarrasser de vieux livres 古本を処分する
ranger	他 整理する，整列させる　// Ces dossiers sont rangés par ordre alphabétique. (= classer) これらのファイルはアルファベット順に並べられている／Hier soir, j'ai rangé ma voiture devant la maison. (= garer) 昨晩私は家のまえに駐車した
nettoyer	他 きれいにする，掃除する　// nettoyer la maison (= faire le ménage) 家の掃除をする／donner *qc* à nettoyer …をクリーニングに出す
arranger	他 整頓する　// Elle a bien arrangé son nouvel appartement. (= aménager) 彼女は新しいアパルトマンの内装をじょうずに整えた
s'arranger	代動 解決する　// s'arranger avec [de] *qn* （人）と和解する／s'arranger pour+不定詞 [pour que+接続法] …できるように都合をつける：*Arrangez-vous pour* assister à mon mariage dimanche. (= se débrouiller) 何とか日曜日の私の結婚式に出られるように都合をつけてください
se débrouiller	代動 うまく切り抜ける　// Il faut me débrouiller pour arriver dans l'après-midi. (= s'arranger) 何とか午後のうちに着かなければならない
résoudre	他 解決する　// être résolu(e) à *qc* [à+不定詞] …を決心している (= se décider à)：Il *est résolu à* se tourner vers l'enseignement. 彼は教職の道へ進むと決めている
se résoudre	代動 決心をする　// se résoudre à *qc* [à+不定詞] …の決心をする：Je *me suis résolu à* repousser sa proposition. 私は彼(女)の提案を断ることに決めた
régler	他 調整する，解決する：支払う　// Il faut régler cette affaire au plus vite. (= arranger) この件をできるだけ早く解決しなければならない／J'ai réglé mes achats

en espèces. (= payer) 私は買いものの代金を現金で支払った

| garer | 他 駐車する // garer sa voiture sur le parking 駐車場に駐車する |
| se garer | 代動 駐車する (= stationner) // se garer le long du trottoir 歩道沿いに駐車する |

EXERCICE 7

次の各設問の（1）〜（5）について，**A**，**B**がほぼ同じ意味になるように，（　）内に入れるのにもっとも適切なものを，下の語群から1つずつ選び，必要な形にして解答欄に書いてください。ただし，同じものを複数回用いることはできません。

1 (1) **A** Cette pensée ne m'a pas quitté.

　　 B Je ne suis pas arrivé à (　　　　) de cette pensée.

(2) **A** Fais bien le ménage dans ta chambre.

　　 B Je veux que tu (　　　　) bien ta chambre.

(3) **A** Il a fait ce qu'il fallait pour avoir fini avant midi.

　　 B Il (　　　　) pour avoir fini avant midi.

(4) **A** J'ai ouvert la fenêtre pour changer l'air de la pièce.

　　 B J'ai ouvert la fenêtre pour (　　　　) l'air de la pièce.

(5) **A** Le prix des légumes n'est pas du tout le même selon les saisons.

　　 B Le prix des légumes (　　　　) selon les saisons.

nettoyer　　renouveler　　s'arranger　　se débarrasser　　varier

(1)	(2)	(3)	(4)	(5)

2 (1) **A** Attention, vous n'avez pas le droit de stationner de ce côté-ci.

　　 B Attention, ne (　　　　) pas de ce côté-ci, c'est interdit.

(2) **A** Dans ce magasin, les soldes n'étaient pas toujours les mêmes.

　　 B Ce magasin (　　　　) les soldes de temps en temps.

(3) **A** Il a su s'arranger pour payer ses dettes.

　　 B Il (　　　　) pour payer ses dettes.

(4) **A** La situation au Moyen-Orient est devenue plus sérieuse ces dernières années.

　　 B La situation au Moyen-Orient (　　　　) ces dernières années.

(5) **A** L'habitude tue la sensibilité aux compliments.

　　 B On (　　　　) insensible aux compliments.

devenir　　s'aggraver　　se débrouiller　　se garer　　varier

(1)	(2)	(3)	(4)	(5)

8．構成，過不足

① 構　成

composer	他 構成する // composer [faire] un numéro (de téléphone) 電話番号をダイヤルする
consister	自他 (dans [en] …から)成る，(à+不定詞 …することに)ある // Cet immeuble consiste en dix appartements. (= se composer) この建物は10戸のアパルトマンから成る / Son travail consiste à livrer les commandes à domicile. 彼(女)の仕事は注文の品を宅配することだ
comprendre	他 理解する；含む // Sa maison comprend cinq chambres. (= avoir, comporter) 彼(女)の家は5部屋ある
comporter	他 含む // Cet appartement comporte trois pièces. (= avoir) このアパルトマンは3部屋ある
abriter	他 守る；収容する // Cette salle de concert abrite environ trois cents spectateurs. (= loger, recevoir) このコンサートホールは約300人の観客を収容できる

② 過不足

manquer	自他 欠けている // Il a manqué à sa parole. 彼は約束をやぶった / manquer de+無冠詞名詞 …が足りない：Cette purée *manque* un peu *de* sel. このピュレは塩が少し足りない / manquer de+不定詞 危うく…しそうになる：J'ai manqué de me noyer. (= faillir +不定詞) 私はおぼれそうになった / ne pas manquer de+不定詞 必ず…する：Je *ne manquerai pas de* lui téléphoner ce soir. 今晩彼(女)には必ず電話しておきます / Je n'y manquerai pas. きっとそうします 他 逃す // J'ai manqué mon train [Jean] de peu. (= rater) ひと足ちがいで列車に乗り遅れた [ジャンに会いそこねた] / manquer une belle occasion 好機を逃す / manquer un cours (←→assister à) 講義をさぼる
remplir	他 (de …で)満たす，記入する // remplir une marmite d'eau chaude (←→vider) 深鍋にお湯をはる / être rempli(*e*) (de+無冠詞名詞) (…で) いっぱいである：Ma valise *est remplie* à craquer. (= être plein de) 私のスーツケースは満杯だ / Voulez-vous remplir ce formulaire ? (= compléter) この申し込み用紙に記入していただけますか？
suffire	自他 (à …に)十分である // Cet appartement de trois pièces nous suffit. (= contenter) この3部屋のアパルトマンで私たちには十分だ [非人称構文で] Il suffit (à qn) de qc [de+不定詞, que+接続法] (人には) …で十分だ：Il ne *suffit* pas *de* parler bien pour convaincre tout le monde. (= être suffisant) みんなを説得するにはうまく話すだけでは十分でない / Ça suffit. (= En voilà assez.) もうたくさんだ
perdre	他 失う // perdre du temps (←→gagner) 時間を浪費する / n'y rien perdre それで損はない
se perdre	代動 失われる；道に迷う // Il s'est perdu dans le Quartier Latin. (= s'égarer) 彼はカルチエ・ラタンで道に迷った

EXERCICE 8

次の各設問の（1）～（5）について，**A**，**B**がほぼ同じ意味になるように，（ ）内に入れるのにもっとも適切なものを，下の語群から1つずつ選び，必要な形にして解答欄に書いてください。ただし，同じものを複数回用いることはできません。

1 (1) **A** Ils ne savaient plus où ils étaient dans les vieux quartiers.

      B Ils ont compris qu'ils ( ) dans les vieux quartiers.

(2) **A** Il y a sept jours dans la semaine.

      B La semaine ( ) sept jours.

(3) **A** Inscrivez votre nom et votre adresse sur ces papiers.

      B ( ) ces papiers en indiquant votre nom et votre adresse.

(4) **A** J'étais triste de ne pas te voir à Paris.

      B Tu me ( ) quand j'étais à Paris.

(5) **A** Quand vous avez besoin de moi, vous n'avez qu'à m'appeler.

      B Quand vous avez besoin de moi, il vous ( ) de m'appeler.

| comprendre | manquer | remplir | se perdre | suffire |

(1)	(2)	(3)	(4)	(5)

2 (1) **A** Il me salue chaque fois qu'il me voit.

      B Il ne ( ) jamais de me saluer.

(2) **A** Il y avait une centaine de locataires dans cet immeuble.

      B Cet immeuble ( ) une centaine de locataires.

(3) **A** Je l'ai attendu en vain pendant une heure, car il n'est pas venu au rendez-vous.

      B J'( ) une heure à l'attendre.

(4) **A** Je leur ai expliqué ce qu'ils devraient faire.

      B Je leur ai expliqué en quoi ( ) mon projet.

(5) **A** Vous n'aurez pas besoin d'une grande maison.

      B Une petite maison vous ( ).

| abriter | consister | manquer | perdre | suffire |

(1)	(2)	(3)	(4)	(5)

9．増減，存廃

① 増　減

augmenter
囮 増やす // augmenter les salaires (↔diminuer) 賃金を上げる
圓 増加する // Le nombre des chômeurs augmente chaque année. (= monter) 失業者数は年々増えている

réduire
囮 減らす // Nous devons réduire nos dépenses. (= diminuer, ↔augmenter) 私たちは出費を切りつめなければならない / réduire qn à [en] qc [à+不定詞] (人)を…に追いこむ：Cet échec l'*a réduit au* désespoir. (= contraindre) この失敗が彼を絶望に追いやった / en être réduit à qc [à+不定詞] …するはめになる：Il *en a été réduit à* mendier. 彼は物乞いをするまでにおちぶれた

diminuer
囮 減らす // diminuer les impôts 減税する
圓 減る // Les prix diminueront. 値下がりするだろう

dépasser
囮 追い抜く，越える // dépasser ses forces 手に負えない / Qu'il refuse votre proposition, ça me dépasse. (= étonner, ↔comprendre) 彼があなたの提案を拒むとは，私には理解できない

ralentir
囮 速度を落とす // Le gouvernement n'arrive pas à ralentir l'inflation. (= réduire) 政府はなかなかインフレを抑制できない
圓 速度を落とす // Les voitures ralentissent en arrivant au carrefour. (↔accélérer) 車は交差点にくると速度を落とす

verser
囮 そそぐ：払い込む // verser de la bière dans un verre (= faire couler) グラスにビールを注ぐ / Vous verserez cent euros à la commande. (= payer) 注文するときに100ユーロを支払ってください

vider
囮 空にする // vider une bouteille 1瓶あける / vider A de B AからBをとり除く：J'*ai* déjà *vidé* la maison *de* mes meubles. (= débarrasser de) 私はもう家から家具を運びだした

② 存　廃

garder
囮 世話をする，保存する，保つ，持ち続ける // Gardez votre manteau. コートは着たままでいてください / Il m'a demandé de garder le secret sur cette affaire. (= se taire) 彼はこの件について口外しないようにと言った / garder A B AをBのままにしておく：*Garde* cette glace au frais. このアイスを冷凍保存しておいてね

se garder
代動 保存がきく // Le lait cru se garde mal. 生乳はもちが悪い / se garder de+不定詞 …しないように気をつける：Je *me garderai* bien *de* vous déranger. (= s'abstenir) 私はあなたのじゃまにならないようによく気をつけます

conserver
囮 保存する // Ma mère conserve la ligne. (= garder, ↔perdre) 私の母は体の線を保っている

entretenir
囮 保つ，手入れする // Nous entretenons de bonnes relations avec nos voisins. (= avoir) 私たちは隣人たちと仲よくしている

laisser
囮 残しておく：任せる // J'ai laissé mon chapeau chez lui. (= oublier) 私は帽子を彼の家に置き忘れた / On ne m'a pas laissé le choix. 私に選択の余地はあたえられなかった / laisser A B AをBのままにしておく：*Laissez* la porte ouverte. ドアを開けたままにしておいてください / laisser +不定詞 …させておく：*Laissez*-moi passer. (= permettre de, ↔empêcher de) 私を通してください / Laissez-moi faire ! 私に任せてください / Il a laissé tomber de la sauce sur sa cravate. 彼はネクタイに

ソースをこぼしてしまった / **laisser à désirer** 不十分である : Votre projet *laisse* encore *à désirer*. (= être insuffisant) あなたの計画はまだ不十分だ

se laisser	代動 …されるままになる // Ne te laisse pas faire par lui. 彼の言うがままになるな

EXERCICE 9

次の各設問の（1）〜（5）について，**A**，**B**がほぼ同じ意味になるように，（　）内に入れるのにもっとも適切なものを，下の語群から1つずつ選び，必要な形にして解答欄に書いてください。ただし，同じものを複数回用いることはできません。

1 (1) **A** Il devait rester couché à cause de sa maladie.

    B Sa maladie l'a obligé à (　　　) le lit.

(2) **A** Il gardera sûrement un excellent souvenir de sa visite de la ville.

    B Sa visite de la ville lui (　　　) certainement un excellent souvenir.

(3) **A** Il ne faut pas que tu boives autant, il n'y a plus rien dans les deux bouteilles !

    B Arrête de boire. Tu (　　　) les deux bouteilles !

(4) **A** Il ne pourra pas achever ce travail.

    B Ce travail (　　　) ses capacités.

(5) **A** Il y aura plus de morts avec cette bataille.

    B Le nombre de morts (　　　) si cette bataille continue.

augmenter　　dépasser　　garder　　laisser　　vider

(1)	(2)	(3)	(4)	(5)

2 (1) **A** C'est à vous de décider la date du déménagement.

    B On vous (　　　) le choix de la date du déménagement.

(2) **A** Elle n'a pas voulu me regarder, elle n'a pas cessé de baisser les yeux.

    B Elle n'a pas voulu me regarder, elle (　　　) les yeux baissés.

(3) **A** Les salariés sont payés à la fin du mois.

    B Leur salaire (　　　) à la fin du mois.

(4) **A** Ma consommation de cigarettes a diminué grâce à son conseil.

    B Son conseil (　　　) ma consommation de cigarettes.

(5) **A** Qu'il ait refusé notre offre, cela nous dépasse.

    B Nous ne (　　　) pas pourquoi il a refusé notre offre.

comprendre　　garder　　laisser　　réduire　　verser

(1)	(2)	(3)	(4)	(5)

3 動詞に関する問題

10. 開始，断続

① 開　始

commencer	他 始める // commencer à+不定詞 …し始める : Je *commencerai à* travailler chez Renault le mois prochain. (= se mettre à) 私は来月からルノー社で働く / commencer qc par+名詞 [par+不定詞] …を〜から始める : Il *a commencé* son dîner *par* le dessert. (= faire d'abord qc, ↔finir par) 彼は夕食をデザートから食べ始めた
finir	他 終える // finir de+不定詞 …し終える : Tu *as fini de* ranger ta chambre ? (= terminer, achever, ↔commencer) 部屋の片づけは終わった？ 自 終わる // finir par+不定詞 ついに…する : Il *finira* bien *par* comprendre. (= arriver à) 彼にもそのうちわかるだろう / en finir avec qc/qn …に決着をつける : J'espère *en finir* bientôt *avec* cette affaire. (= parvenir à une solution) 私はすぐにもこの問題に決着をつけたい
terminer	他 …をやり終える，締めくくる
recommencer	他 やり直す，再開する // Ton devoir est à recommencer. (= refaire) 君の宿題はやり直す必要がある / recommencer à+不定詞 ふたたび…し始める : Elles *ont recommencé à* bavarder. (= commencer de nouveau) 彼女たちはまたおしゃべりを始めた / Il *recommence à* pleuvoir. また雨が降り始めた
remettre	他 戻す，手渡す：延期する // On n'arrive pas à remettre le moteur en marche. なかなかエンジンがかからない / Remettez-lui ce dossier en mains propres. (= donner) このファイルを直接彼(女)に渡してください / Il a remis son départ à la semaine prochaine. (= différer) 彼は出発を来週に延ばした
se remettre	代動 ふたたび…し始める：回復する // Elle s'est remise à fumer. (= recommencer à) 彼女はまたたばこを吸い始めた / J'ai eu du mal à me remettre de la mort de ma femme. (= récupérer) 私は妻の死からなかなかたち直れなかった / s'en remettre à qn/qc …に任せる : Je *m'en remets à* vous. (= faire confiance à) あなたにお任せします
reprendre	他 ふたたびとる：再開する // reprendre des forces (= se rétablir) 体力を回復する / reprendre son travail (= recommencer) 仕事を再開する / Les articles soldés ne sont pas ni repris ni échangés. (= annuler la vente) バーゲン品は返品も交換もきかない
entreprendre	他 始める // entreprendre la construction d'un immeuble (= se mettre à) ビルの建設に着手する

② 断　続

arrêter	他 止める // arrêter sa voiture [la télévision] 車を止める［テレビを消す］
s'arrêter	代動 止まる，立ち止まる // s'arrêter de+不定詞 …するのをやめる : Ils *se sont* enfin *arrêtés de* bavarder. (= cesser) 彼らはやっとおしゃべりをやめた
cesser	他 中止する // cesser de+不定詞 …するのをやめる : La pluie n'a pas *cessé de* tomber pendant tout le voyage. (= arrêter de) 旅行のあいだずっと雨がやまなかった
continuer	他 続ける // continuer à [de]+不定詞 …し続ける : Il *continue de* pleuvoir depuis ce matin. (↔cesser) けさからずっと雨が降っている
barrer	他 遮断する // La rue est barrée à cause de l'accident. (= boucher) 事故のために道路が封鎖されている

EXERCICE 10

次の各設問の（1）〜（5）について，**A**，**B**がほぼ同じ意味になるように，（　）内に入れるのにもっとも適切なものを，下の語群から1つずつ選び，必要な形にして解答欄に書いてください。ただし，同じものを複数回用いることはできません。

1 (1) **A** Cette affaire n'arrivera jamais à une solution.

   B On n'en (　　) jamais avec cette affaire.

 (2) **A** Le nombre d'habitants de ce village est en baisse constante.

   B Le nombre d'habitants de ce village (　　) à diminuer.

 (3) **A** Les disques vendus ne peuvent être ni rendus ni échangés.

   B La maison ne (　　) ni échange les disques vendus.

 (4) **A** Mets-toi à faire tes devoirs.

   B (　　) à faire tes devoirs.

 (5) **A** Reposons-nous ici pour déjeuner, j'ai faim.

   B J'ai faim, je voudrais qu'on (　　) ici pour déjeuner.

| commencer | continuer | finir | reprendre | s'arrêter |

(1)	(2)	(3)	(4)	(5)

2 (1) **A** Le bébé pleure sans arrêt.

   B Le bébé ne (　　) pas de pleurer.

 (2) **A** Les policiers empêchent les voitures de passer sur le pont.

   B Les policiers (　　) les rues qui mènent au pont.

 (3) **A** Nous repoussons notre réunion d'une semaine.

   B Nous (　　) notre réunion à la semaine prochaine.

 (4) **A** Quel est le mot qui est au début de la phrase ?

   B La phrase (　　) par quel mot ?

 (5) **A** Ton dessin est trop sale, refais-le !

   B (　　) ton dessin, il est trop sale !

| barrer | cesser | commencer | recommencer | remettre |

(1)	(2)	(3)	(4)	(5)

11. 開閉，進み，関連

① 開 閉

ouvrir　他 開く　// Son petit discours a ouvert la réunion. (= commencer) 会議は彼(女)の短い挨拶から始まった

　　　　　　自 開く　// Le magasin ouvre à dix heures. その店は10時開店です / Ma fenêtre ouvre sur la mer. (= donner sur) 私の部屋の窓は海に面している

fermer　他 閉める　// fermer la lumière (= éteindre) 明かりを消す

② 進 み

avancer　他 早める　// Il a avancé son départ de trois jours (↔différer) 彼は出発を3日早めた

　　　　　　自 進む　// Ta montre avance de deux minutes. (↔retarder) 君の時計は2分進んでいる

retarder　他 遅らせる　// retarder le départ (= ajourner) 出発を遅らせる

tarder　自 遅れる　// Ça ne va pas tarder. (= mettre du temps) もうじきそうなる / tarder à+不定詞 …するのに手まどる : On ne va pas *tarder à* vous servir le repas. (↔se dépêcher) まもなく食事をお出しします

se dépêcher　代動 急ぐ　// se dépêcher de+不定詞 急いで…する : Il s'est dépêché de rentrer. 彼は急いで家に帰った

prolonger　他 延長する　// prolonger son séjour d'une semaine (= allonger) 滞在を1週間延長する / prolonger la route jusqu'à la mer (= continuer) 道路を海まで延長する

marcher　自 歩く：(機械が)機能する　// Mon ordinateur marche bien [mal]. 私のパソコンは調子がよい［悪い］

dater　自 (de …に) さかのぼる　// Ce château date du XVe siècle. (= exister depuis) この城は15世紀のものだ

③ 関 連

concerner　他 …に関する　// en ce qui concerne qn/qc …に関しては : *En ce qui* me *concerne*, je suis d'accord. (= pour ma part, quant à moi) 私としては賛成です

causer　他 …の原因となる　// Cette nouvelle m'a causé bien des soucis. (= provoquer) そのニュースを聞いて私はとても心配になった

provoquer　他 ひき起こす　// Sa conduite en état d'ivresse a provoqué cet accident grave. (= causer) 彼(女)の酔っぱらい運転がこの大事故の原因だった

résulter　自 (de …の) 結果として生じる　// Sa réussite au bac résulte de son bachotage. (= provenir) 彼(女)のバカロレア合格は猛勉強のおかげだ

dépendre　間他 (de…) … 次第である，…に依存する　// Le succès dépendra de tes possibilités. (= reposer sur) 成功は君の能力次第だ

convenir　間他 (à …に) 都合がよい，適している　// La date ne me convient pas. (= plaire, préférer) その日は都合が悪い / Ce climat convient à la culture du riz. この気候は稲の栽培に適している / convenir de qc [de+不定詞/que+直説法] …を決める : Nous *avons convenu de* tenir une séance demain. (= décider) 私たちはあす会議を開くことにした / comme convenu とり決めのとおり : Je passerai chez vous ce soir, *comme convenu*. 約束どおり今晩お伺いします

correspondre　間他 (à …に) 一致する　// Ce terme anglais ne correspond à rien en français. (= avoir un équivalent) この英語表現はフランス語にはない / correspondre avec qn (人)と連絡をとる，文通する

rapporter　他 もとの場所にもどす：(利益を) もたらす　// Ce placement rapporte 5 % par

an. この投資の利回りは年に5パーセントだ

se rapporter	代動 (à …と) 関連がある // Ce qu'il raconte ne se rapporte pas au sujet donné. (= correspondre) 彼が話していることはあたえられたテーマとは関係ない

EXERCICE 11

　次の各設問の（1）〜（5）について，**A**，**B**がほぼ同じ意味になるように，（　）内に入れるのにもっとも適切なものを，下の語群から1つずつ選び，必要な形にして解答欄に書いてください。ただし，同じものを複数回用いることはできません。

1 (1)　**A**　Ce pays a besoin des États-Unis pour exporter.

　　　　B　Pour exporter, ce pays (　　) des États-Unis.

　(2)　**A**　Dans les petites entreprises, des troubles ont été provoqués par cette politique financière.

　　　　B　Cette politique financière (　　) des troubles dans les petites entreprises.

　(3)　**A**　Il a longtemps hésité avant de se décider.

　　　　B　Il (　　) à se décider.

　(4)　**A**　La cérémonie a commencé par le discours du président.

　　　　B　Le président (　　) la cérémonie par son discours.

　(5)　**A**　Pierre téléphone régulièrement à son frère qui vit en Espagne.

　　　　B　Pierre (　　) avec son frère qui vit en Espagne.

causer	correspondre	dépendre	ouvrir	tarder

(1)	(2)	(3)	(4)	(5)

2 (1)　**A**　Ce château a été construit en 1710.

　　　　B　Ce château (　　) de 1710.

　(2)　**A**　Il y a une panne d'ascenseur depuis une semaine.

　　　　B　Ça fait huit jours que l'ascenseur ne (　　) pas.

　(3)　**A**　L'énorme chute de neige a causé de gros embouteillages dans la ville.

　　　　B　De gros embouteillages dans la ville (　　) de l'énorme chute de neige.

　(4)　**A**　Notre rendez-vous est pour six heures, si tu préfères.

　　　　B　Notre rendez-vous est pour six heures, si ça te (　　) mieux.

　(5)　**A**　Un piéton a été tué dans cet accident de la route.

　　　　B　Cet accident de la route (　　) la mort d'un piéton.

convenir	dater	marcher	provoquer	résulter

(1)	(2)	(3)	(4)	(5)

3 動詞に関する問題

12. 動作（1）

prendre	他 取る, 選ぶ, 乗る, 食べる　// prendre forme 形をなす：Notre projet a commencé à *prendre forme*. (= devenir plus précis, se préciser) 私たちの計画も固まりはじめた / prendre A pour B AをBだと思いちがいする：Je vous *ai prise pour* sa secrétaire. (= confondre avec) 私はあなたを彼の秘書だと思った / prendre son temps (↔se dépêcher) 時間をかける / prendre sa retraite (= quitter son emploi) 退職する / prendre *qc/qn* au sérieux (= croire) …を真にうける, 信じる / Qu'est-ce qui te prend ? いったいどうしたの? (= Qu'est-ce que tu as ?)
se prendre	代動 つかまれる　// s'en prendre à *qn/qc* …を非難する：Il *s'en est pris à* moi. (= s'attaquer à) 彼は私を責めた / s'y prendre ふるまう, とりかかる：Il ne sait pas *s'y prendre* avec les blessés. (= s'occuper de) 彼には負傷者をどう扱っていいのかわからない
attraper	他 捕まえる：間に合う　// attraper un rhume (= prendre) 風邪をひく / attraper un dernier bus (↔rater) 最終バスに間に合う
tenir	他 もつ, つかむ　// tenir un restaurant (= diriger) レストランを経営する / tenir sa parole 約束を守る / tenir A pour B AをBとみなす：Je *tiens* ce tableau *pour* authentique. (= considérer comme) 私はその絵を本物だと思う 自 ぐらつかない　// J'espère que leur mariage tiendra. (= durer) 彼らの結婚生活が長続きしてくれればと思う / Tous tes vêtements ne tiendront pas dans cette valise. (= être contenu) 君の衣類を全部このスーツケースに入れるのは無理でしょう / tenir de *qn* …の血をひいてる：Elle *tient de* sa mère. (= ressembler) 彼女は母親似だ / tenir à *qc/qn* …に執着する：Il *tient à* sa réputation. (= être attaché à) 彼は評判をとても気にしている / tenir à+ 不定詞 [à ce que+ 接続法] どうしても…したい：Je *tiens à ce que* vous veniez me voir chez moi. (= désirer) どうしてもあなたに家へ会いに来てもらいたい / tenir à *qc* …に起因する：À quoi ça *tient* ? (= Pourquoi ?) それはなにが原因なの? / tenir compte de *qc* …を考慮に入れる, 尊重する：Je *tiendrai compte de* votre avis. (= prendre *qc* en considération) あなたのご意見は考慮に入れます
se tenir	代動 …のままである：催される　// se tenir debout じっと立ったままでいる / se tenir bien [mal] 行儀がいい [悪い]：*Tiens-toi bien* ! (= se conduire bien) 行儀よくなさい! / Où la réunion se tient-elle ? (= avoir lieu) 会議はどこで開かれるのですか?
courir	自 走る：(うわさなどが) 広まる　// Le bruit court que + 直説法, 接続法 …といううわさだ / courir à perdre haleine 息せき切って走る 他 追いかける　// courir un danger [un risque] 危険をおかす：Les pilotes *courent de* graves *dangers*. (= risquer) レーシングドライバーは大きな危険に身をさらしている
rouler	自 転がる. 走る　// Le camion roule à cent kilomètres à l'heure. (= avancer à telle vitesse) そのトラックは時速100キロで走る / bien roulé(*e*) 均整のとれた：une fille *bien roulée* (= bien proportionné) スタイルのよい娘
sauter	自 飛ぶ　// sauter sur *qn/qc* …に飛びかかる：*sauter sur* l'offre 申し出に飛びつく / Ça saute aux yeux. (= être évident) それは一目瞭然だ 他 飛びこえる　// Tu as sauté une phrase dans cette paragraphe. (= passer) この段落で1行飛ばしたよ

lancer	他 投げる，発射する　// On va lancer un nouveau modèle de voiture. (= mettre en vente) 新型車がまもなく売りだされる

EXERCICE 12

　次の各設問の（1）～（5）について，**A**，**B**がほぼ同じ意味になるように，（　）内に入れるのにもっとも適切なものを，下の語群から1つずつ選び，必要な形にして解答欄に書いてください。ただし，同じものを複数回用いることはできません。

1 (1)　**A**　Bien qu'elle ressemble à sa mère, elle est peu aimable.

　　　B　Bien qu'elle (　　　) de sa mère, elle est peu aimable.

　(2)　**A**　Cette actrice a oublié de dire une réplique.

　　　B　Cette actrice (　　　) une réplique.

　(3)　**A**　Il ne faut pas croire tout ce qu'il nous raconte.

　　　B　Il ne faut pas (　　　) au sérieux tout ce qu'il nous raconte.

　(4)　**A**　J'ai raté le dernier train malgré que je me sois dépêché.

　　　B　Je me suis dépêché, mais je n'ai pas pu (　　　) le dernier train.

　(5)　**A**　Le nouveau modèle de Renault sortira l'année prochaine.

　　　B　Renault (　　　) son nouveau modèle l'année prochaine.

attraper	lancer	prendre	tenir	sauter

(1)	(2)	(3)	(4)	(5)

2 (1)　**A**　Tu dois absolument faire ce que tu as dit.

　　　B　Il faut absolument que tu (　　　) ta parole.

　(2)　**A**　Attention ! Vous courez le danger de glisser sur une plaque de verglas.

　　　B　Attention ! Vous (　　　) de glisser sur une plaque de verglas.

　(3)　**A**　À l'époque, on parlait beaucoup de la démission du directeur.

　　　B　Le bruit (　　　) à l'époque que le directeur allait démissionner.

　(4)　**A**　Son projet prendra forme quand il assistera à la réunion.

　　　B　Attendons sa présence à la réunion pour que (　　　) son projet.

　(5)　**A**　Pourquoi pleures-tu, qu'est-ce que tu as ?

　　　B　Pourquoi pleures-tu, qu'est-ce qui te (　　　) ?

courir	prendre	risquer	se préciser	tenir

(1)	(2)	(3)	(4)	(5)

13. 動作（2），生活

① 動作（2）

tourner
他 回す：撮影する // tourner un film (= filmer) 映画を撮影する / tourner la page （過去を忘れて）先へ進む：C'est fini, on *toune la page.* それはおしまいだ．先へ行こう

自 回る：出演する // tourner en rond 堂々巡りする：Notre discussion *tourne en rond* depuis des heures. (↔progresser) 私たちの討論は数時間まえから進展がない / tourner autour de *qc/qn* …を巡って展開する：Leur conversation *a tourné autour de* cette question. 彼らの会話はその問題を巡って展開した / tourner bien [mal] うまくいく [いかない]：Les négociations risquent de *mal tourner.* (= marcher) 交渉は失敗するおそれがある / Il a tourné dans un film de Godard. (= jouer) 彼はゴダールの映画に出演した

pousser
他 押す // pousser *qn* à *qc* [à+不定詞] （人）を…するようにしむける：Je ne sais pas ce qui l'*a poussé à* agir ainsi. (= inciter à) 私にはなにが彼をそのような行動に駆りたてたのかわからない

forcer
他 強制する // forcer *qn* à *qc* [à+不定詞] （人）に…することを強いる

souffler
自 息を吹きかける，（風が）吹く // Le vent souffle fort du midi. (= produire un courant d'air) 強い南風が吹いている

他 吹き消す：ささやく // Elle a soufflé la bonne réponse à Marie. (= chuchoter) 彼女はマリーに正解をこっそり教えた

tendre
他 ぴんと張る：さしのべる // tendre la main 手をさしだす：Pardonne-lui d'avoir menti et *tends-lui la main.* (= avancer) うそをついたことは許してあげて，彼（女）と和解しなさい

間他 (à+ 不定詞 …する) 傾向がある // Le prix de l'essence tend à augmenter. (= avoir tendance à) ガソリンの価格は上昇傾向にある

② 生活

loger
自 泊まる：住む // Ils logent à quatre dans cet appartement. (= habiter) 彼らはこのアパルトマンに4人で住んでいる

他 泊める // Elle a logé une amie pour la nuit. 彼女はその夜友だちを泊めてやった

veiller
自 夜ふかしをする // veiller à *qc* [à+不定詞, à ce que+接続法] …に気をつける：*Veille à* ne pas oublier notre rendez-vous. (= faire attention à) 私たちの約束を忘れないように気をつけてね / veiller sur *qn/qc* …に気をくばる：*Veillez bien sur* mon bébé. (= surveiller) しっかり赤ちゃんの面倒をみてください

reposer
他 休息させる // Ces vacances me reposeront. (= délasser) この休暇は私の休息になるだろう

間他 (sur …に) もとづく // Votre réclamation ne repose sur rien. (= être fondé) あなたの抗議には何の根拠もない

habiller
他 服を着せる // être habillé(e) de [en] …の服を着ている：Pierre *est habillé en* Indien. ピエールはインデアンの格好をしている / être bien [mal] habillé(e) センスのよい [悪い] 服装をする：Ta femme *est* toujours *bien habillée.* 君の奥さんはいつもしゃれた服を着ている

s'allonger
代動 横になる // s'allonger [se coucher] sur le dos あおむけに寝る

coucher
他 寝かせる // coucher les enfants (= mettre au lit) 子どもたちを寝かせる

自 寝る // coucher à l'hôtel (= descendre) ホテルに泊まる

se laver	代動 自分の…を洗う // s'en laver les mains …から手をひく : Je *m'en lave les mains*. 私はもう知らないよ
se baigner	代動 水遊びをする；入浴する // se baigner dans une piscine (= nager) プールで泳ぐ

EXERCICE 13

次の各設問の（1）～（5）について，**A**，**B**がほぼ同じ意味になるように，（　）内に入れるのにもっとも適切なものを，下の語群から1つずつ選び，必要な形にして解答欄に書いてください。ただし，同じものを複数回用いることはできません。

1 (1) **A** Cette théorie n'est fondée sur rien.
　　　 B Cette théorie ne (　　　) sur rien.
　 (2) **A** Demain, je passerai une nuit à l'hôtel.
　　　 B Demain soir, je (　　　) à l'hôtel.
　 (3) **A** Il y avait un vent très fort hier soir.
　　　 B Le vent (　　　) très fort hier soir.
　 (4) **A** Je m'en moque car ce n'est pas mon problème.
　　　 B Je (　　　) les mains.
　 (5) **A** Nous avons discuté de l'éducation des enfants.
　　　 B Notre discussion (　　　) autour de l'éducation des enfants.

coucher	reposer	s'en laver	souffler	tourner

(1)	(2)	(3)	(4)	(5)

2 (1) **A** Je suis descendu chez un ami pour la nuit.
　　　 B Un ami m'(　　　) pour la nuit.
　 (2) **A** La situation politique évolue en s'améliorant.
　　　 B La situation politique (　　　) à s'améliorer.
　 (3) **A** Pensez à fermer la porte à clé en sortant.
　　　 B (　　　) à fermer la porte à clé en sortant.
　 (4) **A** Sa réponse m'incite à penser qu'il ment.
　　　 B Sa réponse me (　　　) à penser qu'il ment.
　 (5) **A** Ses parents lui ont mis des vêtements neufs.
　　　 B Ses parents l'(　　　) de neuf.

habiller	loger	pousser	tendre	veiller

(1)	(2)	(3)	(4)	(5)

14. 見聞，表現

① 見　聞

voir
他 見える，見る：分かる　// n'avoir rien à voir avec [dans] *qc/qn* …とは何の関係もない：Mes maux d'estomac *n'ont rien à voir avec* l'abus d'alcool. (= n'avoir aucun rapport avec, ↔concerner) 私の胃が痛いのは飲み過ぎとは関係ない / ne pas voir plus loin que le bout de son nez 先見の明がない：Le ministre de l'Économie *ne voit pas plus loin que le bout de son nez.* (= manquer de prévoyance) 経済大臣は目先のことしか考えていない / On verra bien. いまにわかるよ

se voir
代動 互いに姿を見る，出会う

regarder
他 見る：…にかかわる　// Elle se mêle souvent de ce qui ne la regarde pas. (= concerner) 彼女はよく自分とは関係ないことに首をつっこむ

間他 (à …に) 注意をはらう　// regarder à la dépense (= faire attention à) 出費を控える

assister
間他 (à …に) 出席する，…を見物する　// J'ai assisté hier à un match de tennis. (= voir) 私はきのうテニスの試合を見に行った

remarquer
他 気づく，注目する　// Personne n'a remarqué sa nouvelle coiffure. (= observer) だれも彼女の新しい髪型に気づかなかった / faire remarquer à *qn qc* [que+直説法] (人)に…を指摘する：Je lui ai fait remarquer qu'il avait une tache sur sa cravate. (= avertir) 私は彼にネクタイにしみがついていると注意した / se faire remarquer 目立つ：Il *s'est fait remarquer* par son accoutrement. 彼は異様な身なりで人目をひいた

entendre
他 聞こえる　// entendre dire que+直説法 …という話を聞く：J'ai entendu dire qu'il ira à Turin. 私は彼がトリノへ行くと聞いた / entendre parler de *qc/qn* …のうわさを耳にする：J'ai entendu parler de ce nouveau film. 私はその新しい映画のうわさを耳にした / entendre A par B BでAを言おうとする：Qu'entendez-vous par là ? (= vouloir dire) そこからあなたはなにを言いたいのですか？

s'entendre
代動 理解しあう　// Mes enfants s'entendent très mal. 私の子どもたちはとても仲が悪い

lire
他 読む　// lire une carte 地図を読む / J'ai lu une sorte de peur dans ses yeux. (= discerner) 彼(女)の目からは恐怖心のようなものが読みとれた

se lire
代動 読まれる　// Ce livre se lit difficilement. この本は読みにくい

consulter
他 …に相談する　// consulter un médecin 医者に診てもらう / consulter l'horaire des trains 列車の時刻表を調べる

② 表　現

exprimer
他 表現する　// Son visage exprimait une grande tristesse. (= prouver) 彼(女)の顔には深い悲しみの色があらわれていた

représenter
他 表わす，象徴する：代表する　// La photo représente le château vu de derrière. 写真は背後から見た城を写したものだ

raconter
他 物語る　// Racontez-moi ce que vous avez vu à ce moment. (= dire) あなたがそのとき見たことを話してください

exagérer
自 誇張する，度を過ごす　// Il est parti sans prévenir, il exagère. (= abuser) 彼は予告なしに出発した，あんまりだよ

traduire
他 翻訳する：表わす　// Son attitude traduisait son inquiétude. (= montrer) 彼(女)の態度に不安の色が表われていた

se traduire
代動 翻訳される：表われる　// La tristesse se traduit sur son visage. 悲しみが彼(女)の顔に表れている

jouer	他 上演する，上映する // Quel film joue-t-on au cinéma ? どんな映画が上映されていますか？
	間他 (à …の) ゲームをする，(de …を) 演奏する // jouer au tennis テニスをする / jouer du piano ピアノを演奏する
	自 遊ぶ，出演する // Qui joue dans ce film ? この映画にはだれが出ていますか？
inventer	他 発明する，考えだす；(話などを)でっちあげる // inventer une histoire 話をでっちあげる

EXERCICE 14

次の各設問の（1）～（5）について，**A**，**B**がほぼ同じ意味になるように，（　）内に入れるのにもっとも適切なものを，下の語群から1つずつ選び，必要な形にして解答欄に書いてください。ただし，同じものを複数回用いることはできません。

1 (1) **A** L'Assemblée nationale réunit tous les députés de France.

B Tous les députés de France (　　　　) aux réunions de l'Assemblée Nationale.

(2) **A** Nous nous sommes rencontrés à Angers pour la première fois.

B Nous (　　　　) à Angers pour la première fois.

(3) **A** On ne s'est pas aperçu qu'il avait changé d'emploi.

B Il a changé d'emploi sans qu'on le (　　　　).

(4) **A** Qu'est-ce que vous voulez dire par là ?

B Qu'est-ce que vous (　　　　) par là ?

(5) **A** S'ils divorcent, ce n'est pas mon affaire.

B S'ils divorcent, ça ne me (　　　　) pas.

assister	entendre	regarder	remarquer	se voir

(1)	(2)	(3)	(4)	(5)

2 (1) **A** Cette affaire ne concerne absolument pas Henri.

B Henri n'a absolument rien à (　　　　) dans cette affaire.

(2) **A** Il n'y a rien de vrai dans ce qu'il a raconté sur nous.

B Il (　　　　) son histoire sur nous.

(3) **A** Le visage du professeur peut exprimer sa colère.

B Il est possible que la colère du professeur (　　　　) sur son visage.

(4) **A** Qu'est-ce que c'est, ce tableau ?

B Que (　　　　) ce tableau ?

(5) **A** Vous avez déjà vu cette actrice dans plusieurs films.

B Cette actrice (　　　　) dans plusieurs films.

inventer	jouer	représenter	se traduire	voir

(1)	(2)	(3)	(4)	(5)

15. 提示，発言

① 提 示

indiquer	他 指し示す，教える // Pouvez-vous m'indiquer un bon restaurant ? (= recommander) いいレストランを教えてくださいませんか？
montrer	他 見せる，示す // Pouvez-vous me montrer le chemin pour aller à l'hôtel ? (= indiquer) ホテルへ行く道を教えていただけませんか？
se montrer	代動 姿を現す，…であることを示す // Ce médicament s'est montré efficace contre le rhume. (= se révéler) この薬は風邪に効くことがはっきりした
apparaître	自 現われる // apparaître +属詞 …のようにみえる : Cette théorie m'*apparaît* aujourd'hui bien démodée. (= paraître, sembler) その理論は今日ではかなり時代遅れのようにみえる
disparaître	自 消える // Mon sac a disparu. バッグがなくなった / Le douleur a disparu. 痛みが消えた
présenter	他 紹介する，提示する // Ce film ne présente aucun intérêt. (= offrir) この映画は何のおもしろみもない
se présenter	代動 自己紹介する，現れる，起こる // J'ai profité de l'occasion qui se présentait. (= s'offrir) 私はあたえられる機会を利用した / se présenter à un concours (= passer) 受験する / se présenter aux élections (= être candidat) 選挙に立候補する
paraître	自 …のように見える，現れる // Cette revue paraît deux fois par mois. (= être publié) この雑誌は月に2回出版される
cacher	他 隠す // cacher (à qn) qc [que+直説法] …を秘密にする : Le médecin lui *a caché* qu'elle avait le cancer. (= ne pas dire) 医者は彼女ががんであることを言わなかった
renseigner	他 (sur …を) 教える // Voulez-vous me renseigner sur le prix de cette jupe ? (= informer) このスカートの値段を教えてくださいませんか？ / être bien [mal] renseigné(*e*) sur qc …をよく知っている [よく知らない] : Il *est mal renseigné sur* cette affaire. (= avoir des renseignements) 彼はこの件に通じていない

② 発 言

dire	他 言う // Ça te dit d'aller au restaurant ? (= tenter, plaire) レストランへ行くのはどう？ / Son nom ne me dit rien du tout. 彼(女)の名前にはまったく覚えがない / Qu'est-ce que ça veut dire. (= signifier) それはどういう意味ですか？ / autrement dire (= en d'autre terme) 言いかたを変えれば / pour ainsi dire いわば : Il est *pour ainsi dire* le chef. (= presque) 彼はいわばリーダーのようなものである / dire du bien [du mal] de qn …をほめる [けなす] (→ critiquer)
critiquer	他 批判する，批評する // critiquer le gouvernement avec violence 政府を激しく非難する
insister	間他 (sur …を) 強調する // Ils ont insisté sur l'importance de l'énergie nucléaire. (= souligner) 彼らは原子力の重要性を強調した / insister pour qc [pour+不定詞, pour que+接続法] …を懇願する : Il *insiste pour* vous parler. 彼はどうしてもあなたと話したいと言っている
parler	自 話す // Tu parles ! よく言うよ！まさか！
adresser	他 (à …に) (ことば，視線などを) なげかける；(郵便物を) 送る；(人を)差し向ける
s'adresser	代動 (à …に) 話しかける，問いあわせる // Adressez-vous au concierge. 管理人におたずねください

souligner	他 下線をひく，強調する // Les journaux soulignent l'importance de la politique financière. (= faire remarquer) 各新聞は金融政策の重要性を強調している
se taire	代動 黙る // Tais-toi ! (= Chut !) 静かに！/ faire taire *qn/qc* [seは省略] …を黙らせる，抑える：*Faites*-la *taire* ! (= forcer à ne plus parler) 彼女を黙らせてください
répéter	他 繰り返す // C'est un secret, ne le répète pas. これは内緒だよ，口外しないで

EXERCICE 15

次の各設問の（1）～（5）について，**A**，**B**がほぼ同じ意味になるように，（　）内に入れるのにもっとも適切なものを，下の語群から1つずつ選び，必要な形にして解答欄に書いてください。ただし，同じものを複数回用いることはできません。

1 (1) **A** Il a insisté sur le problème du logement.

    B Il (　　　) le problème du logement.

(2) **A** Il est candidat aux élections municipales.

    B Il (　　　) aux élections municipales.

(3) **A** Il me semble que j'ai vu cette femme quelque part.

    B Cette femme me (　　　) quelque chose.

(4) **A** Je te donne une information importante, mais ne la dis à personne.

    B Ne (　　　) pas cette information importante que je t'ai donnée.

(5) **A** Les œuvres choisies de Baudelaire ont été publiées l'année dernière.

    B Les œuvres choisies de Baudelaire (　　　) l'année dernière.

dire	paraître	répéter	se présenter	souligner

(1)	(2)	(3)	(4)	(5)

2 (1) **A** Elle critique toujours ses voisins.

    B Elle (　　　) toujours du mal de ses voisins.

(2) **A** Je vous recommande ce médicament pour faire tomber votre fièvre.

    B Prenez ce médicament pour que votre fièvre (　　　).

(3) **A** Le brouillard est si épais qu'on ne voit pas le château.

    B Le brouillard très épais (　　　) le château.

(4) **A** Tu ne comprends rien à mes explications. Alors, je ne dis plus rien.

    B Puisque tu ne comprends rien à mes explications, je (　　　).

(5) **A** Vous demanderez ce renseignement auprès du bureau.

    B Pour ce renseignement, il faut que vous (　　　) au bureau.

cacher	dire	disparaître	s'adresser	se taire

(1)	(2)	(3)	(4)	(5)

16. 議論，賛否，説明

① 議論

discuter
他 討議する，検討する // discuter un projet de loi 法案を審議する
自他 (de [sur] …について) 議論する // De quoi ont-ils discuté ? (= parler) 彼らはなにを話しあったのですか？

répondre
他 (à …に) 答える // Il m'a répondu qu'il viendrait me voir. 彼は私に会いに来ると答えた
自他 (à …に) 答える // Réponds-moi par oui ou non. はいかいいえで答えてくれ / répondre de qn/qc …を保証する : Vous pouvez l'engager, je *réponds de* lui. (= se porter garant de, garantir) 彼を雇ってやってください．彼のことは保証するから

interroger
他 (sur…について) 質問する // Il m'a interrogé sur ma famille. (= poser une question) 彼は私に家族のことを質問した

traiter
他 とり扱う：論じる // Il traite ses enfants avec douceur. 彼は子どもたちにやさしい / Il a traité la question financière. (= exposer) 彼は金融問題をとりあげた / traiter qn de... (人)を…呼ばわりする : Elle me *traite de* fou. (= appeler) 彼女は私を狂人呼ばわりする
自他 (de …を) 論じる // Ce livre traite de l'éducation. (= avoir pour sujet) この本は教育について論じている

justifier
他 弁護する，正当化する // Rien ne justifie la violence. 何によっても暴力は正当化できない

② 賛否

consentir
自他 (à …に) 同意する // Je consens à votre mariage. (= accepter, ↔ s'opposer) 私はあなたたちの結婚に賛成だ

approuver
他 賛成する // Nous approuvons cette décision. 私たちはこの決定に賛成です

soutenir
他 支える，支援する：主張する // Ma mère soutient toujours mon frère. (= défendre) 私の母はいつも弟[兄]の肩をもつ / Il soutient que son plan est réalisable. (= affirmer) 彼は自分の計画が実現可能だと主張している

nier
他 否定する // Il a nié avoir fait une farce à son camarade. (↔affirmer) 彼は友だちにいたずらをしたことを否定した

reprocher
他 非難する // Elle m'a reproché de ne pas être passé chez elle. (= blâmer) 彼女は私が彼女の家に寄らなかったことを責めた

protester
自 (contre …に) 抗議する // La plupart des habitants protestent contre la construction du barrage. (= réclamer) 大半の住民がダムの建設に反対している

③ 説明

expliquer
他 説明する // Expliquez-moi le sens de cette phrase. (= éclaircir) この文の意味を説明してください

s'expliquer
代動 意見を述べる：納得する // Elle ne s'est pas expliqué leur absence. (= comprendre) 彼女には彼らが来ていないのが納得できなかった

exposer
他 陳列する，さらす：述べる // Il m'a exposé les détails de son projet. (= décrire) 彼は計画の詳細を説明してくれた

s'exposer
代動 (à …に) 身をさらす // s'exposer au soleil (= se mettre) 日にあたる

proposer
他 提案する // proposer à qn de+不定詞 (人)に…しようと提案する : Je vous *propose de* venir chez moi demain. (= inviter) あす家に来てください

se proposer
代動 (de+不定詞) …するつもりである // Je me propose de déménager à la fin de l'année. (= avoir l'intention de) 私は年末に引っ越すつもりです

persuader 他 (de …を) 納得させる // J'ai persuadé mon père de m'acheter une voiture. (= convaincre) 私は車を買ってくれるように父を説得した / être persuadé(*e*) de + 不定詞 [que+ 直説法] …を確信している : Il *est persuadé d'*avoir toujours raison. (= être sûr) 彼はいつも自分が正しいと確信している

EXERCICE 16

次の各設問の（1）～（5）について，**A**，**B**がほぼ同じ意味になるように，（ ）内に入れるのにもっとも適切なものを，下の語群から1つずつ選び，必要な形にして解答欄に書いてください。ただし，同じものを複数回用いることはできません。

1 (1) **A** Cet ouvrage a pour sujet le problème écologique.

      B Cet ouvrage ( ) du problème écologique.

(2) **A** Il est déçu, mais ce n'est pas une raison pour ne pas aller à l'école.

      B Le fait qu'il soit déçu ne ( ) pas qu'il n'aille pas à l'école.

(3) **A** Ils ont parlé de littérature pendant toute la soirée.

      B Ils ( ) de littérature pendant toute la soirée.

(4) **A** Il veut étudier au Japon, mais son père n'est pas d'accord.

      B Il veut étudier au Japon, mais son père n'y ( ) pas.

(5) **A** Je l'ai blâmé parce qu'il ne m'a pas dit la vérité.

      B Je lui ( ) de ne pas m'avoir dit la vérité.

consentir   discuter   justifier   reprocher   traiter

(1)	(2)	(3)	(4)	(5)

2 (1) **A** En agissant ainsi, vous courrez de graves dangers.

      B En agissant ainsi, vous ( ) à de graves dangers.

(2) **A** Ils ont l'intention de visiter les États-Unis cet été.

      B Ils ( ) de visiter les États-Unis cet été.

(3) **A** J'ai peur qu'une question difficile me soit posée à l'examen oral.

      B Je crains qu'on m'( ) sur un sujet difficile à l'examen oral.

(4) **A** Le fonctionnement de cette machine est montré dans le mode d'emploi.

      B Le mode d'emploi ( ) le fonctionnement de cette machine.

(5) **A** Vous pouvez le charger de cette mission, je garantis qu'on peut lui faire confiance.

      B Vous pouvez le charger de cette mission, je ( ) de lui.

expliquer   interroger   répondre   s'exposer   se proposer

(1)	(2)	(3)	(4)	(5)

17. 授受，取捨，加除

① 授 受

donner
他 あたえる // Donnez-moi un peu de temps. 少し時間をください / Faire du sport, ça donne soif. (= provoquer) スポーツをすると喉がかわく / Ce cinéma donne un bon film. (= passer) あの映画館ではいい映画をやっている / donner (un) rendez-vous à *qn* (= fixer) (人)に会う約束をする / donner droit à *qc* …を受ける権利をあたえる / donner du mal à *qn* …に苦労をかける

自他 (sur …に) 面している // Mon bureau donne sur le lac. 私の書斎は湖に面している

offrir
他 贈る，呈する // offrir à dîner à *qn* (人)に夕食をごちそうする / Cette ville offre de belles vues. (= présenter) この町は美しい景観に富んでいる / offrir à *qn* de+ 不定詞 (人)に…と申し出る : Il m'*a offert de* m'héberger pour la nuit. (= proposer) 彼はその夜泊まっていくようにと言ってくれた

fournir
他 供給する // fournir un renseignement (= donner) 情報をあたえる

se fournir
代動 買いものをする // Elle se fournit toujours chez le même boulanger. (= faire ses achats) 彼女はいつも同じパン屋で買いものをする

② 取 捨

acquérir
他 手に入れる // acquérir de la valeur (= obtenir) 値上がりする

obtenir
他 獲得する // obtenir de+ 不定詞 …する許可をえる : J'*ai obtenu de* prendre un congé de deux jours. (= réussir à avoir) 私は2日間の休暇をもらう許可をえた / obtenir (de *qn*) que+ 接続法 (人から)…する約束をえる : Elle *a obtenu de* lui *qu'*il ne répète pas son secret. 彼女は彼に秘密を口外しないと約束させた

abandonner
他 捨てる，放棄する // abandonner ses études (= quitter) 勉学を断念する

renoncer
自他 (à …を) あきらめる // Je renonce à mon voyage cet été. (= abandonner) 今年の夏は旅行をあきらめるよ / Nous avons renoncé à aller en promenade par ce temps. (↔persévérer) 私たちはこんな天気の日に散歩へ行くのはやめにした

priver
他 (*qn* de *qc* 人から…を) 奪う // On l'a privé de ses droits civiques. (↔donner) 彼は市民権を剥奪された

lâcher
他 放す，ゆるめる // lâcher sa ceinture (= détendre) ベルトをゆるめる / Il a lâché ses études pour raison de santé. (= abandonner) 彼は健康上の理由で学業をあきらめた

② 加 除

ajouter
他 加える // Permettez-moi d'ajouter encore un mot. もうひとことつけ加えさせてください

supprimer
他 除去する，とり消す // Il a supprimé quelques passages de sa rédaction. (= enlever) 彼は作文から数節を削った

ôter
他 とり除く // Ôtez votre manteau. (= enlever) コートを脱いでください

effacer
他 消す // Le temps efface les mauvais souvenirs. (= faire oublier) 時とともに悪い思い出は消えてしまう

rayer
他 傷をつける：線を引いて消す // rayer une glace 鏡に傷をつける / Qui a rayé mon nom de la liste ? (= barrer) リストから私の名前を消したのはだれですか？

EXERCICE 17

次の各設問の（1）〜（5）について，**A**，**B**がほぼ同じ意味になるように，（　）内に入れるのにもっとも適切なものを，下の語群から1つずつ選び，必要な形にして解答欄に書いてください。ただし，同じものを複数回用いることはできません。

1 (1) **A** Il a changé d'avis, il ne voyagera pas.

    B Il (　　　) à son voyage.

(2) **A** Il faut finir votre travail en deux heures.

    B Je vous (　　　) deux heures pour finir votre travail.

(3) **A** L'achat de cinq paquets vous donne droit à un sixième gratuit.

    B Si vous achetez cinq paquets, vous en (　　　) gratuitement un sixième.

(4) **A** Notre projet n'a pas eu suite.

    B Nous (　　　) notre projet.

(5) **A** Tu oublieras tes chagrins d'amour avec le temps.

    B Le temps (　　　) tes chagrins d'amour.

abandonner	donner	effacer	obtenir	renoncer

(1)	(2)	(3)	(4)	(5)

2 (1) **A** Les vacances en septembre présentent des avantages.

    B Les vacances en septembre (　　　) des avantages.

(2) **A** L'usine n'a plus d'électricité à cause de la panne.

    B La panne (　　　) l'usine d'électricité.

(3) **A** Ma chambre est du côté de la montagne.

    B Ma chambre (　　　) sur la montagne.

(4) **A** Où allez-vous faire vos courses ?

    B Chez qui (　　　)-vous ?

(5) **A** Vous devez enlever des phrases de votre texte.

    B Il faut que vous (　　　) des phrases de votre texte.

donner	offrir	priver	se fournir	supprimer

(1)	(2)	(3)	(4)	(5)

18. 所有，貸借

① 所　有

avoir
他 持つ // avoir à+不定詞 …しなければならない：J'*ai* encore *à* régler quelques affaires. (= devoir) 私はまだ問題をいくつか解決しなければならない / avoir beau+不定詞 いくら…しても無駄である：Tu *as beau* lui expliquer. (= s'efforcer en vain de) 君は彼にいくら説明しても無駄だよ / avoir l'honneur de+ 不定詞 光栄にも…する / avoir pour but [objet, objectif] de+ 不定詞 …することを目的とする / avoir raison de+不定詞 …するのは正しい / n'avoir rien à voir avec [dans] *qc* …と何の関係もない：Nous *n'avons rien à voir dans* cette affaire. 私たちはこの件については何の関係もない

appartenir
間他 (à …の) ものである // Cette voiture appartient à mon père. (= être à) この車は父のものです
[非人称構文で] Il appartient à *qn* de+ 不定詞 …するのは(人)の権限[義務]である：*Il vous appartient d'*expliquer votre retard. (= c'est le rôle de *qn* de) 遅刻の理由を説明するのはあなたの義務だ

occuper
他 占める // Ce travail m'a occupé toute la journée. (= absorber) この仕事は1日がかりだった / occuper *qc* à *qc* [à+不定詞] …に時間を費やす：Il *a occupé* tout l'après-midi *à* lire un roman policier. (= passer) 彼は午後はずっと推理小説を読んでいた

s'occuper
代動 (de …の) 世話をする，…に従事する (= se charger de) // Occupe-toi de nos enfants ce soir. (= garder, avoir soin de) 今晩は私たちの子どもの面倒をみてね / Elle ne s'occupe que de son ménage. (= penser à) 彼女は家事のことばかり気にしている

voler
他 盗む // voler *qc* à *qn* (人)から…を盗む：On m'a *volé* mon portefeuille. (= dérober) 私は財布を盗まれた

② 賃　借

prêter
他 貸す，提供する // Ils m'ont prêté leur concours. (= apporter) 彼らは私に力を貸してくれた

emprunter
他 (*qc* à *qn* 人から…を) 借りる；(道を) 通る，(交通機関を) 利用する (= prendre) // J'ai emprunté quelques citations à Racine. (= devoir) 私はラシーヌから数ヶ所引用した / Les piétons doivent emprunter le trottoir. 歩行者は歩道を通らなければならない

louer
他 賃貸しする；賃借りする // Cette maison est à louer. (↔vendre) この家は貸家です / Nous avons loué une voiture sur place. 私たちは現地でレンタカーを借りた

rendre
他 返す // Tu as rendu à Jean les dix euros ? (= rembourser) 君はジャンに10ユーロ返した？ / rendre A B (形容詞) AをBにする：Cette nouvelle l'a rendue triste. (= faire devenir) そのニュースは彼女を悲しい気持ちにした / rendre service à *qn* (人)に役だつ：Ton guide m'a bien *rendu service* pendant le voyage. (= être utile) 君のガイドブックは旅行中とても役だった / rendre visite à *qn* (= aller voir) (人)を訪問する

rembourser
他 返済する // Je l'ai déjà remboursé de ses frais. (= rendre de l'argent) 私はすでにかかった費用を彼に返した / Je lui ai remboursé la somme qu'il m'avait prêtée. (= payer) 私は彼から借りていた金額を返済した

EXERCICE 18

次の各設問の（1）〜（5）について，**A**，**B**がほぼ同じ意味になるように，（ ）内に入れるのにもっとも適切なものを，下の語群から1つずつ選び，必要な形にして解答欄に書いてください。ただし，同じものを複数回用いることはできません。

1 (1) **A** C'est à vous seul de prendre cette décision.

      B Il n'( ) qu'à vous de prendre cette décision.

(2) **A** Cet écrivain est devenu célèbre grâce à ce livre.

      B C'est ce livre qui ( ) célèbre cet écrivain.

(3) **A** Il a emprunté de l'argent à la banque.

      B La banque lui ( ) de l'argent.

(4) **A** Mon fils habite un appartement à Toulouse et paye un loyer au propriétaire.

      B Mon fils ( ) un appartement à Toulouse.

(5) **A** Elle a couru en vain pour attraper le dernier métro.

      B Elle ( ) beau courir, elle a manqué le dernier métro.

| avoir | appartenir | louer | prêter | rendre |

(1)	(2)	(3)	(4)	(5)

2 (1) **A** Le but de ce reportage est de faire connaître la menace nucléaire.

      B Ce reportage ( ) pour but de faire connaître la menace nucléaire.

(2) **A** Mon ami m'a demandé plusieurs fois de venir le voir.

      B Mon ami a insisté pour que je lui ( ) visite.

(3) **A** Prête-moi vingt euros, je te les rendrai demain.

      B Prête-moi vingt euros, je te les ( ) demain.

(4) **A** Quel ligne de métro prends-tu pour aller à ton bureau ?

      B Quel ligne de métro ( )-tu pour aller à ton bureau ?

(5) **A** Véronique se chargera de louer les places.

      B Véronique ( ) de louer les places.

| avoir | emprunter | rembourser | rendre | s'occuper |

(1)	(2)	(3)	(4)	(5)

19. 交換，選択，設置

① 交 換

changer　他 変える　// changer A contre [pour] B AをBと交換する：Je voudrais *changer* nos yens *contre* des euros. 円をユーロに両替したいのですが / Sa nouvelle coiffure la change complètement. 新しい髪型のために彼女はまったく別人に見える
間他 (de+無冠詞名詞 …を) 変える　// Il a changé de voiture. 彼は車をかえた

se changer　代動 着替える　// Tu es tout trempé, va te changer. 君はずぶぬれだよ，着替えておいで

échanger　他 交換する　// échanger A contre B AをBと交換する：Il *a échangé* un chapeau *contre* un ballon de football. (= troquer) 彼は帽子をサッカーボールと交換した

réparer　他 修理する　// donner sa voiture à réparer (= arranger) 車を修理に出す / C'est une erreur impossible à réparer. (= compenser) これは埋めあわせのできないミスだ

modifier　他 修正する　// Il a modifié la fin de son discours. (= transformer, corriger) 彼はスピーチの最後を手直しした

② 選 択

choisir　他 選ぶ　// On a choisi M. Bernard pour ce poste. (= désigner) ベルナール氏がそのポストに選任された

adopter　他 採用する　// adopter un projet de loi (= approuver) 法案を採択する

préférer　他 …のほうがいい　// préférer A à B BよりAのほうがいい：Je *préfère* le vin *à* la bière. (= aimer mieux) 私はビールよりワインのほうが好きだ / préférer+不定詞 [que+接続法]+plutôt que (de)+不定詞 …するより~するほうがいい：Je *préfère* manger *plutôt que* (*de*) boire. 私は飲むよりなにか食べたい

plaire　間他 (à …の) 気にいる　// Ce film m'a beaucoup plu. あの映画はとても気に入った

dégoûter　他 …に嫌悪感を起こさせる　// Les carottes me dégoûtent. 私はニンジンが大嫌いだ (= avoir *qn*/*qc* en horreur) / dégoûter *qn* de +不定詞 (人)に~する気をなくさせる：Ce salaire médiocre *me dégoûte de* travailler. こんな安月給では働く意欲がなくなる

③ 設 置

mettre　他 置く　// mettre sa montre à l'heure 時計をあわせる / mettre un moteur en marche エンジンを始動させる / mettre *qc* à+不定詞 …を~させる：Elle *a mis* le café *à* chauffer. 彼女はコーヒーを温めた / mettre+時間・金+à [pour]+不定詞 …するのに時間・金をかける：J'*ai mis* deux heures *pour* venir ici. (= il faut) 私はここへ来るのに2時間かかった / mettre *qn* au courant de *qc* (= informer) (人)に…を知らせる / mettre fin à *qc* (= arrêter) …にけりをつける / mettre *qc* de côté …をとっておく：Je *mets* de l'argent *de côté* pour mes vacances. (= économiser) 私はヴァカンスにそなえて貯金している / mettre *qc* en liberté …を自由な状態にする：On *a mis* un prisonnier *en liberté*. 1人の囚人が釈放された (= libérer) / mettre *qn* à la porte de… (= licencier) (人)を…から追い出す，解雇する

se mettre　代動 身を置く　// se mettre en colère [en route] 怒りだす [出発する] / se mettre à *qc* [à+不定詞] …し始める：Il *s'est mis à* neiger. (= commencer à) 雪が降り始めた / s'y mettre 仕事にとりかかる：Il faut que tu *t'y mettes*. 君は仕事にとりかからなければならない

poser　他 置く，取り付ける；(質問を)する

se poser　他 (鳥などが)とまる，(飛行機などが)着陸する，置かれる；(問題が)提起される

disposer　他 並べる　// disposer *qn* à *qc* [à+不定詞] (人)を…する気にさせる / être disposé(*e*) à+ 不定詞 …する気でいる : Nous *sommes disposés à* vous aider. (= prêt) 私たちは喜んでお手伝いします

間他 (de …を) 自由に使える // On ne dispose que de vingt minutes pour visiter ce musée. (= avoir) その美術館を訪れる時間は20分しかない

fixer	他 固定する // fixer un rendez-vous (= décider) 会う日時を決める
installer	他 設置する；(人を)住まわせる // installer le gaz ガスを引く / installer sa fille à Paris 娘をパリに住まわせる
s'installer	代動 身を落ち着ける，住む (= habiter)

EXERCICE 19

次の各設問の（1）～（5）について，**A**，**B**がほぼ同じ意味になるように，（ ）内に入れるのにもっとも適切なものを，下の語群から1つずつ選び，必要な形にして解答欄に書いてください。ただし，同じものを複数回用いることはできません。

1 (1) **A** Comme il n'y avait pas de témoin, la police n'a pas libéré Jean tout de suite.

     B S'il y avait eu un témoin, Jean ( ) en liberté immédiatement.

(2) **A** Ma fille peut se servir de sa voiture pour ses déplacements.

     B Ma fille ( ) d'une voiture pour ses déplacements.

(3) **A** Ma mère a remplacé ses rideaux par d'autres.

     B Ma mère ( ) ses rideaux.

(4) **A** Michel a été désigné comme chef d'équipe.

     B On ( ) Michel comme chef d'équipe.

(5) **A** On décidera du jour de la réunion aujourd'hui.

     B Le jour de la réunion ( ) aujourd'hui.

changer   choisir   disposer   fixer   mettre

(1)	(2)	(3)	(4)	(5)

2 (1) **A** Hier, on m'a mis au courant de votre arrivée.

     B Hier, j'( ) de votre arrivée.

(2) **A** Ils économisent de l'argent pour leurs vacances.

     B Ils ( ) de l'argent de côté pour leurs vacances.

(3) **A** J'ai la viande rouge en horreur.

     B La viande rouge me ( ).

(4) **A** Je trouve cette nouvelle voiture formidable.

     B Cette nouvelle voiture me ( ) beaucoup, elle est formidable.

(5) **A** Nous habitons dans la banlieue de Paris depuis cinq ans.

     B Nous ( ) dans la banlieue de Paris il y a cinq ans.

dégoûter   informer   mettre   plaire   s'installer

(1)	(2)	(3)	(4)	(5)

20. 実行，製造

① 実 行

réaliser　他 実現する：実感する // réaliser un projet (= exécuter) 計画を実現する / Ce metteur en scène réalise son dernier film. (= tourner) この映画監督は最新作を制作している / Je n'arrive pas encore à réaliser que j'ai réussi mon examen. (= saisir) 私はまだ試験に合格したという実感がわかない

accomplir　他 実現する // accomplir son devoir (= réaliser) 義務を果たす

pratiquer　他 実践する // Il pratique la pêche à la ligne. (= se livrer à) 彼は釣りをやっている

appliquer　他 (à, contre, sur …に) 押しあてる，適用する // Il faut appliquer ce règlement à tout le monde. (= utiliser) この規則はだれにでも適用すべきだ

s'appliquer　代動 (à …に) 適用される：専心する

profiter　間他 (de …を) 利用する，利益を得る // J'ai profité de mes vacances pour terminer les œuvres complètes de Proust. (= tirer avantage de) 私は休暇を利用してプルースト全集を読破した

commettre　他 犯す // commettre une erreur [un crime] まちがい[罪]を犯す

② 製 造

faire　他 つくる：する // Rien à faire. お手上げだ / faire A de B BをAにする : Les épreuves *ont fait de* lui un autre homme. (= transformer B en A) さまざまな試練が彼を別人にした / Cela [Ça] fait+時間表現+que+ 直説法 …してから〜になる : *Ça fait* huit jours *que* je ne l'ai pas vu. (= il y a) 1週間も彼には会っていない / faire+ 不定詞 …させる : Il *a fait* construire sa maison à cet architecte. 彼はその建築家に家を建ててもらった / faire bien de+ 不定詞 …するのはよいことだ : Tu *as bien fait de* me prévenir. 君がぼくに知らせてくれたのは賢明だった / faire mieux de+ 不定詞 …するほうがよい : La nuit tombe, tu *ferais mieux de* rentrer. (= devoir) 夜もふけた，君は家に帰ったほうがいい / faire la queue 順番を待つ，並ぶ : *Faites la queue* comme tout le monde. (= attendre son tour) みんなと同じように並んでください / faire de son mieux 最善をつくす / faire partie de qc …の一部をなす，に属する / faire semblant de+ 不定詞 …するふりをする : Il *a fait semblant de* ne pas me reconnaître. (= feindre) 彼は私を知らないふりをした / faire + 形容詞 ［無冠詞名詞］ …に見える : Il *fait* vieux pour son âge. (= paraître) 彼は年齢のわりに老けて見える

se faire　代動 つくられる，おこなわれる // Mon chat se fait vieux. 私の猫は年老いた / Son fils s'est fait écraser l'année dernière. 彼(女)の息子は去年車にひかれた / ne pas s'en faire 心配しない : Ne t'en fais pas ! 心配するな！ / Ça ne se fait pas ! 行儀が悪いよ！ / se faire (du) mal …を痛める

produire　他 生産する // Cette région produit du vin. この地方はワインの産地だ

se produire　代動 生ずる // Un accident s'est produit sur l'autoroute. (= arriver) 高速道路で事故があった

fabriquer　他 製造する // On fabrique des pneus en série dans cette usine. (= produire) この工場ではタイヤが大量生産されている

fonder　他 創設する // fonder A sur B (= baser sur) BをAの根拠にする

se fonder　代動 (sur …に) 根拠をおく // Sur quoi vous fondez-vous pour proclamer votre innocence ? (= s'appuyer sur, se baser sur) なにを根拠にあなたは無実を

主張するのですか？

créer	他 つくりだす // Ses enfants lui créent des soucis. (= donner, causer) 子ど もたちは彼(女)の頭痛の種だ

EXERCICE 20

　次の各設問の（1）～（5）について，**A**，**B**がほぼ同じ意味になるように，（　）内に入れるのにもっとも適切なものを，下の語群から1つずつ選び，必要な形にして解答欄に書いてください。ただし，同じものを複数回用いることはできません。

1 (1)　**A**　Des difficultés ont été causées par votre refus.
　　　B　Votre refus (　　　) des difficultés.
　(2)　**A**　Il est arrivé une explosion de gaz dans le terrain de camping.
　　　B　Une explosion de gaz (　　　) dans le terrain de camping.
　(3)　**A**　Il paraît beaucoup plus vieux qu'il ne l'est.
　　　B　Il (　　　) bien plus vieux que son âge.
　(4)　**A**　Je l'admire d'avoir découvert un nouveau vaccin.
　　　B　C'est merveilleux ! Il (　　　) un exploit en découvrant un nouveau
　　　　　vaccin.
　(5)　**A**　Je suis sûr que cette conférence vous sera très utile.
　　　B　À mon avis, vous (　　　) bien de cette conférence.

créer	faire	profiter	réaliser	se produire

(1)	(2)	(3)	(4)	(5)

2 (1)　**A**　Il est l'auteur de ce crime.
　　　B　C'est lui qui (　　　) ce crime.
　(2)　**A**　Monsieur, faites la queue comme tout le monde !
　　　B　Monsieur, (　　　) votre tour !
　(3)　**A**　Nous nous sommes promenés quand il faisait beau.
　　　B　Nous (　　　) du beau temps pour nous promener.
　(4)　**A**　Tous les élèves doivent respecter le règlement du lycée.
　　　B　Le règlement du lycée (　　　) à tous les élèves.
　(5)　**A**　Votre fils figure parmi les trois premiers du classement.
　　　B　Votre fils (　　　) partie des trois premiers du classement.

attendre	commettre	faire	profiter	s'appliquer

(1)	(2)	(3)	(4)	(5)

3
動詞に関する問題

155

21. 成否，運搬

① 成否

réussir
間他 成功する // réussir à qc [不定詞] …に成功する : Il *a réussi à* convaincre son père. (= parvenir) 彼はうまく父親を説得することができた / réussir à qn (人)に好都合である : Le poisson cru ne *me réussit* pas. (= avoir un bon effet sur) 生魚は私に合わない

briller
自 輝く，目立つ // Il a brillé à l'oral. 彼は口頭試験ですばらしい成績をおさめた

échouer
自 失敗する // J'ai peur d'échouer au bac. (←réussir) バカロレアに落ちるんじゃないかと心配だ

rater
他 やりそこなう // rater un examen (= échouer à) 試験に失敗する / rater le bus (= manquer) バスに乗り遅れる

faillir
自 avoir failli + [不定詞] 危うく…するところだった : J'ai failli manquer le train. 危うく列車に乗り遅れるところだった

② 運搬

charger
他 積む // charger qn de qc [不定詞] (人)に…の任務を課す : Elle *est chargée de* s'occuper des enfants. (= confier une tâche) 彼女は子どもの世話を任されている

décharger
他 荷物をおろす // décharger qn de qc (人)に…を免除する : J'ai demandé à *être déchargé de* ce travail. (= débarrasser de) 私はこの仕事からおろしてくれるように頼んだ

apporter
他 もってくる // apporter du soin à qc [不定詞] …に熱意をそそぐ : Il *a apporté* beaucoup *de soin à* l'étude du droit. (= se consacrer) 彼は法律の研究に専念した

emporter
他 もっていく // l'emporter sur qc/qn …よりまさる : Notre équipe *l'a emporté sur* l'équipe anglaise. (= gagner, battre) わがチームは英国チームに勝った

expédier
他 発送する : 大急ぎで片づける // expédier un colis par avion (= envoyer) 小包を航空便で送る / Il a expédié ses devoirs pour regarder un film à la télé. (= bâcler) 彼はテレビ映画を見るために宿題をぞんざいに片づけた

mener
他 連れていく，(à …に) 至る // Cette route mène à la forêt. この道路は森に通じている

porter
他 持つ，身につけている // La lettre porte la date du 9 février. (= avoir sur soi) その手紙は2月9日付けだ

間他 (sur …を) 対象とする // La discussion porte sur le problème de la circulation. (= avoir pour sujet) 討論のテーマは交通問題です

se porter
代動 体調が…である // se porter bien [mal] (= être en bonne santé, en forme [mauvaise santé]) …体調がよい[悪い]

ramener
他 連れもどす，もち帰る // Il m'a ramené chez moi en voiture. (=raccompagner) 彼は私を家まで車で送ってくれた

accompagner
他 いっしょに行く // accompagner A de B AにBを添える : Elle *a accompagné* son discours *d'*un sourire bienveillant. (= assortir) 彼女はスピーチに愛想のいい笑みを添えた

amener
他 連れて行く // amener qn/qc à+ [不定詞] …が〜するようにしむける : Le problème économique *a amené* le gouvernement *à* reprendre les négociations. (= pousser qn/qc à faire qc) 経済問題が政府を交渉再開にふみきらせた

conduire
他 連れていく : 運転する // Le matin, elle conduit sa fille à l'école. (= mener) 毎朝彼女は娘を学校へ送っていく

自 車を運転する

livrer	他 ひき渡す：配達する // livrer son secret 秘密を打ち明ける / livrer *qc* à domicile …を宅配する
se livrer	代動 (à …に) 身を委ねる // Il se livre à l'étude de la médecine. (= se consacrer) 彼は医学の研究に専念している

EXERCICE 21

次の各設問の（1）～（5）について，**A**，**B**がほぼ同じ意味になるように，（ ）内に入れるのにもっとも適切なものを，下の語群から1つずつ選び，必要な形にして解答欄に書いてください。ただし，同じものを複数回用いることはできません。

1 (1) **A** Ce journaliste s'est consacré à son métier toute sa vie.

      B Ce journaliste (　　　) du soin à son métier toute sa vie.

  (2) **A** Le candidat a été remarquable à son examen.

      B Le candidat (　　　) à son examen.

  (3) **A** Mon grand-père reste très en forme.

      B Mon grand-père (　　　) toujours très bien.

  (4) **A** Notre équipe a gagné le match de football.

      B Notre équipe l'(　　　) sur l'équipe adverse.

  (5) **A** Vous pouvez aller à la plage par cette route.

      B Cette route vous (　　　) à la plage.

briller	apporter	emporter	mener	se porter

(1)	(2)	(3)	(4)	(5)

2 (1) **A** J'ai réussi à joindre Claire.

      B J'(　　　) manquer Claire.

  (2) **A** Le sujet de la discussion est le problème du logement.

      B La discussion (　　　) sur le problème du logement.

  (3) **A** Pierre n'a pas réussi à son examen.

      B Pierre (　　　) à son examen.

  (4) **A** Pour quel motif êtes-vous venu ici aujourd'hui ?

      B Qu'est-ce qui vous (　　　) ici aujourd'hui ?

  (5) **A** Si tu ne travailles pas davantage, tu échoueras à ton examen.

      B Si tu ne travailles pas davantage, tu (　　　) ton examen.

amener	échouer	faillir	porter	rater

(1)	(2)	(3)	(4)	(5)

22. 思考，判断

① 思　考

penser	間他 (à …のことを) 考える // Pense à acheter le pain. (↔oublier) パンを買ってくるのを忘れないでね
	他 考える，思う // Elle pense devenir photographe plus tard. (= compter, avoir l'intention de) 彼女は将来カメラマンになるつもりだ / Que pensez-vous de mon opinion ? 私の意見をどう思いますか？ / penser du bien [mal] de qn/qc …のことをよく [悪く] 思う：Il *pense du bien de* mon attitude. 彼は私の態度を好意的にとってくれる
sentir	他 感じる // J'ai senti mon cœur battre. (= percevoir) 私は胸の鼓動を感じた / Qu'est-ce que ça sent ici ? (= humer) なにかにおうね
	自 におう // Ce poisson sent mauvais. (= dégager une odeur) この魚は変なにおいがする
se sentir	代動 自分を…と感じる // Je me sens mieux aujourd'hui. (= éprouver) 今日は気分がよくなった
percevoir	他 知覚する // On perçoit un bruit dans le couloir. (= entendre) 廊下から物音が聞こえる
s'apercevoir	代動 (de …に) 気づく // Je ne me suis pas aperçu que j'avais oublié mon portefeuille. (= remarquer, se rendre compte) 私は財布を忘れたことに気づかなかった
examiner	他 検討する：診察する // examiner un malade 病人を診察する
observer	他 観察する：遵守する // faire observer à qn qc [que+直説法] (人)に…と指摘する：Je vous *ferai observer qu*'il est interdit de stationner ici. (= remarquer) ご注意申しあげますが，ここは駐車禁止です / Il faut observer la limitation de vitesse. (= respecter) 制限速度を守らなければならない
savoir	他 わかる，知っている // Je ne sais que faire [dire]. (↔ignorer) どうしたら [どう言ったら] いいかわからない / que je sache 私の知るかぎり：Jean est à l'hôpital ? –Pas *que je sache*. (= d'après ce que je sais) ジャンは入院しているの？—私の知るかぎりでは入院してはいない / On ne sait jamais. なにが起こるかわかったものではない
ignorer	他 知らない // J'ignore le motif de ton absence. 君の欠席の理由がわからない
supposer	他 仮定する，推測する // Supposons que vous ayez un accident, qui vous remplacerait ? (= imaginer) あなたが事故にあうと仮定してみましょう，だれがあなたの代わりをするのですか？ / Je suppose qu'il connaît les motifs de ma démission. (= penser) 彼は私が辞職したわけを知っていると思う
apprendre	他 学ぶ // apprendre à qn à + 不定詞 (人)に…を教える：Il *m'a appris à* nager. 彼は私に泳ぎを教えてくれた

② 判　断

apprécier	他 高く評価する // Les experts ont apprécié son tableau. (= estimer) 専門家たちは彼(女)の絵を高く評価した
considérer	他 注視する // considérer A comme B AをBとみなす：J'ai *considéré* sa réponse *comme* un refus. (= juger) 私は彼の返事を拒否とみなした
estimer	他 評価する // estimer qc (à) +数量表現…を〜と見積もる：Leur maison *a été estimée à* quatre cent mille euros. (= évaluer) 彼らの家は40万ユーロの値がついた
s'estimer	代動 自分を…だと考える // Estimons-nous heureux d'avoir évité cet inconvénient. (= se trouver) この不都合を回避できたことで幸いとしよう

sous-estimer	他 過小評価する // Vous sous-estimez la difficulté de la traduction. (←surestimer) あなたは翻訳のむずかしさを見くびっている
remercier	他 礼をいう // remercier *qn* de [pour] *qc* [de+不定詞] …について（人）に礼をいう : Je vous *remercie de* votre invitation. (= dire merci) お招きいただきありがとうございます

EXERCICE 22

　次の各設問の（1）〜（5）について，**A**，**B**がほぼ同じ意味になるように，（ ）内に入れるのにもっとも適切なものを，下の語群から1つずつ選び，必要な形にして解答欄に書いてください。ただし，同じものを複数回用いることはできません。

1 (1) **A** Ce tableau de Rembrandt me plaît beaucoup.

　　　 B J'(　　　) beaucoup ce tableau de Rembrandt.

(2) **A** Je crois que la tâche est plus difficile que tu penses.

　　　 B Je crois que tu (　　　) la difficulté de la tâche.

(3) **A** Je trouve Jacques intelligent.

　　　 B Je (　　　) Jacques comme un homme intelligent.

(4) **A** On a évalué ce tableau à cinquante mille euros.

　　　 B Ce tableau (　　　) à cinquante mille euros.

(5) **A** Tout peut arriver.

　　　 B On ne (　　　) jamais.

apprécier	considérer	estimer	savoir	sous-estimer

(1)	(2)	(3)	(4)	(5)

2 (1) **A** C'est mon oncle qui m'a donné des leçons de tennis.

　　　 B C'est mon oncle qui m'(　　　) à jouer au tennis.

(2) **A** Je vous remercie mille fois.

　　　 B Je ne (　　　) pas comment vous remercier.

(3) **A** Les motifs de sa démission sont longtemps restés inconnus.

　　　 B Longtemps, on (　　　) les motifs de sa démission.

(4) **A** On n'a pas le droit de dépasser la limite de vitesse sur la route.

　　　 B Il faut (　　　) la limitation de vitesse.

(5) **A** Tu ne te rends pas compte de tes erreurs.

　　　 B Tu ne (　　　) pas de tes erreurs.

apprendre	ignorer	observer	s'apercevoir	savoir

(1)	(2)	(3)	(4)	(5)

23. 認識，識別，予想

① 認 識

connaître
⑩ 知っている；経験する；獲得する // connaître *qn* de vue [de nom] (人)の顔[名前]だけ知っている / Cette pièce a connu un grand succès. (= avoir, obtenir) この芝居は大当たりをとった

se connaître
代動 自分を知る // s'y connaître en *qc* …に詳しい：Il *s'y connaît en* musique. (= être compétent en) 彼は音楽に精通している

reconnaître
⑩ それとわかる，認める // Je ne l'ai pas reconnu tout de suite, tellement il a grandi. (= identifier) すぐには彼だとわからなかった，それほど彼は成長した / Il faut que tu reconnaisses tes fautes. (= admettre) 君は自分のまちがいを認めるべきだ

vérifier
⑩ 確かめる // Il faut vérifier l'adresse sur mon agenda. (= contrôler) 手帳で住所を確かめる必要がある

relever
⑩ 起こす；指摘する // Il a relevé de nombreuses fautes d'orthographe dans ma dictée. (= remarquer) 彼は私のディクテのなかにたくさんの誤字を見つけた
間他 (de …に) 属する // Son étude relève de la psychologie. (= appartenir à) 彼の研究は心理学の分野だ

trouver
⑩ 見つける // trouver *qc*/*qn*+属詞 …を～と思う：Je *trouve* sa nouvelle robe très jolie. (= estimer) 私は彼女の新しいドレスをとてもすてきだと思う / trouver à+不定詞 …する方法[機会]を見つける：On *trouve* difficilement *à* distraire ici. ここではなかなか気晴らしができない / trouver la mort (= mourir) 不慮の死をとげる

② 識 別

confondre
⑩ 混同する // confondre A avec B AをBと混同する：J'*ai confondu* mon parapluie *avec* le sien. 私は自分の傘と彼(女)のをまちがえた

distinguer
⑩ 見分ける // distinguer A de [d'avec] B AとBを識別する：*Distinguez* le vrai *du* faux. (= différencier) 真実と嘘を見分けてください

comparer
⑩ (avec, à …と) 比較する // On compare souvent cet écrivain avec un autre. この作家はよくもう1人の作家と比較される

nommer
⑩ 名づける，任命する // Ils ont nommé leur fille Françoise. (= appeler) 彼らは娘をフランソワーズと名づけた

③ 予 想

annoncer
⑩ 知らせる，予告する // La météo annonce de la pluie pour demain. (= prévoir) 天気予報によるとあすは雨だ

s'annoncer
代動 予測される // s'annoncer bien [mal] 幸先がいい [悪い]

informer
⑩ (de …を) 知らせる // Je l'ai informée de ma sortie de l'hôpital. (= faire part de *qc* à *qn*) 私は彼女に退院したことを知らせた

prévenir
⑩ (*qn* de *qc* [que+直説法] 人に…を) 前もって知らせる // Elle m'a prévenu qu'elle sera absente ce soir. (= avertir) 彼女は今晩不在だと知らせてきた

prévoir
⑩ 予想する；準備する // La météo prévoit un temps orageux pour demain. (=deviner à l'avance) 天気予報はあす嵐になると言っている / Ce dîner est prévu pour dix personnes. (= programmer) このディナーには10人の出席が予定されている

◆ **pouvoir**
⑩ …することができる // n'en pouvoir plus (de+名詞) (…で)疲れはてる：Au bout d'une demi-heure de jogging, je n'en *pouvais* plus. (= être

épuisé) 30分ジョギングをしたらへとへとになった / n'y pouvoir rien どうしようもない : On *n'y peut rien*. おてあげだ / on ne peut plus + 形容詞 (=extrêmement) このうえなく…

EXERCICE 23

次の各設問の（1）〜（5）について，**A**，**B**がほぼ同じ意味になるように，（ ）内に入れるのにもっとも適切なものを，下の語群から1つずつ選び，必要な形にして解答欄に書いてください。ただし，同じものを複数回用いることはできません。

1 (1) **A** Ce livre se vend bien en ce moment.
　　　B Ce livre ( ) beaucoup d'acheteurs en ce moment.

(2) **A** Ils nous ont fait savoir le jour de leur départ en vacances.
　　B Ils nous ( ) du jour de leur départ en vacances.

(3) **A** J'ai su que c'était lui, en écoutant sa voix.
　　B Je l'( ) à sa voix.

(4) **A** Je souhaite que ce spectacle soit tout à fait réussi.
　　B Je souhaite que ce spectacle ( ) un grand succès.

(5) **A** Nous risquons de ne pas faire bon voyage avec cette pluie.
　　B Ce voyage ( ) mal, il pleut.

| connaître | trouver | prévenir | reconnaître | s'annoncer |

(1)	(2)	(3)	(4)	(5)

2 (1) **A** Il y aurait eu plus de 500 morts dans cet accident d'avion.
　　　B Plus de 500 personnes ( ) la mort dans cet accident d'avion.

(2) **A** Je ne peux pas distinguer un âne d'un mulet.
　　B Je ( ) souvent un âne et un mulet.

(3) **A** J'informerai mes parents de ma décision.
　　B Je ( ) part à mes parents de ma décision.

(4) **A** Leur divorce n'est pas un secret pour personne.
　　B Tout le monde ( ) le fait qu'ils divorcent.

(5) **A** On peut penser que son projet n'aura pas de succès.
　　B Tout laisse ( ) qu'il échouera dans son projet.

| confondre | connaître | faire | prévoir | trouver |

(1)	(2)	(3)	(4)	(5)

24. 努力，記憶，興味，準備

① 努 力

habituer　他 慣れさせる // être habitué(e) à qc [不定詞] …に慣れている : Je *suis habitué à* me lever tôt. (= s'accoutumer à) 私は早起きには慣れている

s'habituer　代動 (à …に) 慣れる // Elle s'est habituée à vivre à la campagne. 彼女は田舎暮らしにも慣れた

essayer　他 試してみる：努力する // essayer de+[不定詞] …しようと試みる : *Essayez d'*arriver à l'heure. (= tâcher) 定刻に着くようにしてください

négliger　他 なおざりにする // négliger de+[不定詞] …するのを怠る : *J'ai négligé de* prendre mes médicaments. (= oublier) 私は薬の服用を怠った

chercher　他 探す // chercher à+[不定詞] …しようと努める : *J'ai cherché* en vain *à* prendre contact avec lui. (=s'efforcer [essayer] de) 彼と連絡をとろうとしたがだめだった

tâcher　間他 (de …しようと) 努める // Tâchez de conduire avec prudence. (= s'efforcer de) 安全運転に努めてください

supporter　他 支える，耐える // supporter qc [de+[不定詞], que+[接続法]] …を我慢する : Je ne *supporte* pas *que* l'on se moque de moi. (= subir des choses pénibles) ばかにされるのは耐えられない

transpirer　自 汗をかく // transpirer sur qc …で悪戦苦闘する

② 記 憶

oublier　他 忘れる // oublier de+[不定詞] [que+[直説法]] : N'*oublie* pas *de* me prévenir. (= omettre) 私に前もって連絡するのを忘れないでね

rappeler　他 呼びもどす，思いださせる // Je te rappelle que tu dois aller chez le dentiste demain. あすは歯医者に行かなければならないんだよね

se rappeler　代動 思いだす // se rappeler+[不定詞] (完了形) [que+[直説法]] …を思いだす : Vous *vous rappelez* m'avoir rencontré dans une soirée ? (= se souvenir de) あなたはあるパーティーで私に会ったことを覚えていますか？

retrouver　他 ふたたび見つける：思いだす // Je n'arrive pas à retrouver le titre de ce roman. (= se souvenir de) 私はその小説のタイトルが思いだせない

se souvenir　代動 (de …を) 思いだす，覚えている // Je me souviens qu'il pleuvait ce jour-là. (= se rappeler, ↔oublier) その日は雨が降っていたことを覚えている

③ 興 味

intéresser　他 興味をもたせる：かかわる // Ce plan économique intéresse les travailleurs étrangers. (= concerner) この経済政策は外国人労働者にかかわるものである

s'intéresser　代動 (à …に) 興味をもつ // Mon fils s'intéresse à l'architecture moderne. (↔se désintéresser de) 私の息子は近代建築に興味をもっている

passionner　他 夢中にさせる // être passionné(e) de [pour] …に夢中である : Il *est passionné de* jazz. (= aimer beaucoup) 彼はジャズに夢中だ

pencher　自 傾いている // pencher pour qc/qn …に傾く : Je *penche pour* le plan d'Yves. (= préférer) 私はどちらかというとイヴの計画のほうがいい

se pencher　代動 身をかがめる：(sur …に) 強い関心をよせる // Ne te penche pas par la fenêtre. (= se baisser) 窓から身をのりだすな

④ 準 備

préparer　他 準備する // préparer un examen (= travailler pour passer un examen) 試験勉強をする

se préparer	代動 (à, pour …の) 準備をする // Prépare-toi pour sortir. (= se rendre prêt pour) 出かける準備をしなさい
projeter	他 計画する：映写する // projeter de+不定詞 …する計画をたてる：Elle *projette* depuis longtemps *de* voyager en Egypte. (= envisager) 彼女にはずっと前からエジプト旅行の計画がある / projeter un film (= passer) 映画を上映する

EXERCICE 24

次の各設問の（1）～（5）について，**A**，**B**がほぼ同じ意味になるように，（　）内に入れるのにもっとも適切なものを，下の語群から1つずつ選び，必要な形にして解答欄に書いてください。ただし，同じものを複数回用いることはできません。

1 (1) **A** Il s'efforce d'arriver à l'heure.
　　　B Il (　　　) d'arriver à l'heure.
　(2) **A** Il travaille pour passer son bac.
　　　B Il (　　　) son bac.
　(3) **A** J'ai sauté un mot dans la phrase.
　　　B J'(　　　) de lire un mot dans la phrase.
　(4) **A** J'en ai assez de mon mari.
　　　B Je ne (　　　) plus mon mari.
　(5) **A** Les chercheurs vont étudier ce nouveau vaccin.
　　　B Les chercheurs vont (　　　) sur ce nouveau vaccin.

　　　essayer　　　oublier　　　préparer　　　se pencher　　　supporter

(1)	(2)	(3)	(4)	(5)

2 (1) **A** Je n'arrive pas à me souvenir de son adresse.
　　　B Je n'arrive pas à (　　　) son adresse.
　(2) **A** Je ne peux pas me faire à mon nouvel horaire de travail.
　　　B Je ne peux pas (　　　) à mon nouvel horaire de travail.
　(3) **A** Nos efforts pour réconcilier ces deux amis n'ont abouti à rien.
　　　B Nous (　　　) en vain à réconcilier ces deux amis.
　(4) **A** Sans ce pull, tu ne serais pas couvert de sueur.
　　　B Si tu enlevais ton pull, tu (　　　) moins.
　(5) **A** Son nom m'échappe.
　　　B Je ne (　　　) pas de son nom.

　　　chercher　　　se rappeler　　　se souvenir　　　s'habituer　　　transpirer

(1)	(2)	(3)	(4)	(5)

25. 意向，期待

① 意 向

vouloir
他 望む // comme tu veux [vous voulez] 望むように : Faites *comme vous voulez*. (= désirer) あなたのお好きなようにしてください / Que veux-tu [voulez-vous] ? どうしろというんだ，仕方ないじゃないか / sans le vouloir 心ならずも : J'ai brûlé la nappe avec ma cigarette *sans le vouloir*. (= involontairement) 私はうっかりテーブルクロスをたばこの火でこがしてしまった / vouloir de qc/qn …を受け入れる : Je ne *veux* pas *de* ton aide. (= accepter) 私は君の援助を受けたくない / vouloir bien+不定詞 [que+接続法] …に同意する : Je *veux bien* passer chez vous, mais je n'ai pas le temps. (= être prêt à) お宅に寄ってもいいのですが，なにぶん時間がなくて / en vouloir à qn (de+不定詞) (…のことで人を) 恨む : Ne m'*en veux* pas *d'*être parti sans toi. (= avoir de la rancune contre) 君を連れずに出かけたからって悪く思わないでね / vouloir dire 意味する : Qu'est-ce que ça *veut dire* ? (= signifier) それはどういう意味ですか？

décider
他 (qc [de+不定詞, que+直説法] …を) 決める // J'ai décidé de tenter le tout pour le tout. (= résoudre) 私はのるかそるかやってみることにした / décider qn à qc [不定詞] (人に) …を決めさせる : J'*ai* enfin *décidé* ma femme *à* ce voyage. 私はやっと妻に今度の旅行を決心させた

se décider
代動 決心する，(à …を) 決意する // se décider au mariage (考えた末に) 結婚を決意する

orienter
他 方向を決める // un appartement orienté au sud (= exposer) 南向きのアパルトマン

signifier
他 …を意味する，…をはっきり通告する

viser
他 ねらう // viser un lapin ウサギをねらう / Il vise le poste de directeur général. (= chercher à obtenir) 彼は社長のポストをねらっている / Cette mesure vise tous les habitants dans cette ville. (= concerner) この措置は町に住むすべての住民に適用される

hésiter
自 ためらう // J'hésite entre sortir et rester. (= flotter) 私は出かけるか残るかで迷っている / hésiter à+不定詞 …するのをためらう : Elle *hésite à* partir pour Paris. (= craindre de) 彼女はパリへの出発をためらっている

oser
他 思いきって…する // J'ai osé le lui dire. (= avoir le courage de) 私は思いきってそのことを彼(女)に言った

② 期 待

attendre
他 (de …に) 期待する // Qu'est-ce que vous attendez d'elle ? (= vouloir) あなたは彼女になにを期待しているのですか？

s'attendre
代動 (à …を) 予想する // Il ne s'attendait pas à échouer à son examen. (= prévoir) 彼は試験に落ちるとは思っていなかった

espérer
他 希望する，期待する // Je n'espère aucune aide de sa part. (= compter sur) 私は彼(女)の援助をまったく期待していない

aspirer
他 吸いこむ // Pour respirer, on aspire puis on expire l'air. 呼吸するには，空気を吸いこみ，つぎに吐きます

間他 (à qc [不定詞] …に) あこがれる // Il aspire à vivre à la campagne. (= désirer) 彼は田舎生活にあこがれている

EXERCICE 25

次の各設問の（1）～（5）について，**A**，**B**がほぼ同じ意味になるように，（　）内に入れるのにもっとも適切なものを，下の語群から1つずつ選び，必要な形にして解答欄に書いてください。ただし，同じものを複数回用いることはできません。

1 (1) **A** Cette loi concerne tous les automobilistes.

     B Cette loi (　　　　) tous les automobilistes.

(2) **A** Il a examiné longuement trois solutions et a choisi la plus facile.

     B Il (　　　　) devant trois solutions et a choisi la plus facile.

(3) **A** Il était fâché contre moi parce que je n'ai pas assisté à son mariage.

     B Il m'en (　　　　) de ne pas avoir assisté à son mariage.

(4) **A** Il veut devenir quelqu'un de généreux.

     B Il (　　　　) à devenir quelqu'un de généreux.

(5) **A** Elle est vraiment surprise d'être reçue au concours.

     B Elle ne (　　　　) pas du tout à être reçue au concours.

| aspirer | hésiter | s'attendre | viser | vouloir |

(1)	(2)	(3)	(4)	(5)

2 (1) **A** J'ai eu le courage de lui faire des reproches.

     B J'(　　　　) lui faire des reproches.

(2) **A** La chambre de Jean est exposée au sud.

     B La chambre de Jean (　　　　) au sud.

(3) **A** Que signifie ce mot ?

     B Que (　　　　) dire ce mot ?

(4) **A** Qu'est-ce que vous voulez que je fasse ?

     B Qu'est-ce que vous (　　　　) de moi ?

(5) **A** Sans ton conseil, il hésiterait encore à accepter.

     B Comme tu l'a conseillé, il (　　　　) enfin à accepter.

| attendre | orienter | oser | se décider | vouloir |

(1)	(2)	(3)	(4)	(5)

26. 要求，義務，許可，制限

① 要求

demander 他 要求する // Ce travail demande combien de temps ? (= nécessiter) この仕事にはどれくらいの時間がかかりますか？

exiger 他 要求する // Ces plantes exigent beaucoup de soins. (= nécessiter) これらの植物はとても手間がかかる

commander 他 命令する；注文する // Notre professeur nous a commandé de nous taire. (= ordonner) 先生は私たちに黙るように命じた

ordonner 他 命令する // ordonner à *qn qc* [de+不定詞, que+接続法] (人)に…と命じる：Elle nous *a ordonné de* rester tranquilles. (= commander) 彼女は私たちにおとなしくするよう命じた

② 義務

obliger 他 義務づける // obliger *qn* à *qc* [不定詞] (人)に…を強制する：Le maître *a obligé* Alice *à* refaire son devoir. (= contraindre) 先生はアリスに宿題をやり直させた / être obligé(e) de+不定詞 …せざるをえない：Je *suis obligé de* vous quitter. (= il faut que) 私はおいとましなければなりません

devoir 他 …しなければならない，にちがいない // devoir A à B AをBに負っている[借りている]：Il *doit* la vie *à* ce médecin. 彼が生きていられるのはその医者のおかげだ

condamner 他 有罪判決をくだす；…を余儀なくさせる // Ce vieux quartier est condamné à disparaître. この古い地区は消えゆく運命にある

falloir 非人称動詞 …が必要である，しなければならない // comme il faut 申し分ない：Son mari est un homme *comme il faut*. (= convenable) 彼女のご主人はきちんとした人だ

③ 許可

défendre 他 守る；禁じる // défendre à *qn qc* [de+不定詞, que+接続法] (人)に…を禁じる：Mes parents m'ont *défendu de* sortir le soir. (= interdire, ↔permettre) 私は両親から夜間外出を禁じられた

interdire 他 禁止する // Le médecin m'a interdit de fumer. (= défendre, ↔permettre) 私は医者からたばこを禁じられた

[非人称構文で] Il est interdit [défendu] de+不定詞 …することは禁じられている：*Il est interdit de* stationner ici. (= Il est défendu de) ここは駐車禁止です

pardonner 他 許す // pardonner à *qn qc* [de+不定詞] (人)に…を許す：Je ne *lui pardonne* pas *d'*avoir manqué à sa parole. (= excuser) 私は彼(女)が約束を破ったことを許さない

permettre 他 (à …に) 許す，可能にする // Mes parents m'ont permis d'aller faire mes études au Japon. (= admettre, ↔interdire) 両親は日本への留学を許してくれた / Permettez-moi de me présenter. 自己紹介させてください / Vous permettez ? よろしいですか？

se permettre 代動 あえて…する // Elle s'est permis de mentir à sa mère. (= oser) 彼女はあえて母親にうそをついた

④ 制限

limiter 他 制限する // On limite la vitesse sur les autoroutes à 130 km à l'heure.

高速道路では時速130キロに制限されている

se limiter	代動 (à …に) とどめる // Je vais me limiter à donner un aperçu de la situation. (= se borner) 状況をざっと説明するだけにします
freiner	他 ブレーキをかける // Tu dois freiner tes dépenses. (= diminuer) 君は出費をおさえるべきだ

EXERCICE 26

次の各設問の（1）〜（5）について，**A**，**B**がほぼ同じ意味になるように，（ ）内に入れるのにもっとも適切なものを，下の語群から1つずつ選び，必要な形にして解答欄に書いてください。ただし，同じものを複数回用いることはできません。

1 (1) **A** C'est une jeune fille convenable.

   B C'est une jeune fille comme il (   ).

(2) **A** Fumer n'est pas autorisé dans la salle de réunion.

   B Il (   ) de fumer dans la salle de réunion.

(3) **A** Il fait sûrement chaud l'été dans ce pays.

   B Il (   ) faire chaud l'été dans ce pays.

(4) **A** Il s'est fait livrer une caisse de vin à domicile.

   B Il (   ) une caisse de vin par correspondance.

(5) **A** Notre travail a été terminé à temps grâce à tes efforts.

   B Tes efforts nous (   ) de terminer notre travail à temps.

commander   devoir   falloir   interdire   permettre

(1)	(2)	(3)	(4)	(5)

2 (1) **A** Il faut plusieurs heures pour réaliser ce puzzle.

   B La réalisation de ce puzzle (   ) plusieurs heures.

(2) **A** Il faut que je reste à la maison jusqu'à six heures.

   B Je (   ) de rester à la maison jusqu'à six heures.

(3) **A** Il ne faut pas dépenser trop d'électricité.

   B On doit (   ) la dépense d'électricité.

(4) **A** On ne peut pas dépasser 90 kilomètres à l'heure sur les routes.

   B La vitesse sur les routes (   ) à 90 kilomètres à l'heure.

(5) **A** Pierre m'a prêté 250 euros.

   B Je (   ) 250 euros à Pierre.

demander   devoir   freiner   limiter   obliger

(1)	(2)	(3)	(4)	(5)

27. 受諾, 約束, 育成

① 受 諾

accepter	他 受け入れる // accepter de+不定詞 [que+接続法] (= consentir à, ↔refuser) : Nous n'*acceptons* pas *que* les ouvriers soient licenciés. 私たちは労働者の解雇を認めない
admettre	他 認める, 許す // Les chiens ne sont pas admis dans le restaurant. (= permettre) 犬をレストランに連れて入ることはできない
recevoir	他 受けとる, 迎える, 合格させる // Il a été reçu à son examen. (= réussir) 彼は試験に合格した
engager	他 雇う // engager qn à qc [不定詞] (人)に…を勧める : Je l'*ai engagé à* continuer ses études. (= pousser) 私は彼に学業を続けるようにうながした / engager qn/qc dans qc …を～にまきこむ : Ils m'*ont engagé dans* cette affaire. (= mêler) 彼らは私をこの事件にまきこんだ
s'engager	代動 乗り入れる : 約束する // Je me suis engagée dans un sens interdit. (= entrer) 私は一方通行の道に入ってしまった / s'engager à qc [不定詞] …を約束する : Il *s'est engagé à* m'aider. (= promettre) 彼は私に手を貸すと約束した
refuser	他 拒否する // refuser une proposition (= repousser, ↔accepter) 申し出を断る / Elle refuse toujours de reconnaître ses torts. (↔consentir à) 彼女はいつも自分の非を認めようとしない
se refuser	代動 自分に禁じる // Tu ne te refuses rien ! 君は好きなことにはいくらでもお金をつかう!

② 約 束

réserver	他 予約する, とっておく // réserver une chambre dans un hôtel [une place dans un avion, une table au restaurant] (= retenir) ホテルに部屋を[飛行機の座席を, レストランにテーブルを]予約する
retenir	他 ひきとめる, 記憶にとどめる, 予約する // Le rhume m'a retenu deux jours au lit. (= faire rester) 風邪で私は2日間寝ていた / Je retiens bien ce que vous m'avez dit. (= garder dans sa mémoire) 私はあなたが言ったことをよく覚えている / Tu as déjà retenu une chambre à l'hôtel ? (= louer) もうホテルに部屋はとったの?
promettre	他 約束する // Il a promis à ses enfants de les emmener à Disneyland Paris. (= s'engager à, ne pas manquer de) 彼は子どもたちにディズニーランド・パリへ連れていくと約束した
se promettre	代動 (de+不定詞 …する) 決心をする // Je me suis promis de ne plus jamais revenir ici. (= faire le projet de) 私は2度とここへは戻らないと決めた
annuler	他 (予約, 注文などを)とりけす // Le match a été annulé à cause de la pluie. (= supprimer) 試合は雨のために中止された

③ 育 成

élever	他 上げる : 育てる // être bien [mal] élevé(e) 育ちのよい [悪い]
s'élever	代動 上がる, 達する, そびえる // La température s'est élevée de deux degrés. (=augmenter, ↔baisser) 気温が2度上がった / La facture s'élève à cinq cents euros. (= atteindre) 請求額は500ユーロに達する
nourrir	他 養う, 育てる // Il a cinq bouches à nourrir. (= entretenir) 彼には扶養家族が5人いる

| grossir | 直 太る // Il a grossi de deux kilos. (= prendre du poids) 彼は2キロ太った |
| maigrir | 直 やせる // Il a maigri de deux kilos. (= perdre du poids) 彼は2キロやせた |

EXERCICE 27

次の各設問の（1）〜（5）について，**A**，**B**がほぼ同じ意味になるように，（　）内に入れるのにもっとも適切なものを，下の語群から1つずつ選び，必要な形にして解答欄に書いてください。ただし，同じものを複数回用いることはできません。

1 (1) **A** Cette année il a réussi à son concours.

B Cette année il (　　　) à son concours.

(2) **A** Elle coûte cher cette robe, vraiment tu achètes tout ce que tu veux !

B Elle coûte cher cette robe, vraiment tu ne (　　　) rien !

(3) **A** J'ai été empêché de sortir de chez moi pendant plus d'une heure à cause de l'orage.

B L'orage m' (　　　) plus d'une heure à la maison.

(4) **A** Monique a promis de m'aider.

B Monique (　　　) à m'aider.

(5) **A** Seuls les handicapés peuvent prendre ces places.

B Ces places (　　　) aux handicapés.

| recevoir | réserver | retenir | s'engager | se refuser |

(1)	(2)	(3)	(4)	(5)

2 (1) **A** En raison du mauvais temps, on a supprimé le vol 35 pour New York.

B En raison du mauvais temps, le vol 35 pour New York (　　　).

(2) **A** Il faut entretenir trois personnes dans cette famille.

B Dans cette famille, il y a trois bouches à (　　　).

(3) **A** Il m'a demandé de lui réserver une chambre dans cet hôtel.

B À sa demande, je lui (　　　) une chambre dans cet hôtel.

(4) **A** Je ne manquerai pas de t'emmener au cirque dimanche prochain.

B Je t'emmènerai au cirque dimanche prochain, je te le (　　　).

(5) **A** Ses amis sont venus le féliciter pour son anniversaire.

B Il (　　　) ses amis pour son anniversaire.

| annuler | nourrir | promettre | recevoir | retenir |

(1)	(2)	(3)	(4)	(5)

28. 妨害，奉仕

① 妨害

embarrasser	他 当惑させる，じゃまになる // Ta question m'a embarrassé. (= gêner, troubler) 私は君の質問に当惑した / Cette valise embarrasse le couloir. (= encombrer) このスーツケースが廊下をふさいでいる
empêcher	他 妨げる // empêcher qn/qc de+不定詞 …が~するのを妨げる：Son rhume l'*a empêchée de* venir à la fête. (= interdire) 風邪のため彼女はパーティーに来られなかった [非人称構文で] Il n'empêche [N'empêche] que+直説法, Cela n'empêche pas que+直説法 [接続法] それでもやはり…である：Il n'est pas très studieux ; *n'empêche qu*'il est premier en classe. (= malgré cela) 彼はあまり勤勉ではないが，それでもクラスで1番だ
déranger	他 散らかす：じゃまする // Excusez-moi de vous déranger. おじゃまして申しわけありません
se déranger	代動 席を立つ // Ne vous dérangez pas pour moi. どうぞそのままで私にはおかまいなく
éviter	他 避ける // éviter de+不定詞 [que+接続法] …しないようにする：*Evitez de* me déranger quand je suis au travail. (= s'abstenir de) 仕事中は邪魔をしないでください / éviter à qn qc [de+不定詞] (人)に…を免れさせる：Je l'ai rencontré dans la rue : cela *m'a évité de* lui téléphoner. (= épargner) 私は通りで彼に会った，それで彼に電話する手間がはぶけた
gêner	他 じゃまをする // Ces chaussures me gênent un peu. (= serrer) この靴はちょっと窮屈だ
se gêner	代動 遠慮する // Ne vous gênez pas, faites comme chez vous. 遠慮しないでください，どうぞお楽に

② 奉仕

aider	他 手伝う // Aide-moi à porter mes bagages à l'aéroport. 荷物を空港まで運ぶのを手伝って 間他 (à …に) 役立つ // Ces documents aident à la compréhension du texte. (= contribuer à) これらの資料はテクストを理解するのに役立つ
consacrer	他 (à …に) 捧げる // J'ai consacré tout l'après-midi à cette traduction.(= vouer à) 私はこの翻訳に午後いっぱいかけた
servir	他 仕える，給仕する // Sers-moi un peu de café, s'il te plaît. (= donner) もう少しコーヒーをついで 間他 (à …に) 役立つ // Votre dictionnaire m'a servi à traduire ce texte en danois. (= être utile) あなたの辞書はこのテクストをデンマーク語に訳すのに役立ちました / servir à qn de+無冠詞名詞 (人)に…として役立つ：Je lui *ai servi d*'interprète. (= faire fonction de) 私は彼(女)のために通訳を務めた
se servir	代動 (de …を) 使う：自分でとる // Il se sert de sa voiture pour aller à son bureau. (= utiliser) 彼は出勤に車を使っている / Servez-vous de cette tarte. (= prendre) このタルトをおとりください

EXERCICE 28

次の各設問の（1）〜（5）について，**A**，**B**がほぼ同じ意味になるように，（　）内に入れるのにもっとも適切なものを，下の語群から1つずつ選び，必要な形にして解答欄に書いてください。ただし，同じものを複数回用いることはできません。

1 (1)　**A**　Ce travail nous a demandé trop de temps, passons à autre chose.

　　　　B　Nous (　　　) trop de temps à ce travail, passons à autre chose.

(2)　**A**　J'utiliserai ce divan comme lit.

　　　B　Ce divan me (　　　) de lit.

(3)　**A**　Mon père n'aime pas qu'on l'embête quand il lit.

　　　B　Mon père tient à lire sans (　　　).

(4)　**A**　Si vous voyagez en voiture, vous n'aurez pas besoin de beaucoup dépenser.

　　　B　Voyagez en voiture, cela vous (　　　) de trop gros frais.

(5)　**A**　Tu as tort malgré tout.

　　　B　Cela n'(　　　) pas que tu aies tort.

| | consacrer | déranger | empêcher | éviter | servir |

(1)	(2)	(3)	(4)	(5)

2 (1)　**A**　Connaissant bien l'italien, il n'a pas eu de difficultés lors d'un voyage en Italie.

　　　B　Sa bonne connaissance de l'italien l'(　　　) dans son voyage en Italie.

(2)　**A**　J'ai été gêné par votre question.

　　　B　Votre question m'(　　　).

(3)　**A**　J'aimerais que vous vous mettiez à l'aise.

　　　B　Ne (　　　) pas. Faites comme chez vous.

(4)　**A**　Mon retard est dû à l'embouteillage.

　　　B　L'embouteillage m'(　　　) d'arriver à l'heure.

(5)　**A**　Vous pouvez utiliser une calculette pour faire vos comptes.

　　　B　(　　　) d'une calculette pour faire vos comptes.

| | aider | embarrasser | empêcher | se gêner | se servir |

(1)	(2)	(3)	(4)	(5)

3 動詞に関する問題

29. 争い

combattre	他 戦う // combattre un ennemi (= se battre contre) 敵と戦う 間他 戦う // combattre contre la maladie [pour la liberté] (= lutter) 病と[自由のために]闘う
menacer	他 おどす // Ils menaçaient le caissier avec un revolver. 彼らはレジ係を拳銃でおどしていた
lutter	間他 (contre …に対して, pour …のために) 戦う // lutter contre le sida エイズと闘う
opposer	他 (à …と) 対立させる, 対戦させる // Ce match oppose l'équipe de France à celle d'Espagne. その試合でフランスチームはスペインチームと対戦する。
résister	間他 (à …に) 抵抗する, 耐える // Ce pot en verre résiste bien au feu. (= supporter) このガラスポットは耐火性だ
réconcilier	他 和解させる // Son roman m'a réconcilié avec la littérature moderne. 彼(女)の小説で私は現代文学に対する認識を新たにした 代動 和解する // Il s'est réconcilié avec sa femme. (= se remettre) 彼は奥さんと仲直りした
disputer	他 …を得ようとして争う // Il dispute ce poste à ses rivaux. (= lutter pour obtenir) 彼はそのポストをライバルたちと争っている
rivaliser	自 (de qc avec qn 人と…を) 競う // Tu rivalises d'intelligence avec lui. (= faire assaut de) 君は彼と同じくらい頭がいい
envahir	他 侵略する // Les produits étrangers envahissent le marché français. (= occuper) 外国製品がフランス市場にあふれている
battre	他 打つ, 打ち負かす // Notre équipe de football a été battue par 2 à 0. (= vaincre) わがサッカーチームは2対0で負けた
rompre	他 折る, 破る, 断つ // rompre le silence (= troubler) 沈黙を破る / être rompu(e) à qc …に熟練している : Il *est rompu aux* longues marches en montagne. (= très habitué à) 彼は山道の長距離歩行には慣れている / être rompu(e) de qc …でへとへとだ : Il *est rompu de* travail. (= extrêmement fatigué) 彼は仕事で疲れきっている 間他 (avec …と) 関係を断つ // Elle a rompu avec son petit ami. (= quitter) 彼女は恋人と別れた
vaincre	他 うち負かす // L'équipe française a vaincu l'Espagne. (= battre) フランスチームはスペインを破った / Il faut vaincre ta paresse pour réussir ton examen. (= dominer) 試験に合格するには怠け心を克服しなければならない
maîtriser	他 屈服させる // maîtriser un incendie (= éteindre) 火事を消す
obéir	間他 (à …に) 従う // Il faut obéir au code de la route. (= suivre) 交通法規は守らなければならない / se faire obéir de qn (人)を服従させる : Je n'arrive pas à *me faire obéir de* mes enfants. 子どもたちがなかなか言うことを聞いてくれない
céder	他 (à …に) 譲る // céder la place à qn (= donner) (人)に席を譲る 間他 (à …に) 屈服する // Il a fini par céder à sa fille. (= obéir) 彼はとうとう娘の言いなりになった / Les branches du poirier ont cédé sous le poids des fruits. (= se rompre, ↔résister) 果実の重みで梨の木の枝が折れた
protéger	他 保護する // protéger A contre [de] B BからAを守る : La forêt *protège* les animaux *contre* le froid. (= mettre à l'abri, assurer la protection de) 森は動物たちを寒さから守ってくれる

ménager	他 いたわる：節約する // Au karaté, il ne ménage pas ses adversaires. (= épargner) 空手で彼は対戦相手に手ごころをくわえない / ménager son temps (= épargner, ↔perdre) 時間を節約する

EXERCICE 29

次の各設問の（1）〜（5）について，**A**，**B**がほぼ同じ意味になるように，（ ）内に入れるのにもっとも適切なものを，下の語群から1つずつ選び，必要な形にして解答欄に書いてください。ただし，同じものを複数回用いることはできません。

1 (1) A Ces enfants n'écoutent pas toujours leur mère.

B Ces enfants n'(   ) pas toujours à leur mère.

(2) A Elle n'avait pas sa pareille pour réussir les gâteaux.

B Personne ne (   ) avec elle pour réussir les gâteaux.

(3) A Il n'a pas résisté longtemps à la tentation de la voir.

B Il (   ) rapidement à la tentation de la voir.

(4) A Les pompiers ont essayé de maîtriser l'incendie.

B Les pompiers (   ) contre l'incendie.

(5) A Notre équipe l'a emporté sur l'équipe anglaise.

B Notre équipe (   ) l'équipe anglaise.

battre　　céder　　lutter　　obéir　　rivaliser

(1)	(2)	(3)	(4)	(5)

2 (1) A Cette sécheresse ne permet pas de dépenser l'eau.

B Par cette sécheresse, il faut (   ) l'eau.

(2) A Je souhaite que l'énergie renouvelable remplace l'énergie nucléaire.

B Je souhaite que l'énergie nucléaire (   ) la place à l'énergie renouvelable.

(3) A La France et l'Allemagne disputeront la finale du championnat.

B La finale du championnat (   ) la France à l'Allemagne.

(4) A La maison serait détruite par un tremblement de terre.

B La maison ne (   ) pas à un tremblement de terre.

(5) A Mets ton imperméable. Sinon tu vas te faire mouiller par la pluie.

B Mets ton imperméable. Il te (   ) de la pluie.

céder　　ménager　　opposer　　résister　　protéger

(1)	(2)	(3)	(4)	(5)

3
動詞に関する問題

173

30. 感情，信疑

① 感 情

souffrir
間他 (de …で) 苦しむ // Je souffre des dents. (= avoir mal à) 歯が痛い / Les légumes ont souffert de la sécheresse. (= subir un dommage) 野菜は干ばつにやられた

他 耐える // Ma fille ne peut pas souffrir les carottes. (= détester) 私の娘はニンジンが大嫌いだ

réjouir
他 喜ばせる // Cette nouvelle nous a réjouis. (= satisfaire) そのニュースが私たちにはうれしかった

se réjouir
代動 喜ぶ // se réjouir de qc [不定詞] …を喜ぶ : Nous *nous réjouissons de votre succès.* (= se féliciter) ご成功おめでとうございます

plaindre
他 気の毒に思う // plaindre les sinistrés 被災者たちに同情する

se plaindre
代動 (de …について) 不平を言う // De quoi te plains-tu ? なにが不満なの？

redouter
他 恐れる // Il redoute la réaction de l'opinion publique. (= craindre) 彼は世論の反応を恐れている / redouter de+[不定詞] [que+[接続法]] …ではないかと恐れる : Il *redoute d'*être renvoyé. (= avoir peur de) 彼は首になるのではないかと心配している

préoccuper
他 心配させる // Le concours d'entrée le préoccupe beaucoup. (= inquiéter) 入試のことで彼の頭はいっぱいだ

se préoccuper
代動 (de …のことを) 心配する // Ne te préoccupe pas de cela ! (= se soucier de) そんなことは心配するな！

se soucier
代動 (de …を) 気にかける // Il se soucie peu de ce que l'on pense de lui.(= s'inquiéter) 彼は人がどう思おうとほとんど気にしない

inquiéter
他 心配させる // Tu m'inquiètes avec ta mauvaise mine. (= donner du souci) 君の顔色の悪いのが心配だ

s'inquiéter
代動 (de …を)心配する // Il n'y a pas de quoi s'inquiéter. (= se soucier) なにも心配することはない

étonner
他 驚かす // Ça m'étonnerait qu'ils aient divorcé. (= surprendre) 彼らが離婚したなんて，まさか / Ça ne m'étonne pas. そうだろうと思った

surprendre
他 不意を襲う，驚かす // La pluie m'a surpris sur le chemin du retour. (= prendre par surprise) 私は帰り道で雨に降られた / Ils seront surpris d'apprendre cette nouvelle. (= étonner) そのニュースを聞いたら彼らは驚くだろう

énerver
他 いらだたせる // Ça m'énerve d'attendre. 待たされるといらいらする

calmer
他 落ちつかせる，鎮める // Cette musique te calmera. この音楽は君の気持ちを落ちつかせてくれるでしょう

② 信 疑

douter
間他 (de …を) 疑う // Il vient peut-être, mais j'en doute. (↔être sûr de) たぶん彼は来る，でも自信がない

他 …を疑う // Je doute qu'il puisse réparer ma voiture. (↔croire) 彼に私の車を修理できるなんて信じられない

se douter
代動 (de …を) 予想する // Je m'en doutais. 思っていた通りだ

se méfier
代動 (de …を) 信用しない，用心する // Méfiez-vous. 気をつけてください

croire
他 信じる，思う // Je crois arriver vers quatorze heures. (= penser) 私は14時ごろ着くと思います / croire qn/qc +[属詞] …を〜と思う : Je le crois plus âgé que moi. 彼は私より年上だと思う

soupçonner	他 嫌疑をかける // Il te soupçonne d'avoir cassé une vitre. (= suspecter) 彼は君が窓ガラスを割ったのではないかと疑っている
tromper	他 だます // tromper son mari [sa femme] (= trahir) 夫[妻]を裏切る
se tromper	代動 まちがえる // Il s'est trompé en rendant la monnaie. (= commettre une erreur) 彼は釣り銭をまちがえた / se tromper de+無冠詞名詞 …をまちがえる： Tu *te trompes d'*heure. 君は時間をまちがえてるよ
trahir	他 裏切る，暴露する // trahir son ami (= tromper) 友だちを裏切る / trahir un secret (←→garder) 秘密をもらす / Sa voix trahissait son émotion. (= montrer) 彼(女)の声には動揺の色が表われていた

EXERCICE 30

次の各設問の（1）〜（5）について，**A**，**B**がほぼ同じ意味になるように，（　）内に入れるのにもっとも適切なものを，下の語群から1つずつ選び，必要な形にして解答欄に書いてください。ただし，同じものを複数回用いることはできません。

1 (1) **A** Il a raté son examen ? Je m'en doutais.

    B Il a raté son examen ? Ça ne m' (　　　) pas.

(2) **A** Il était si touché qu'il ne pouvait pas contenir ses larmes.

    B Ses larmes (　　　) son émotion.

(3) **A** Je crois que vous faites une erreur de cent euros dans le compte.

    B Je crois que vous (　　　) de cent euros dans le compte.

(4) **A** Je m'inquiète de l'avenir de mes enfants.

    B L'avenir de mes enfants me (　　　).

(5) **A** Nous ne nous attendions pas à l'orage pendant notre promenade à la campagne.

    B L'orage nous (　　　) pendant notre promenade à la campagne.

étonner　　préoccuper　　se tromper　　surprendre　　trahir

(1)	(2)	(3)	(4)	(5)

2 (1) **A** Faites attention, il y a des gens infidèles !

    B (　　　), tout le monde n'est pas fidèle !

(2) **A** Il est mécontent de son poste actuel.

    B Il (　　　) toujours de son poste actuel.

(3) **A** Je suis heureux que vous ayez réussi au bac.

    B Je (　　　) de votre réussite au bac.

(4) **A** Sa santé m'inquiète.

    B Sa santé me (　　　) du souci.

(5) **A** Tu arrives toujours en retard. J'en ai assez d'attendre.

    B Tu arrives toujours en retard. Ça m'(　　　) d'attendre.

donner　　énerver　　se méfier　　se plaindre　　se réjouir

(1)	(2)	(3)	(4)	(5)

31. 取引，価値

① 取　引

vendre
他 売る // vendre *qc* (à)+価格 …をいくらで売る : Il *a vendu* son ancienne voiture mille euros. (= céder pour de l'argent) 彼は古い車を1000ユーロで売った / maison à vendre 売り家

exporter
他 輸出する // La France exporte du vin au Japon. (↔importer) フランスは日本へワインを輸出している

importer
他 輸入する // Le Japon importe du vin de France. (↔exporter) 日本はワインをフランスから輸入している

gagner
他 稼ぐ // gagner sa vie 生計をたてる / gagner un match (= remporter) 試合に勝つ / gagner du temps (↔perdre) 時間を節約する ［稼ぐ］

consommer
他 消費する // consommer de l'électricité 電力を消費する

payer
他 支払う // Combien as-tu payé ce tableau ? (= acheter) 君はこの絵にいくら出したの？ / payer *qn* de *qc* (人)の…に報いる : Jean *a été* mal *payé de* ses efforts. ジャンの努力は報われなかった / payer cher *qc* …に高い金［大きな犠牲］を払う : Il *a payé cher* son succès. 彼は成功するのに大きな犠牲を払った

liquider
他 清算する : バーゲンをする // Le magasin va liquider tout son stock. その店ではもうすぐ在庫一掃セールがある

économiser
他 節約する // Il économise une petite somme chaque mois pour les vacances. (= épargner, ↔dépenser) 彼はヴァカンスに備えて毎月少しずつ貯金している

parier
他 賭ける // parier que+ 直説法 きっと…だと思う : Je *parie qu*'il a raté son train. (= être sûr) 彼はきっと列車に乗り遅れたのだろう

calculer
他 計算する，予測する // Il a calculé ses chances de réussite à l'examen. (= évaluer) 彼は試験に合格する可能性をはかってみた

compter
他 数える // Ce village compte trois cents habitants. (= avoir) この村には300人の住民がいる / compter+ 不定詞 …するつもりだ : Il *compte* revenir par Avignon. (= avoir l'intention de, penser) 彼はアヴィニョンを通って帰るつもりだ
間他 (sur …を) 当てにする // On ne peut jamais compter sur lui. (= avoir confiance en *qn*) 彼はまったく当てにならない

② 価　値

valoir
自 価値がある // Il vaut mieux [Mieux vaut]+ 不定詞 [que+ 接続法] …するほうがよい : Il *vaut mieux que* vous ne lui en parliez pas. (= Il est préférable de [que]) あなたは彼(女)にそのことを話さないほうがよい / ne rien valoir (pour *qc/qn*) (…に)有害である，役にたたない : Cette sécheresse *ne vaut rien pour* l'asthme. (↔avoir une certaine utilité) この乾燥状態は喘息によくない / valoir la peine [le coup] de+ 不定詞 [que+ 接続法] …するに値する : Va voir l'exposition de Picasso, ça *en vaut la peine*. (= mériter) ピカソ展を見に行ってごらん．そうするだけの価値はあるよ

mériter
他 …に値する // Cette église mérite le détour. (= valoir) その教会は回り道をして寄ってみるだけのことはある

importer
自 (à …にとって) 重要である // Votre opinion m'importe beaucoup. (= intéresser) あなたの意見は私にはとても重要です

EXERCICE 31

次の各設問の（1）〜（5）について，**A**，**B**がほぼ同じ意味になるように，（　）内に入れるのにもっとも適切なものを，下の語群から１つずつ選び，必要な形にして解答欄に書いてください。ただし，同じものを複数回用いることはできません。

1 (1) **A** Ce château mérite le détour.

B Ce château (　　　) la peine de faire un détour pour le voir.

(2) **A** Il a réussi grâce à ses efforts.

B Le succès l'(　　　) de tous ses efforts.

(3) **A** Il ne s'inquiète pas de son état de santé.

B Son état de santé lui (　　　) peu.

(4) **A** Il y a environ cent mille habitants dans cette ville.

B Cette ville (　　　) environ cent mille habitants.

(5) **A** Je suis sûr que tu as oublié d'acheter du sucre.

B Je (　　　) que tu as oublié d'acheter du sucre.

compter	importer	parier	payer	valoir

(1)	(2)	(3)	(4)	(5)

2 (1) **A** J'ai l'intention de partir dans la matinée.

B Je (　　　) partir dans la matinée.

(2) **A** Le magasin se débarrasse de tout son stock avant l'inventaire.

B Le magasin (　　　) tout son stock avant l'inventaire.

(3) **A** On peut vraiment recommander ce musée.

B Ce musée (　　　) d'être recommandé.

(4) **A** On pourra arriver avec un quart d'heure d'avance en prenant le métro au lieu du taxi.

B On (　　　) un quart d'heure si on prend le métro au lieu du taxi.

(5) **A** L'électricité est nécessaire pour faire fonctionner la cuisinière.

B La cuisinière (　　　) de l'électricité.

compter	consommer	gagner	liquider	mériter

(1)	(2)	(3)	(4)	(5)

まとめの問題

次の各設問の（1）～（5）について，**A**，**B**がほぼ同じ意味になるように，（ ）内に入れるのにもっとも適切なものを，下の語群から1つずつ選び，必要な形にして解答欄に書いてください。ただし，同じものを複数回用いることはできません。（配点　10）

1 (1)　**A**　Ça nous prendra une heure pour aller au stade.
　　　B　Nous (　　　) une heure pour aller au stade.

(2)　**A**　Certains pensent qu'il a volé la voiture.
　　　B　Certains le (　　　) d'avoir volé la voiture.

(3)　**A**　Cette édition originale lui était précieuse.
　　　B　Il (　　　) beaucoup à cette édition originale.

(4)　**A**　Le climat a eu un bon effet sur ce malade.
　　　B　Le climat (　　　) à ce malade.

(5)　**A**　Un jour j'ai trouvé par hasard cette boutique de livres d'occasion.
　　　B　Un jour je (　　　) sur cette boutique de livres d'occasion.

baisser	mettre	offrir	rendre
réussir	soupçonner	tenir	tomber

(1)	(2)	(3)	(4)	(5)

2 (1)　**A**　Cet outil, c'est pour quoi faire ?
　　　B　À quoi (　　　) cet outil ?

(2)　**A**　Demain, on aura un film de Luc Besson à la télévision.
　　　B　Demain, la télévision (　　　) un film de Luc Besson.

(3)　**A**　Hélène est trop grosse. Elle doit perdre un peu de poids.
　　　B　Hélène est trop grosse. Il faut qu'elle (　　　) un peu.

(4)　**A**　Mon père a 66 ans. Il ne travaille plus depuis l'année dernière.
　　　B　Mon père a 66 ans. Il (　　　) sa retraite l'année dernière.

(5)　**A**　Si on l'entendait parler, on se douterait qu'il est fou.
　　　B　À l'entendre parler, on le (　　　) fou.

croire	maigrir	manquer	parler
passer	prendre	servir	tomber

(1)	(2)	(3)	(4)	(5)

3 (1) **A** Ce dictionnaire m'était très utile quand j'étais au collège.

   B Ce dictionnaire me (　　　) de grands services quand j'étais au collège.

(2) **A** Elle a connu le désespoir à la mort de son fils.

   B Elle (　　　) dans le désespoir à la mort de son fils.

(3) **A** J'ai oublié son prénom.

   B Son prénom m'(　　　).

(4) **A** Les enfants ont tendance à faire comme leurs parents.

   B Les enfants ont tendance à (　　　) l'exemple de leurs parents.

(5) **A** Si quelqu'un vient, téléphonez-moi.

   B Dans le cas où quelqu'un (　　　), téléphonez-moi.

échapper	partager	rendre	se dépêcher
se présenter	suivre	tomber	vider

(1)	(2)	(3)	(4)	(5)

4 (1) **A** Bruno a été licencié il y a deux mois.

   B On (　　　) Bruno à la porte il y a deux mois.

(2) **A** Il continue de travailler depuis ce matin.

   B Il n'(　　　) pas de travailler depuis ce matin.

(3) **A** Il restait fidèle à sa parole.

   B Il (　　　) toujours sa promesse.

(4) **A** Ne parlez pas de cette horrible affaire.

   B Je ne veux pas (　　　) parler de cette horrible affaire.

(5) **A** Si j'ai la possibilité de partir en vacances en famille, j'en profiterais.

   B Si j'ai la possibilité de partir en vacances en famille, je n'en (　　　) pas l'occasion.

arrêter	entendre	manquer	mettre
passer	tenir	trouver	varier

(1)	(2)	(3)	(4)	(5)

5 (1) A Allez le long de la rivière jusqu'au pont.

B Vous ( ) la rivière jusqu'au pont.

(2) A Des personnes haut placées ont essayé de tenir secret ce scandale.

B On a cherché en haut lieu à ( ) ce scandale.

(3) A Je ne m'attendais pas à recevoir votre lettre d'invitation.

B La réception de votre lettre d'invitation m'( ).

(4) A Je préfère qu'il reçoive ce dossier avant midi.

B Il est souhaitable que ce dossier lui ( ) avant midi.

(5) A Roger n'est pas peut-être à l'aise dans ce costume.

B Il semble que ce costume ( ) Roger.

apprendre	étonner	étouffer	gagner
gêner	parvenir	promettre	suivre

(1)	(2)	(3)	(4)	(5)

6 (1) A Ce mot français tire son origine de l'anglais.

B Le français ( ) ce mot à l'anglais.

(2) A Ce n'est pas la peine de me ramener en voiture, je prendrai un taxi.

B Ne ( ) pas pour moi, je prendrai un taxi.

(3) A Elle a pu prendre la mauvaise route.

B Il se peut qu'elle ( ) de route.

(4) A Je m'inquiète à l'approche de l'examen.

B L'inquiétude m'( ) à l'approche de l'examen.

(5) A Son métier lui rapportait beaucoup d'argent.

B Il ( ) très bien sa vie.

consister	emprunter	envahir	gagner
obtenir	réaliser	se déranger	se tromper

(1)	(2)	(3)	(4)	(5)

4

長文完成

新聞の報道記事，説明文，談話文などを読み，5つの空欄に入る適切な語，語句，文をそれぞれ3つの選択肢から選ぶ問題です。配点は10点です。

出題例（2016年秋季 4）

4 次の文章を読み，(1) ～ (5) に入れるのにもっとも適切なものを，それぞれ右のページの ① ～ ③ のなかから1つずつ選び，解答欄のその番号にマークしてください。（配点 10）

　Vous ne le savez peut-être pas, mais du début juillet à la fin août, une trentaine de fuites d'eau ont été signalées à Rouen. Ces incidents sont presque toujours la conséquence d'un manque d'attention et laissent à vos voisins (1) un souvenir inoubliable de vos vacances.

　Les causes de ces événements fâcheux sont en général à chercher dans la précipitation des (2) vacances. « La plupart du temps, les fuites se produisent chez les gens qui partent rapidement et qui (3). Certaines personnes ne vérifient rien avant de quitter leur appartement. Parfois des gens pressés oublient même de tourner le bouton de gaz de la cuisinière », observe un pompier.

　Petits oublis, mais parfois grosses conséquences. Pour ne pas rendre la situation trop grave, les pompiers essaient (4) lorsqu'ils arrivent avec l'aspirateur à eau. « Au lieu de casser la porte, a déclaré le pompier, on passe d'habitude par le balcon pour entrer par une fenêtre. Et nous utilisons une échelle seulement quand nous n'avons pas d'autres solutions. »

　Même avec des pompiers attentifs, une petite fuite d'eau peut détruire le plaisir de vos vacances. Alors, si vous (5) quelque chose, faites une liste de tous les points sensibles de l'appartement. Et prenez le temps de la lire et de tout vérifier avant de refermer la porte.

(1) ① d'à côté
　　② du dessous
　　③ du dessus

(2) ① départs en
　　② pompiers en
　　③ retours de

(3) ① emportent tout avec eux
　　② laissent tout en désordre
　　③ prennent soin de tout regarder

(4) ① d'enfoncer la porte
　　② de se faire les plus discrets possibles
　　③ d'éviter l'incendie

(5) ① avez peur d'oublier
　　② ne craignez pas d'oublier
　　③ tenez absolument à oublier

EXERCICE 1

次の文章を読み，（1）～（5）に入れるのに最も適切なものを，それぞれ下の ① ～ ③ のなかから１つずつ選び，その番号を解答欄に記入してください。

L'association des Restos du Cœur distribue chaque hiver de la nourriture aux personnes en grande difficulté. Mais cette année, c'est la catastrophe. L'hiver (1) et pourtant les stocks des Restos sont déjà vides. Le nombre de demandeurs a explosé. Les Restos ont aidé tellement de gens qu'il ne reste plus rien. « En 28 ans de campagne, on n'a jamais connu ça », dit un bénévole*. Les Restos (2) dans quelques jours, le 17 mars, au moment où l'hiver s'achève.

Mais la pauvreté, elle, (3) les saisons. Elle continue, hiver comme été. Alors, pour pouvoir aider les gens les plus pauvres le reste de l'année, il faut (4) à nouveau les stocks. L'association a donc fait appel à la générosité** des Français. Le week-end dernier, elle a organisé une collecte*** dans 6 000 supermarchés de France. En faisant leurs courses, les clients (5) à donner des pâtes, du riz, des conserves…

La bonne nouvelle, c'est qu'ils ont beaucoup donné. La générosité ne connaît pas la crise, heureusement.

*bénévole：ボランティア
**générosité：気前のよさ
***collecte：寄付の募集

(1) ① est passé
   ② est très froid
   ③ n'est pas fini

(2) ① doivent fermer leurs portes
   ② ne sont pas très chers
   ③ peuvent ouvrir les portes

(3) ① attend
   ② ne connaît pas
   ③ varie selon

(4) ① remplir
   ② vendre
   ③ vider

(5) ① étaient invités
   ② n'étaient pas prêts
   ③ renonçaient

(1)	(2)	(3)	(4)	(5)

EXERCICE 2

次の文章を読み，（1）〜（5）に入れるのに最も適切なものを，それぞれ下の ① 〜 ③ の
なかから1つずつ選び，その番号を解答欄に記入してください。

Yvonne Lanoux, une comédienne âgée de 29 ans, monte une pièce de théâtre
dans laquelle une petite fille va jusqu'au bout du monde en tracteur. Et Yvonne
décide de tenter elle-même l'aventure, dans la réalité. Un tracteur, c'est très
lent ! L'utiliser comme moyen de transport, c'est donc un trait d'humour, mais
aussi une façon de dire que la lenteur et la patience sont de vraies qualités dans
un monde où （ 1 ）.

Depuis son petit village hollandais, Yvonne a roulé pendant presque quatre
ans dans un gros tracteur, jusqu'à la pointe de l'Afrique du sud. （ 2 ）, elle a
parcouru 38 000 kilomètres. Puis, découragée, elle est rentrée chez elle.

Cinq ans après, elle fait ses valises et reprend le voyage là où elle l'avait
interrompu. Après （ 3 ） tracteur, elle part en Antarctique*. En 17 jours, elle
réussit à franchir les 2500 derniers kilomètres jusqu'au Pôle Sud, aidée par
l'entreprise qui a fabriqué son tracteur.

« Je veux que chaque personne （ 4 ） la puissance de ses rêves. J'ai eu le rêve
absolument fou de conduire un tracteur jusqu'au pôle Sud. Vous devez juste y
croire ! »

Au pôle Sud, elle a fait un bonhomme de neige et a glissé dans son ventre,
（ 5 ） Time capsule**, les « rêves » des personnes qu'elle a rencontrées tout au
long de son grand voyage.

*Antarctique：南極大陸
**Time capsule：タイムカプセル

(1) ① le train est bondé
    ② on a beaucoup de patience
    ③ tout va très vite

(2) ① Après tout
    ② Au total
    ③ En général

(3) ① avoir récupéré son
    ② avoir vendu son
    ③ être montée en

(4) ① puisse abuser de
    ② puisse croire en
    ③ soit déçue de

(5) ① en cas de
    ② en prenant
    ③ sous forme de

(1)	(2)	(3)	(4)	(5)

EXERCICE 3

次の文章を読み，（１）～（５）に入れるのに最も適切なものを，それぞれ下の ① ～ ③ の
なかから１つずつ選び，その番号を解答欄に記入してください。

Les Français choisissent leur mobilier pour leur confort, tandis que les Italiens
sont très attentifs à l'image qu'ils donnent de lui. Les Anglais, si attachés aux
traditions par ailleurs, sont, chez eux, possédés par la fièvre du changement. Ils
(1) leur intérieur. Les Français sont nettement plus conservateurs. Jusqu'au
premier choc pétrolier, ils achetaient du mobilier très contemporain parce qu'ils
étaient optimistes. (2), ils veulent des meubles rassurants et de style ancien.

Une étude met en lumière nos manies et nos particularismes*. Nos canapés,
par exemple, en disent long. « Les Anglais sont bien assis, les deux fesses sur le
canapé, qu'ils aiment moelleux, explique Jean Bischoff, directeur commercial
d'Ikéa France. Les Allemands sont plus formels. Ils aiment que leur canapé
(3), comme un banc.» Alors que les «continentaux**» jettent leur canapé
une fois bien fatigué, plus du quart des Anglais en veulent un neuf au bout de
trois ans. Bref, le canapé est une clé qui permet de comprendre les Européens,
très divisés sur ce sujet. Chez nous, c'est la télévision qui a « créé » le canapé.
Avant, il (4). Autrefois, seuls les oisifs s'asseyaient. On travaillait debout et
ensuite, après le dîner, on allait se coucher. Plus profond, plus bas, plus doux, le
canapé (5) le petit écran.

*particulalisme：独自性
**continental：英国に対して大陸の人

(1)　①　sont indifférents à

　　　②　ne changent jamais

　　　③　renouvellent sans cesse

(2)　①　Depuis

　　　②　Heureusement

　　　③　Là-bas

(3)　①　fasse plaisir

　　　②　soit carré

　　　③　soit dur

(4)　①　était difficile

　　　②　existait à peine

　　　③　y avait partout

(5)　①　a grandi avec

　　　②　contrastait avec

　　　③　se basait sur

(1)	(2)	(3)	(4)	(5)

EXERCICE 4

次の文章を読み，（1）～（5）に入れるのに最も適切なものを，それぞれ下の ① ～ ③ の
なかから1つずつ選び，その番号を解答欄に記入してください。

Bruno nous a remontré comment il a sauvé son petit frère Jérôme.

On était jeudi soir, en début de soirée, lorsque Bruno Levaud était
tranquillement installé devant son ordinateur. Tout à coup, il a entendu sa
maman crier. Il a quitté en hâte sa chambre et son ordinateur et s'est dirigé vers
les cris de sa maman. Dans la pièce, il (1) que son petit frère, Jérôme, âgé de
trois ans, s'était étouffé avec un morceau de viande.

Tout de suite, Bruno (2) ce qu'il avait appris à l'école des cadets des
pompiers. Il a tenté une première fois de lui faire recracher le morceau de
viande. Il a essayé de reproduire la méthode de Heimlich* qui consiste à mettre
de la pression sur les voies respiratoires** pour faire ressortir ce qui est resté
coincé. (3).

Suite à l'échec de cette première tentative et dans l'urgence de la situation, la
mère et Bruno ont décidé de prévenir les secours. Bruno a couru chez les voisins
pour téléphoner aux pompiers et a eu son papa, pompier et de service à ce
moment-là. Sa mère a appelé son médecin pour (4).

Chez les voisins, Bruno a reçu les conseils de son papa. Son père lui a dit de
recommencer la méthode de Heimlich (5) les secours arrivent. Et la seconde
fois était la bonne pour Bruno qui a réussi à faire recracher le morceau de viande
à Jérôme, lui sauvant la vie par la même occasion.

*méthode de Heimlich：ハイムリッヒ法
**voies respiratoires：気管

(1) ① a consenti à ce
    ② a ignoré
    ③ s'est rendu compte

(2) ① a gardé
    ② a mis en pratique
    ③ a oublié

(3) ① Ça y est
    ② Et ça a bien marché
    ③ Mais cela n'a pas fonctionné

(4) ① prendre rendez-vous
    ② savoir où aller
    ③ savoir que faire

(5) ① en attendant que
    ② quand
    ③ puisque

(1)	(2)	(3)	(4)	(5)

EXERCICE 5

次の文章を読み，（ 1 ）〜（ 5 ）に入れるのに最も適切なものを，それぞれ下の ① 〜 ③ のなかから1つずつ選び，その番号を解答欄に記入してください。

Laura adore se faire peur, rêver de mondes fantastiques, voyager en pensée. Un jour, elle entre dans la librairie de Véronique. Laura (1). Tant de livres ! La libraire les a-t-elle tous lus ? Tous les titres existants sont-ils ici ? Véronique, la libraire, prend le temps de lui répondre : « Non, je ne peux pas tout lire, c'est impossible ! Mais je lis beaucoup, surtout à la maison, après ma journée de travail. »

Véronique ne pourrait pas mettre tous les livres existants dans son magasin. Elle doit (2) : « Des représentants* viennent ici pour me présenter les livres qui vont bientôt sortir. Parfois, ils ont des copies au brouillon, et je vois la couverture, les dessins, le style d'écriture. En général, je prends un ou deux exemplaires des livres qui me plaisent. Si c'est écrit par un auteur connu ou de grande qualité, je peux en prendre plus. »

Véronique reçoit des livres presque tous les jours. Elle les classe : pour les enfants, les adolescents**, les documentaires, le bricolage. Elle range aussi les romans (3) du nom de l'auteur. Et les prix ? « Ils sont imposés par les distributeurs ou les éditeurs. (4).» Laura trouve ce métier bien sympa. « Je suis vraiment passionnée, explique la libraire. On fait tous les jours des découvertes, il y a tout le temps des nouveaux livres. Et puis, c'est gai de savoir (5) livres qu'on a lus.»

*représentant：セールスマン　**adolescent：若者

(1) ① n'en est pas contente
② n'en revient pas
③ tombe bien

(2) ① en acheter la plupart
② en vendre quelques-uns
③ faire des choix

(3) ① tout le long
② par deux
③ par ordre alphabétique

(4) ① Ce ne sont pas eux qui achètent
② Ce n'est pas moi qui décide
③ C'est facile de décider

(5) ① ce que d'autres pensent des
② que d'autres viennent recueillir les
③ qu'on laisse les

(1)	(2)	(3)	(4)	(5)

EXERCICE 6

次の文章を読み，（1）〜（5）に入れるのに最も適切なものを，それぞれ下の ① 〜 ③ の なかから１つずつ選び，その番号を解答欄に記入してください。

Le temps libre permet de faire ce que l'on aime, ce qui n'est pas toujours possible dans le cadre de l'activité professionnelle. La pratique du sport s'inscrit dans cette démarche. L'objectif poursuivi n'est pas de réaliser des performances, mais de rester en forme, de mieux vivre et de (1). Le sport aide aussi à supporter le stress de la vie contemporaine, de trouver l'équilibre entre le physique et le mental. Le contact avec la nature est une autre dimension* croissante en matière de loisir. Les activités de plein air se développent (2) les contraintes** de la vie urbaine.

On constate aussi une volonté croissante de (3), à travers par exemple les activités de bricolage ou de jardinage ou les pratiques culturelles amateurs (musique, peinture, danse, théâtre...). Cette motivation a une dimension économique ; en se rendant des services à eux-mêmes, les ménages économisent de l'argent.

L'influence des loisirs n'est pas seulement individuelle. Le temps consacré à la famille et aux amis s'est accru (4). On observe depuis plusieurs années un accroissement du nombre d'associations caritatives***. Le loisir (5) avec l'oisiveté. Il n'est pas seulement un temps « égoïste ».

*dimension：側面　**contrainte：束縛　***associations caritatives：慈善団体

(1) ① mourir de vieillesse
② travailler pour vivre
③ vieillir moins vite

(2) ① en réaction contre
② pour augmenter
③ sans aucun rapport avec

(3) ① passer le temps à lire
② profiter du temps libre pour voyager
③ rendre le temps libre plus productif

(4) ① avec la réduction du temps de travail
② avec les heures supplémentaires
③ avec un emploi temporaire

(5) ① s'accorde donc de plus en plus
② se confond donc de moins en moins
③ s'entend donc mieux

(1)	(2)	(3)	(4)	(5)

EXERCICE 7

次の文章を読み，（1）～（5）に入れるのに最も適切なものを，それぞれ下の ① ～ ③ のなかから1つずつ選び，その番号を解答欄に記入してください。

Une enquête révèle que, pour beaucoup d'enfants et de parents, les devoirs à la maison (1).

Parents qui crient, enfants qui pleurent, cahiers qui volent. Dans beaucoup de familles, le temps des devoirs tourne au « cauchemar*» ? Une enquête montre que, pour 6 parents sur 10, ce moment est (2). Il est même vécu comme une punition** collective, que l'on voit revenir chaque soir avec crainte.

Pourquoi tant de tensions ? Parce que les parents ont souvent du mal à garder leur calme lorsque leurs enfants rencontrent une difficulté (3). « Les parents qui travaillent courent après le temps et ont envie que les devoirs se fassent le plus efficacement possible », explique une psychologue.

Oui mais, les enfants n'ont pas forcément la tête à travailler, une fois (4) ! Ils ont envie de se détendre. Du coup, à cause de la fatigue ou par manque de concentration, ils mettent beaucoup de temps à finir une opération, ils sont lents... Pour la psychologue, c'est comme s'ils voulaient « faire durer les choses » pour « (5) ». Mais pas de panique : des solutions existent pour que les devoirs du soir riment avec « espoir » !

*cauchemar：悪夢
**punition：罰

(1)　① évitent des soucis aux parents　　(2)　① agréable à passer
　　　② provoquent des disputes　　　　　　　② difficile à passer
　　　③ rendent la famille heureuse　　　　　　③ facile à dire

(3)　① en étant plongé dans leurs lectures　(4)　① rentrés de l'école
　　　② en regardant les jeux télévisés　　　　② partis en voyage
　　　③ en faisant leurs devoirs　　　　　　　③ sortis de chez eux

(5)　① faire plaisir à leurs parents
　　　② éviter leurs parents
　　　③ retenir les parents auprès d'eux

(1)	(2)	(3)	(4)	(5)

EXERCICE 8

次の文章を読み，（１）～（５）に入れるのに最も適切なものを，それぞれ下の ① ～ ③ の なかから１つずつ選び，その番号を解答欄に記入してください。

Cahiers, classeurs, stylos et autres fournitures scolaires* sont une des préoccupations de la rentrée. Parents et élèves doivent suivre la liste des établissements scolaires. Ce travail pénible est souvent coûteux à la fin des vacances. À Villeveyrac, la municipalité a décidé (1) familles. Fini l'obligation des courses de rentrée ! Toutes les fournitures scolaires sont distribuées aux collégiens, de manière gratuite, et en adéquation** avec les besoins de leur établissement.

Quand on sait que ces achats représentent entre 130 et 190 euros par enfant et par an, c'est un gain financier non négligeable pour les familles. « C'est une sacrée aide (2) », déclare une maman venue chercher les affaires pour son fils. Nancy et Lise, agents à la Mairie (3) distribution pendant deux matinées, témoignent aussi de la bonne humeur des parents présents. « On sent vraiment que cette distribution est utile et est un soulagement pour certains parents. Les gens arrivent tôt et (4). La majorité des familles se sont présentées et ont reçu le matériel*** nécessaire. » Véritable engagement politique en faveur des familles, cette initiative, qui représente un coût annuel pour la municipalité de près de 7 000 euros (5). Espérons que ces fournitures aident tous les collégiens habitants de Villeveyrac à passer une bonne année.

*fournitures scolaires：学用品　**en adéquation avec：…と適合した　***matériel：用品

(1)　①　de convaincre les
　　　②　d'être à charge des
　　　③　de soulager les

(2)　①　dont nous n'avons pas besoin
　　　②　par laquelle nous devenons riches
　　　③　que nous apporte la mairie

(3)　①　où il n'y a pas eu de
　　　②　qui ont assuré la
　　　③　qui ont manqué la

(4)　①　font de la gymnastique
　　　②　font la queue
　　　③　se mettent au travail

(5)　①　devrait commencer
　　　②　devrait durer
　　　③　pourrait s'arrêter

(1)	(2)	(3)	(4)	(5)

EXERCICE 9

次の文章を読み，（1）〜（5）に入れるのに最も適切なものを，それぞれ下の ① 〜 ③ の
なかから１つずつ選び，その番号を解答欄に記入してください。

Au Nigeria, construire des maisons avec des bouteilles en plastique permet de
résoudre à la fois les problèmes de logement et de pollution.

Au Nigeria, 3 millions de bouteilles en plastique (1) tous les jours. Quand
on sait que, dans la nature, chaque bouteille met des centaines d'années à (2),
on comprend que ce pays souffre d'un vrai problème de pollution.

Mais le Nigeria a aussi un problème de manque de logements. Il en
manquerait 16 millions. L'idée de construire des maisons avec des bouteilles
semble donc une solution idéale.

La première maison en plastique est presque terminée au nord du pays. Elle
comptera environ 14 000 bouteilles, remplies de sable et (3). Le résultat est
plutôt joli et très original.

Selon les inventeurs de ce genre de maison, les bouteilles, qui (4)
lorsqu'elles sont remplies de sable, sont plus solides que des blocs de ciment ou
de plâtre. Et pour tout arranger, une maison en plastique ne coûte que 12 700
dollars (9 400 euros). Soit quatre fois (5) qu'un logement «normal».

Le mois prochain, plusieurs salles de classe d'une école seront construites sur
le même modèle.

*plâtre：プラスター

(1) ① se lancent
    ② sont consommées
    ③ sont jetées dans la mer

(2) ① disparaître
    ② être recyclée
    ③ se renouveler

(3) ① distinguées les unes des autres
    ② empilées les unes sur les autres
    ③ rangées les unes à côté des autres

(4) ① coûtent 30 euros
    ② font 3 kilos
    ③ mesurent 30 cm

(5) ① moins cher
    ② plus cher
    ③ plus ferme

(1)	(2)	(3)	(4)	(5)

EXERCICE 10

次の文章を読み，（１）〜（５）に入れるのに最も適切なものを，それぞれ下の ① 〜 ③ のなかから１つずつ選び，その番号を解答欄に記入してください。

Geoffroy est un travailleur courageux. Depuis dix ans, il n'a jamais manqué un jour de travail. Et pourtant, cet ouvrier américain de 56 ans (1) de 33 kilomètres chaque matin... à pied. Et autant le soir, logiquement, pour revenir chez lui après ses journées de 8 heures. Et ce, cinq jours par semaine, qu'il pleuve, qu'il neige ou qu'il vente.

Si Geoffroy est habitué à un tel rythme, ce n'est pas (2). Mais simplement parce qu'aucun transport public ne fait la liaison entre son domicile et son lieu de travail. Et que sa vieille Toyota l'a abandonné il y a dix ans. Or avec sa paye qui n'atteint pas les dix euros de l'heure, il (3) de s'en payer une autre. Un comble* alors qu'il vit à Détroit, la capitale historique de l'industrie automobile américaine, et que l'usine qui l'emploie fabrique des éléments en plastique pour des clients.

Mais la peine quotidienne de Geoffroy devrait bientôt (4). Si personne n'a jamais entendu l'ouvrier se plaindre, ses collègues et des habitants du coin ont fini par le remarquer. Et par s'émouvoir de son histoire. Aussi une campagne de souscription** a-t-elle été lancée sur Internet, dans le but de lui acheter « une petite voiture sympa ». En fait, Geoffroy va même pouvoir s'acheter beaucoup plus gros que ça puisque la collecte de fonds*** (5) plus de 2 000 personnes, qui ont donné un total dépassant les 70 000 dollars (soit plus de 60 000 euros).

*comble：絶頂 **souscription：募金 ***collecte de fonds：募金

(1) ① court plus
 ② parcourt pas moins
 ③ roule moins

(2) ① avec le froid
 ② par manque de patience
 ③ par goût de la marche

(3) ① essaie
 ② est obligé
 ③ n'a pas les moyens

(4) ① être à son comble
 ② se mettre en marche
 ③ prendre fin

(5) ① a déjà payé
 ② a déjà touché
 ③ n'a pas encore dépassé

(1)	(2)	(3)	(4)	(5)

5
インタビュー完成

インタビュー記事を読んで，空欄になっている5つのインタビュアーの質問を選択する問題です。配点は10点です。記事を読むまえに，7つの選択肢になっているインタビュアーの質問に目を通して質問内容をおおまかに把握しておくようにしましょう。質問が全体疑問文ならば応答文ではoui, non, siが使われている可能性が高いといえます。疑問詞を用いた疑問文なら反対に応答文でoui, non, siが使われることはありません。このように形式的なことから質問文を絞り込むこともできます。

◆◆ 出題例（2016年秋季 ⑤）◆◆

5 次の文章は、Yvette に対するインタビューの一部です。インタビュアーの質問として（ 1 ）〜（ 5 ）に入れるのにもっとも適切なものを、右のページの ① 〜 ⑦ のなかから1つずつ選び、解答欄のその番号にマークしてください。（配点 10）

Le journaliste :	Vous êtes venue à Paris comme invitée à « la Fête de la bande dessinée* ». (1)
Yvette :	Oui et non. Je prépare une bande dessinée sur la Révolution française, donc j'en profite pour découvrir la capitale, prendre plein de photos...
Le journaliste :	(2)
Yvette :	Oui. C'est plus facile de « dessiner contemporain », mais le passé m'attire depuis mon enfance.
Le journaliste :	(3)
Yvette :	Pour ma part, j'ai la chance que mes séries se vendent bien. Mais en général, c'est très difficile.
Le journaliste :	Votre dessin est réaliste et très détaillé. (4)
Yvette :	C'est ma nature. J'adore passer du temps sur les détails. Je ne réalise qu'une page et demie par semaine, au maximum.
Le journaliste :	(5)
Yvette :	Il y a le plaisir de partager. J'aime discuter avec eux.

* bande dessinée : バンド・デシネ（漫画）

① Ça vous plaît de rencontrer vos lecteurs ?

② Comment avez-vous inventé ce style ?

③ D'où viennent les nouvelles idées ?

④ Est-ce une petite pause dans votre travail ?

⑤ Il est difficile aujourd'hui de vivre de la bande dessinée ?

⑥ Travaillez-vous aussi la nuit ?

⑦ Vous intéressez-vous à l'histoire ?

EXERCICE 1

次の文章は，タクシーの運転手に対するインタビューの一部です。インタビュアーの質問として（1）〜（5）に入れるのにもっとも適切なものを，下の①〜⑦のなかから1つずつ選び，その番号を解答欄に記入してください。

La journaliste : (1)
  Le chauffeur : Je suis chauffeur depuis maintenant 17 ans, mais je travaille au sein de Taxi Union depuis un an environ.

La journaliste : (2)
  Le chauffeur : À la base, on passe un examen qui se compose de deux parties, une partie nationale et une partie régionale.

La journaliste : (3)
  Le chauffeur : J'étais mécanicien poids lourd*, métier que je n'ai effectué qu'un mois. Ensuite, je suis devenu agriculteur, pas trop longtemps. Par soucis d'indépendance et de liberté, j'ai changé pour ce métier.

La journaliste : (4)
  Le chauffeur : Je prends mon service de 7 h du matin jusqu'à 19 h mais chacun fait comme il veut. Nous ne sommes pas contrôlés sur les horaires comme à Paris. Pendant dix ans, j'ai travaillé de 16 h à 4 h du matin le lendemain.

La journaliste : (5)
  Le chauffeur : Avoir un bon contact commercial et humain est vraiment central. Avoir du sang-froid, ne pas s'énerver dans les embouteillages est aussi important.

*poids lourd：大型トラック

① Combien d'heures travaillez-vous par jour ?
② Comment devient-on chauffeur de taxi ?
③ Depuis combien de temps êtes-vous chauffeur de taxi ?
④ Que faisiez-vous avant d'être chauffeur de taxi ?
⑤ Quelles sont les qualités qui sont selon vous nécessaires pour faire ce métier ?
⑥ Quels sont vos horaires ?
⑦ Qu'est-ce qui vous a motivé à devenir chauffeur ?

EXERCICE 2

次の文章は，ある農業従事者に対するインタビューの一部です。インタビュアーの質問として（1）～（5）に入れるのにもっとも適切なものを，下の①～⑦のなかから1つずつ選び，その番号を解答欄に記入してください。

La journaliste : (1)

L'agriculteur : Comme une grande partie des enfants d'agriculteurs, j'ai commencé à travailler avec mon père. C'est donc lui qui m'a embauché.

La journaliste : (2)

L'agriculteur : Il s'agit de la reproduction des plantes. L'objectif est de permettre la reproduction des plantes dans les meilleures conditions.

La journaliste : (3)

L'agriculteur : J'ai toujours connu et aimé cette profession. Cependant, il faut prendre en compte le fait que je n'ai pas eu l'occasion de découvrir d'autres métiers.

L'agriculteur : (4)

L'agriculteur : Il faut être courageux, ne pas compter ses heures et, évidemment aimer la nature. C'est important de savoir observer, c'est utile pour la croissance des plantes.

La journaliste : (5)

L'agriculteur : Tout d'abord, pour être agriculteur, un gros capital est nécessaire. Il faut vraiment aimer le métier.

① Avez-vous des conseils pour les jeunes qui souhaitent devenir agriculteurs ?

② Dans quel contexte avez-vous été engagé ?

③ En quoi consiste votre travail ?

④ Pourquoi avoir choisi ce métier ?

⑤ Pourquoi l'agriculture n'est plus suffisamment rentable ?

⑥ Quel est votre parcours ?

⑦ Quelles sont les qualités nécessaires à la profession ?

(1)	(2)	(3)	(4)	(5)

EXERCICE 3

次の文章は，大型サル展を開催した獣医の Girard 氏に対するインタビューの一部です。インタビュアーの質問として（1）～（5）に入れるのにもっとも適切なものを，下の ① ～ ⑦ のなかから１つずつ選び，その番号を解答欄に記入してください。

Le journaliste :（　1　）

Monsieur Girard : Parce qu'ils sont nos plus proches parents dans le règne animal et qu'ils sont menacés. Les grands singes cohabitent avec l'homme dans les forêts tropicales depuis des milliers d'années.

Le journaliste :（　2　）

Monsieur Girard : Les chimpanzés et les orangs-outans utilisent des outils. Ils ont aussi des expressions du visage qui ressemblent aux nôtres. Et le lien entre la maman et le petit est très fort, comme chez les humains.

Le journaliste :（　3　）

Monsieur Girard : Ils trouveront les grands singes intéressants et se passionneront pour eux. J'aimerais leur donner envie des les étudier, et aussi de les protéger.

Le journaliste :（　4　）

Monsieur Girard : S'ils disparaissent, la forêt tropicale sera en grand danger : ils permettent à la forêt de se régénérer.

Le journaliste :（　5　）

Monsieur Girard : Nous pouvons faire attention à ce que nous achetons ! Choisissons des produits sans huile de palme, car les pesticides sont responsables de malformations* chez les chimpanzés.

*malformation : 奇形

①　Comment les grands singes enrichissent-ils la forêt tropicale ?

②　En quoi les grands singes sont-ils proches de nous ?

③　On dit que les grands singes sont nos cousins, pourquoi ?

④　Pourquoi est-il important de protéger les grands singes ?

⑤　Pourquoi une exposition sur les grands singes ?

⑥　Que pouvons-nous faire, à notre niveau, pour protéger les grands singes ?

⑦　Que voudriez-vous que les enfants retiennent de cette exposition ?

(1)	(2)	(3)	(4)	(5)

EXERCICE 4

次の文章は，学校の食堂でコックをしている Romain 夫人に対するインタビューの一部です。インタビュアーの質問として（1）〜（5）に入れるのにもっとも適切なものを，下の①〜⑦のなかから1つずつ選び，その番号を解答欄に記入してください。

Le journaliste : （ 1 ）

Mme Romain : Je m'occupe du froid, par exemple des entrées, des desserts et des fromages.

Le jourmaliste : （ 2 ）

Mme Romain : Énormément. Je le fais avec amour.

Le journaliste : （ 3 ）

Mme Romain : Oui, je mange avec mes collègues et le chef, le midi, avant les élèves.

Le journaliste : （ 4 ）

Mme Romain : Ils viennent tout le temps, ils doivent trouver ça bon.

Le journaliste : （ 5 ）

Mme Romain : Avant, les élèves arrivaient en même temps. Il n'y avait pas de self service. D'ailleurs, en parlant de ça, il faudrait moderniser le self et la cantine, ainsi qu'installer un buffet.

① Aimez-vous votre travail ?

② D'après vous, comment les élèves et les profs trouvent-ils la cantine ?

③ Est-ce qu'il y a une différence entre la cantine d'autrefois et celle d'aujourd'hui ?

④ Goûtez-vous les plats ?

⑤ Quand les couverts sont cassés, que faites-vous ?

⑥ Quel est votre rôle, dans la cuisine ?

⑦ Travaillez-vous dans de bonnes conditions ?

(1)	(2)	(3)	(4)	(5)

EXERCICE 5

次の文章は，新作を発表した絵本作家に対するインタビューの一部です。インタビュアーの質問として（1）〜（5）に入れるのにもっとも適切なものを，下の①〜⑦のなかから1つずつ選び，その番号を解答欄に記入してください。

Le journaliste : (1)

L'auteur : Non. En fait, ce que je voulais vraiment faire, c'est des bandes dessinées pour les journaux. À la fac, j'étais certain de devenir dessinateur après mes études. Mais se faire une place dans le monde de la BD est très difficile, et j'ai reçu une multitude de lettres de refus.

Le journaliste : (2)

L'auteur : Je voulais écrire une histoire sur tout ce qu'il y a de drôle dans le fait de grandir. J'ai eu une enfance assez ordinaire, mais beaucoup de choses amusantes me sont arrivées. J'ai donc décidé d'écrire un livre expliquant ce que c'est vraiment d'être un gamin.

Le journaliste : (3)

L'auteur : Je crois que mon héros touche beaucoup de lecteurs car il lui arrive plein d'aventures que tous les enfants, quel que soit leur pays d'origine, peuvent rencontrer.

Le journaliste : (4)

L'auteur : Il me faut environ six mois pour trouver et écrire les blagues*, ainsi que les images. Ensuite, j'ai besoin d'un mois pour préparer le texte, et enfin de deux mois pour l'illustrer.

Le journaliste : (5)

L'auteur : J'ai une suggestion à leur faire... commencer par copier, recopier des dessins connus dans des BD. Puis, petit à petit, vous allez voir, vous allez trouver votre propre style !

*blague：笑い話

① Avez-vous toujours voulu être écrivain ?

② Comment expliquez-vous que ce soit un tel succès partout dans le monde ?

③ Comment l'idée de ce livre vous est-elle venue ?

④ Comment vous y prenez-vous pour écrire vos livres ?

⑤ Êtes-vous auteur à plein-temps ?

⑥ Pourquoi vos dessins sont-ils si simples et en noir et blanc ?

⑦ Que conseilleriez-vous aux lecteurs qui veulent écrire des livres illustrés ?

(1)	(2)	(3)	(4)	(5)

EXERCICE 6

次の文章は，レストラン経営者 Jean-Claude Calment に対するインタビューの一部です。インタビュアーの質問として（1）～（5）に入れるのにもっとも適切なものを，下の ① ～ ⑦ のなかから１つずつ選び，その番号を解答欄に記入してください。

La journaliste : (1)

 Calment : J'ai seulement le Bac, mais tout ce que je sais de cette profession, je l'ai appris sur le tas*, avec mon père. En effet, c'est à lui qu'appartenait le restaurant avant et il voulait absolument que je prenne sa succession.

La journaliste : (2)

 Calment : Je navigue un peu entre la cuisine et la salle, pour accueillir et aussi aider au service des clients. Après la fermeture, je fais la comptabilité**. En gros, c'est une journée type. En plus de ça, deux fois par semaine, je pars refaire mes provisions dans les marchés.

La journaliste : (3)

 Calment : Je vous l'ai dit, ce n'était pas un choix, alors. Quand mon père est mort, je devais reprendre le restaurant.

La journaliste : (4)

 Calment : Personnellement, je continuerai jusqu'à la retraite, car je ne me vois pas me lancer dans autre chose maintenant.

La journaliste : (5)

 Calment : Cela dépend du restaurant et des bénéfices qu'on va réaliser sur le mois. Il ne faut pas oublier qu'on est chef d'entreprise et qu'il y a des charges et des salaires à payer.

*sur le tas：仕事中に **comptabilité：会計

① Où avez-vous appris la cuisine ?

② Pourquoi avez-vous choisi ce métier en particulier ?

③ Pouvez-vous nous dire quel salaire on peut espérer dans ce métier ?

④ Pouvez-vous nous parler de vos activités quotidiennes ?

⑤ Quelle formation avez-vous suivie pour devenir restaurateur ?

⑥ Quelles sont les qualités du restaurateur ?

⑦ Quelles sont vos perspectives d'avenir ?

(1)	(2)	(3)	(4)	(5)

EXERCICE 7

次の文章は，ある女性歌手に対するインタビューの一部です。インタビュアーの質問として
（1）～（5）に入れるのにもっとも適切なものを，下の ① ～ ⑦ のなかから1つずつ選び，
その番号を解答欄に記入してください。

Le journaliste : (1)

La chanteuse : La première, j'ai dû la faire en 1995. J'avais écrit beaucoup de poèmes mais je ne les avais pas mis en musique.

Le journaliste : (2)

La chanteuse : Ça dépend complètement de la chanson et de l'inspiration. Quand je sais très bien sur quoi je veux écrire, ça va souvent très vite, mais quelque fois ça me prend trois ans pour y arriver. Et, si j'ai aucune idée, ça peut arriver que ça va très vite.

Le journaliste : (3)

La chanteuse : J'accumule toujours des idées et des brouillons, et quand je vais bien, je les transforme en chanson. De même, cela arrive que lorsqu'il se passe quelque chose de super positif, ça me donne l'impulsion pour écrire une chanson.

Le journaliste : (4)

La chanteuse : Tout le temps. J'ai mon petit carnet avec moi. Quand j'ai une idée que je trouve meilleure que les autres, je l'y note.

Le journaliste : (5)

La chanteuse : Je fais des ateliers chansons pour les adolescents, je monte des projets avec eux pour qu'ils écrivent leurs chansons et qu'ils puissent les monter sur scène après.

①　Depuis quand écrivez-vous des textes de chansons ?

②　Quand il se passe quelque chose de beau dans votre vie, est-ce que vous écrivez une chanson ?

③　Qu'est-ce que vous faites en dehors des concerts ?

④　Vous avez toujours du papier sur vous ?

⑤　Vous chantez depuis combien de temps ?

⑥　Vous donnez beaucoup de concerts ?

⑦　Vous mettez combien de temps pour écrire une chanson ?

(1)	(2)	(3)	(4)	(5)

EXERCICE 8

次の文章は，ギネスブック記録審査員になった Émilie Bouchard に対するインタビューの一部です。インタビューアーの質問として（1）～（5）に入れるのにもっとも適切なものを，下の①～⑦のなかから1つずつ選び，その番号を解答欄に記入してください。

Le journaliste : (1)

Émilie : Un peu par hasard. J'ai répondu à une petite annonce sans savoir que c'était pour le Livre Guiness des Records. J'ai été embauchée parce que je parlais cinq langues.

Le journaliste : (2)

Émilie : Je juge les records de masse, les foules. Tous ces gens me donnent beaucoup d'énergie. Les Chinois et les Indiens : ils sont imbattables sur les records de foule.

Le journaliste : (3)

Émilie : Je voyage énormément : je fais environ deux ou trois pays par semaine. C'est fatigant. Et, quand j'informe aux candidats qu'ils ont été refusés, j'ai l'impression d'être le grand méchant loup. Il faut trouver les bons mots pour les encourager à recommencer dans un mois ou un an.

Le journaliste : (4)

Émilie : En mars, je suis allée en Italie où un homme tout mince de 50 ans arrive à casser quatre noix de coco avec un doigt. Il médite avant. Puis il dit : « Je suis prêt ». Et là, sous la force de son index, la noix de coco éclate. C'est incroyable !

Le journaliste : (5)

Émilie : Cet été, à Paris, un homme a fait le plus long saut à rollers, du haut de Montmartre. 29 mètres dans les airs. C'était impressionnant ! J'ai aussi jugé le record d'un homme de 70 ans, qui a traversé la Manche à la nage.

① Avez-vous une spécialité ?

② Comment êtes-vous devenue « juge de records » ?

③ Quel est pour vous le record le plus dur à battre ?

④ Quelles sont les difficultés de votre métier ?

⑤ Quel record aimeriez-vous battre ?

⑥ Quel record le plus bizarre avez-vous déjà jugé ?

⑦ Y a-t-il des candidats qui se plaignent de votre décision ?

(1)	(2)	(3)	(4)	(5)

EXERCICE 9

次の文章は，少年サッカークラブのコーチ Leroy 氏に対するインタビューの一部です。インタビュアーの質問として（1）～（5）に入れるのにもっとも適切なものを，下の ① ～ ⑦ のなかから1つずつ選び，その番号を解答欄に記入してください。

La journaliste : (1)

M. Leroy : J'ai été joueur professionnel pendant 15 ans. Ensuite, j'ai décidé de passer le Diplôme d'Entraîneur Professionnel de Football.

La journaliste : (2)

M. Leroy : Un entraîneur essaie avant tout d'éduquer par le sport. À l'entraînement, les jeunes ne doivent pas seulement apprendre à jouer au football. Ils doivent aussi apprendre à respecter les règles de base de la vie en société.

La journaliste : (3)

M. Leroy : On entraîne l'équipe afin de la faire progresser et obtenir des résultats positifs.

La journaliste : (4)

M. Leroy : Les enfants doivent d'abord prendre du plaisir à venir au club et à jouer au football. Tous les jeunes, quel que soit leur niveau de jeu, jouent des matchs et font tous des efforts pour obtenir des résultats positifs.

La journaliste : (5)

M. Leroy : Je leur conseille de découvrir plein de sports différents puis de choisir celui qui leur convient le mieux. Les parents ont aussi leur rôle à jouer en proposant à leurs enfants de découvrir des activités sportives.

① Auriez-vous un conseil à donner à un futur entraîneur ?

② Comment concevez-vous votre métier d'entraîneur ?

③ Concrètement, que faites-vous ?

④ Gagner, est-ce pour vous une priorité ?

⑤ Que diriez-vous aux jeunes pour les convaincre de faire du sport ?

⑥ Quelles difficultés avez-vous rencontré durant votre carrière d'entraîneur ?

⑦ Voulez-vous me parler de votre parcours ?

(1)	(2)	(3)	(4)	(5)

EXERCICE 10

次の文章は，ボクサーである Robert 氏に対するインタビューの一部です．インタビュアーの質問として（1）～（5）に入れるのにもっとも適切なものを，下の①～⑦のなかから1つずつ選び，その番号を解答欄に記入してください．

La journaliste : (1)

M. Robert : Mon père était lui-même boxeur. J'allais à l'entraînement avec lui et je faisais aussi d'autres sports à côté. J'ai presque failli devenir footballeur, mais en fin de compte je suis resté à la boxe sur le conseil de mon père.

La journaliste : (2)

M. Robert : Je ne le pense pas. Mon entraîneur disait qu'il fallait avoir une bonne technique. Un bon boxeur pourrait aussi être un bon footballeur ou un bon danseur.

La journaliste : (3)

M. Robert : Dans la boxe, ce que j'aime bien, c'est le duel* d'homme à homme. Vous êtes le seul responsable, vous seul pouvez vous aider, et je trouve ça bien dans la boxe.

La journaliste : (4)

M. Robert : Ce n'est pas toujours agréable parce que c'est aussi une grande responsabilité, une grande contrainte. Mais c'est pour ça que je suis devenu sportif et boxeur, pour avoir du succès.

La journaliste : (5)

M. Robert : Ce n'est pas si grave. En tant que professionnel, j'ai déjà perdu deux fois mon titre de champion du monde, et je suis toujours revenu. Mais si je le perdais maintenant, je pense que je ne recommencerais pas.

*duel：決闘

① Ça vous fait quoi d'être champion du monde ?

② Est-ce qu'il faut un talent particulier ?

③ On s'est aperçu comment que vous étiez doué pour la boxe ?

④ Quelle est votre stratégie pour gagner ?

⑤ Qu'est-ce qui se passe si vous perdez un combat ?

⑥ Qu'est-ce qui vous plaît tant dans la boxe ?

⑦ Si vous perdez un match, vous perdez aussi votre titre ?

(1)	(2)	(3)	(4)	(5)

6

長文読解

*新聞の報道記事，説明文，談話文などを読み，その内容について述べた７つの
文が正しいかどうかを選択する問題です。配点は14点です。*

出題例（2016年秋季 6）

6 次の文章を読み、右のページの (1) ～ (7) について、文章の内容に一致する場
合は解答欄の ① に、一致しない場合は ② にマークしてください。(配点 14)

En France, les concours de dictée* rassemblent des milliers de
personnes tout au long de l'année. Pour la plupart de ces gens, ce
n'est pas un exercice scolaire. Au concours « Les Dictionnaires d'or »,
qui réunit chaque année à Paris plusieurs centaines de participants
de 7 à 77 ans, beaucoup considèrent cet événement comme un jeu.
Aimée Sommant qui organise le concours dit que les plus âgés font
une dictée comme on se retrouve autour d'une tasse de thé. « Une
ou deux fautes, ce n'est pas très grave pour la plupart des gens.
Ils ne sont pas là pour entrer en concurrence, mais pour s'amuser »,
ajoute-t-elle.

Les enfants ne sont pas moins motivés pour s'exercer, « même
s'ils sont plus lents pour écrire au stylo », note Aimée Sommant. Les
étudiants eux aussi s'y intéressent. « Eux, ils viennent vérifier leur
niveau et progresser. Ils ont envie d'écrire correctement pour réussir à
trouver un travail », affirme-t-elle.

D'ailleurs, la dictée est souvent considérée comme une « porte
d'entrée » dans le monde de la culture, en particulier la littérature.
Les organisateurs du concours « Les Dictionnaires d'or » souhaitent
justement donner le goût de lire aux jeunes des quartiers difficiles en
commençant par leur transmettre** celui d'écrire. Léa, qui participe
au concours depuis quatre ans, dit : « J'aime jouer avec les mots et
maintenant j'adore lire. »

* dictée : 書き取り　** transmettre : 伝える

(1) En France, les concours de dictée n'ont lieu que pendant les vacances d'été.

(2) Une centaine de personnes participent chaque année au concours « Les Dictionnaires d'or ».

(3) La majorité des participants au concours « Les Dictionnaires d'or » font la dictée pour s'amuser.

(4) Au concours « Les Dictionnaires d'or », les enfants sont moins motivés que les adultes, car ils écrivent lentement.

(5) Les étudiants qui participent au concours « Les Dictionnaires d'or » ont la volonté d'écrire sans faute pour réussir à trouver un travail.

(6) Les organisateurs du concours « Les Dictionnaires d'or » souhaitent surtout donner aux jeunes des quartiers difficiles le goût de lire, non celui d'écrire.

(7) En participant au concours de dictée, Léa a découvert le plaisir de la lecture.

EXERCICE 1

次の文章を読み，下の（1）～（7）について，文章の内容に一致する場合は ① を，一致しない場合は ② を解答欄に記入してください。

James Cameron, le réalisateur canadien est aussi un explorateur. Il espère battre le record du monde de plongée en descendant dans la fosse* la plus profonde du monde. C'est la fosse des Mariannes, situées dans l'océan Pacifique, à 10 911 m de fond.

Son but, ramener des images de cet environnement très hostile, où il fait toujours noir. James Cameron, 57 ans, plongera seul dans les prochaines semaines à bord d'un mini sous-marin** de huit mètres de long. Ce sous-marin est équipé de caméras 3D, de puissants spots lumineux et d'un bras manipulateur***. Les images qu'il remènera feront l'objet d'un documentaire diffusé sur la chaîne National Geographic. Le mois dernier, lors d'un entraînement, le réalisateur a battu un premier record en étant le premier homme à descendre tout seul à une profondeur de 8 200 m. Un voyage qui n'a pas été de tout repos.

James Cameron mesure 1,90 m et la capsule ne fait que 1, 09 m de diamètre. En plus, elle est encombrée de divers équipements électroniques. Et puis, pas question d'admirer le paysage, car seul un tout petit hublot**** permet de regarder à l'extérieur.

*fosse：海溝
**sous-marin：潜水艦
***manipulateur：操作できる
****hublot：舷窓

(1) James Cameron projette de plonger dans la fosse la plus profonde du monde.

(2) La fosse des Mariannes est la plus propfonde de l'océan Pacifique.

(3) James Cameron a pour tâche de dessiner un paysage nocturne de la fosse.

(4) L'équipe de James Cameron plongera en mini sous-marin.

(5) La chaîne National Geographic passera les images ramenées par James Cameron.

(6) Personne d'autre que James Cameron n'a descendu à une profondeur de 8 200 m.

(7) Un petit hublot est assez grand pour admirer le paysage.

(1)	(2)	(3)	(4)	(5)	(6)	(7)

EXERCICE 2

次の文章を読み，下の（1）～（7）について，文章の内容に一致する場合は ① を，一致しない場合は ② を解答欄に記入してください。

Dans son enfance, Jean Tard passait son temps dans les caves de son père. « J'avais envie de suivre sa trace, de maintenir la tradition familiale. » Son rêve devient réalité. Après être devenu sommelier, puis caviste*, il rachète un domaine vinicole**, un vignoble d'à peine 10 hectares, qu'il a décidé de travailler le plus naturellement possible. Le respect du sol autant que de la plante. Considérer la nature dans son ensemble. En un mot, rien de révolutionnaire. Il s'inspire des cycles des astres pour cultiver la vigne. « On n'a rien inventé, sourit-il. On est simplement plus souvent à son contact, à l'observer. »

Il n'est donc pas surprenant de voir Jean au milieu de ses vignes, arroser le sol, muni d'un récipient rempli d'une préparation à base de bouse***. « On aide la plante à lutter naturellement. »

Dans quelques jours, Jean commencera sa cinquième vendange. Elles dureront un mois. Et le raisin sera ramassé à la main. En bio, le rendement est moins important. La récolte est prometteuse. Il y aura un meilleur rendement que l'année dernière. La chaleur de l'été a donné de beaux grains pour une belle qualité de jus.

*caviste：ワイン醸造所の職人
**vinicole：ワイン生産の
***bouse：牛糞

(1) Jean Tard cultive la vigne sous la direction de son père.

(2) Le père de Jean Tard lui a directement transmis son droit de propriété du vignoble.

(3) C'est la culture biologique que Jean Tard adopte pour cultiver la vigne.

(4) Jean Tard respecte non seulement la vigne, mais aussi le sol.

(5) On voit rarement Jean Tard arroser le sol au milieu de ses vignes.

(6) Il faudra un mois pour la cinquième vendange.

(7) Jean Tard est sûr d'avoir un meilleur rendement que l'année dernière.

(1)	(2)	(3)	(4)	(5)	(6)	(7)

EXERCICE 3

次の文章を読み，下の（1）～（7）について，文章の内容に一致する場合は ① を，一致しない場合は ② を解答欄に記入してください。

Susan Collins, âgée de 65 ans, employée d'un supermarché, travaillait comme tous les jours dans les rayons d'un supermarché, le 14 février dernier. Elle a poussé un cri de surprise, en voyant, au milieu des paquets de gâteaux et des boîtes de conserve, l'homme dont elle avait divorcé il y a trente-trois ans.

« Salut, beauté », lui sourit-il. Brandissant* une pancarte, John Dixon, son ancien époux, lui fait alors une deuxième fois sa demande. « Joyeuse Saint-Valentin ! Veux-tu m'épouser ? », est-il écrit en toute simplicité. Susan n'en croit pas ses yeux.

« Non », rit-elle, avant de répondre par l'affirmative.

Les deux jeunes se sont rencontrés sur une base de l'armée en Allemagne alors qu'ils avaient tout juste 18 ans. Lui soldat, elle derrière les fourneaux**. « La première fois que nous nous sommes rencontrés, il m'a demandé si je pouvais lui préparer un hamburger.»

Le soupirant ne cesse de revenir voir sa commise de cuisine*** préférée, donnant naissance à leur histoire d'amour et à un mariage. Mais une fois installé aux États-Unis, leur couple n'a pas survécu aux soucis du quotidien. Ils ont alors, chacun de leur côté, refait leur vie.

L'année dernière, soit trente-trois ans plus tard, les deux anciens amants, devenus veufs, ont fini par reprendre contact. Susan admet : « L'amour entre nous n'avait jamais disparu », ajoutant que c'était bel et bien la meilleure Saint-Valentin de toute sa vie.

*brandir：掲げる　**fourneau：かまど　***commise de cuisine：料理係

(1) Susan Collins avait 32 ans quand elle a quitté son mari.

(2) L'ex-mari de Susan Collins a acheté un gâteau dans un supermarché où elle travaillait.

(3) John Dixon avait une pancarte où il avait écrit sa demande en mariage.

(4) Susan Collins a repoussé la demande en mariage que son ex-mari lui a faite.

(5) Susan Collins était cuisinière quand elle a rencontré John Dixon.

(6) Les nouveaux mariés sont allés s'installer en Allemagne après leur mariage.

(7) Maintenant, Susan Collins n'a pas de mari et John Dixon n'a pas de femme.

(1)	(2)	(3)	(4)	(5)	(6)	(7)

EXERCICE 4

次の文章を読み，下の（1）〜（7）について，文章の内容に一致する場合は ① を，一致しない場合は ② を解答欄に記入してください。

Jazzy, un Saint-Bernard de plus de 80 kg s'est retrouvé dans une bien mauvaise position après avoir quitté le domicile de son maître. Sans l'intervention de son ami, Razor, un teckel*, il aurait pu connaître un sort tragique.

Plusieurs heures après la disparition de Jazzy, Razor s'est mis à aboyer de manière insistante. Mais, n'arrivant à prévenir ni son maître ni les voisins, ce dernier a à son tour fait une fugue.

Manifestement, le petit chien savait où se trouvait son copain puisque c'est lui qui a alerté sur sa présence. Ce dernier est en effet parvenu à attirer l'attention d'un automobiliste qui passait près d'un fossé d'irrigation** où le malheureux chien s'était retrouvé coincé. Jazzy avait en effet les deux pattes avants coincées dans une mare de boue*** l'empêchant de bouger.

Ne pouvant le sauver seul, l'automobiliste a prévenu les secours. Pas moins d'une dizaine de policiers et pompiers sont intervenus pour extraire le Saint-Bernard de son piège. « C'est la première fois que nous participons à quelque chose comme ça », a déclaré le chef des pompiers. « Vous ne réalisez pas l'attachement que vous avez envers vos animaux de compagnie jusqu'à ce que ce genre de chose arrive », a commenté le propriétaire des chiens.

*teckel：ダックスフント
**fossé d'irrigation：灌漑用水路
***mare de boue：ぬかるみ

(1) C'est grâce à Jazzy, un Saint-Bernard que Razor, un teckel a été sauvé.
(2) En aboyant avec insistance, Razor a en premier lieu donné l'alerte en vain.
(3) Razor savait que Jazzy se trouvait près d'un fossé d'irrigation.
(4) Jazzy ne pouvait pas bouger parce que toutes ses pattes étaient coincées au piège.
(5) Les policiers et pompiers ont sauvé Jazzy en s'y mettant à plus de dix.
(6) Les pompiers n'avaient encore jamais sauvé de chien.
(7) Le propriétaire en a maintenant assez d'avoir des chiens à la maison.

(1)	(2)	(3)	(4)	(5)	(6)	(7)

EXERCICE 5

次の文章を読み，下の（1）～（7）について，文章の内容に一致する場合は ① を，一致しない場合は ② を解答欄に記入してください。

Est-il possible de communiquer sans être espionné, sans que nos conversations, nos mails tombent dans des oreilles indiscrètes ?

Le secret de la correspondance, un droit protégé par la loi dans la plupart des pays du monde, est menacé par la nature des communications électroniques. Les courtiers en données* sont aujourd'hui en mesure de créer des profils de plus en plus précis des utilisateurs du réseau Internet, sur fond de croissance des capacités de prélèvement** des données personnelles.

De par la structure de l'internet, la notion de sécurité absolue est illusoire. Cependant, il est possible de limiter au minimum les risques, afin de protéger l'identité individuelle et le secret des communications. La protection des données suppose toujours un compromis entre confort d'utilisation et sécurité. Vous trouverez ici quelques techniques accessibles à la plupart des internautes désireux de se soustraire à l'œil des espions du web. Il existe plusieurs méthodes permettant de dissimuler son adresse IP, comme des services VPN*** par abonnement permettant d' « emprunter » des IP dans le monde entier. Il existe aussi de nombreuses solutions permettant de chiffrer vos emails, votre messagerie et vos appels.

*courtiers en données：情報ブローカー　**prélèvement：採取
***VPN：バーチャル・プライベート・ネットワーク

(1) Il n'y a pas de pays où le secret de la correspondance n'est pas protégé par la loi.

(2) Les communications secrètes risquent d'être connues par d'autres au cas où elles seraient électroniques.

(3) Les courtiers en données ne peuvent pas trouver le moyen d'avoir accès aux données personnelles.

(4) Les profils des utilisateurs du réseau Internet sont créés sur la base des données personnelles prélevées.

(5) Il n'y a aucun moyen de dissimuler l'identité individuelle et de garder le secret des communications.

(6) Pour la protection des données, les internautes n'ont qu'à attacher de l'importance au confort d'utilisation.

(7) Les internautes peuvent emprunter des IP par l'intermédiaire des services VPN.

(1)	(2)	(3)	(4)	(5)	(6)	(7)

EXERCICE 6

次の文章を読み，下の（1）〜（7）について，文章の内容に一致する場合は ① を，一致しない場合は ② を解答欄に記入してください。

Dans la mer, plantes, poissons et coquillages aiment trouver des abris pour s'y installer : ce sont souvent des groupes de rochers, les récifs*. Mais les plongeurs ont remarqué qu'ils appréciaient aussi des épaves** d'avions ou de bateaux. À partir de cette observation, l'idée est venue de placer au fond de la mer des récifs artificiels pour y attirer des plantes et des animaux marins.

Après avoir servi plusieurs années dans le métro de New York, les vieux wagons ont une deuxième vie. Ils sont entièrement vidés pour ne garder que leur carcasse*** en métal. Ils sont ensuite transportés sur des barges, de larges bateaux à fond plat, puis jetés en mer. Une fois au fond de la mer, peu à peu, des algues**** viendront s'y accrocher, et à leur tour des petits animaux marins, puis des poissons : l'ancien wagon deviendra un nouveau récif.

Mais pas question de jeter n'importe quel objet pour en faire un récif ! Il ne doit pas entraîner de pollution de l'eau. Il faut aussi bien choisir l'endroit où il sera installé : lumière, qualité de l'eau, présence de nourriture, courants. Sinon, plantes et animaux n'y viendront pas ! C'est pourquoi la ville de New York s'est associée avec des organisations qui protègent l'environnement afin de réussir la transformation de ses vieux wagons de métro en récifs artificiels.

*récif：岩礁
**épave：残骸
***carcasse：骨組み
****algue：海藻

(1) Les plongeurs se sont aperçus que des épaves d'avions ou de bateaux servent d'abris aux animaux marins.

(2) L'idée des récifs artificiels est venue de la remarque des plongeurs.

(3) Les vieux wagons de métro sont transportés en haute mer par hélicoptère.

(4) Les vieux wagons de métro deviennent des récifs dès qu'ils sombrent.

(5) Les poissons ne viennent pas s'installer dans les vieux wagons de métro.

(6) On ne peut pas jeter de vieux wagons de métro n'importe où dans la mer.

(7) La ville de New York s'oppose aux organisations écologistes à propos de la transformation de ses vieux wagons de métro en récifs artificiels.

(1)	(2)	(3)	(4)	(5)	(6)	(7)

EXERCICE 7

次の文章を読み，下の（1）～（7）について，文章の内容に一致する場合は ① を，一致しない場合は ② を解答欄に記入してください。

Le vélo permet de se déplacer en ville librement et sur des distances de plusieurs kilomètres ; il est utilisable par beaucoup de gens ; il est bon pour la santé ; il occupe peu de place dans la rue ; il ne fait pas de bruit ; il ne pollue pas ; il ne consomme pas de pétrole ; il ne contribue pas à l'effet de serre*... On n'en finirait pas d'énumérer ses avantages individuels et collectifs.

Pourtant, le vélo reste le parent pauvre** des moyens de transport urbains. À l'exception remarquable de Strasbourg, sa pratique s'est peu à peu marginalisée*** dans les villes françaises.

Les perspectives d'avenir ne sont guère encourageantes. Parmi les vingt-sept plans de déplacements urbains adoptés par l'Assemblée, beaucoup envisagent des mesures favorables au vélo, mais dix seulement prévoient un financement spécifique, d'ailleurs bien modeste : allant d'un million d'euros, autant dire rien du tout, à 25 millions, à peine le prix d'un kilomère de tramway.

Il est donc grand temps que nos responsables politiques changent d'orientation et considèrent le vélo comme un mode de transport à part entière****, car il peut contribuer, au même titre que le transport collectif, à la diminution du trafic automobile, à la qualité de vie urbaine et à la lutte contre l'effet de serre.

*effet de serre：温室効果
**parent pauvre：のけ者
***marginaliser：のけ者にする
****à part entière：完全な権利を持つ

(1) En se déplaçant à vélo en ville, les cyclistes risquent de perdre leur santé.
(2) L'utilisation du vélo permet d'éviter la pollution atmosphérique ou les nuisances du bruit.
(3) À Strasbourg, on favorise l'utilisation du vélo.
(4) En général, le vélo, en tant que moyen de transport urbain, n'a qu'un rôle marginal.
(5) L'Assemblée a adopté peu de plans de déplacements favorables au vélo.
(6) Le budget affecté aux plans favorables au vélo est peu important.
(7) C'est parce que le vélo n'est pas efficace contre l'effet de serre que les politiques ne s'y intéressent pas.

(1)	(2)	(3)	(4)	(5)	(6)	(7)

EXERCICE 8

次の文章を読み，下の（1）～（7）について，文章の内容に一致する場合は ① を，一致しない場合は ② を解答欄に記入してください。

Dans le monde, plus de 120 millions d'enfants sont illettrés, sans compter ceux qui ne fréquenteront l'école que quelques trop courtes années, souvent à cause de la guerre ou de la pauvreté. Les écoles sont trop coûteuses, mal organisées ou pas assez nombreuses. De plus, certaines familles préfèrent que les enfants travaillent pour gagner un peu d'argent, ce qui les empêche de suivre une scolarité* normale.

Heureusement, des programmes humanitaires existent.

Depuis 2004, par exemple, le fabricant de cahiers Clairefontaine se bat pour que les enfants les plus pauvres puissent aller à l'école. L'entreprise paie des constructions d'école en béton ou en pierre. «Dans les écoles en tôle**, c'est impossible de travailler quand il pleut ou quand il fait chaud», souligne Rhyzlène Nusse, qui est à l'origine du programme d'éducation lancé par Clairefontaine. Elle ajoute : «Et il faut des toilettes ! Sinon, les parents n'envoient pas les enfants à l'école, notamment les filles.»

Ce programme comprend aussi la formation des professeurs. Ceux-ci apprennent à éduquer les enfants sans violence. «Dans certains pays, les enseignants pensent bien faire en tapant les enfants. Mais le savoir doit être transmis par la douceur, par l'intelligence et non par la force», poursuit-elle.

* scolarité：就学
** tôle：鉄板

(1) Dans le monde, il y a beaucoup d'enfants qui ne savent pas bien lire et écrire.

(2) La guerre ou la pauvreté n'empêchent jamais les enfants d'aller à l'école.

(3) Certains parents préfèrent faire travailler leurs enfants plutôt que de les envoyer à l'école.

(4) Clairefontaine aide les enfants favorisés à réussir leur scolarité.

(5) Clairefontaine accorde une aide économique pour la construction d'écoles en béton, en pierre ou en tôle.

(6) Rhyzlène Nusse s'inquiète qu'il y ait des écoles sans toilettes.

(7) D'après Rhyzlène Nusse, les maîtres ne doivent pas recourir à la violence pour éduquer les enfants.

(1)	(2)	(3)	(4)	(5)	(6)	(7)

EXERCICE 9

次の文章を読み，下の（1）〜（7）について，文章の内容に一致する場合は ① を，一致しない場合は ② を解答欄に記入してください。

Depuis 1992, les scientifiques constatent que le phénomène de la fonte* des graces s'accélère. Cette année va battre un triste record : la banquise** de l'océan Arctique n'a jamais été aussi réduite. Si cela continue, elle pourrait même disparaître en 2050. Les scientifiques évoquent les problèmes du réchauffement du climat, principale cause de cette fonte accélérée. Les glaces fondent car le climat se réchauffe sur presque toute la surface de la planète. Ils pensent que la hausse de température sera de 1° C à 5° C d'ici 2050. Du jamais vu*** en si peu de temps ! Ce réchauffement climatique est en grande partie provoqué par l'activité humaine (industrie, transports, agriculture...).

Quelles conséquences ? Les hommes doivent se déplacer pour survivre car la mer monte peu à peu et avance sur les terres et les villages côtiers. Le dégel**** du sol va aussi forcer à refaire tout ce que l'homme a construit dans ces zones (routes, ponts, bâtiments...). Les animaux vivants sur la banquise et dans les zones gelées perdent leur habitat. L'eau potable se fait plus rare car les glaciers alimentent les rivières. S'il n'y a plus de glacier, il y a moins de réserves d'eau.

On peut améliorer les choses en limitant les émissions de gaz à effet de serre (gaz responsable du réchauffement du climat). Il est urgent d'utiliser davantage les énergies renouvelables.

　　　　　*fonte：融解　**banquise：氷原　***jamais vu：前代未聞の出来事　****dégel：液状化

(1) La banquise de l'océan Arctique a arrêté de réduire rapidement.

(2) D'après les scientifiques, le réchauffement du climat cause la fonte des glaces.

(3) Le réchauffement du climat est un phénomène global.

(4) Les scientifiques font remarquer une réduction de la quantité de chaleur de la surface terrestre.

(5) Les hommes ne sont pas responsables du réchauffement climatique.

(6) Plus les glaces fondent, plus les hommes perdent leur habitat et leur eau potable.

(7) Même si on cessait d'émettre des gaz à effet de serre, on ne pourrait pas arrêter le réchauffement climatique.

(1)	(2)	(3)	(4)	(5)	(6)	(7)

EXERCICE 10

次の文章を読み，下の（1）〜（7）について，文章の内容に一致する場合は ① を，一致しない場合は ② を解答欄に記入してください。

En Inde, les femmes sont souvent privées d'éducation. Une association transforme depuis 40 ans la vie des femmes en leur apprenant un métier. Et pas n'importe lequel !

Dans cette école, la plupart des élèves ne savent ni lire ni écrire. Toutes sont des femmes, parfois même des grands-mères. Venues d'Inde, mais aussi de pays voisins et même d'Afrique, elles ont rejoint l'Institut Barefoot, en Inde. Elles sont venues pour apprendre un métier. Gratuitement, pendant 6 à 9 mois, elles vont se former à l'ingénierie solaire, à la médecine dentaire, et parfois même, au mixage** pour être DJ dans une radio.

Parmi les professeurs, Magan Kanwar se souvient que son beau-père lui avait dit un jour qu'elle ferait mieux d'apprendre à tricoter que de rêver d'école. « Mais je voulais faire plus que cuisiner et avoir des bébés », confie-t-elle.

Comme elle, et depuis 40 ans, des milliers de femmes ont pu apprendre un métier et gagner de l'argent, pour ne plus être dépendantes des hommes. Car si l'Institut Barefoot ne donne pas de diplôme, il offre à ces femmes un bien beaucoup plus précieux : la liberté.

*ingénierie solaire：太陽工学
**mixage：ミキシング

(1) Dans cette école, les élèves sont toutes des femmes de moins de dix ans.
(2) Les élèves, dont certaines viennent d'Inde, mais aussi de pays voisins ou d'Afrique, ne savent pour la plupart ni lire ni écrire.
(3) Les élèves apprennent à peu de frais un métier pendant six à neuf mois.
(4) Magan Kanwar enseigne dans cette école.
(5) Le beau-père de Magan Kanwar voulait qu'elle devienne une institutrice.
(6) Magan Kanwar voulait se consacrer entièrement au ménage et à la cuisine.
(7) Les élèves sortent de cette école sans qualification.

(1)	(2)	(3)	(4)	(5)	(6)	(7)

7

会話文完成

さまざまな場面における対話文を題材にした問題が出題されます。5つの空欄に入る適切な語,語句,文をそれぞれ4つの選択肢から選ぶ問題です。配点は10点です。

◆━ 出題例(2016年秋季 7 ）━━━

7 次の対話を読み、（ 1 ）～（ 5 ）に入れるのにもっとも適切なものを、それぞれ右のページの ① ～ ④ のなかから1つずつ選び、解答欄のその番号にマークしてください。（配点　10）

Charles : Tiens, c'est toi, Denis. Tu es devenu piéton ?
Denis : （ 1 ）, je n'ai plus ma bicyclette.
Charles : Ça fait longtemps que je ne t'ai pas vu marcher.
Denis : （ 2 ）, depuis 10 ans je suis toujours sorti à bicyclette.
Charles : Mais qu'est devenu ton vélo ?
Denis : Ma femme vient de me quitter et elle a pris tout ce qu'il y avait dans la maison.
Charles : （ 3 ） Elle ne t'a rien laissé ?
Denis : Rien du tout. Elle a tout vendu avant de partir pour la Chine avec un tout jeune homme.
Charles : Un tout jeune homme ? （ 4 ）! Comment se sont-ils rencontrés ?
Denis : C'est le fils d'un collègue. Ma femme s'ennuyait à la maison. Alors je lui ai conseillé de donner des leçons de piano à ce jeune homme.
Charles : （ 5 ）, c'est ta faute alors.
Denis : On dirait. Ou bien c'était mon destin peut-être.

(1) ① Je ne sais pas
② Non
③ Oui
④ Si

(2) ① Bref
② C'est pareil
③ C'est vrai
④ Regarde

(3) ① Ah bon ?
② Ça ne fait rien.
③ Je n'ai pas fait exprès.
④ Quel temps fait-il ?

(4) ① Allez-y
② Ne t'inquiète pas
③ Qu'il fait beau
④ Sans blague

(5) ① Comme ci, comme ça
② Franchement
③ Merci bien
④ Salut

EXERCICE 1

次の対話を読み，（1）〜（5）に入れるのにもっとも適切なものを，それぞれ右のページの①〜④のなかから1つずつ選び，解答欄にその番号を記入してください。

Emeline : Dis donc, tu n'aurais pas grossi ?

Alice : Arrête, (　1　).

Emeline : Tu as pris beaucoup ?

Alice : Ben... je fais 92 kilos.

Emeline : 92 ? C'est une plaisanterie ! (　2　) !

Alice : Si, si je t'assure. J'ai pris 20 kilos depuis trois ans.

Emeline : Mais, fais attention ! Tu vas avoir des problèmes de santé si tu continues comme ça. Tu devrais peut-être faire un régime. Tu as essayé ?

Alice : Oui, mais ça ne marche pas. (　3　) avec le régime.

Emeline : Tu as essayé quoi ?

Alice : Le régime ananas.

Emeline : (　4　) ?

Alice : Il faut manger une boîte d'ananas à chaque repas.

Emeline : C'est n'importe quoi. Tu dois manger équilibré.

Alice : J'ai essayé aussi le régime aux protéines*.

Emeline : Ah, c'est bien ça ?

Alice : Au début, c'est cool comme régime. Le problème, c'est que j'ai faim dans la nuit.

Emeline : Écoute, (　5　), c'est que tu ailles voir un diététicien**.

Alice : Tu as peut-être raison.

*protéine：タンパク質

**diététicien：栄養士

(1) ① je ne me sens pas gêné dans mes pantalons
② je ne rentre plus dans mes pantalons
③ je suis toujours en jean
④ mes pantalons sont trop courts

(2) ① Ça me semble suffisant
② Tu es toujours le même
③ Tu ne fais pas 92
④ Tu ne sembles pas fatigué

(3) ① J'ai beaucoup maigri
② J'ai augmenté la durée de mes repas
③ Je meurs de faim
④ Je saute le repas de midi

(4) ① C'est quoi ça
② C'est tout
③ En plus
④ Par exemple

(5) ① ce que tu veux faire
② justement
③ l'ennui
④ le mieux

(1)	(2)	(3)	(4)	(5)

EXERCICE 2

次の対話を読み，（1）〜（5）に入れるのにもっとも適切なものを，それぞれ右のページの①〜④のなかから1つずつ選び，解答欄にその番号を記入してください。

Le garçon : Qu'est-ce qu'il y a, madame ?

Nicole : Vous faites bien de me le demander ! Pas de table en arrivant alors que j'avais réservé ! Ce n'est pas digne d'un restaurant comme le vôtre.

Le garçon : Je suis désolé de cette faute.

Nicole : Oui, enfin attendre pendant trente minutes debout dans le couloir ! (1) ! Et le service ne ressemble à rien ! Les plats étaient froids, on demande la viande saignante, elle était trop cuite, l'accompagnement était tout simplement trop salé.

Le garçon : Je comprends votre déception, laissez-nous vous offrir les digestifs.

Nicole : (2), j'avais invité un client japonais. Il traverse la planète pour signer les contrats, je l'invite dans un trois étoiles pour lui montrer à quoi ressemble notre gastronomie... (3). Et le seul spectacle que j'aie à lui donner, c'est de devoir attendre debout dans le couloir et de manger froid ! Je suis profondément déçue, si j'avais su, je l'aurais invité chez moi. (4), on aurait passé une bonne soirée.

Le garçon : Je suis vraiment désolé.

Nicole : (5). Je vous dois combien ?

Le garçon : Laissez. C'est pour nous.

Nicole : Merci.

(1) ① C'est incroyable
　　 ② C'est trop cher
　　 ③ Que de monde
　　 ④ Quelle surprise

(2) ① J'en suis sûr
　　 ② Ne vous en faites pas
　　 ③ Vous comptez sur moi
　　 ④ Vous vous rendez compte

(3) ① ce à quoi je m'attendais
　　 ② ce que je ne peux pas croire
　　 ③ ce qui se passe
　　 ④ tout ce qu'on fait de mieux

(4) ① Au moins
　　 ② Avec ça
　　 ③ Encore une fois
　　 ④ Sans quoi

(5) ① C'est moi qui vous remercie
　　 ② Ce n'est rien
　　 ③ Pas autant que moi
　　 ④ Vous m'avez encouragé

(1)	(2)	(3)	(4)	(5)

EXERCICE 3

　次の対話を読み，（ 1 ）〜（ 5 ）に入れるのにもっとも適切なものを，それぞれ右のページの①〜④のなかから1つずつ選び，解答欄にその番号を記入してください。

Charlotte : Je ne sais pas comment faire, je me suis disputée avec Thomas. Tu crois que je devrais l'appeler ? Ce serait peut-être bien, non ?

Jade : (1), je laisserais passer quelques jours.

Charlotte : Impossible ! Je vais devenir folle d'inquiétude. Disons que je pourrais attendre demain mais c'est dur.

Jade : Tu pourrais sortir, aller au théâtre ! Tiens, (2) d'aller au théâtre ? On pourrait voir une pièce de Ionesco, non ?

Charlotte : Non, ça ne me dit rien. Si jamais je sortais ce soir, je risquerais de rater un coup de fil !

Jade : Tu n'aurais pas un téléphone portable, (3).

Charlotte : Si. Mais je ne peux pas le laisser allumé au théâtre !

Jade : Alors, on pourrait aller dîner quelque part !

Charlotte : Non, je n'ai pas faim. Je préfère rester chez moi.

Jade : (4), tu ne devrais pas rester chez toi à ne rien faire. (5) d'accepter quelques invitations, ça te changerait les idées. Ce serait beaucoup mieux pour toi.

*si jamais：万一

**coup de fil：電話

(1) ① À ta place
② Avec le temps
③ En faisant un effort
④ Un jour plutôt

(2) ① c'est agréable
② il t'est venu à l'esprit
③ qu'est-ce que tu dirais
④ tu viens

(3) ① à temps
② avec intérêt
③ par chance
④ par hasard

(4) ① Écoute
② Et alors
③ Tiens
④ Tu sais

(5) ① N'essaie pas
② Occupe-toi
③ Tu arrêteras
④ Tu ferais mieux

(1)	(2)	(3)	(4)	(5)

EXERCICE 4

次の対話を読み，（ 1 ）～（ 5 ）に入れるのにもっとも適切なものを，それぞれ右のページの ①～④ のなかから１つずつ選び，解答欄にその番号を記入してください。

Georges : Lucas !

Lucas : Tiens, bonjour Georges.

Georges : J'ignorais que vous étiez venu voir cette pièce.

Lucas : Oui... C'était (1) ma femme qui le voulait. Je n'avais pas très envie de la voir. Je suis venu pour accompagner ma femme. Je n'apprécie pas vraiment les comédies. Rien ne vaut une bonne tragédie.

Georges : Tiens donc ? (2) ?

Lucas : Et bien... La tragédie est comment dire... Instructive... Elle dénonce les défauts de la société.

Georges : La comédie aussi ! Prenons, par exemple, la pièce que nous venons de voir.

Lucas : Je trouve que le jeu des acteurs est artificiel. Non, cette pièce (3). Je me suis ennuyé toute la soirée et je regrette vraiment de ne pas avoir regardé le match de tennis à la télé.

Georges : (4) ça ne vous aura pas fait de mal de la voir !

Lucas : Heu... (5) ?

Georges : Et bien cet auteur n'hésite pas à dénoncer les défauts et les horribles caractères de la société via le rire !

(1) ① en cela
② peut-être
③ plutôt
④ tout à fait

(2) ① Avec ça
② Comment faire
③ Pourquoi cela
④ Quelle tragédie

(3) ① est bien construite
② me laisse rire
③ n'apporte rien
④ n'est pas banale

(4) ① Au contraire
② D'ailleurs
③ Par conséquent
④ Pourtant

(5) ① Ça n'a rien à voir
② Où voulez-vous en venir
③ Pourquoi vous aimez la comédie
④ Que pensez-vous de la tragédie

(1)	(2)	(3)	(4)	(5)

EXERCICE 5

次の対話を読み，（1）～（5）に入れるのにもっとも適切なものを，それぞれ右のページの①～④のなかから1つずつ選び，解答欄にその番号を記入してください。

     Sarah : Patrick ?　Patrick Vence ?　Tu ne te souviens pas de moi ?　Sarah
             Pierron.

Patrick : Sarah !　Je ne peux pas y croire !　Toi ici !　Quelle bonne surprise !

     Sarah : Ce n'est pas possible.　(1) !　Je suis ici pour un congrès de médecine.

Patrick : Ça fait combien de temps qu'on ne s'est pas vus ?

     Sarah : Au moins dix ans, je crois.　Après le bac, nous avons perdu contact.

Patrick : Oui, après le bac.

     Sarah : Le temps passe vite !　Tu n'as pas changé !

Patrick : (2).　Si un peu, tu as changé de coiffure !

     Sarah : Je porte des lunettes aussi, (3) tu ne m'as pas reconnue !

Patrick : Oui, c'est cela.　C'est probablement les lunettes, tu as l'air sérieuse !

     Sarah : Qu'est-ce que tu fais maintenant ?　Tu as quitté Rouen ?　Tu habites à
             Lille ?

Patrick : Oui, j'ai quitté Rouen il y a cinq ans et j'habite à Lille.　Je travaille ici
            aussi.　Et toi ?

     Sarah : Toujours à Rouen.　J'habite toujours chez mes parents.

Patrick : Tu as raison.　On est bien chez ses parents !　Qu'est-ce que tu fais ?

     Sarah : Je travaille dans un hôpital.　Le même hôpital depuis sept ans.　Écoute,
          (4), dans ce café.　Je reste encore quelques jours à Lille.

Patrick : (5), on pourrait dîner ensemble ?　Tu es occupée demain soir ?

     Sarah : Non, je suis libre, je finis vers cinq heures.

(1) ① Ça tombe bien
   ② Ça y est
   ③ Je n'en reviens pas
   ④ Tu plaisantes

(2) ① Mais si
   ② Pas tellement
   ③ Toi aussi
   ④ Toi non plus

(3) ① après que
   ② cependant
   ③ c'est pourquoi
   ④ parce que

(4) ① je vais réserver une place
   ② je viens souvent ici
   ③ on se retrouve ici
   ④ rendez-vous demain matin

(5) ① Ça m'arrive
   ② Ça m'est égal
   ③ Bien sûr
   ④ Tu vois

(1)	(2)	(3)	(4)	(5)

EXERCICE 6

次の対話を読み，（1）～（5）に入れるのにもっとも適切なものを，それぞれ右のページの①～④のなかから1つずつ選び，解答欄にその番号を記入してください。

Raymond : Tu te rappelles le jour où nous sommes partis et où il neigeait ?

Mathis : Ah, oui, c'est un voyage dont je me souviendrai toute ma vie !
（ 1 ）! La route par laquelle on était passés était bloquée par la neige. On a dû attendre que le chasse-neige* arrive, ce qui a pris plus d'une demi-journée.

Raymond : Finalement, on était arrivés à un petit village où il n'y avait qu'un hôtel. （ 2 ）, cet hôtel était complet.

Mathis : Faute de mieux, nous sommes entrés dans un tout petit bistrot, dont le patron était très gentil.

Raymond : Oui, il a téléphoné à un couple qu'il connaissait. Ils ont spontanément proposé de nous héberger. （ 3 ）, cette solidarité en montagne, à laquelle nous ne sommes plus habitués en ville.

Mathis : Et la façon chaleureuse dont ces gens nous ont reçus. Mais （ 4 ）, pourquoi est-ce que nous reparlons de cette histoire ?

Raymond : Eh bien, tu te souviens qu'ils avaient une fille qui était institutrice ?

Mathis : Bien sûr. Elle était aimable et très attentionnée.

Raymond : Eh oui ! J'ai lu, par hasard, un article qu'elle a publié dans une revue pédagogique.

Mathis : （ 5 ）! Le monde est petit.

*chasse-neige：除雪車

(1) ① C'est hors de question
② Jamais de la vie
③ Nous avions de la chance
④ Quelle aventure

(2) ① Magnifiquement
② Malheureusement
③ Probablement
④ Vraiment

(3) ① Bizarrement
② C'est complètement fou
③ C'est extraordinaire
④ Normalement

(4) ① au fait
② dans ce cas
③ de cette façon
④ en effet

(5) ① Ça alors
② Ce n'est pas vrai
③ C'est ennuyeux
④ Tu exagères

(1)	(2)	(3)	(4)	(5)

EXERCICE 7

次の対話を読み，（1）〜（5）に入れるのにもっとも適切なものを，それぞれ右のページの①〜④のなかから1つずつ選び，解答欄にその番号を記入してください。

L'homme : Madame ! Attention ! Vous avez détruit ma voiture !

Rachel : Mais monsieur, vous n'avez pas vu le feu rouge !

L'homme : C'est vous qui êtes passée sans regarder.

Rachel : Ça, c'est extraordinaire ! C'était au rouge pour les voitures.

L'homme : (1), vous avez couru sans regarder ! On regarde, avant de traverser ! Alors calmez-vous. Il faut faire un constat pour nos assurances.

Rachel : J'ai eu un accident il y a deux ans, je n'ai plus de formulaire. Vous en avez un ?

L'homme : Bien sûr ! Moi, je n'ai jamais eu d'accident depuis que j'ai passé mon permis de conduire il y a cinq ans. (2) ! Voici mon permis et mon attestation d'assurance*.

Rachel : Je vais remplir le constat si vous voulez. (3) ?

L'homme : Vous êtes arrivée trop vite sans regarder le feu rouge, moi je suis arrivé doucement pour me garer juste après le croisement. J'ai freiné, mais à cause de la pluie, j'ai glissé.

Rachel : (4), mais je n'ai pas vu votre voiture parce qu'un camion s'est garé au coin de la rue. Nous allons faire un croquis de l'accident sur le constat.

L'homme : Ma voiture est beaucoup plus détruite que la vôtre.

Rachel : La mienne a le pare-chocs** cassé. Ce n'est pas trop grave ! Nous ne sommes pas blessés. (5). L'assurance va rembourser.

*attestation d'assurance：保険証書

**pare-chocs：バンパー

(1) ① Ce n'est pas votre faute
② Je ne trouve pas ça normal
③ Pas de problème
④ Pas du tout

(2) ① Signez ce formulaire
② Sortez vos papiers
③ Faites un constat
④ Vraiment

(3) ① C'est une rue à sens unique
② Le feu allait passer au rouge
③ Que s'est-il passé selon vous
④ Vous savez quel est le nom de cette rue

(4) ① Je ne vous fais pas confiance
② Je ne vous comprends pas
③ Vous avez raison
④ Vous devinez mal

(5) ① Ce n'est pas dramatique
② C'est un tragique accident
③ Il faut prendre une assurance
④ Ma voiture ne veut pas démarrer

(1)	(2)	(3)	(4)	(5)

EXERCICE 8

次の対話を読み，（1）～（5）に入れるのにもっとも適切なものを，それぞれ右のページ
の①～④のなかから1つずつ選び，解答欄にその番号を記入してください。

Édouard : Tu as vu la nouvelle stagiaire ? Elle est drôlement jeune !

Lise : Jeune jeune, elle a au moins trente ans.

Édouard : Peut-être mais (1). Elle est super sympa, tu ne trouves pas ?

Lise : Je ne la trouve pas sympa du tout. En plus, elle n'a aucun charme,
elle est toujours désagréable avec tout le monde. Bof, elle est très
bête. Elle me pose dix fois les mêmes questions. À croire* qu'elle ne
comprend pas ce que je lui dis.

Édouard : Moi, je la trouve assez intelligente. C'est parce que tu lui expliques
mal.

Lise : (2), j'espère ! J'ai déjà formé des dizaines de filles, c'est la
première fois que ça se passe comme ça.

Édouard : Dis donc, (3). Elle est très gentille depuis le début du stage. En
plus, elle est très mignonne.

Lise : Franchement, je ne comprends pas ce que tu lui trouves. Elle est
moche, elle est antipathique. Ah, les hommes ! (4).

Édouard : Dis-moi, tu ne serais pas un peu jalouse, toi ?

Lise : Moi ? Jalouse ? Bien sûr que non ! (5). Bon allez, au boulot.

* à croire que：…のようだ

(1) ① elle a dépassé la trentaine
　　② elle est encore dans la vingtaine
　　③ elle fait jeune
　　④ elle n'est plus jeune

(2) ① Ça te plaît beaucoup
　　② C'est pas mal
　　③ Tu la crois
　　④ Tu plaisantes

(3) ① elle a l'air heureuse
　　② elle est trop bien pour toi
　　③ je comprends ta colère
　　④ tu exagères un peu

(4) ① Ils ne voient jamais rien
　　② Ils sont clairvoyants
　　③ Ils sont sévères avec les femmes
　　④ Je les trouve jaloux

(5) ① Ça y est
　　② Je suis tout à fait d'accord
　　③ Je vous remercie
　　④ N'importe quoi

(1)	(2)	(3)	(4)	(5)

EXERCICE 9

次の対話を読み，（1）〜（5）に入れるのにもっとも適切なものを，それぞれ右のページの①〜④のなかから１つずつ選び，解答欄にその番号を記入してください。

Bertrand : Voilà une lettre et une photo de Bernard. Son avion arrive à 11h10 le 15. C'est mardi prochain. Tu peux aller le chercher à l'aéroport ?

Claudia : Mais c'est qui Bernard ?

Bertrand : Le fils de Derek. Mon ami Derek, tu sais, celui qui a été mon collègue. (1) ? Son fils Bernard vient passer deux ou trois semaines chez nous.

Claudia : Ah oui, je me souviens. Mais il ne s'appelle pas Bernie ?

Bertrand : (2). Son vrai nom est Bernard.

Claudia : Je vois. Eh bien moi, je ne travaille pas mardi, alors je suppose que je peux aller le chercher. (3) ?

Bertrand : Eh bien, il a les cheveux bruns, les yeux marron. (4). Il est grand, mince. Il est très beau.

Claudia : Il a l'air typiquement anglais. Il a quel âge ?

Bertrand : Oh, il doit avoir quinze ans ou seize ans, (5).

Claudia : Et son français ?

Bertrand : Il est parfait. Il parle toujours français avec Derek.

(1) ① Tu crois
　　② Tu dis
　　③ Tu entends
　　④ Tu te souviens

(2) ① C'est son nom de famille
　　② C'est son surnom
　　③ Donne-moi son nom
　　④ Si, il s'appelle Bernie

(3) ① Il est comment
　　② Il est timide
　　③ Tu ne le trouves pas sympa
　　④ Tu sais ce qu'il fait

(4) ① Il est étudiant à l'Université de Londres
　　② J'ai oublié son adresse
　　③ Le voilà qui arrive
　　④ Voilà sa photo

(5) ① bien sûr
　　② en fait
　　③ je suppose
　　④ n'est-ce pas

(1)	(2)	(3)	(4)	(5)

EXERCICE 10

次の対話を読み，（1）～（5）に入れるのにもっとも適切なものを，それぞれ右のページの①～④のなかから１つずつ選び，解答欄にその番号を記入してください。

      Alain : Le Petit Pont bonjour.

Patricia : Allô. Je vous appelle pour savoir si vous n'auriez pas trouvé un sac noir.

      Alain : Ah, (1) ! Oui, il est là. Vous l'avez laissé sur la chaise, c'est une serveuse qui l'a trouvé.

Patricia : C'est vrai ? Ouh, (2) !

      Alain : Je vous avoue qu'on l'a ouvert pour voir s'il n'y avait pas une coordonnée. Mais...

Patricia : Ben oui, il n'y avait pas vraiment moyen de me joindre.

      Alain : (3), ne vous inquiétez pas, tout y est : le portefeuille, la carte de train, la trousse de maquillage. Mais, comment vous avez fait pour avoir notre numéro ?

Patricia : Ah, je me souvenais du nom du café et j'ai cherché sur Internet. Coup de chance, c'était bon.

      Alain : Oui, c'est un coup de chance, avec ma femme, on se disait qu'on allait (4) demain si vous ne reveniez pas aujourd'hui.

Patricia : Dites, il va me falloir au moins une heure pour revenir, (5) ?

      Alain : Oui, vous savez, on est ouvert jusqu'à vingt-deux heures.

Patricia : D'accord.

(1) ① c'est bien ça
　　② c'est vous
　　③ vous avez raison
　　④ Vous vous trompez de numéro

(2) ① c'est dommage
　　② donnez-moi un coup de main
　　③ j'ai une idée
　　④ quel soulagement

(3) ① D'ailleurs
　　② De cette façon
　　③ En tout cas
　　④ Par conséquent

(4) ① chercher un objet perdu
　　② le remettre à la police
　　③ vous chercher au travail
　　④ vous téléphoner

(5) ① il est temps de commencer
　　② votre café est déjà fermé
　　③ votre café ferme à quelle heure
　　④ vous serez encore ouvert

(1)	(2)	(3)	(4)	(5)

第 1 回
実用フランス語技能検定模擬試験
筆記試験問題冊子　〈2 級〉

問題冊子は試験開始の合図があるまで開いてはいけません。

筆 記 試 験	10 時 00 分 ～ 11 時 30 分
	（休憩 20 分）
書 き 取 り 聞 き 取 り 試験	11 時 50 分から約 35 分間

◇**筆記試験と書き取り・聞き取り試験の双方を受験しないと欠席になります。**
◇問題冊子は表紙を含め 12 ページ、全部で 7 問題です。

注 意 事 項

1　途中退出はいっさい認めません。

2　筆記用具は **HB または B の黒鉛筆** (シャープペンシルも可) を用いてください。

3　解答用紙の所定欄に、**受験番号**と**カナ氏名**が印刷されていますから、まちがいがないか、**確認**してください。

4　**マーク式の解答は、解答用紙の解答欄にマークしてください。**例えば、① の (1) に対して
③ と解答する場合は、次の例のように解答欄の ③ にマークしてください。

例

解答番号	解 答 欄
1	
(1)	① ② ● ④ ⑤ ⑥ ⑦ ⑧

5　記述式の解答の場合、正しく判読できない文字で書かれたものは採点の対象となりません。

6　解答に関係のないことを書いた答案は無効にすることがあります。

7　解答用紙を折り曲げたり、破ったり、汚したりしないように注意してください。

8　問題内容に関する質問はいっさい受けつけません。

9　不正行為者はただちに退場、それ以降および来季以後の受験資格を失うことになります。

10　**携帯電話等の電子機器の電源はかならず切って、かばん等にしまってください。**

11　**時計のアラームは使用しないでください。**

＊解答用紙は p. 254 にあります。

1 次の(1)～(4)の（　）内に入れるのに最も適切なものを、下の①～⑧のなかから1つずつ選び、解答欄のその番号にマークしてください。ただし、同じものを複数回用いることはできません。なお、①～⑧では、文頭にくるものも小文字にしてあります。（配点　4）

(1)　Jean sera (　　　　) retour d'Amérique du Sud la semaine prochaine.

(2)　Je n'entends rien, je suis (　　　　) la douche !

(3)　On vous attend (　　　　) faute à huit heures.

(4)　(　　　　) part l'anglais, je ne connais pas de langue étrangère.

　　①　à　　　　②　après　　③　de　　　④　depuis

　　⑤　en　　　⑥　par　　　⑦　sans　　⑧　sous

2 次のフランス語の文(1)～(5)が、それぞれあたえられた日本語の文が表わす意味になるように、（　）内に入れるのにもっとも適切な語（各1語）を解答欄に書いてください。（配点　10）

(1)　Ce paysage me (　　　　) mon pays natal.
　　この風景は私の生まれ故郷を思い出させる。

(2)　Mon travail ne me (　　　　) pas de sortir.
　　私は仕事から手が離せなくて外出できない。

(3)　Personne ne te donne (　　　　).
　　だれもきみを責めてはいない。

(4)　Quand on sera à Paris, on vous fera (　　　　).
　　パリに着いたら、あなたにお知らせします。

(5)　Tu n'as rien à te reprocher, étant (　　　　) que tu n'étais pas là.
　　君はそこにいなかったんだから、何ら自分を責める必要はない。

3 　次の(1)〜(5)について、**A**、**B**がほぼ同じ意味になるように、（　　　）内に入れるのにもっとも適切なものを、下の語群から1つずつ選び、必要な形にして解答欄に書いてください。ただし、同じものを複数回用いることはできません。（配点　10）

(1) **A** Il croit que ces histoires ne regardent pas ses enfants.

　　B Il doute que ses enfants (　　　　) par ces histoires.

(2) **A** Il était difficile pour moi d'accepter ta proposition.

　　B Ta proposition ne me (　　　　) pas tout à fait.

(3) **A** Je n'ai pas le courage de faire remarquer les défauts de son récent livre.

　　B Si j'osais, je (　　　　) son récent livre.

(4) **A** Je te laisserai regarder la télévision quand tu auras fait le ménage.

　　B Tu regarderas la télévision après (　　　　) le ménage.

(5) **A** Mon père m'a acheté cette montre.

　　B Je (　　　　) acheter cette montre par mon père.

　　　　arrêter　　　concerner　　　convenir　　　critiquer

　　　　oser　　　se faire　　　se permettre　　　terminer

4 次の文章を読み、（ 1 ）～（ 5 ）に入れるのに最も適切なものを、そ
れぞれ右のページの ① ～ ③ のなかから１つずつ選び、解答欄のその番号
にマークしてください。（配点　10）

　Une première grossesse très jeune, c'est un peu une histoire de famille chez
Amandine. « Ma grand-mère a eu ma mère à l'âge de 17 ans et ma mère m'a eue
à 22 ans, a-t-elle expliqué dans une interview. À 30 ans, on (1), on se pose
beaucoup de questions. Alors qu'à 20 ans, l'âge où j'ai eu ma fille Lucienne,
ce n'est pas qu'on est inconsciente*, mais on vit au jour le jour**. » Ses neuf
mois se sont déroulés sans problème : « Je pense avoir vécu une grossesse
quasi parfaite puisque j'ai eu la chance (2). Mais comme je n'arrivais pas à
dormir, je mangeais la nuit. Quand on est enceinte, il est normal de grossir. »

　Les premières années de Lucienne ont été une source de bonheur pour
Amandine et son mari. Jusqu'à sa rupture avec le papa. « C'était très
compliqué de lui expliquer que malgré cette séparation, son père et moi
l'aimerions toujours autant. C'est (3) que j'ai eu à vivre en tant que
maman », a-t-elle avoué. Aujourd'hui, Amandine et sa fille sont retournées
s'installer en Corse, à Ajaccio, tandis que le papa est resté à Paris.

　Lorsque la chanteuse part en voyage pour ses tournées, elle laisse sa fille à
ses parents et à sa grand-mère. « Ils s'occupent d'elle avec attention, se réjouit-
elle. Il est important qu'elle (4), qu'elle aille à l'école comme toutes les
petites filles de son âge et qu'elle dorme suffisamment. » Et la maman n'est
(5) jamais bien loin. « Quand elle est avec son père à Paris, elle m'appelle
cinquante fois par jour, juste pour me dire qu'elle m'aime. »

　　　　　　　　　　　　　　　* inconsciente : 無分別な

　　　　　　　　　　　　　　　** vivre au jour le jour : その日暮らしをする

(1)　① réfléchit plus

　　　② se conduit mal

　　　③ va trop loin

(2)　① d'avoir un grand succès

　　　② de ne pas être malade

　　　③ d'être dans le besoin

(3)　① l'aventure merveilleuse

　　　② la vie la plus aisée

　　　③ le moment le plus dur

(4)　① conserve un rythme normal

　　　② soit pleine de confiance

　　　③ supporte son épreuve

(5)　① de toute façon

　　　② en ce cas

　　　③ en moyenne

5　次の文章は、絵本作家 Clara に対するインタビューの一部です。インタビューアーの質問として（　1　）～（　5　）に入れるのに最も適切なものを、右のページの ① ～ ⑦ のなかから１つずつ選び、解答欄のその番号にマークしてください。（配点　10）

Le journaliste : （　1　）

　　　　Clara : Je me considère plutôt comme une illustratrice. Le dessin est aussi une forme d'écriture, même s'il n'a pas de loi grammaticale. En fait j'écris et je dessine simultanément.

Le journaliste : （　2　）

　　　　Clara : Je pourrais citer une trentaine de noms. Récemment j'ai découvert deux auteurs.

Le journaliste : （　3　）

　　　　Clara : Oui. Peut-être parce que nos deux mères sont suédoises. Je garde les images de la Suède.

Le journaliste : （　4　）

　　　　Clara : C'est vrai, c'est peut-être une façon pour moi de dire à voix basse : «Adultes, regardez, vous êtes tout à fait enfantins. »

Le journaliste : （　5　）

　　　　Clara : Je supporte mal les lignes droites, elles ne me rassurent pas du tout. Je suis à l'aise avec le non-explicite, la magie, l'invisible.

① Comment passez-vous de l'écriture à l'illustration ?

② D'où vous vient le goût pour votre approche fantastique ?

③ Les enfants de vos livres sont pleins de sagesse alors que les adultes ont gardé les maladresses de l'enfance, non ?

④ Pourquoi les animaux ont-ils une présence très forte dans vos livres ?

⑤ Quels sont vos prochains projets ?

⑥ Vous avez du goût pour la blancheur de la neige, le silence de la forêt... ?

⑦ Vous êtes une grande lectrice, qui aimez-vous lire ?

6 次の文章を読み、右のページの(1)〜(7)について、文章の内容に一致する場合は解答欄の ① に、一致しない場合は ② にマークしてください。

(配点　14)

Le caveau* de la famille du marchand florentin Francesco del Giocondo dont la femme Lisa Gherardini pourrait avoir servi de modèle à Léonard de Vinci pour son célèbre tableau La Joconde, a été ouvert par une équipe de scientifiques. Cette équipe est à la recherche de restes** susceptibles de contribuer à la confirmation de l'identité de la femme au célèbre sourire énigmatique.

Un orifice*** assez grand pour qu'une personne puisse s'y faufiler a été découpé dans le sol de la basilique**** de la Santissima Annunziata au-dessus du caveau familial des Giocondo.

L'équipe de scientifiques prévoit de faire des prélèvements ADN sur les os retrouvés dans le caveau et de les comparer avec ceux de trois femmes enterrées dans le couvent***** Saint Orsola non loin de là. Les restes de l'une des trois, un crâne notamment, pourraient être ceux de Lisa Gherardini. Lisa Gherardini a en effet passé les dernières années de sa vie à Saint Orsola, selon les historiens.

L'équipe de scientifiques espère que certains des os dans le caveau familial de la basilique Santissima Annunziata seront ceux d'un parent de Lisa Gherardini, sans doute de son fils, Piero. Une fois la correspondance entre les ADN établie, l'équipe de scientifiques lancera une reconstitution du visage de Lisa Gherardini à partir du crâne retrouvé au couvent Saint Orsola. Cette reconstitution sera ensuite comparée à La Joconde au Louvre à Paris.

Si l'on réussit, on pourra finalement répondre à trois questions qui obsèdent les amoureux de l'art : Gherardini a-t-elle été le modèle de La Joconde ? Ou bien s'agissait-il d'un autre modèle comme le disent certains ? Ou bien est-ce juste une représentation sortie de l'imagination du peintre ?

*caveau：地下納骨所　**restes：遺骨　***orifice：開口部
****basilique：教会堂　*****couvent：修道院

(1) La femme de Francesco del Giocondo pourrait avoir servi de modèle à Léonard de Vinci pour toutes ses œuvres.

(2) L'équipe de scientifiques a ouvert le caveau de la famille de Francesco del Giocondo pour rechercher des restes qui contriburaient à identifier Lisa Gherardini.

(3) Il a fallu creuser une fosse dans le sol de la basilique de la Santissima Annunziata pour sortir du caveau familial des Giocondo.

(4) Les restes de l'une des trois femmes enterrées dans le couvent Saint Orsola pourraient être ceux de Lisa Gherardini.

(5) L'équipe de scientifiques espère que certains des os dans le caveau familial de la basilique Santissima Annunziata seront ceux du fils de Lisa Gherardini.

(6) L'équipe de scientifiques se mettra à reconstituer le visage de Lisa Gherardini à partir du modèle de La Joconde au Louvre.

(7) Parmi les amoureux de l'art, certains disent que le modèle de La Jaconde n'a jamais existé.

7 次の対話を読み、（ 1 ）〜（ 5 ）に入れるのに最も適切なものを、それぞれ右のページの ① 〜 ④ のなかから1つずつ選び、解答欄のその番号にマークしてください。（配点 10）

Émilie : Alors, à ce qu'il paraît, tu veux quitter Paris ?

Pauline : Oui, écoute, on commence vraiment à (1).

Émilie : Ah ! Bon ! Pourquoi ? Parce que vous êtes trop à l'étroit.

Pauline : C'est ça, c'est exactement ça, on est quatre dans un trois-pièces.

Émilie : Ah ! Mais, tu as déjà deux enfants !

Pauline : Ben oui ! Tu ne savais pas ?

Émilie : Non ! Écoute, excuse-moi, ça fait longtemps qu'on ne s'est pas vues.

Pauline : Ben oui ! Puis, (2) que les enfants grandissent, on cherche en fait un logement plus grand.

Émilie : Et alors, qu'est-ce que vous allez faire ? Vous allez du côté de la banlieue ?

Pauline : Non, non la banlieue, c'est hors de question, j'ai une heure de trajet pour aller à mon bureau tous les jours. Moi, j'aurais bien aimé rester à Paris. Mais ce n'est pas possible, (3).

Émilie : Et qu'est-ce que tu préfères ?

Pauline : Ben… en fait, du coup, on s'est dit : une maison à la campagne !

Émilie : Et alors, vous partez dans quel coin ?

Pauline : Sud-ouest, (4) chercher dans le sud-ouest.

Émilie : Ah ! Dans le sud-ouest. Alors pourquoi le sud-ouest ?

Pauline : Olivier est originaire de la région… donc (5) de retourner là-bas. Et puis, à la campagne, la vie est moins chère.

(1)　① chercher un appartement

　　② en avoir marre

　　③ être habitués à cette ville

　　④ trouver les Parisiens peu aimables

(2)　① afin

　　② à moins

　　③ bien

　　④ maintenant

(3)　① c'est hors de prix

　　② c'est préférable

　　③ je préfère habiter à Paris

　　④ on va s'installer à Paris

(4)　① on a arrêté de

　　② on a décidé de

　　③ on a hésité à

　　④ on a renoncé à

(5)　① ça ne sert à rien

　　② ça nous fait plaisir

　　③ ce n'est pas nécessaire

　　④ il est difficile

参考資料

*書き取り試験・聞き取り試験問題の音声は姉妹編『完全予想仏検2級─書き取り問題・聞き取り問題編』に付属している MP3 CD-ROM に吹き込まれています。

第1回
実用フランス語技能検定模擬試験
聞き取り試験問題冊子　〈2級〉

書き取り・聞き取り試験時間は、
11時50分から約35分間

　先に書き取り試験をおこないます。解答用紙表面の書き取り試験注意事項をよく読んでください。書き取り試験解答欄は裏面*にあります。
　この冊子は指示があるまで開かないでください。

◇筆記試験と書き取り・聞き取り試験の双方を受験しないと欠席になります。
◇問題冊子は表紙を含め4ページ、全部で2問です。

書き取り・聞き取り試験注意事項

1　途中退出はいっさい認めません。
2　書き取り・聞き取り試験は、CD・テープでおこないます。
3　解答用紙の所定欄に、**受験番号とカナ氏名**が印刷されていますから、まちがいがないか、**確認**してください。
4　CD・テープの指示に従い、中を開いて、日本語の説明をよく読んでください。フランス語で書かれた部分にも目を通しておいてください。
5　解答はすべて別紙の書き取り・聞き取り試験解答用紙の解答欄に、**HB または B の黒鉛筆**(シャープペンシルも可)で記入またはマークしてください。
6　問題内容に関する質問はいっさい受けつけません。
7　**携帯電話等の電子機器の電源はかならず切って、かばん等にしまってください。**
8　**時計のアラームは使用しないでください。**

*解答用紙は p. 255～256 にあります。

1

- まず、精肉店経営者 Samuel へのインタビューを聞いてください。
- つづいて、それについての6つの質問を読みます。
- もう1回、インタビューを聞いてください。
- もう1回、6つの質問を読みます。1問ごとにポーズをおきますから、その間に、答えを解答用紙の解答欄にフランス語で書いてください。
- それぞれの（　　）内に1語入ります。
- 答えを書く時間は、1問につき10秒です。
- 最後に、もう1回インタビューを聞いてください。
- 数を記入する場合は、算用数字で書いてください。
  （メモは自由にとってかまいません）（配点　8）

(1) Il prépare la viande et il (　　) les produits en vitrine après le (　　).

(2) Parce qu'ils seront (　　) à midi.

(3) Ce ne sont pas seulement des (　　), mais aussi beaucoup de gens de (　　).

(4) On se coupe souvent les mains, on doit (　　) le froid et l'humidité et rester toujours debout.

(5) Il faut être (　　) et motivé.

(6) C'est l'(　　).

メモ欄

2

- まず、ミュージシャン Jérôme の話を 2 回聞いてください。
- 次に、その内容について述べた文(1)〜(10)を 2 回通して読みます。
  それぞれの文が話の内容に一致する場合は解答欄の①に、一致しない
  場合は②にマークしてください。
- 最後に、もう 1 回 Jérôme の話を聞いてください。
  （メモは自由にとってかまいません）（配点　10）

メモ欄

第１回実用フランス語技能検定模擬試験（２級）　筆記試験　解答用紙

会場名・氏名

会　場　名

氏　　　名

受験番号・会場コード

会場コード　　受験番号

記入およびマークについての注意事項

1. 解答にはかならずHBまたはBの黒鉛筆（シャープペンシルも可）を使用してください。ボールペンや万年筆等でマークした解答は機械による読み取りの対象とならないため、採点されません。
2. 記入は太線の枠内に、マークは○の中を正確に塗りつぶしてください（下記マーク例参照）。採点欄は塗りつぶさないでください。
3. 訂正の場合は、プラスチック製消しゴムできれいに消してください。
4. 解答用紙を折り曲げたり、破ったり、汚したりしないでください。

マーク例

良い例　●

悪い例　○ × ◐ ◑ ◓

1

解答番号	解　答　欄
(1)	① ② ③ ④ ⑤ ⑥ ⑦ ⑧
(2)	① ② ③ ④ ⑤ ⑥ ⑦ ⑧
(3)	① ② ③ ④ ⑤ ⑥ ⑦ ⑧
(4)	① ② ③ ④ ⑤ ⑥ ⑦ ⑧

2

解答番号	解　答　欄	採点欄
(1)		② ⓪
(2)		② ⓪
(3)		② ⓪
(4)		② ⓪
(5)		② ⓪

3

解答番号	解　答　欄	採点欄
(1)		② ⓪
(2)		② ⓪
(3)		② ⓪
(4)		② ⓪
(5)		② ⓪

4

解答番号	解　答　欄
(1)	① ② ③
(2)	① ② ③
(3)	① ② ③
(4)	① ② ③
(5)	① ② ③

5

解答番号	解　答　欄
(1)	① ② ③ ④ ⑤ ⑥ ⑦
(2)	① ② ③ ④ ⑤ ⑥ ⑦
(3)	① ② ③ ④ ⑤ ⑥ ⑦
(4)	① ② ③ ④ ⑤ ⑥ ⑦
(5)	① ② ③ ④ ⑤ ⑥ ⑦

6

解答番号	解　答　欄
(1)	① ②
(2)	① ②
(3)	① ②
(4)	① ②
(5)	① ②
(6)	① ②
(7)	① ②

7

解答番号	解　答　欄
(1)	① ② ③ ④
(2)	① ② ③ ④
(3)	① ② ③ ④
(4)	① ② ③ ④
(5)	① ② ③ ④

第１回実用フランス語技能検定模擬試験 （２級） 書き取り・聞き取り 試験 解答用紙

書き取り試験注意事項 （書き取り試験解答欄は裏面にあります。）

フランス語の文章を、次の要領で４回読みます。全文を書き取ってください。

・１回目、２回目は、ふつうの速さで全文を読みます。内容をよく理解するようにしてください。
・３回目は、ポーズをおきますから、その間に書き取ってください（句読点も読みます）。
・最後に、もう１回ふつうの速さで全文を読みます。
・読み終わってから３分後に、聞き取り試験にうつります。
・数字を書く場合は、算用数字で書いてもかまいません。（配点 14）

書き取り試験

採 点 欄

⓪	①	②	③	④	⑤	⑥	⑦	⑧	⑨
⑩	⑪	⑫	⑬	⑭					

聞き取り試験

1

解答番号	解 答 欄	採点欄
(1)		① ⓪
(2)		① ⓪
(3)		① ⓪
(4)		① ⓪
(5)		① ⓪
(6)		① ⓪

2

解答番号	解 答 欄
(1)	① ②
(2)	① ②
(3)	① ②
(4)	① ②
(5)	① ②
(6)	① ②
(7)	① ②
(8)	① ②
(9)	① ②
(10)	① ②

会 場 名

氏 名

会場コード

| ⓪ | ① | ② | ③ | ④ | ⑤ | ⑥ | ⑦ | ⑧ | ⑨ |

受 験 番 号

| ⓪ | ① | ② | ③ | ④ | ⑤ | ⑥ | ⑦ | ⑧ | ⑨ |

記入およびマークについての注意事項

1. 解答にはかならずHBまたはBの黒鉛筆（シャープペンシルも可）を使用してください。ボールペンや万年筆等でマークした解答は機械による読み取りの対象とならないため、採点されません。
2. 記入は太線の枠内に、マークは〇の中を正確に塗りつぶしてください（下記マーク例参照）。採点欄は塗りつぶさないでください。訂正の場合は、プラスチック製消しゴムできれいに消してください。
3. 訂正の場合は、プラスチック製消しゴムできれいに消してください。
4. 解答用紙を折り曲げたり、破ったり、汚したりしないでください。

マーク例

良い例 ●

悪い例 ⦸ ⊘ ◐ ⊜

第1回実用フランス語技能検定模擬試験

2級 書き取り試験　解答欄

参考資料

＊書き取り試験・聞き取り試験問題の音声は姉妹編『完全予想仏検２級─書き取り問題・聞き取り問題編』に付属している MP3 CD-ROM に吹き込まれています。

第１回実用フランス語技能検定模擬試験
２次試験（面接試験）

　　挨拶から始め，一時停止ボタンを押して，質問に答えましょう。面接委員は男女各１名と想定してください。

La candidate : _____

　　Le jury : Bonjour. Asseyez-vous, je vous en prie. D'abord, présentez-vous, s'il vous plaît.

La candidate : _____

　　Le jury : Aimez-vous votre ville ? Pourquoi ?

La candidate : _____

　　Le jury : Je vous remercie. C'est tout pour aujourd'hui. Au revoir.

La candidate : _____

第2回

実用フランス語技能検定模擬試験

筆記試験問題冊子 〈2級〉

問題冊子は試験開始の合図があるまで開いてはいけません。

筆 記 試 験	10 時 00 分 ～ 11 時 30 分
	(休憩 20 分)
書き取り 聞き取り 試験	11 時 50 分から約 35 分間

◇**筆記試験と書き取り・聞き取り試験の双方を受験しないと欠席になります。**
◇問題冊子は表紙を含め 12 ページ、全部で 7 問題です。

注 意 事 項

1　途中退出はいっさい認めません。

2　筆記用具は **HB** または **B** の黒鉛筆 (シャープペンシルも可) を用いてください。

3　解答用紙の所定欄に、**受験番号**と**カナ氏名**が印刷されていますから、まちがいがないか、**確認**してください。

4　**マーク式の解答は、解答用紙の解答欄にマークしてください。**例えば、1 の (1) に対して
③ と解答する場合は、次の例のように解答欄の ③ にマークしてください。

例	**1**	解答番号	解　答　欄
		(1)	① ② ● ④ ⑤ ⑥ ⑦ ⑧

5　記述式の解答の場合、正しく判読できない文字で書かれたものは採点の対象となりません。

6　解答に関係のないことを書いた答案は無効にすることがあります。

7　解答用紙を折り曲げたり、破ったり、汚したりしないように注意してください。

8　問題内容に関する質問はいっさい受けつけません。

9　不正行為者はただちに退場、それ以降および来季以後の受験資格を失うことになります。

10　**携帯電話等の電子機器の電源はかならず切って、かばん等にしまってください。**

11　**時計のアラームは使用しないでください。**

*解答用紙は p. 274 にあります。

1　次の (1) ～ (4) の（　　）内に入れるのにもっとも適切なものを、下の ① ～ ⑧ のなかから 1 つずつ選び、解答欄のその番号にマークしてください。ただし、同じものを複数回用いることはできません。(配点　4)

(1)　C'est (　　　　) l'accord de ses parents qu'elle est partie en voyage.

(2)　Je n'accepterai l'injustice (　　　　) aucun cas.

(3)　Rangez-vous deux (　　　　) deux.

(4)　Tu fais une drôle (　　　　) tête aujourd'hui, qu'est-ce que tu as ?

ここ①　à　　　②　avec　　　③　de　　　④　depuis

ここ⑤　dès　　　⑥　en　　　⑦　entre　　　⑧　par

2　次のフランス語の文 (1) ～ (5) が、それぞれあたえられた日本語の文が表わす意味になるように、（　　）内に入れるのにもっとも適切な語（各 1 語）を解答欄に書いてください。(配点　10)

(1)　Ça me fait de la (　　　　) de te voir si triste.
君がこんなに悲しむのを見るのはつらい。

(2)　Il s'est vite mis au (　　　　) du tavail qu'il avait à faire.
彼はすぐに、やらなければならない仕事がわかった。

(3)　L'alpinisme ne me (　　　　) plus rien.
登山なんてもう関心がない。

(4)　Parfois les malades sont très calmes, mais, ici, ce n'est pas le (　　　　).
ときとして病人はとても静かですが、ここではそうではありません。

(5)　Tu peux garder ce CD, je n'y (　　　　) pas.
その CD は持っていていいよ、ぼくはいらないから。

3　次の (1) 〜 (5) について、**A**、**B** がほぼ同じ意味になるように、(　　) 内に入れるのにもっとも適切なものを、下の語群から 1 つずつ選び、必要な形にして解答欄に書いてください。ただし、同じものを複数回用いることはできません。(配点　10)

(1) **A**　Aucun de mes élèves n'a trouvé la solution du problème de maths.

　　B　Dans ma classe, personne n'(　　　　) le problème de maths.

(2) **A**　C'est fini, nous avons beau courir, nous ne pouvons pas attraper l'autobus.

　　B　Il est inutile que nous (　　　　) pour l'autobus, il est trop tard.

(3) **A**　Contrairement à ce que je prévoyais, il a manqué à sa parole.

　　B　Je croyais qu'il (　　　　) sa parole.

(4) **A**　La tempête l'oblige à rester à la maison.

　　B　Elle (　　　　) à rester à la maison à cause de la tempête.

(5) **A**　Vous ne pourriez pas parler moins haut ? Je n'arrive pas à entendre le professeur.

　　B　Si vous (　　　　) un peu la voix, j'entendrais mieux le professeur.

baisser	condamner	rendre	résoudre
se dépêcher	se servir	tenir	vouloir

4 次の文章を読み、(1)～(5)に入れるのにもっとも適切なものを、それぞれ右のページの①～③のなかから1つずつ選び、解答欄のその番号にマークしてください。(配点 10)

Élise, Florent, Charlotte, Guillaume et Kévin sont étudaints à Colmar. (1) leurs études, ils doivent organiser un événement au profit d'une association. Ils ont choisi d'organiser une course contre la faim, action de solidarité* bien connue des écoliers et des collégiens. « Cette course (2) au Stade de l'Europe à Colmar. Un grand nombre de volontaires, de tout âge, sont attendus afin de courir ou de marcher contre la faim. » expliquent les étudiants.

Chaque kilomètre parcouru par personne rapportera 1 euro à l'association. Cette somme sera versée par des entreprises et commerces qui financent une action (3). Et l'argent récolté sera reversé aux Restos du Cœur, qui distribuent, chaque hiver, de la nourriture et des produits de première nécessité aux plus démunis**, partout en France.

« Un grand nombre de personnes passeront un moment certainement plus joyeux (4) votre aide », ajoutent les étudiants. La participation est libre et gratuite. Des boissons et des gâteaux (5) les coureurs après la course.

* solidarité : 連帯
** démuni : 貧窮者

(1) ① Au lieu de
② Dans le cadre de
③ En abandonnant

(2) ① se déroulera
② se mettra
③ sera représentée

(3) ① à peu de frais
② pour découvrir des jeunes talents
③ pour faire leur publicité

(4) ① à côté de
② à moins de
③ grâce à

(5) ① attendront
② feront grossir
③ nuiront

5 　次の文章は、Madame Dubois に対するインタビューの一部です。インタビュアーの質問として（　1　）～（　5　）に入れるのにもっとも適切なものを、右のページの①～⑦のなかから1つずつ選び、解答欄のその番号にマークしてください。（配点　10）

La journaliste : （　1　）

Mme Dubois : J'ai grandi en cuisinant beaucoup, ma mère était une excellente cuisinière « maison ». J'ai décidé d'aller à l'école culinaire quand j'avais seize ans. Ensuite, la pâtisserie et le chocolat m'ont vraiment intéressé, et c'est ainsi que j'ai débuté.

La journaliste : （　2　）

Mme Dubois : Deux personnes ont été très importantes dans ma carrière et aussi dans ma vie. Tout d'abord, mon mari m'encourage et me soutient toujours beaucoup. Et j'ai un ami qui a le titre Meilleur Ouvrier de France chocolatier. C'est plus qu'un ami pour moi, c'est comme une famille.

La journaliste : （　3　）

Mme Dubois : Oui, nous devons faire preuve de créativité, nous devons donner le meilleur de nous-mêmes et décider de créer autre chose, et ne pas rester dans ce que nous faisons.

La journaliste : （　4　）

Mme Dubois : Je ne sais vraiment pas. Peut-être parce que je les aime tous. Mais un de mes favoris peut-être s'appelle double caramel au sel de mer. Je pense que je vais choisir celui-ci.

La journaliste : （　5　）

Mme Dubois : 95% de notre activité consiste en vente en gros pour des hôtels et centres de villégiature, mais oui, nous avons aussi des chaînes de magasins pour nos produits. Ils sont disponibles en ligne, bien sûr, parce que nous avons un site Web où les gens peuvent passer leur commande.

① À quoi attribuez-vous votre succès ?

② Est-ce qu'il y a quelqu'un qui a eu une grande influence sur ce que vous faites ?

③ Est-ce un défi d'innover sans cesse ?

④ Où vos chocolats sont-ils disponibles ?

⑤ Quand avez-vous su que vous vouliez devenir chef pâtissier ?

⑥ Quelles sont les avantages et les inconvénients de votre métier ?

⑦ Si seulement je pouvais essayer un de vos produits, lequel devrais-je essayer ?

6 次の文章を読み、右のページの(1)〜(7)について、文章の内容に一致する場合は解答欄の ① に、一致しない場合は ② にマークしてください。

(配点 14)

Le football est l'un des sports les plus pratiqués de la planète. Il rapporte énormément d'argent. Mais il ne fait pas que du bien à l'environnement.

Pour jouer au football, il faut 22 joueurs et un ballon. Mais il faut aussi une belle pelouse bien entretenue, avec des engrais*, des pesticides**, beaucoup d'eau. Et si c'est une grande équipe, il faut un stade, des éclairages, de quoi accueillir les spectateurs. Le football est encore loin d'être un champion de l'écologie, mais des pratiques plus «vertes» apparaissent.

Des clubs de football du Royaume-Uni se sont posé la question de leur impact sur l'environnement. C'est-à-dire de la quantité de pollution que représente un match de foot. Et quand ils ont vu les résultats, ils ont décidé d'agir.

Une fondation*, appelée «Sustainability in Sport», a été crée pour permettre à ces clubs de Premier League d'être plus écologiques. C'est au mois dernier que s'est tenu le premier match plus écologique. Pour l'occasion, l'électricité était fournie par des éoliennes, qui fabriquent de l'électricité grâce au vent. Des projets plus ambitieux sont à l'étude, comme l'utilisation de l'eau de pluie pour arroser les terrains, ou la pose d'un toit avec de l'herbe.

* engrais : 肥料
** pesticide : 殺虫剤
*** fondation : 財団

(1) Le football est un sport qui fait peu de bénéfices.

(2) On ne peut pas entretenir la belle pelouse d'un stade de football sans engrais ni pesticides.

(3) Des clubs de football des États-Unis ont établi une fondation, appelée « Sustainability in Sport ».

(4) La fondation de «Sustainability in Sport» a pour but de protéger l'environnement.

(5) L'impact du football sur l'environnement n'est pas négligeable au point de vue écologique.

(6) L'éléctricité était fournie par la production solaire lors du match du mois dernier.

(7) Le match de football de Premier League aura lieu après que la pluie aura arrosé les terrains.

7 次の対話を読み、(1)～(5)に入れるのにもっとも適切なものを、それぞれ右のページの ① ～ ④ のなかから1つずつ選び、解答欄のその番号にマークしてください。（配点 10）

Pierre : Bon alors Manon, tu lis *Le Monde* d'il y deux jours ?

Manon : Oui, c'est vrai que ce n'est pas celui d'aujourd'hui mais, tu sais, je ne l'achète pas tous les jours parce que (1) et puis *Le Monde*, c'est dense donc il y a beaucoup à lire.

Pierre : *Le Monde* a augmenté son prix cette année. C'est le prix d'un café ?

Manon : Ben oui, mais (2) en lisant mon journal, ça multiplie le prix.

Pierre : Alors tu ne lis qu'un journal par semaine ?

Manon : Non, je lis aussi un quotidien régional pour savoir (3) dans la région.

Pierre : Et tu l'achètes ?

Manon : Celui-là, je ne l'achète pas tous les jours non plus. Je vais le lire parfois à la bibliothèque.

Pierre : Parce que les salles de lecture sont gratuites, en fait ?

Manon : Oui, je m'installe là. (4), c'est assez calme et puis je lis mon journal tranquillement.

Pierre : Mais tu lis des magazines aussi ?

Manon : Oui, j'aime bien les magazines de jardinage. J'ai un petit jardin et ça me donne plein de conseils, plein d'idées.

Pierre : D'accord, oui. (5) ces magazines mais je crois qu'il y en a énormément.

Manon : Oui, mais j'ai mon préféré.

(1) ① ça revient cher

② ce journal voit ses ventes baisser

③ c'est trop difficile

④ je me lasse de l'acheter

(2) ① comme je bois mon café

② malgré que je regarde la télé

③ puisque j'apprends les nouvelles

④ si je déjeune au restaurant

(3) ① à quoi servent les journaux

② avec quel accent on parle

③ ce qui se passe

④ ce qu'on veut faire

(4) ① Aujourd'hui

② En principe

③ Malheureusement

④ Pourtant

(5) ① Je n'y connais rien dans

② Je suis au courant de

③ Tu n'as qu'à me prêter

④ Tu ne dois pas lire

参考資料

＊書き取り試験・聞き取り試験問題の音声は姉妹編『完全予想仏検 2 級—書き取り問題・聞き取り問題編』に付属している MP3 CD-ROM に吹き込まれています。

第 2 回
実用フランス語技能検定模擬試験
聞き取り試験問題冊子 〈2 級〉

書き取り・聞き取り試験時間は、
11 時 50 分 から 約 35 分 間

　先に書き取り試験をおこないます。解答用紙表面の書き取り試験注意事項をよく読んでください。書き取り試験解答欄は裏面＊にあります。
　この冊子は指示があるまで開かないでください。

◇筆記試験と書き取り・聞き取り試験の双方を受験しないと欠席になります。
◇問題冊子は表紙を含め 4 ページ、全部で 2 問題です。

書き取り・聞き取り試験注意事項

1　途中退出はいっさい認めません。

2　書き取り・聞き取り試験は、CD・テープでおこないます。

3　解答用紙の所定欄に、**受験番号**と**カナ氏名**が印刷されていますから、まちがいがないか、**確認**してください。

4　CD・テープの指示に従い、中を開いて、日本語の説明をよく読んでください。フランス語で書かれた部分にも目を通しておいてください。

5　解答はすべて別紙の書き取り・聞き取り試験解答用紙の解答欄に、**HB または B の黒鉛筆** (シャープペンシルも可)で記入またはマークしてください。

6　問題内容に関する質問はいっさい受けつけません。

7　**携帯電話等の電子機器の電源はかならず切って、かばん等にしまってください。**

8　**時計のアラームは使用しないでください。**

＊解答用紙は p. 275〜276 にあります。

1

- まず、映画監督 Matthieu へのインタビューを聞いてください。
- つづいて、それについての6つの質問を読みます。
- もう1回、インタビューを聞いてください。
- もう1回、6つの質問を読みます。1問ごとにポーズをおきますから、その間に、答えを解答用紙の解答欄にフランス語で書いてください。
- それぞれの（　　）内に1語入ります。
- 答えを書く時間は、1問につき10秒です。
- 最後に、もう1回インタビューを聞いてください。
- 数を記入する場合は、算用数字で書いてください。
（メモは自由にとってかまいません）（配点　8）

(1) Il était terriblement (　　) et se réfugiait dans un monde rien qu'à lui.

(2) Pour exprimer tout ce qu'il (　　) et pour gagner un peu de (　　) auprès de ses camarades de classe.

(3) C'est le (　　) où il a eu sa première caméra.

(4) Non, car il a encore (　　) à montrer que les gens apparemment (　　) lui font peur.

(5) C'est un courant qui permet de donner la (　　) aux gens hors du commun.

(6) Parce qu'il pense que montrer ce qui fait peur est une façon de s'en (　　).

メモ欄

2

- まず、天気予報官 Emma の話を 2 回聞いてください。
- 次に、その内容について述べた文(1)～(10)を 2 回通して読みます。
  それぞれの文が話の内容に一致する場合は解答欄の①に、一致しない
  場合は②にマークしてください。
- 最後に、もう 1 回 Emma の話を聞いてください。
  （メモは自由にとってかまいません）（配点　10）

メモ欄

第２回実用フランス語技能検定模擬試験（２級）　筆記試験　解答用紙

会場名

氏名

会場コード

受験番号

記入およびマークについての注意事項

1. 解答にはかならずHBまたはBの黒鉛筆（シャープペンシルも可）を使用してください。ボールペンや万年筆等でマークした解答は機械による読み取りの対象とならないため、採点されません。
2. 記入は太線の枠内に、マークは〇の中を正確に塗りつぶしてください（下記マーク例参照）。採点欄は塗りつぶさないでください。
3. 訂正の場合は、プラスチック製消しゴムできれいに消してください。
4. 解答用紙を折り曲げたり、破ったり、汚したりしないでください。

マーク例
良い例　悪い例

1 解答番号 解答欄

2 解答番号 解答欄　採点欄

3 解答番号 解答欄　採点欄

4 解答番号 解答欄

5 解答番号 解答欄

6 解答番号 解答欄

7 解答番号 解答欄

第2回実用フランス語技能検定模擬試験

275

第2回実用フランス語技能検定模擬試験 （2級） 書き取り 試験 解答用紙
書き取り 聞き取り

書き取り試験注意事項 　（書き取り試験解答欄は裏面にあります。）

フランス語の文章を、次の要領で4回読みます。全文を書き取ってください。

・1回目、2回目は、ふつうの速さで全文を読みます。内容をよく理解するようにしてください。
・3回目は、ポーズをおきますから、その間に書き取ってください（句読点も読みます）。
・最後に、もう1回ふつうの速さで全文を読みます。
・読み終わってから3分後に、聞き取り試験にうつります。
・数を書く場合は、算用数字で書いてかまいません。　(配点 14)

書き取り試験

採 点 欄

| ⓪ | ① | ② | ③ | ④ | ⑤ | ⑥ | ⑦ | ⑧ | ⑨ |
| ⑩ | ⑪ | ⑫ | ⑬ | ⑭ | | | | | |

2

解答番号	解 答 欄
(1)	① ②
(2)	① ②
(3)	① ②
(4)	① ②
(5)	① ②
(6)	① ②
(7)	① ②
(8)	① ②
(9)	① ②
(10)	① ②

聞き取り試験

1

解答番号	解 答 欄	採点欄
(1)		① ⓪
(2)		① ⓪
(3)		① ⓪
(4)		① ⓪
(5)		① ⓪
(6)		① ⓪

会 場 名

氏 名

会場コード

⓪	⓪	⓪	⓪
①	①	①	①
②	②	②	②
③	③	③	③
④	④	④	④
⑤	⑤	⑤	⑤
⑥	⑥	⑥	⑥
⑦	⑦	⑦	⑦
⑧	⑧	⑧	⑧
⑨	⑨	⑨	⑨

受験番号

⓪	⓪	⓪	⓪	⓪
①	①	①	①	①
②	②	②	②	②
③	③	③	③	③
④	④	④	④	④
⑤	⑤	⑤	⑤	⑤
⑥	⑥	⑥	⑥	⑥
⑦	⑦	⑦	⑦	⑦
⑧	⑧	⑧	⑧	⑧
⑨	⑨	⑨	⑨	⑨

記入およびマークについての注意事項

1. 解答にはかならずHBまたはBの黒鉛筆（シャープペンシルも可）を使用してください。ボールペンや万年筆等でマークした解答は機械による読み取りの対象とならないため、採点されません。

2. 記入は太線の枠内に、マークは〇の中を正確に塗りつぶしてください（下記マーク例参照）。採点欄は塗りつぶさないでください。

3. 訂正の場合は、プラスチック製消しゴムできれいに消してください。

4. 解答用紙を折り曲げたり、破ったり、汚したりしないでください。

マーク例

良い例	悪い例
●	◯ ⊗ ◑ ◐ ◓

第２回実用フランス語技能検定模擬試験

276

２級　書き取り試験　解答欄

参考資料

*書き取り試験・聞き取り試験問題の音声は姉妹編『完全予想仏検2級─書き取り問題・聞き取り問題編』に付属している MP3 CD-ROM に吹き込まれています。

第2回実用フランス語技能検定模擬試験
2次試験（面接試験）

　　挨拶から始め，一時停止ボタンを押して，質問に答えましょう。面接委員は男女各1名と想定してください。

Le candidat : ....

　　Le jury : Bonjour.　Asseyez-vous, je vous en prie.　D'abord, présentez-vous, s'il vous plaît.

Le candidat : ....

　　Le jury : Aimez-vous votre ville ?　Pourquoi ?

Le candidat : ....

　　Le jury : Je vous remercie.　C'est tout pour aujourd'hui.　Au revoir.

Le candidat : ....

著者紹介

富田　正二（とみた　しょうじ）
　1951年熊本生まれ。1979年，中央大学大学院
文学研究科仏文学専攻博士課程満期退学。
仏検対策に関する著書多数。ジョルジュ・ポ
リツェル「精神分析の終焉―フロイトの夢理
論批判」，ジャン＝リュック・ステンメッツ
「アルチュール・ランボー伝」（共訳，水声社）
など。

完全予想　仏検2級 ［改訂版］
―筆記問題編―

2019.7.1　改訂版発行　　2024.11.1　改訂版3刷発行

著　者　　富　田　正　二
発行者　　上　野　名保子
発行所　　株式会社　駿河台出版社

〒101-0062 東京都千代田区神田駿河台3の7
電話 03(3291)1676 FAX03(3291)1675
振替 0 0 1 9 0 - 3 - 5 6 6 6 9

印刷・製本　㈱フォレスト

ISBN978-4-411-00551-9 C1085

http://www.e-surugadai.com

完全予想　仏検2級 〈ISBN978-4-411-00551-9〉 ㈱駿河台出版社

解　答　編

筆記問題編

1　前置詞に関する問題

3 出題例
(1) ②　(2) ⑧　(3) ③　(4) ⑥

(1) フレデリックは父親と和解した。
(2) あなたをお送りします。私の通り道ですから。
(3) なにが起こったのですか？―車が壁に突っ込みました。
(4) この本は明日かならず返してね。

5 EXERCICE 1
1 (1) en　(2) à　(3) chez
　(4) de　(5) dans

(1) これらの子供たちは少しもじっとしていない。
(2) 食事の時間です。
(3) この歌は若者たちのあいだでとても流行っている。
(4) 問題のあらゆる要素をもっと詳しく調べてみましょう。
(5) 私はこの記事を新聞で読みました。

2 (1) à　(2) en　(3) dans
　(4) chez　(5) de

(1) 外は寒い，室内に帰りましょう。
(2) 彼は日本文学に精通している。
(3) 私は映画界に全生涯を捧げた。
(4) ジャンは私の部屋の真上に住んでいる。
(5) 証明写真はつねに正面から撮られる。

3 (1) à　(2) hors　(3) en
　(4) de　(5) contre

(1) アランはフランスの地理にとても詳しい。
(2) このエレベーターは故障中です。
(3) カリーヌは人前で歌うのが好きではない。
(4) さしあたってそれはほうっといてくだ

さい，あとであなたが片付けてください。
(5) ボール箱は壁につけて置いてください，あとで私が片付けます。

7 EXERCICE 2
1 (1) derrière　(2) vers　(3) sous
　(4) sur　(5) entre

(1) あの男は背後に重い過去を抱えている。
(2) この街道は北へ向かっている。
(3) 問題をまったく新しい観点から検討しましょう。
(4) 彼女はベッドにあおむけに寝て雑誌を読んでいる。
(5) 彼はたばこを指に挟んでいる。

2 (1) entre　(2) sous　(3) sur
　(4) devant　(5) par

(1) 喜んでこれらの原稿をあなたにお渡しします。
(2) その事故は私の目のまえで起こった。
(3) 少年は川に紙の船を浮かべて遊んでいた。
(4) 私たちにはまだ3週間ある。
(5) こちらへいらっしゃい，美しい景色が見えます。

3 (1) sur　(2) entre　(3) sous
　(4) par　(5) jusqu'au

(1) これらのピザは店内で食べても，持ち帰ってもいいです。
(2) 彼は生徒たちを差別しない。
(3) 私は雨のなかを散歩するのが大好きです。
(4) パリを通るなら私に会いにきてください。
(5) 通りの突きあたりまで行って，そのあと右に曲がってください。

9 EXERCICE 3
1 (1) dès　(2) à　(3) depuis
　(4) de　(5) dans

1

(1) 彼女は授業が始まるとすぐに具合が悪いと感じた。
(2) 彼女は夜の何時だろうと私の家に来る。
(3) きのうからずっとなにもめあたらしいことはありません。
(4) 明朝は，朝早く車で迎えによります。
(5) 母は若いころピアノの勉強をしていた。

2 (1) Après (2) dans (3) de
(4) À (5) vers

(1) 私は夫に相談したあとで決めます。
(2) 彼女は美容師修行中にアンドレと会った。
(3) 彼ら全員とは昔からの知りあいです。
(4) 彼は読み進むにつれてだんだん内容がわからなくなった。
(5) 2月20日ごろ会議を開きましょう，詳しい日取りは後ほど決めましょう。

3 (1) après (2) dès (3) dans
(4) À (5) de

(1) 彼女が君から電話があったあとですぐに着いたよ。
(2) 今晩にもあなたにお電話をさしあげます。
(3) 4月中にお会いしましょう。
(4) 明日から新しいダイヤが発効する。
(5) かわいそうなアントワーヌ，生まれつき目が見えない。

11 *EXERCICE 4*

1 (1) en (2) entre (3) pendant
(4) en (5) Pour

(1) 私は彼女がひとりで決められる年齢に達していると思う。
(2) 9時から10時まで自宅にいます。
(3) 私は2週間あなたを待っていた，そのあとで出発した。
(4) 私たちは3時間足らずでレンヌに着いた。
(5) あなたはどれくらいの予定でフランスに滞在なさるのですか？

2 (1) en (2) en (3) pour
(4) Jusqu'à (5) avant

(1) 私たちは毎週土曜日か日曜日に映画を見に行く，平日はけして行かない。
(2) 私たちは1日の終わりにお会いしましょう，たとえば19時ごろではいかがで

しょう。
(3) しばらくしたらやりたいことをしなさい，さしあたって命令するのは私です！
(4) 君は何歳まで勉学を続けたの？
(5) 20時までに電話してください。

3 (1) pour (2) pendant (3) En
(4) en (5) Avant

(1) レセプションは来週に予定されている。
(2) ヴァカンス中はだれが君の猫の面倒をみるの？
(3) 6ヶ月でこの国の生活水準は大きく改善された。
(4) 真夜中に火災が発生した。
(5) 出発するまえにフロントに鍵を返すのを忘れないでください。

13 *EXERCICE 5*

1 (1) avec (2) pour (3) sur
(4) Pour (5) à

(1) 彼は仲間たちと口論した。
(2) 彼らはマグレブに移住するために生まれた町を離れた。
(3) 私はフランスチームがアルゼンチンチームに勝利したことに満足している。
(4) 私としては，あなたの計画にはまったく賛成できません。
(5) 私のメールに対する彼（女）の返事は否定的だった。

2 (1) pour (2) pour (3) sur
(4) à (5) contre

(1) このストライキは結果的に給与のアップを獲得した。
(2) 転んだの？お気の毒さま。
(3) 彼はその件については私になにも言わなかった。
(4) 私はもうこの本をだれから借りたのかわからない。
(5) その決定は20票対10票で可決された。

3 (1) pour (2) contre (3) pour
(4) en (5) Malgré

(1) ジェラールは教師向きではない。
(2) ジェロームはふさぎがちだが，奥さんは反対にとても陽気だ。
(3) ラウルの読書好きは父親譲りだ。
(4) 私たちはこうしたすべての活動を障害

2

者のために行っている。
(5) 努力を尽くしたけれど，私はうまく彼を説得できなかった。

15 ***EXERCICE 6***

1 (1) sans (2) sous (3) sur
(4) Entre (5) avec

(1) 私は妻を説得しようとした，しかし成功しなかった！しかたない！
(2) 私はいかなる形であれ嘘が大嫌いだ。
(3) 私は彼（女）に次々に手紙を書いた，しかし返事はなかった。
(4) ここだけの話だが，私は君にモニックをあまり好きではないと言える。
(5) ポールから電話があった，彼は30分遅刻するだろう。

2 (1) avec (2) entre (3) sous
(4) sans (5) sauf

(1) 彼は親切に私たちに手を貸してくれた。
(2) 彼らはだれも招待しない。自分たちだけで夜を過ごすほうがいいからだ。
(3) 企業主には50名の部下がいる。
(4) 病状に変化はありません。
(5) あすいっしょにお昼をとりましょう，不測の事態が起こらないかぎり。

3 (1) hors (2) sur (3) Sous
(4) avec (5) sans

(1) 地震のせいでこのエレベーターは動きません。
(2) 彼は続けざまに奥さんと娘を失った。
(3) 第4共和制のもとでは大臣がよくかわった。
(4) 飛行機は88名の搭乗員とともにきのう行方不明になった。
(5) あなたは遅刻の回数をすべて計算にいれなくとも，すでに3日欠席しました。

17 ***EXERCICE 7***

1 (1) comme (2) en (3) À
(4) en (5) Dans

(1) きちんとした仕事をしなさい！
(2) 彼は医者として意見した。
(3) 彼は見たところ病人のようだ。
(4) 交渉は順調にいっている。まもなくうまく折り合いがつくだろう。
(5) 今は忙しい。そういうことなので後で電話をかけなおしてください。

2 (1) en (2) dans (3) comme
(4) à (5) en

(1) このクリームは薬局でしか売っていない。
(2) 私と手をつなぎなさい，さもないとこの群衆のなかでお互いを見失ってしまう。
(3) 私は彼女を配偶者として選んだ。
(4) 彼らは全員おじさんを迎えにでかけた。
(5) 先生はクラスを5名からなる3つのチームに分けた。

3 (1) dans (2) en (3) à
(4) en (5) comme

(1) 新しいドレスを着ている彼女は美しい。
(2) 彼は私に金のネックレスをプレゼントした。
(3) 2名用のテーブルを予約したいのですが。― はい，どなたの名前でですか？
(4) ピエロン氏は1週間の予定で出張中です。
(5) 私たちはデザートに果物を食べた。

19 ***EXERCICE 8***

1 (1) pour (2) à (3) sous
(4) avec (5) par

(1) 彼女は十分聡明だから，君の言うことを理解できる。
(2) 何としても私はあすパリに着いていなければならない。
(3) 彼は病気を口実にしてこなかった。
(4) 彼らは金銭でこの代議士を買収しようとした。
(5) この仕事を提案されたとき，私の息子は断った。

2 (1) Par (2) Dans (3) Selon
(4) pour (5) à

(1) 火災が発生したとき，幸い室内にはだれもいなかった。
(2) 患者の容態が悪くなるようなときは，すぐに医者を呼んでください！
(3) 新聞によると，今年の夏はとても暑くなりそうだ。
(4) ラヌー夫人は健康上の理由で欠席です。
(5) ソースをとろ火で温めてください。

3 (1) sous (2) pour (3) de
(4) à (5) par

(1) その当時彼は偽名で働いていた。
(2) フランスはチーズとワインで有名です。
(3) 心配しないで，いずれにせよ，君はぼくをあてにしていいよ。
(4) 彼（女）の兄[弟]は大股で歩く。
(5) あなたがたの名前はアルファベット順に引用されます。

21 **EXERCICE 9**

[1] (1) sur (2) parmi (3) dans
(4) entre (5) par

(1) この店は24時間営業だ。
(2) これはごくありきたりの例です。
(3) あの老婦人は80歳くらいにちがいない。
(4) この展覧会には，なかでもピカソの作品が数点展示されている。
(5) 彼は毎晩5時間しか眠らない。

[2] (1) parmi (2) de (3) pour
(4) par (5) sur

(1) あの先生は生徒のあいだでとても人気があった。
(2) このテーブルは長さ何メートルありますか？
(3) 季節のわりには少し肌寒い。
(4) 彼はいつも牡蠣を1ダース単位で食べる。
(5) 彼（女）のワンルームマンションは縦7メートル横5メートルある。

[3] (1) parmi (2) entre (3) Pour
(4) de (5) par

(1) 彼は100名の候補者のなかから選ばれた。
(2) 私はいくつかの解決案のあいだで長時間迷った。
(3) 5個のリンゴを買うと，6個目は無料です。
(4) 人口は昨年から0.5％増加した。
(5) 私の娘は1日に1時間しか勉強しない。

24 **EXERCICE 10**

(1) de (2) de (3) de (4) à (5) à
(6) de (7) de (8) de (9) à (10) de
(11) de (12) de (13) de (14) à (15) à
(16) à (17) à (18) de (19) de (20) à
(21) à (22) de (23) de (24) de (25) de
(26) de (27) à (28) de (29) à (30) à

(1) 試験では，生徒たちは辞書なしですまさなければならない。
(2) 15年の海外逗留ののち，彼は故国へ戻ることにした。
(3) このコートは品質が悪い。
(4) 私に運転を教えてくれたのは私の父です。
(5) 食後の後片づけをするのは君だよ。
(6) 急いで仕事を終わらせなさい。
(7) 水を一杯ください，喉が渇いて死にそうです。
(8) 彼女は窓に近づいた。
(9) 彼女はぜひあなたに来てもらいたいと思っています。
(10) 彼はいつも奥さんに譲歩する。
(11) 彼はいまとても機嫌が悪い。
(12) 彼はトラブルから解放されない。
(13) 彼は通勤に車を使う。
(14) 私は持ちものが多すぎる，スーツケースをうまく閉められない。
(15) 私はこの仕事にとりかかるだけの気力がない。
(16) 私はあなたに提案することはなにもありません。
(17) 警察は，犯人が国際組織に属していると確信している。
(18) 私の祖母はもうすぐ100歳だ。
(19) 私の心づもりとしては，年末までに免許を取得したい。
(20) 私の夫はこの海外のポストを受け入れるかどうか迷っている。
(21) 私たちは午後を映画を見て過ごした。
(22) 私は会議の予定をみんなに知らせる役目を任された。
(23) ピエールは道をまちがえたので遅刻した。
(24) あなたが怒鳴るのをやめたらおそらく私たちは話すことができるでしょう。
(25) なんという6月でしょう！雨がやまない。
(26) 私の新しいドレスをどう思う？
(27) お客さんたちに飲みものを出してください。
(28) 君は彼女が私たちといっしょに来るのを承諾するか拒否するかわからないの？
(29) 君はヴァカンスへの出発をあきらめざるをえないでしょう。
(30) 泥棒はマルタン夫人からハンドバッグをもぎとった。

EXERCICE 11

27 [1] (1) en (2) avec (3) sur
(4) par (5) contre

4

(1) 戦争に負けたあとその国は4ヶ所の占領地域に分割された。
(2) 彼女たちはエゴイストだと思っている母親と仲が悪い。
(3) 彼は少しの躊躇もなくその旅行計画に飛びついた。
(4) 夜会は舞踏会で終るだろう。
(5) 医者たちはエイズと闘っている。

2 (1) en (2) parmi (3) pour
(4) contre (5) par

(1) この建物は10室のアパルトマンから成っている。
(2) 彼は年内最優秀サッカー選手にランクインした。
(3) 私はポールを彼の兄[弟]だと思っていた，彼らはそれほど似ている。
(4) 私はプロヴァンスの料理に何の不満もない。
(5) début という単語は t で終わる。

3 (1) en (2) contre (3) par
(4) sur (5) avec

(1) 彼らは7時に出発した。
(2) 夕方の地下鉄では，人々がお互いに押し合いへしあいしている。
(3) 心配しないでください，最後は万事丸くおさまるでしょう。
(4) 私たちはあなたの協力をあてにしています。
(5) 公園を掃除するには隣人たちと仲よくしなければならない。

29 EXERCICE 12

(1) de (2) à (3) de (4) de (5) à (6) de
(7) de (8) à (9) à (10) à (11) de (12) à
(13) de (14) de (15) à

(1) 子どもは4歳で，ひとりで服を着替えることができるはずですが。
(2) このテキストはほんとうに翻訳しにくい。
(3) 各人が自分の行動には責任がある。
(4) 時間がなかったので宿題を終えることができなかった。
(5) 彼は私たちに手をかすつもりでいます。
(6) 私は8月いっぱいパリを留守にします。
(7) お邪魔して申しわけありません。
(8) スペインへ旅行に行ったのは私だけだった。
(9) フランスはメートル法を制定した最初の国だった。
(10) 12月の気温は11月の気温より高くなるか

もしれない。
(11) マルタン氏はとても自慢気に初孫を私たちに紹介した。
(12) 私たちはその件とはまったく無関係だ。
(13) 彼(女)の住まいは会社のすぐ近くだ。
(14) 君の車は私のと違う。
(15) 君の字は判読できない。

31 EXERCICE 13

1 (1) dans (2) en (3) à
(4) de (5) pour

(1) あの先生はロマン主義文学の研究が専門だ。
(2) この生徒は数学がとてもよくできる。
(3) 彼が言ったのとは違って，君はすぐに精算する必要はない。
(4) 講演会場にはかなりの数の人がいる。
(5) 1日あればこの美術館を見てまわるにはじゅうぶんです。

2 (1) avec (2) de (3) en
(4) pour (5) à

(1) それじゃ，彼らは君に親切だったの？
(2) あなたの会社の近くにレストランはありますか？
(3) フランソワは化学が苦手だ。
(4) アルコールは健康によくない。
(5) 万事，予想していた通りに運んだ。

3 (1) pour (2) avec (3) à
(4) de (5) en

(1) このバッグは買いものをするにはあまり使いやすくない。
(2) あの店員はお客さんに愛想よくない。
(3) 彼女はペタンクが得意ではない。
(4) 私には君に言わなければならないとても重要なことがある。
(5) イチゴはビタミンCが豊富だ。

32 まとめの問題

1 (1) ② (2) ③ (3) ⑧ (4) ⑥

(1) セリーヌはまもなくある建築家と結婚する。
(2) この腕時計は1日に5分進む。
(3) 遠くから見たとき，君を君の兄[弟]とまちがえた。
(4) 彼は仕事が忙しいにもかかわらず親切にも会いにきてくれた。

5

ページ
32

2 (1) ② (2) ⑥ (3) ⑤ (4) ⑦

(1) 彼はこの企画に反対だとはっきり言った。
(2) 私は真夜中に起きた。
(3) 話し始めたとたんすぐに彼だとわかった。
(4) このヴァカンス中私はなかでも歴史小説を読んだ。

3 (1) ③ (2) ④ (3) ⑥ (4) ①

(1) 映画は数分まえから始まっている。
(2) アパルトマンの家賃はパリだと法外だ。
(3) 心配しないで，彼は最後にはうまくやるよ。
(4) この自動車修理工は信頼していいですよ，彼はとてもよく働く。

4 (1) ⑧ (2) ⑥ (3) ② (4) ⑦

(1) 彼はフランス革命に関する講演をする。
(2) 私たちはいつも講義と講義のあいだにコーヒーを飲む時間がある。
(3) ピエールはとても興味をもってその映画をみた。
(4) 私たちの目のまえで大きな変化が起こっている。

5 (1) ⑧ (2) ③ (3) ⑥ (4) ①

(1) その断定にはいかなる確かな根拠もない。
(2) 彼女はいつも自分のすることにとても満足する。
(3) 彼はためらいがないわけではなく受け入れた。
(4) 彼は2部屋のアパルトマンか，さもなければワンルームマンションを探している。

6 (1) ⑧ (2) ⑤ (3) ③ (4) ⑦

(1) 第5共和制はシャルル・ド・ゴールの治世下で制定された。
(2) もっとよく聞こえるように先生は声を大きくしなければならなかった。
(3) 私たちは1週間後にヴァカンスに出発します。
(4) 好天かどうかで，私たちは海へ行くかもしくは行かないでしょう。

ページ

2 語彙に関する問題

35 出題例
(1) prend (2) tiens (3) autrement
(4) venu (5) doute

37 *EXERCICE 1*
(1) huere (2) jours (3) Chaque
(4) fois (5) clair (6) plus (7) horaire
(8) quand (9) toutes (10) semaine
(11) nuit (12) moment (13) saison
(14) prochaine (15) datée

39 *EXERCICE 2*
(1) temps (2) occasion (3) premier
(4) tuer (5) bons (6) partiel (7) rare
(8) toujours (9) souvent (10) temps
(11) Maintenant (12) temps (13) occasion
(14) vie (15) arrive

41 *EXERCICE 3*
(1) lente (2) habillée (3) compte
(4) tard (5) ancienne (6) ici
(7) dernière (8) fin (9) retard
(10) bout (11) vertes (12) tardez
(13) nouveau (14) mûr (15) finit

43 *EXERCICE 4*
(1) milieu (2) voie (3) vient
(4) intérieur (5) ailleurs (6) bord
(7) urbaine (8) place (9) sous-sol
(10) terre (11) place (12) impasse
(13) lieu (14) parcouru (15) bord

45 *EXERCICE 5*
(1) issue (2) près (3) bout (4) quoi
(5) étages (6) près (7) comment
(8) sortir (9) proche (10) peu (11) loin
(12) environs (13) sortie (14) fond
(15) sans

47 *EXERCICE 6*
(1) côté (2) large (3) profond
(4) forme (5) direction (6) grandeur
(7) envers (8) ligne (9) côté
(10) contraire (11) sens (12) basse
(13) longueur (14) long (15) forme

6

EXERCICE 7
ページ 49

(1) taille　(2) quelques　(3) seule
(4) absence　(5) écart　(6) vide　(7) plein
(8) présence　(9) trajet　(10) nul
(11) portée　(12) plein　(13) nombreuses
(14) manque　(15) air

EXERCICE 8
51

(1) pincée　(2) partie　(3) quarts
(4) nulle　(5) tout　(6) Aucun　(7) gros
(8) tranches　(9) plupart　(10) moitié
(11) tous　(12) morceaux　(13) part
(14) entrer　(15) entier

EXERCICE 9
53

(1) empêche　(2) possible　(3) cas
(4) luxe　(5) état　(6) panne
(7) possible　(8) conditions
(9) occupée　(10) état　(11) dépend
(12) Autant　(13) loisirs　(14) impossible
(15) libre

EXERCICE 10
55

(1) hasard　(2) particulière
(3) ordinaire　(4) nettoyer　(5) doux
(6) normale　(7) mais　(8) plutôt
(9) précises　(10) fixe　(11) net
(12) variables　(13) mixte　(14) seulement
(15) froid

EXERCICE 11
57

(1) peine　(2) efficace　(3) valeur
(4) raisonnable　(5) vrai　(6) prix
(7) vain　(8) beau　(9) payante
(10) meilleur　(11) soi　(12) bonne
(13) valable　(14) mauvais　(15) besoin

EXERCICE 12
59

(1) mode　(2) que　(3) commun
(4) telle　(5) comme　(6) certaine
(7) autre　(8) ainsi　(9) modèle
(10) commun　(11) égal　(12) comme
(13) exception　(14) regardent
(15) genre

EXERCICE 13
61

(1) moins　(2) plus　(3) moindre
(4) moins　(5) point　(6) point

ページ
(7) point　(8) excès　(9) Tant　(10) fort
(11) Tant　(12) moins　(13) moins　(14) plus
(15) trop

EXERCICE 14
63

(1) voir　(2) maximum　(3) chose
(4) Peu　(5) moins　(6) suffit　(7) assez
(8) autant　(9) presque　(10) rien
(11) limites　(12) assez　(13) beaucoup
(14) rien　(15) près

EXERCICE 15
65

(1) mal　(2) cesse　(3) tour
(4) ouverture　(5) mieux　(6) avance
(7) mieux　(8) travers　(9) arrêt
(10) passage　(11) tendance　(12) passera
(13) progrès　(14) mieux　(15) rôle

EXERCICE 16
67

(1) défaut　(2) naissance　(3) queue
(4) supplément　(5) réduction
(6) double　(7) cours　(8) sauf
(9) réduire　(10) supplémentaires
(11) suite　(12) Ralentir　(13) compris
(14) augmentation　(15) ci-joint

EXERCICE 17
69

(1) Face　(2) effet　(3) affaire
(4) réponse　(5) résultat　(6) rang
(7) opposition　(8) influence　(9) front
(10) affaire　(11) origine　(12) rapport
(13) conflit　(14) opposé　(15) ordre

EXERCICE 18
71

(1) parler　(2) perte　(3) vue　(4) marche
(5) fait　(6) chauffer　(7) fait
(8) entendez　(9) voit　(10) tombes
(11) viens　(12) fait　(13) voilà　(14) enlever
(15) entendez

EXERCICE 19
73

(1) propos　(2) avis　(3) Quant　(4) hors
(5) réunion　(6) remarque
(7) reproche　(8) silence　(9) conseil
(10) sujet　(11) silence　(12) question
(13) coupez　(14) opinion　(15) parole

EXERCICE 20
75

(1) rien　(2) service　(3) gagnes

(4) Faute　(5) mi-temps　(6) carrière
(7) chômage　(8) compris　(9) mis
(10) congés　(11) œuvre　(12) fonction
(13) gagner　(14) tort　(15) emploi

77 **_EXERCICE 21_**
(1) usage　(2) préférence
(3) abandonne　(4) gré　(5) réparation
(6) mise　(7) installation　(8) charge
(9) construction　(10) appelle
(11) échange　(12) met　(13) réserve
(14) coup　(15) choix

79 **_EXERCICE 22_**
(1) sûre　(2) prise　(3) courant
(4) recherche　(5) idée　(6) impression
(7) cœur　(8) courant　(9) mémoire
(10) hésitez　(11) sérieux　(12) sens
(13) doute　(14) revient　(15) connaissance

81 **_EXERCICE 23_**
(1) fur　(2) différence　(3) intention
(4) mesure　(5) moyenne
(6) comparaison　(7) disposés
(8) veut　(9) veux　(10) prêt
(11) disposition　(12) exprès　(13) veux
(14) différentes　(15) volonté

83 **_EXERCICE 24_**
(1) soin　(2) peine　(3) envie
(4) organisation　(5) indifférente
(6) attente　(7) mérite　(8) organisé
(9) attention　(10) intérêt
(11) intéressant　(12) souci　(13) patient
(14) soigner　(15) Ça

85 **_EXERCICE 25_**
(1) résiste　(2) Défense　(3) permission
(4) refuse　(5) risque　(6) interdit
(7) tomber　(8) risque　(9) recours
(10) protection　(11) courent　(12) accord
(13) appel　(14) acceptez　(15) déposer

87 **_EXERCICE 26_**
(1) Grâce　(2) correct　(3) digne
(4) répéter　(5) fâchée　(6) faveur
(7) mépris　(8) honneur　(9) confiance
(10) remercier　(11) égard　(12) garder
(13) honte　(14) précaution　(15) discret

89 **_EXERCICE 27_**
(1) calme　(2) mer　(3) dépit　(4) malgré
(5) aise　(6) mal　(7) cœur　(8) regrette
(9) fidèle　(10) tranquille　(11) impatients
(12) dérangez　(13) dommage
(14) Quelle　(15) plaisir

91 **_EXERCICE 28_**
(1) ventre　(2) dos　(3) main　(4) yeux
(5) semblant　(6) coup　(7) pied
(8) bras　(9) trait　(10) tourne　(11) air
(12) tendez　(13) mine　(14) propres
(15) tête

93 **_EXERCICE 29_**
(1) rien　(2) goût　(3) difficilement
(4) courage　(5) capable　(6) habile
(7) mal　(8) dur
(9) débrouille / débrouillerai　(10) peux
(11) mal　(12) courage
(13) évitera　(14) herbe　(15) étoffe

95 **_EXERCICE 30_**
(1) personne　(2) parti　(3) succès
(4) nommé　(5) drôle
(6) Personnellement　(7) nom　(8) titre
(9) circulation　(10) Personne
(11) caractère　(12) personne　(13) promis
(14) nature　(15) naturel

97 **_EXERCICE 31_**
(1) achat　(2) majeure　(3) ensemble
(4) vente　(5) monde　(6) marché
(7) nôtres　(8) vie　(9) Gardez
(10) mineurs　(11) masse　(12) compagnie
(13) rayon　(14) caisse　(15) cadeau

99 **_EXERCICE 32_**
(1) commerce　(2) loyers　(3) réserver
(4) retirer　(5) perdu　(6) profit
(7) espèces　(8) assurance　(9) frais
(10) reprendre　(11) profité
(12) abonnement　(13) dépenses
(14) louait　(15) crédit

101 **_EXERCICE 33_**
(1) rigueur　(2) nouvelles
(3) responsable　(4) règle　(5) loi

（6）informations （7）garde
（8）obligé （9）météo （10）renseigner
（11）renseignements （12）affiches
（13）droit （14）obligatoire （15）garde

103 **EXERCICE 34**
（1）habitude （2）coutume （3）relations
（4）visite （5）usage （6）usage
（7）habitude （8）bienvenue （9）donné
（10）tradition （11）contacts （12）devient
（13）rendez-vous （14）annulés
（15）rencontres

105 **EXERCICE 35**
（1）raison （2）prétexte （3）histoires
（4）donné （5）pourquoi （6）exagère
（7）but （8）compte （9）principe
（10）court （11）principal （12）objet
（13）raison （14）porte （15）Pourquoi

107 **EXERCICE 36**
（1）mots （2）tournée （3）dit （4）toute
（5）lettre （6）moyen （7）comment
（8）signe （9）êtes （10）marque
（11）formalités （12）façon （13）autrement
（14）vie （15）manière

109 **EXERCICE 37**
（1）couvert （2）séance （3）passera
（4）verres （5）enveloppe （6）billets
（7）Ambassade （8）certificat
（9）agence （10）lisait （11）identité
（12）papiers （13）preuves
（14）cuillères （15）bâtiment

111 **EXERCICE 38**
（1）Accès （2）horaires （3）pièce
（4）armoire （5）meublé （6）coup
（7）bagages （8）train （9）aspirateur
（10）électricité （11）composer
（12）arrivée （13）nettoyage （14）porte
（15）ordinateur

112 **まとめの問題**
　①（1）travers （2）part （3）disputé
　　（4）parti （5）prix
　②（1）plutôt （2）location （3）prétexte
　　（4）fil （5）annonces

③（1）mal （2）mauvais （3）légère
　（4）insiste （5）faute
④（1）raison （2）présence （3）secret
　（4）indépendantes （5）addition
⑤（1）point （2）sorte （3）souterrain
　（4）mets （5）exagérer
⑥（1）rôle （2）marche （3）fait
　（4）quelconque （5）façon

3 動詞に関する問題

115 **出題例**
（1）résiste （2）ignorais （3）s'est posé
（4）force （5）donneront

（1）**A** 彼女は機会さえあればすぐにケーキ
　　を食べる。
　　B 彼女はケーキの誘惑に耐えられない。
（2）**A** 私は，彼女が私の好きな小説の作家
　　だとは知らずに彼女との恋におちた。
　　B 私は，彼女との恋におちたとき，彼
　　女が私の好きな小説の作家だとは知
　　らなかった。
（3）**A** あなたはいつ着陸したのですか？
　　B あなたの飛行機は何時に着陸したの
　　ですか？
（4）**A** 彼にときどき休息をとらせなさい。
　　彼にはその権利がある。
　　B 彼にあまりにも長い時間の労働をし
　　いるな。彼には休息をとる権利がある。
（5）**A** あなたは難なくこれらの訓練ができ
　　るでしょう。
　　B これらの訓練はあなたにいかなる苦
　　労もあたえないでしょう。

117 **EXERCICE 1**
　①（1）a été sauvé （2）tuer （3）peut
　　（4）risque （5）meurt

（1）**A** この医者は私の父を癌から救って
　　くれた。
　　B 癌にかかった私の父はその医者に
　　よって助けられた。
（2）**A** 彼女は退屈しないように雑誌を読
　　んでいる。
　　B 彼女は時間つぶしに雑誌を読んで
　　いる。
（3）**AB** 彼は私たちの約束を忘れたのか
　　もしれない。
（4）**A** この雲だと雨になるかもしれない。
　　B 雲が出ている，雨が降るかもしれ
　　ない。

9

(5) **A** 待合室はひどく寒い。
B 待合室は死ぬほど寒い。

2 (1) garantis (2) ai compris
(3) vivre (4) guérirez (5) sais

(1) **A** 私はこの絵が本物だと確信している。
B 私はこの絵が本物であることを保証します。
(2) **AB** 今わかった，だから彼は私にあんなことを言ったんだ。
(3) **A** 両親が残してくれた財産のおかげで私は飢え死にしないですんでいる。
B 私は，両親が残してくれたもので生活の糧をえている。
(4) **AB** 山で数日過ごしたら，あなたは元気を回復するでしょう。
(5) **A** 君は知ってる？ギーがコンクールで優勝した。
B ギーがコンクールで優勝したことを君は知ってる？

119 *EXERCICE 2*
1 (1) s'est rendue (2) a parcouru
(3) va (4) reste (5) Passez

(1) **AB** 彼女はヴァカンスのあいだ外国へ行った。
(2) **AB** 彼は私の企画にざっと目を通した。
(3) **A** 彼は自分の成功について話すとき誇張する。
B 彼は自分の成功について話すとき誇張しすぎる。
(4) **A** 君は受け入れなければならない，選択の余地はない。
B 君は受け入れなければならない，これが選択肢として君に残されているすべてです。
(5) **A** あまり細部に注意を向けすぎないようにしてください。
B 細部には触れないでください。

2 (1) fréquentait (2) reculeront
(3) se passer (4) passait (5) reste

(1) **A** 若いころ彼はよく映画を見に行ったものだった。
B 若いころ彼は映画館通いをしていた。
(2) **A** 彼らはあらゆる障害に立ち向かうだろう。

B 彼らはどんな障害をまえにしてもたじろがないだろう。
(3) **A** 私たちにとってたばこは必需品ではない。
B 私たちはたばこなしですますことができる。
(4) **A** 彼は聡明な男とみなされていた。
B 彼は聡明な男で通っていた。
(5) **A** 私たちはまだ問題解決にはいたっていない。
B 私たちには解決しなければならない問題が残っている。

121 *EXERCICE 3*
1 (1) revenait (2) a pénétré
(3) comprends (4) sortira
(5) avoir échappé

(1) **A** この単語は会話のなかでしばしば口にされていた。
B この単語はしばしば会話のなかで使われていた。
(2) **A** 彼は服を着ているにもかかわらずずぶ濡れだ。
B 雨は彼の服にしみこんだ。
(3) **A** 彼らの離婚の理由は私にはかいもく理解できない。
B 私は彼らがなぜ離婚したのかまったくわからない。
(4) **A** この作家の最新作は来月売り出されるだろう。
B 出版社は来月この作家の最新作を発売するだろう。
(5) **A** 彼をのぞいて，すべての泥棒が警察によってつかまえられた。
B 警察の手を逃れたのは彼だけだ。

2 (1) coûte (2) reviendra (3) Sors
(4) ont trempé (5) vient

(1) **AB** この車はいくらですか？
(2) **A** 私の祖父はあなたの誕生日をけして思いだせないでしょう。
B あなたの誕生日が私の祖父の記憶によみがえることはけしてないでしょう。
(3) **A** 私は君に私の車をガレージに入れないように言った。
B 私に車をガレージから出しなさい！
(4) **AB** 数名がこの誘拐に加担した。
(5) **AB** なぜこの俳優はヒットしているのですか？

10

ページ **123**

EXERCICE 4

1 (1) approche (2) serrent
   (3) vous éloignez (4) Laissez
   (5) tombe

(1) **A** 嵐がくるような気がする。
   B 嵐が近づいているようだ。
(2) **A** 足が痛い，この新しい靴はきつすぎる。
   B 足が痛い，この新しい靴は締めつける。
(3) **A** 子どもたち，この辺から動かないでね。
   B 子どもたち，遠くへ行かないでね。
(4) **A** 無意味な細部にあまりこだわらないでください。
   B 無意味な細部は放っておいてください。
(5) **A** 今年の彼（女）の誕生日は日曜日だ。
   B 今年の彼（女）の誕生日は日曜日にあたる。

2 (1) suis tombé(e) (2) est monté
   (3) continuiez (4) t'approche
   (5) descende

(1) **A** きのう私は映画館のまえでフランソワと偶然会った。
   B きのう私は映画館のまえでフランソワとばったり会った。
(2) **AB** 今年利率が上がった。
(3) **A** スポーツをやめないでください。
   B あなたはスポーツを続けるべきですよ。
(4) **A** あまりこの犬の近くへ行かないで。
   B この犬に近づくな。
(5) **A** ニース滞在中，友人はいつも私を自分の家に泊めたがる。
   B ニースへ行くと，友人はいつも私に自分の家に泊まってほしいと言う。

125

EXERCICE 5

1 (1) arrive (2) a quitté (3) réunit
   (4) partagent (5) participer

(1) **A** いずれにせよ，あなたは私を当てにしていいですよ。
   B なにが起ころうと，あなたは私を当てにしていいですよ。
(2) **AB** 彼は17時ころ会社を出た。
(3) **A** この本には10回分の南極大陸に関する講演が含まれている。

ページ

B この本は10回分の南極大陸に関する講演を集めている。
(4) **A** ２人の兄弟は同じ部屋をいっしょに使っている。
   B ２人の兄弟は同じ部屋を共有している。
(5) **AB** 君は会話に参加すべきだ。

2 (1) a touchée (2) ont abouti
   (3) se divisent (4) partageons
   (5) aurait réuni

(1) **A** 彼女はこの詩に心を動かされた。
   B この詩は彼女の心を打った。
(2) **A** 彼は長い研究のあと，やっと満足のゆく結果をえた。
   B 彼の長い研究はついに満足のゆく結果に到達した。
(3) **AB** この問題に関する各政党の意見は分かれている。
(4) **A** 私たちはあなたに賛同しない。
   B 私たちはあなたの意見を共有しない。
(5) **A** インフルエンザにかかったので彼女は新年にみんなを集めることができなかった。
   B もし彼女がインフルエンザにかかっていなかったら，彼女は新年にみんなを集めたろう。

127

EXERCICE 6

1 (1) sera suivie (2) Éteins
   (3) retirer (4) introduise
   (5) coupes

(1) **A** セレモニーのあと祝宴があるでしょう。
   B セレモニーのあと祝宴が続くでしょう。
(2) **AB** テレビを消してくれ。
(3) **AB** 私は銀行へお金をひきだしにいかなければならない。
(4) **AB** 私はドアを開けるために鍵を錠に差しこまなければならない。
(5) **A** しょっちゅう私の話をさえぎるな。
   B 君は私の話をさぎるべきではない。

2 (1) suivre (2) se retirerait
   (3) colliez (4) succédera
   (5) tranche

(1) **A** カトリーヌは早口すぎる，なにを言っているのか理解できない。

11

B カトリーヌは早口すぎる，話についていけない。

(2) **A** 彼は決勝で負けたらテニスをあきらめるだろう。

B 彼は決勝で勝てなかったらテニス界から引退するだろう。

(3) **A** 手紙に切手をはるのを忘れないでください。

B あなたは封筒に切手をはらなければならない。

(4) **A** 彼が引退したら，だれが私たちの支配人の後任になるのだろう。

B 彼が引退したら，だれが私たちの支配人の後継者になるのだろう。

(5) **A** 彼（女）の今日の優しさは昨日の不機嫌と対照的だ。

B 彼（女）の今日の優しさは昨日の不機嫌と対照をなす。

EXERCICE 7

129

1 (1) me débarrasser　(2) nettoies
　(3) s'est arrangé　(4) renouveler
　(5) varie

(1) **A** その考えは私の頭を離れなかった。
　B 私はうまくその考えを追い払うことができなかった。

(2) **A** 君の部屋をきれいに掃除しなさい。
　B 私は君にきれいに部屋の掃除をしてもらいたい。

(3) **A** 彼は正午までに終えておくために必要なことをした。
　B 彼は正午までに終えられるように都合をつけた。

(4) **A** 私は部屋の空気をかえるために窓を開けた。
　B 私は部屋の空気を新しくするために窓を開けた。

(5) **A** 野菜の値段は季節によってまったく同じではない。
　B 野菜の値段は季節によって変わる。

2 (1) vous garez　(2) variait
　(3) s'est débrouillé
　(4) s'est aggravée　(5) devient

(1) **A** 注意してください，この辺には駐車できません。
　B 注意してください，この辺には駐車しないでください，駐車禁止です。

(2) **A** この店では，バーゲン品はいつも同じというわけではなかった。
　B この店はときどきバーゲン品を変えていた。

(3) **A** 彼は何とか借金を返済することができた。
　B 彼は借金を返済するために何とか切り抜けた。

(4) **A** 中東情勢は近年さらに深刻になった。
　B 中東情勢は近年深刻化した。

(5) **A** 習慣はお世辞に対する感性を殺す。
　B 私たちはお世辞に対して鈍感になる。

EXERCICE 8

131

1 (1) s'étaient perdus　(2) comprend
　(3) Remplissez　(4) manquais
　(5) suffit

(1) **A** 彼らにはもはや旧市街のどこにいるのかわからなかった。
　B 彼らは自分たちが旧市街で道に迷ったことがわかった。

(2) **AB**　1週間は7日ある。

(3) **A** この書類にあなたの名前と住所を記入してください。
　B あなたの名前と住所を記入してこの書類をうめてください。

(4) **A** 私はパリで君に会えなくて悲しかった。
　B パリにいるとき君がいなくてさびしかった。

(5) **A** 私に用があるときは電話しさえすればいい。
　B 私に用があるときは電話すれば十分です。

2 (1) manque　(2) abritait
　(3) ai perdu　(4) consisterait
　(5) suffira

(1) **A** 私に会うたびに彼はあいさつする。
　B 彼はかかさず私にあいさつする。

(2) **A** この建物には100名ほどの借家人がいた。
　B この建物は100名ほどの借家人を収容していた。

(3) **A** 私は1時間彼を待っていたがむだだった，彼が約束の場所へ来なかったから。
　B 私は彼を待って1時間をむだにした。

(4) **A** 私は彼らになにをしなければならないか説明した。
　B 私は彼らに私の計画がどのようなものになるか説明した。

(5) **A** あなたには大きな家は必要なくな

12

るだろう。
B あなたには小さな家で十分だろう。

133 **EXERCICE 9**

1 (1) garder　(2) laissera
(3) as vidé　(4) dépassera
(5) augmentera

(1) **A** 彼は病気のせいで寝たままでいなければならなかった。
B 病気のために彼はベットにじっとしていることを余儀なくされた。
(2) **A** 彼はきっと街を訪れたすばらしい思い出をもち続けるだろう。
B 街を訪れたことはきっと彼にすばらしい思い出を残すだろう。
(3) **A** 君はそんなに飲むべきではない，２本の瓶にはもうなにも入っていない！
B 飲むのをやめなさい。君は２本を空にした！
(4) **A** 彼はこの仕事を完成させることはできないだろう。
B この仕事は彼の能力を超えているだろう。
(5) **A** 今度の戦闘ではより多くの死者がでるだろう。
B 戦闘が続けば死者の数は増えるだろう。

2 (1) laisse　(2) gardait　(3) est versé
(4) a réduit　(5) comprenons

(1) **A** 引っ越しの日取りを決めるのはあなたです。
B 引っ越しの日取りの選択はあなたに任されています。
(2) **A** 彼女は私を見ようとしなかった，彼女はずっと目をふせたままだった。
B 彼女は私を見ようとしなかった，彼女は目をふせ続けていた。
(3) **A** サラリーマンは月末に給料を支払われる。
B 彼らの給料は月末に支払われる。
(4) **A** 私のたばこ消費量は彼(女)のアドバイスのおかげで減った。
B 彼(女)のアドバイスが私のたばこ消費量を減らした。
(5) **A** 彼は私たちの提案を拒否したが，私たちにはそれが理解できない。
B なぜ彼が私たちの提案を拒んだのか理解できない。

135 **EXERCICE 10**

1 (1) finira　(2) continue　(3) reprend
(4) Commence　(5) s'arrête

(1) **A** この問題はけして解決できないでしょう。
B この問題にけりをつけることはけしてできないでしょう。
(2) **A** この村の住民の数は絶えず減っている。
B この村の住民の数は減り続けている。
(3) **A** 販売したディスクは返却も交換もできません。
B 会社は販売したディスクの買い取りも交換もいたしません。
(4) **A** 宿題にとりかかりなさい。
B 宿題をやり始めなさい。
(5) **A** お昼をとるためにここで休憩しましょう，おなかが減った。
B おなかが減った，お昼をとるためにここで休憩して欲しいのですが。

2 (1) cesse　(2) barrent　(3) remettons
(4) commence　(5) Recommence

(1) **A** 赤ちゃんはひっきりなしに泣いている。
B 赤ちゃんは泣くことをやめない。
(2) **A** 警察官たちは車が橋を渡ることを阻止している。
B 警察官たちは橋を通る道路を遮断している。
(3) **A** 私たちは会議の日程を１週間延期します。
B 私たちは会議の日程を来週に延期します。
(4) **A** 文の冒頭の単語は何ですか？
B 文は何という単語から始まりますか？
(5) **A** 君の絵は汚すぎる，描き直しなさい！
B 君の絵をやり直しなさい，汚すぎる！

137 **EXERCICE 11**

1 (1) dépend　(2) a causé　(3) a tardé
(4) a ouvert　(5) correspond

(1) **A** この国は輸出のためにアメリカを必要としている。
B この国は，輸出のためにアメリカに依存している。
(2) **A** 小企業における紛争はこの金融政

13

策によって引き起こされた。
B この金融政策は, 小企業における紛争の引き金になった。
(3) **A** 彼は決めるまでに長らく迷った。
B 彼は決めるのにてまどった。
(4) **A** セレモニーは大統領の演説から始まった。
B 大統領は自分の演説からセレモニーを開始した。
(5) **A** ピエールはスペインで暮らしている兄[弟]に規則的に電話している。
B ピエールはスペインで暮らしている兄[弟]と連絡をとっている。

2 (1) date (2) marche (3) ont résulté
(4) convient (5) a provoqué

(1) **A** このお城は1710年に建てられた。
B このお城の建造は1710年にさかのぼる。
(2) **A** 1週間まえからエレベーターは故障している。
B エレベーターが動かなくなって1週間になる。
(3) **A** 激しい降雪が町に大渋滞を引き起こした。
B 町の大渋滞は激しい降雪の結果だった。
(4) **A** もしそのほうがよければ私たちの約束は6時にしましょう。
B もし君の都合があえば私たちの約束は6時にしましょう。
(5) **A** 1人の歩行者がこの交通事故で亡くなった。
B この交通事故は1人の歩行者の死を招いた。

139 **EXERCICE 12**
1 (1) tienne (2) a sauté (3) prendre
(4) attraper (5) lancera

(1) **AB** 彼女は母親似なのに無愛想だ。
(2) **A** その女優はせりふをひとつ言い忘れた。
B その女優はせりふをひとつ飛ばした。
(3) **A** 彼の話を全部信じてはいけない。
B 彼の話を全部真に受けてはいけない。
(4) **A** 私は急いだにもかかわらず最終電車に乗り遅れた。
B 私は急いだ, しかし最終電車をつかまえることはできなかった。
(5) **A** ルノーの新型車は来年発売されるだろう。

B ルノーは来年新型車を発売するだろう。

2 (1) tiennes (2) risquez (3) courait
(4) se précise (5) prend

(1) **A** 君はどうあっても口にしたことをやらなければならない。
B 君はどうあっても約束を守らなければならない。
(2) **A** 注意して！凍りついた路面で滑る危険がある。
B 注意して！凍りついた路面で滑りかねない。
(3) **A** そのころ私たちは支配人の辞任をおおいにうわさしていた。
B そのころ支配人が辞任するといううわさが流れていた
(4) **A** 彼の計画は彼が会議に出たらはっきりするだろう。
B 彼の計画が明確になるには, 彼が会議に出席するまで待ちましょう。
(5) **AB** なぜ君は泣いてるの？どうかしたの？

141 **EXERCICE 13**
1 (1) repose (2) coucherai
(3) soufflait (4) m'en lave
(5) a tourné

(1) **AB** この理論には何の根拠もない。
(2) **A** あす私はホテルで一晩を過ごすでしょう。
B 明晩はホテルで寝るでしょう。
(3) **A** 昨晩は風がとても強かった。
B 昨晩はとても強く風が吹いていた。
(4) **A** 私はそのことを無視します, それは私の問題ではないから。
B 私はそのことから手をひきます。
(5) **A** 私たちは子どもたちの教育について議論した。
B 私たちの議論は子どもたちの教育をめぐってだった。

2 (1) a logé (2) tend (3) Veillez
(4) pousse (5) ont habillé(e)

(1) **A** 私はその夜友人宅に泊まった。
B その夜友人は私を泊めてくれた。
(2) **AB** 政治状況は改善傾向にある。
(3) **A** 外出するときドアに鍵をかけるのを忘れないでください。
B 外出するときドアに鍵をかけるようにご注意ください。

14

(4) **AB** 彼の返事は私に彼が嘘をついていると思わせる。

(5) **AB** 彼(女)の両親は彼(女)に新しい服を着せた。

EXERCICE 14

1 (1) assistent (2) nous sommes vus
(3) remarque (4) entendez
(5) regarde

(1) **A** 国民議会はフランスのすべての代議士を集結させる。
B フランスのすべての代議士は国民議会に出席する。
(2) **A** 私たちはアンジェで初めて出会った。
B 私たちはアンジェで初めて会った。
(3) **A** 私たちは彼が転職していたことに気づかなかった。
B 彼は私たちが気づかないうちに転職した。
(4) **AB** そのことによってあなたはなにを言いたいのですか？
(5) **A** 彼らが離婚するにせよ，それは私の問題ではない。
B 彼らが離婚するにせよ，それは私には関係ない。

2 (1) voir (2) a inventé
(3) se traduise (4) représente
(5) a joué

(1) **A** この問題はアンリにはまったく関係ない。
B アンリはこの問題とはまったく何の関係もない。
(2) **A** 彼が私たちについて語ったことのなかにほんとうのことはなにもない。
B 彼は私たちに関する話をでっちあげた。
(3) **A** 先生の顔は怒りを表わしているのかもしれない。
B 先生の怒りは顔に表わされているのかもしれない。
(4) **A** これは何ですか，この絵は？
B この絵はなにを表現しているのですか？
(5) **A** あなたはすでに何本かの映画でこの女優を見ています。
B この女優は何本かの映画に出演したことがある。

EXERCICE 15

1 (1) a souligné (2) se présente
(3) dit (4) répète (5) ont paru

(1) **A** 彼は住宅問題を力説した。
B 彼は住宅問題を強調した。
(2) **A** 彼は市会議員選挙の立候補者だ。
B 彼は市会議員選挙に立候補している。
(3) **A** 私はあの女性をどこかで見たような気がする。
B あの女性には見覚えがある。
(4) **A** 私は君に重要な情報を教えるけれど，だれにも口外しないでね。
B 私が君に教えた重要な情報は口外しないでね。
(5) **AB** ボードレールの選集は昨年出版された。

2 (1) dit (2) disparaisse (3) cache
(4) me tais (5) vous adressiez

(1) **A** 彼女はいつも隣人たちを非難する。
B 彼女はいつも隣人たちの悪口を言う。
(2) **A** 熱をさげるために私はこの薬をお勧めします。
B あなたの熱がさがるようにこの薬を服用してください。
(3) **A** あまりにも霧が濃いのでお城が見えない。
B とても濃い霧がお城を隠している。
(4) **A** 君は私の説明をなにも理解していない。だったら私はもうなにも言わない。
B 君は私の説明をなにも理解していないのだから私は黙ることにする。
(5) **A** あなたは事務所でこの情報についてたずねてください。
B この情報について，あなたは事務所に問い合わせなければなりません。

EXERCICE 16

1 (1) traite (2) justifie
(3) ont discuté (4) consent
(5) ai reproché

(1) **A** この著書のテーマは環境保護問題である。
B この著書は環境保護問題をとり扱っている。
(2) **A** 彼は失望している，しかしそれは学校へ行かない理由にはならない。

15

B 彼が失望していることは，学校へ行かないことを正当化するものではない。
(3) A 彼らはひと晩中文学について話していた。
  B 彼らはひと晩中文学について議論していた。
(4) A 彼は日本へ留学したがっている，しかし父親が賛成してくれない。
  B 彼は日本へ留学したがっている，しかし父親がそのことに同意しない。
(5) A 私は彼を非難した，彼が私にほんとうのことを言わなかったから。
  B 私は彼が私にほんとうのことを言わなかったことを非難した。

2 (1) vous exposerez
  (2) se proposent (3) interroge
  (4) explique (5) réponds

(1) AB そのように行動すればあなたは大きな危険をおかすことになるでしょう。
(2) AB 彼らは今年の夏アメリカを訪れるつもりだ。
(3) A 私は口頭試験でむずかしい問題が出されるのではないかと心配だ。
  B 私は口頭試験でむずかしいテーマについて質問されるのではないかと心配だ。
(4) A この機械の機能は取り扱い説明書に記載されている。
  B 取り扱い説明書にはこの機械の機能が説明されている。
(5) A あなたはこの任務を彼に任せてもいい，彼が信頼できることは私が保証します。
  B あなたはこの任務を彼に任せてもいい，人物は私が保証します。

149 **EXERCICE 17**

1 (1) a renoncé (2) donne
  (3) obtiendrez / obtenez
  (4) avons abandonné (5) effacera

(1) A 彼は考えを変えた，旅行はしない。
  B 彼は旅行をあきらめた。
(2) A 仕事は2時間で終えなければならない。
  B 仕事を終えるのにあなたに2時間さしあげます。
(3) AB 5パック買えば，6パック目は無料でもらえます。

(4) A 私たちの計画は続かなかった。
  B 私たちは計画を断念した。
(5) A 君は時がたつにつれて失恋の苦しみを忘れるだろう。
  B 時の流れは君の失恋の苦しみを消し去るだろう。

2 (1) offrent (2) a privé (3) donne
  (4) vous fournissez
  (5) supprimiez

(1) AB 9月のヴァカンスには利点がある。
(2) A 停電しているので，工場はもう電気を使えない。
  B 停電が工場から電気を奪った。
(3) A 私の部屋は山側にある。
  B 私の部屋は山に面している。
(4) A あなたはどこへ買いものに行くのですか？
  B あなたはだれの店で日用品をまかなうのですか？
(5) AB あなたは原稿からいくつかの文を削除しなければなりません。

151 **EXERCICE 18**

1 (1) appartient (2) a rendu
  (3) a prêté (4) loue (5) a eu

(1) AB この決定をくだせるのはあなただけです。
(2) A この作家はこの本のおかげで有名になった。
  B この作家を有名にしたのはこの本です。
(3) A 彼は銀行からお金を借りた。
  B 銀行は彼にお金を貸した。
(4) A 私の息子はトゥールーズのアパルトマンに住み，家主に家賃を払っている。
  B 私の息子はトゥールーズにアパルトマンを借りている。
(5) A 彼女は最終の地下鉄に乗るために走ったがむだに終わった。
  B 彼女は走ったがむだだった，最終地下鉄に乗りそこなった。

2 (1) a (2) rende (3) rembourserai
  (4) empruntes (5) s'occupera

(1) A このルポルタージュの目的は核の脅威を知らしめることだ。
  B このルポルタージュは核の脅威を

知らしめることを目的としている。

(2) **A** 私の友人は何度も会いに来るように求めていた。

B 私の友人は彼を訪れるようにしつこく求めた。

(3) **AB** 私に20ユーロ貸して，あした返すから。

(4) **AB** 君は会社へ行くのにどの地下鉄路線を利用するの？

(5) **A** ヴェロニックは席の予約をひき受けるだろう。

B ヴェロニックは席の予約を担当するだろう。

153 ## *EXERCICE 19*

1 (1) aurait été mis　(2) dispose
(3) a changé　(4) a choisi
(5) sera fixé

(1) **A** 証人がいなかったので，警察はジャンをすぐには釈放しなかった。

B 証人がいたら，ジャンは即座に釈放されただろうに。

(2) **A** 私の娘は通勤用に自分の車を使うことができる。

B 私の娘は通勤用に車を自由に使うことができる。

(3) **A** 私の母はカーテンを他のものにとり替えた。

B 私の母はカーテンをとり替えた。

(4) **A** ミシェルはチームのキャプテンに選任された。

B ミシェルはチームのキャプテンとして選ばれた。

(5) **A** 私たちは今日会議の日を決めます。

B 会議の日は今日決められるでしょう。

2 (1) ai été informé　(2) mettent
(3) dégoûte　(4) plaît
(5) nous sommes installés

(1) **AB** きのう私はあなたが着くことを知らされた。

(2) **A** 彼らはヴァカンスのためにお金を節約している。

B 彼らはヴァカンスのために貯金している。

(3) **A** 私は赤身の肉が大嫌いだ。

B 赤身の肉を見るとぞっとする。

(4) **A** 私はこの新車をすばらしいと思う。

B この新車はとても私の気にいった，これはすばらしい。

(5) **A** 私たちは5年まえからパリ郊外に

住んでいる。

B 私たちは5年まえにパリ郊外に移住した。

155 ## *EXERCICE 20*

1 (1) a créé　(2) s'est produite
(3) fait　(4) a realisé　(5) profiterez

(1) **A** さまざまな問題はあなたの拒否によってひき起こされた。

B あなたの拒否はさまざまな問題を生みだした。

(2) **A** キャンプ場でガス爆発が起こった。

B ガス爆発はキャンプ場で発生した。

(3) **A** 彼は実際よりもだいぶ老けて見える。

B 彼は実年齢よりはるかに老けて見える。

(4) **A** 私は新しいワクチンを発見したという彼に敬服する。

B すばらしい！彼は新しいワクチンを発見することによって快挙をなしとげた。

(5) **A** 私はこの講演があなたにとても役だつだろうと確信している。

B 私の考えでは，あなたはこの講演からじゅうぶんに利益をえるだろう。

2 (1) a commis　(2) attendez
(3) avons profité　(4) s'applique
(5) fait

(1) **A** 彼はこの犯罪の犯人だ。

B この犯罪を犯したのは彼だ。

(2) **A** あなた，みんなと同じように並んでください！

B あなた，順番を待ってください！

(3) **A** 天気がいいときに，私たちは散歩した。

B 私たちは好天を利用して散歩した。

(4) **A** すべての生徒が高校の規則を守らなければならない。

B 高校の規則はすべての生徒に適用される。

(5) **A** あなたの息子は席次の第3位に載っている。

B あなたの息子は席次の第3位に入っている。

157 ## *EXERCICE 21*

1 (1) a apporté　(2) a brillé
(3) se porte　(4) a emporté
(5) mène

17

(1) **A** このジャーナリストは全生涯を彼の仕事に捧げた。
  B このジャーナリストは生涯自分の仕事に傾注した。
(2) **A** この志願者は試験で傑出していた。
  B この志願者は試験で秀でていた。
(3) **AB** 私の祖父はあいかわらずとても元気です。
(4) **A** 私たちのチームはサッカーの試合に勝った。
  B 私たちのチームはライバルチームに勝った。
(5) **A** この街道を通れば海岸へ行くことができます。
  B この街道を行けば海岸に出ます。

2 (1) ai failli (2) porte (3) a échoué
  (4) a amené (5) rateras

(1) **A** 私はクレールと連絡をとることに成功した。
  B 私はクレールと会いそこなうところだった。
(2) **A** 話し合いの主題は住宅問題です。
  B 話し合いは住宅問題を対象にしている。
(3) **A** ピエールは試験に合格しなかった。
  B ピエールは試験に失敗した。
(4) **A** どのような理由であなたは今日ここに来たのですか？
  B どうしてあなたは今日ここに来たのですか？
(5) **A** 君がもっと勉強しないのであれば，君は試験に失敗するだろう。
  B 君がもっと勉強しないのであれば，君は試験に落ちるだろう。

159 ## *EXERCICE 22*
1 (1) apprécie (2) sous-estimes
  (3) considère (4) a été estimé
  (5) sait

(1) **A** レンブラントのこの絵はとても私の気に入っている。
  B 私はレンブラントのこの絵をおおいに評価する。
(2) **A** この任務は君が考えている以上にむずかしいと思う。
  B 君はこの任務のむずかしさを過小評価していると思う。
(3) **A** 私はジャックを聡明だと思う。
  B 私はジャックを聡明な男だとみなしている。
(4) **A** 私たちはこの絵を5万ユーロと評

価した。
  B この絵は5万ユーロと算定された。
(5) **A** 何でも起こりうる。
  B なにが起こるかわからない。

2 (1) a appris (2) sais (3) a ignoré
  (4) observer (5) t'aperçois

(1) **A** 私にテニスのレッスンをしたのは私のおじです。
  B 私にテニスを教えてくれたのは私のおじです。
(2) **A** 私はあなたに心から感謝します。
  B 私はあなたに何とお礼を言えばいいのかわかりません。
(3) **A** 彼の辞職の動機は長らく知られていなかった。
  B 長らく私たちは彼の辞職の動機がわからなかった。
(4) **A** 私たちは道路で制限速度を超えることはできない。
  B 制限速度は遵守しなければならない。
(5) **AB** 君は自分のミスに気づいていない。

161 ## *EXERCICE 23*
1 (1) trouve (2) ont prévenus
  (3) ai reconnu (4) connaisse
  (5) s'annonce

(1) **A** この本は今よく売れている。
  B この本には今多くの購買者がいる。
(2) **A** 彼らは私たちにヴァカンスへ出発する日を教えてくれた。
  B 彼らは私たちにヴァカンスへ出発する日を前もって教えてくれた。
(3) **A** 私は声を聞いて，それが彼だとわかった。
  B 私は声で彼だとわかった。
(4) **A** 私はこのショーが申し分なく成功することを願っている。
  B 私はこのショーが大成功をおさめることを願っている。
(5) **A** 私たちはこの雨だと楽しい旅行ができない恐れがある。
  B この旅行は幸先が悪い，雨が降っている。

2 (1) auraient trouvé (2) confonds
  (3) ferai (4) connaît (5) prévoir

(1) **A** この飛行機事故では500名以上の死

18

者がでたらしい。
B この飛行機事故で500名以上が亡くなったらしい。
(2) A 私はロバとラバが区別できない。
B 私はよくロバとラバを混同する。
(3) AB 私は私の決めたことを両親に知らせるだろう。
(4) A 彼らの離婚はだれにも秘密ではない。
B だれもが彼らが離婚することを知っている。
(5) A 彼の計画がうまくいかないとも考えられる。
B あらゆる点から彼は自分の計画で失敗すると予想される。

163 *EXERCICE 24*

1 (1) essaie / essaye (2) prépare
(3) ai oublié (4) supporte
(5) se pencher

(1) A 彼は努めて定刻に着こうしている。
B 彼は定刻に着こうと努力する。
(2) A 彼はバカロレアに合格するために勉強している。
B 彼はバカロレアの準備をしている。
(3) A 私は文中の1語をとばした。
B 私は文中の1語を読み忘れた。
(4) A 私の夫にはうんざりだわ。
B 私はもう私の夫に耐えられない。
(5) A 研究者たちはこの新しいワクチンを研究しようとしている。
B 研究者たちはこの新しいワクチンに強い関心をよせようとしている。

2 (1) me rappeler (2) m'habituer
(3) avons cherché (4) transpirerais
(5) me souviens

(1) AB 私は彼(女)の住所を思いだせない。
(2) AB 私は新しい労働時間に慣れることができない。
(3) A この2人の友人を和解させようという私たちの努力はむだに終わった。
B この2人の友人を和解させようとしたがむだだった。
(4) A このセーターを着なければ，君は汗びっしょりにはならないだろう。
B 君がセーターをぬげば，これほど汗はかかないだろう。
(5) A 彼(女)の名前を失念した。
B 私は彼(女)の名前を思いだせない。

165 *EXERCICE 25*

1 (1) vise (2) a hésité (3) voulait
(4) aspire (5) s'attendait

(1) A この法律はすべてのドライバーに関係がある。
B この法律はすべてのドライバーを対象としている。
(2) A 彼は長い時間をかけて3つの解決策を検討し，もっとも簡単なものを選んだ。
B 彼は3つの解決策をまえに迷っていたが，もっとも簡単なものを選んだ。
(3) A 彼は私に怒っていた，というのも私が彼の結婚式に出席しなかったからだ。
B 彼は私が彼の結婚式に出席しなかったことで私を恨んでいた。
(4) A 彼は心のひろい人になりたい。
B 彼は心のひろい人になることを切望している。
(5) A 彼女はコンクールに合格したことにほんとうに驚いている。
B 彼女はコンクールに合格するとは少しも予期していなかった。

2 (1) ai osé (2) est orientée (3) veut
(4) attendez (5) s'est décidé

(1) A 私は勇気を出して彼(女)を批判した。
B 私は思い切って彼(女)を批判した。
(2) AB ジャンの部屋は南向きだ。
(3) AB この単語はなにを意味するのですか？
(4) A あなたは私にどうして欲しいのですか？
B あなたは私になにを期待しているのですか？
(5) A 君のアドバイスがなかったら，彼はまだ受け入れるのを躊躇しているでしょう。
B 君がアドバイスしたので，彼はやっと受け入れることに決めた。

167 *EXERCICE 26*

1 (1) faut (2) est interdit (3) doit
(4) a commandé (5) ont permis

(1) A この子は礼儀正しい女の子です。
B この子はきちんとした女の子です。
(2) A 会議室での喫煙は認められていない。

19

B 会議室での喫煙は禁じられている。

(3) **A** この国では夏はきっと暑い。
   B この国では夏は暑いに違いない。

(4) **A** 彼はワインを1ケース宅配してもらった。
   B 彼はワインを1ケース通販で注文した。

(5) **A** 君がんばったおかげで私たちの仕事は時間通りに終わった。
   B 君のがんばりで，私たちは時間通りに仕事を終えることができた。

2 (1) demande (2) suis obligé(e)
   (3) freiner (4) est limitée (5) dois

(1) **A** このパズルを仕上げるには何時間もかかる。
   B このパズルを仕上げるには何時間も要する。

(2) **A** 私は6時まで家にいなければならない。
   B 私は6時まで家にいざるをえない。

(3) **A** 電気の使用量が多すぎるのはいけない。
   B 電気の使用量を抑えるべきだ。

(4) **A** 私たちは道路で時速90キロを超えることはできない。
   B 道路での速度は時速90キロに制限されている。

(5) **A** ピエールは私に250ユーロ貸してくれた。
   B 私はピエールに250ユーロ借りている。

169 ### *EXERCICE 27*

1 (1) a été reçu (2) te refuses
   (3) a retenu (4) s'est engagée
   (5) sont réservées

(1) **AB** 今年彼はコンクールに合格した。

(2) **A** このドレスは高い，ほんとうに君は欲しいものは何でも買うんだね！
   B このドレスは高い，ほんとうに君は欲しいものは何でも手に入れるんだね！

(3) **A** 私は嵐のせいで1時間以上家から出ることができなかった。
   B 嵐は私を1時間以上家にとどまらせた。

(4) **AB** モニックは私を手伝うと約束した。

(5) **A** 身障者だけがこれらの席をとることができます。

B これらの席は身障者専用です。

2 (1) a été annulé (2) nourrir
   (3) ai retenu (4) promets (5) a reçu

(1) **AB** 悪天候のために，ニューヨーク行き35便は欠航になった。

(2) **A** この家族の3名を養わなければならない。
   B この家族には扶養家族が3名いる。

(3) **A** 彼は私にこのホテルに1部屋予約するように頼んだ。
   B 彼の依頼で，私は彼のためにこのホテルに1部屋予約した。

(4) **A** 私は来週の日曜日かならず君をサーカスに連れて行くよ。
   B 私は来週の日曜日君をサーカスに連れて行く，約束するよ。

(5) **A** 彼の友人たちは彼の誕生日を祝福しにきた。
   B 彼は誕生日に友人たちを招待した。

171 ### *EXERCICE 28*

1 (1) avons consacré (2) servira
   (3) être dérangé (4) évitera
   (5) empêche

(1) **A** この仕事に私たちはあまりに時間をとられすぎた，次へ移りましょう。
   B 私たちはこの仕事に時間をかけすぎた，次へ移りましょう。

(2) **A** 私はこのソファーをベッドとして使うでしょう。
   B このソファーは私にはベッドのかわりになるでしょう。

(3) **A** 父は本を読んでいるとき，うるさくされるのが好きではない。
   B 父は邪魔されないで本を読むことに執着している。

(4) **A** 車で旅行するならたくさん出費する必要はないでしょう。
   B 車で旅行してください，そうすれば多すぎる出費を避けられるでしょう。

(5) **A** いずれにせよ君はまちがっている。
   B それでもやはり君はまちがっている。

2 (1) a aidé (2) a embarrassé
   (3) vous gênez (4) a empêché(e)
   (5) Servez-vous

(1) **A** イタリア語がよくできるので，彼

20

はイタリア旅行のとき苦労しなかった。
　B　彼のイタリア語に関する豊かな知識がイタリア旅行では彼を助けた。
(2) A　私はあなたの質問に困らされた。
　B　あなたの質問は私を困らせた。
(3) A　私はあなたにくつろいでもらいたいのですが。
　B　遠慮しないでください。くつろいでください。
(4) A　私の遅刻は渋滞のせいです。
　B　渋滞のおかげで私は定刻に着くことができなかった。
(5) AB　あなたは計算をするために電卓を使ってもいいですよ。

173 ***EXERCICE 29***

1　(1) obéissent　(2) rivalisait
　(3) a cédé　(4) ont lutté　(5) a battu

(1) A　この子たちはいつも母親の言うことを聞くとはかぎらない。
　B　この子たちはいつも母親の言うことに従うとはかぎらない。
(2) A　うまいケーキ作りにおいて彼女と肩を並べるものはいなかった。
　B　うまいケーキ作りにおいて彼女に比肩できる者はだれもいなかった。
(3) A　彼は彼女に会いたいという誘惑に長時間あらがうことはできなかった。
　B　彼は彼女に会いたいという誘惑にすぐに屈服した。
(4) A　消防士たちは火事を消し止めようとした。
　B　消防士たちは火事と闘った。
(5) A　私たちのチームは英国チームに勝った。
　B　私たちのチームは英国チームを打ち破った。

2　(1) ménager　(2) cède　(3) opposera
　(4) résisterait　(5) protège

(1) A　この干ばつのせいで水を使えない。
　B　この干ばつのせいで水を節約しなければならない。
(2) A　私は再生可能エネルギーが核エネルギーにとってかわって欲しい。
　B　私は核エネルギーは再生可能エネルギーに席を譲って欲しい。
(3) A　フランスとドイツは選手権の決勝を争うだろう。
　B　選手権の決勝はフランスとドイツ

の対戦になるだろう。
(4) A　その家は地震によって破壊されるだろう。
　B　その家は地震に耐えられないだろう。
(5) A　レインコートを着なさい。さもないと君は雨にぬれるだろう。
　B　レインコートを着なさい。それは君を雨から守ってくれる。

175 ***EXERCICE 30***

1　(1) étonne　(2) trahissaient
　(3) vous trompez　(4) préoccupe
　(5) a surpris

(1) A　彼は試験に落ちたの？そうじゃないかと思っていた。
　B　彼は試験に落ちたの？私は驚かない［そうじゃないかと思った］。
(2) A　彼はあまりに感動したので，涙を抑えることができなかった。
　B　彼の涙ははからずも彼の感動を示していた。
(3) AB　あなたは100ユーロ計算まちがいをしていると思う。
(4) A　私は子どもたちの将来が心配だ。
　B　子どもたちの将来が私は気がかりだ。
(5) A　私たちは田舎を散歩しているあいだに嵐になるとは予想していなかった。
　B　田舎を散歩しているあいだに私たちは突然嵐にあった。

2　(1) Méfiez-vous　(2) se plaint
　(3) me réjouis　(4) donne
　(5) énerve

(1) A　注意してください，不実な人たちもいる。
　B　気をつけてください，みんなが忠実というわけではない。
(2) A　彼は今のポストに不満をもっている。
　B　彼は今のポストにいつも不満をもらしている。
(3) A　私はあなたがバカロレアに合格したことがうれしい。
　B　私はあなたのバカロレア合格を喜んでいる。
(4) AB　彼（女）の健康が私には心配だ。
(5) A　君はしょっちゅう遅刻する。私は待つことにうんざりしている。
　B　君はしょっちゅう遅刻する。待つ

21

ことは私をいらだたせる。

177 *EXERCICE 31*

1 (1) vaut (2) a payé (3) importe
(4) compte (5) parie

(1) **A**　このお城は回り道をしてでも行く価値がある。
B　このお城はそれを見るために迂回するだけの価値がある。
(2) **A**　彼は努力したおかげで成功した。
B　成功したので彼の努力は報われた。
(3) **A**　彼は自分の健康状態を心配していない。
B　健康状態は彼にとってどうでもいい。
(4) **AB**　この町には約10万人の住民がいる。
(5) **AB**　きっと君は砂糖を買うのを忘れたんだ。

2 (1) compte (2) liquide (3) mérite
(4) gagnera (5) consomme

(1) **AB**　私は午前中に出発するつもりです。
(2) **A**　店は棚卸しまでにすべての在庫を片付けてしまう。
B　店は棚卸しまでにすべての在庫を一掃する。
(3) **A**　ほんとうにこの美術館は推奨できる。
B　この美術館は推薦されるだけの価値がある。
(4) **A**　タクシーのかわりに地下鉄を使えば，15分早く着くことができるでしょう。
B　タクシーのかわりに地下鉄を使えば15分節約できるでしょう。
(5) **A**　レンジを動かすには電気が必要だ。
B　レンジは電気を消費する。

178 まとめの問題

1 (1) mettrons (2) soupçonnent
(3) tenait (4) a réussi
(5) suis tombé(e)

(1) **AB**　スタジアムへ行くには１時間かかるだろう。
(2) **A**　一部の人たちは彼が車を盗んだと考えている。
B　一部の人たちは彼に車を盗んだ嫌疑をかけている。

(3) **A**　このオリジナル版は彼には貴重なものだった。
B　彼はこのオリジナル版をとても大切にしていた。
(4) **A**　気候はこの患者にいい効果があった。
B　気候はこの患者によい結果をもたらした。
(5) **AB**　ある日私は偶然この古本屋を見つけた。

2 (1) sert (2) passera
(3) maigrisse (4) a pris (5) croirait

(1) **A**　この道具はなにをするためのものですか？
B　この道具は何の役にたつのですか？
(2) **A**　あすテレビでリュック・ベッソンの映画があるでしょう。
B　あすテレビはリュック・ベッソンの映画を上映するでしょう。
(3) **A**　エレーヌは太りすぎだ。少し体重を落とさなければならない。
B　エレーヌは太りすぎだ。少し痩せなければならない。
(4) **A**　私の父は66歳です。昨年からもう働いていません。
B　私の父は66歳です。昨年引退しました。
(5) **AB**　彼が話すのを聞いたら，気が狂っていると思うだろう。

179

3 (1) rendait (2) est tombée
(3) échappe (4) suivre
(5) se présenterait

(1) **AB**　中学生のとき，この辞書はとても私の役にたっていた。
(2) **A**　彼女は息子が死んだことで絶望を経験した。
B　彼女は息子が死んだことで絶望に沈んだ。
(3) **A**　私は彼（女）の名前を忘れた。
B　彼（女）の名前が思いだせない。
(4) **A**　子どもたちは親と同じようにする傾向がある。
B　子どもたちは親を手本にする傾向がある。
(5) **AB**　だれか来たら，私に電話してください。

22

4 (1) a mis (2) arrête (3) tenait
 (4) entendre (5) manquerais

(1) **A** ブリュノは2ヶ月まえに解雇された。
 B ブリュノは2ヶ月まえに首になった。
(2) **A** 彼はけさからずっと仕事をしている。
 B 彼はけさからずっと仕事をやめない。
(3) **AB** 彼はいつも約束を守っていた。
(4) **A** そんな恐ろしいことを話さないでください。
 B そんな恐ろしいことに関する話は聞きたくありません。
(5) **A** もし家族でヴァカンスへ出かけられるのなら，私はそれを利用するのだが。
 B もし家族でヴァカンスへ出かけられるのなら，私はその機会をのがさないだろうに。

180 **5** (1) suivrez (2) étouffer
 (3) a étonné (4) parvienne
 (5) gêne

(1) **AB** 川に沿って橋まで行ってください。
(2) **A** 地位の高い人たちはこのスキャンダルを秘密にしておこうとした。
 B 上層部ではこのスキャンダルをもみ消そうとした。
(3) **A** あなたから招待状をいただくとは予想していませんでした。
 B あなたから招待状を受けとって私は驚きました。
(4) **A** 彼にこの書類を正午までに受けとって欲しい。
 B この書類は正午までに彼に届けられることが望ましい。
(5) **A** ロジェはおそらくあの服装ではくつろげない。
 B ロジェはあの服装では窮屈なようだ。

6 (1) a emprunté (2) vous dérangez
 (3) se soit trompée (4) envahit
 (5) gagnait

(1) **A** このフランス語の単語は英語が語源だ。
 B このフランス語の単語は英語から借用された。

(2) **A** 私を車で送っていただくには及びません，私はタクシーに乗りますから。
 B 私にはどうかおかまいなく，タクシーに乗りますから。
(3) **AB** 彼女は道をまちがえたのかもしれない。
(4) **A** 私は試験が近くなって不安だ。
 B 試験が近くなって私は不安におそわれる。
(5) **A** 彼の仕事は多くのお金をもたらしていた。
 B 彼は生活費をとてもたくさん稼いでいた。

4 長文完成

181 **出題例**
(1) ② (2) ① (3) ② (4) ② (5) ①

　あなたがたはおそらくそのことを知らない。しかしルーアンでは7月初めから8月末にかけて約30件の水漏れが報告された。こうしたちょっとした事故はだいたいいつも注意力欠如の結果であり，**階下の住人に**ヴァカンスの忘れられない思い出を残すことになる。
　こうした困った出来事の原因はふつうヴァカンス**へ出発する**あわただしさのなかに探さなければならない。「たいてい水漏れは，急いで出発して，**なにもかも散らかしたままにする**ような人たちの家で発生します。アパルトマンを出るまえに何の点検もしない人たちもいます。ときには急いでいる人たちはレンジのガスのつまみを回すのを忘れることさえあります」と消防士は言う。
　軽い物忘れ，しかしそれが重大な結果につながることもある。状況を深刻にしすぎないように，消防士たちは，ポンプをもって着いたとき，**できるだけ控えめにしようとする**。「ドアは壊さないで，ふつうはバルコニーを通って窓からなかへ入ります。そしてほかの解決案がないときしか，はしごは使いません」とその消防士は明言した。
　注意深い消防士がいても，ちょっとした漏水がヴァカンスの楽しみを台無しにするかもしれない。そういうわけで，もしなにか**忘れるんじゃないかと心配**なら，アパルトマンのなかで注意を要する箇所をすべてリストにしておいてください。そしてドアを閉めるまえに，それに目を通し，すべてを確認するだけの時間のゆとりをもってください。
(1)① 隣の
 ② 階下の
 ③ 階上の
(2)① …へ出発する

23

ページ
　②　…中の消防士
　③　…からの帰り
(3)①　いっしょに何でも持っていく
　②　なにもかも散らかしたままにする
　③　すべてを見るように気をつける
(4)①　ドアをうち破ることを
　②　できるだけ控えめにすること
　③　火事を回避すること
(5)①　忘れるんじゃないかと心配する
　②　忘れることを心配していない
　③　どうしても忘れたいと思う

182 ***EXERCICE 1***
(1)③　(2)①　(3)②　(4)①　(5)①

　「心のレストラン協会」は毎年冬になると生活困窮者に食糧を配給する。しかし今年はパニックだ。冬は**終わっていない**のにレストランの在庫がすでに空っぽなのだ。需要者の数は急増した。レストランはとても多くの人たちを支援したので，もはやなにも残っていない。「28年間のキャンペーンでこんなことは一度も経験がなかった」と，あるボランティアはいう。レストランは数日後の3月17日，冬が終わるころには**閉店しなければならない**。
　しかし貧困に季節は**ない**。それは冬も夏も続く。したがって1年を通して最困窮者を支援するにはふたたび在庫を**いっぱいにしなけ**ればならない。そこで協会はフランス人の気前のよさに訴えた。先週末，フランス6000店のスーパーで寄付の募集を企画した。買いものをしながらお客さんたちはパスタ，米，缶詰…を寄付するように**促されていた**。
　いいニュースは彼らがたくさん寄付してくれたことだ。幸いにも気前のよさは経済危機を知らない。
(1)①　通過した
　②　とても寒い
　③　終わっていない
(2)①　閉店しなければならない
　②　あまり高くない
　③　開店することができる
(3)①　待っている
　②　知らない
　③　…次第で変化する
(4)①　満たす
　②　売る
　③　空にする
(5)①　促されていた
　②　準備ができていなかった
　③　あきらめていた

183 ***EXERCICE 2***
(1)③　(2)②　(3)①　(4)②　(5)③

　29歳の役者，イヴォンヌ・ラヌーは1人の

ページ
少女がトラクターで世界の果てまで行く芝居を上演する。そこでイヴォンヌはみずから実際にその冒険をやってみることにしている。トラクターはとてものろい！したがって交通手段としてそれを使うことは，ユーモアのある行為であるだけでなく，**何事もとてもスピーディーに進行する**世界にあってのろさと忍耐こそほんとうの長所であるということの主張方法でもある。
　オランダの彼女の小さな村を皮切りに，イヴォンヌは大きなトラクターでほぼ4年間で南アフリカの先端まで走った。**全部で**38 000キロメートルを走破したことになる。そのあと，気力を失った彼女は家へ帰った。
　5年後彼女は荷造りをして，ふたたび中断したところから旅を再開する。トラクターを**とり戻したあと**，彼女は南極大陸へ出発する。彼女はトラクターを製造した企業からの支援をうけながら，17日かけて南極までの最後の2500キロメートルの走破に成功した。
　「私は各人に夢の力を**信じることができる**人であってもらいたい。私は南極までトラクターを運転するというどうみても途方もない夢をもった。あなたたちはまさに夢を信じなければなりません！」
　南極で彼女は雪だるまを作り，**タイムカプセルの形をした**そのお腹に，彼女が大旅行のあいだに出会った人たちの「夢」を滑りこませた。
(1)①　列車は満員だ
　②　私たちは忍耐強い
　③　何事もとてもスピーディーに進行する
(2)①　結局
　②　全部で
　③　一般に
(3)①　とり戻したあと
　②　売りとばしたあと
　③　乗ったあと
(4)①　乱用することができる
　②　信じることができる
　③　落胆した
(5)①　…の場合には
　②　…をとりながら
　③　…の形をした

184 ***EXERCICE 3***
(1)③　(2)①　(3)③　(4)②　(5)①

　フランス人は快適さで家具を選ぶのだが，イタリア人は家具に関してもっているイメージにとても注意を払う。ちなみにあれほど伝統に縛られているイギリス人は，家のなかでは変化への渇望にとりつかれている。彼らは**しょっちゅう**内装を**新しくする**。フランス人は明らかにもっと保守的である。第1次石油ショックまで彼らはとても現代的な家具を買

24

っていた。というのは彼らが楽観主義者だったからだ。石油ショック**以来**，彼らは安心感をあたえる古い様式の家具を欲しがるようになった。

　ある研究は私たちの偏愛と独自性を明らかにしてくれる。たとえば私たちのソファーがそのことを雄弁に物語っている。「イギリス人はソファーに尻をつけてよく座る。彼らは柔らかいソファーが好きだ。ドイツ人はもっと格式ばっている。彼らはソファーがベンチのように**固い**のが好きだ」とイケア・フランスの営業部長ジャン・ビショッフは説明する。大陸の人たちはソファーを十分に使い古したら捨てるのに対して，イギリス人の４分の１以上が３年たったら新しいソファーを欲しがる。要するにソファーはその点については意見が大きく分かれているヨーロッパ人を理解することを可能にする鍵である。私たちの国では，ソファーを『生みだした』のはテレビだ。かつてソファーなど**ほとんど存在しなかった**。昔，座っているのは暇人だけだった。私たちは立って働き，そのあと夕食がすんだらベッドに入りに行ったものだ。より深く，より低く，より柔らかくというようにソファーは，小さなテレビモニターとともに**大きくなってきた**。

(1)① …に無関心である
　　② けして変えない
　　③ しょっちゅう新しくする
(2)① それ以来
　　② 幸いにも
　　③ あちらで
(3)① 喜ばせる
　　② 四角い
　　③ 固い
(4)① むずかしかった
　　② ほとんど存在していなかった
　　③ いたる所にあった
(5)① …といっしょに大きくなった
　　② …と対照をなしていた
　　③ …に基づいていた

EXERCICE 4

(1)③　(2)②　(3)③　(4)③　(5)①

　ブリュノは私たちに彼がどのようにして弟のジェロームを救出したのかを教えてくれた。

　木曜日の暮れ方だった。そのときブリュノ・ルヴォーは静かにパソコンのまえに座っていた。突然母親の叫び声が聞こえた。彼は急いで部屋とパソコンをあとにして，母親の叫び声のほうへ向かった。その部屋に行くと彼は３歳になる弟のジェロームが肉片で喉を詰まらせていることが**わかった**。

　すぐにブリュノは年少消防士学校で習っていたことを**実践した**。最初彼は肉片を吐きだ

させようとした。彼は詰まっているものを外に出すために気管を圧迫するハイムリッヒ法を真似ようとした。**しかしそれはうまくいかなかった**。

　最初の試みの失敗のあと緊急事態のなかで，母親とブリュノは助けをよぶことにした。ブリュノは消防隊に電話するために近所の人の家へ走った。彼には，ちょうどそのとき勤務中だった消防士の父親がいた。母親は**なにをすればいいか知るために**かかりつけの医者に電話した。

　近所の家でブリュノは父親からアドバイスをもらった。父親は救援隊が到着する**まで**ハイムリッヒ法を繰り返すように言った。そして２回目はブリュノにとっていい結果が出た。彼はジェロームに肉片を吐きださせることに成功し，同時に弟の命を救ったのだ。

(1)① この…に同意した
　　② 知らなかった
　　③ 理解した
(2)① 保持した
　　② 実践した
　　③ 忘れた
(3)① これでよし
　　② そしてそれはうまくいった
　　③ しかしそれはうまくいかなかった
(4)① 会う約束をする
　　② どこへ行けばいいのか知る
　　③ なにをすればいいのか知る
(5)① …まで
　　② …のとき
　　③ …だから

EXERCICE 5

(1)②　(2)③　(3)③　(4)②　(5)①

　ローラは恐怖心をいだいたり，幻想的な世界を夢想したり，頭のなかで旅行したりするのが大好きだ。ある日彼女はヴェロニックの本屋に入る。ローラは**とても驚く**。何てたくさんの本なの！本屋さんはこれを全部読んだのかしら？ここには存在する作品が全部あるの？本屋のヴェロニックは時間をかけて彼女に答える。「いいえ，全部読むことはできません。それは不可能です！しかし私はたくさん読んでいます，とくに一日の仕事が終わってから家で読みます」。

　ヴェロニックも存在するすべての本を店に並べることはできないでしょう。彼女は**選ば**なければならない。「セールスマンが，近日中に出版される本を紹介するためにここに来ます。ときには彼らは草稿のコピーをもって来ますから，私は表紙，挿絵，文体を見ます。ふつう私は気に入った１，２冊の本を選びます。もし有名な作家もしくは質の高い作家によって書かれたものだったら，それ以上の

25

本を選ぶことができます」。

ヴェロニックはほとんど毎日数冊の本をうけとる。彼女はそれらを分類する。子どもむけ，若者むけ，ドキュメント，日曜大工。彼女はまた小説を作家名の**アルファベット順に**並べる。価格は？「それは配給業者や出版者によって指定されます。**決めるのは私ではありません。**ローラはこの仕事をとても楽しいと思う。「私はほんとうに仕事に熱意をもっています。毎日発見があるし，いつも新本があります。それに，私たちが読んだ本を**他の人たちがどう思っているのか**知ることは楽しいです」とその本屋は説明する。

(1)① そのことに満足していない
　　② とても驚く
　　③ タイミングがいい
(2)① その大半を買う
　　② そのなかの数冊を売る
　　③ 選ぶ
(3)① …に沿って
　　② ２人で
　　③ アルファベット順に
(4)① 買うのは彼らではない
　　② 決めるのは私ではない
　　③ 決めるのは簡単だ
(5)① 他の人たちがどう考えるか
　　② …を他の人たちが収集しにくることを
　　③ …を残すことを

187 **EXERCICE 6**
(1)③　(2)①　(3)③　(4)①　(5)②

空いている時間には好きなことができる，これは職業活動の枠内ではかならずしも可能ではない。スポーツの実行もこうした働きかけの一環をなす。目的は，記録を作ることではなく，健康を維持すること，より良く生きること，**老化を遅らせる**ことである。スポーツはまた，現代生活のストレスに耐え，心身のバランスをとる助けになる。自然とのふれあいは余暇として増大しているもう１つの領域である。屋外での活動は都会生活の束縛に**対する反動として**発達している。

私たちにはまた，たとえば日曜大工やガーデニングの活動やアマチュアの文化活動（音楽，絵，ダンス，芝居など）を通して，**自由な時間をより生産的なものにしよう**とするふくらみつつある意志も認められる。こうした活動の動機は経済的な側面をもっている。家事はそれ自体で役にたちながら，お金の節約にもなるからだ。

余暇の影響はたんに個人的なものだけではない。**労働時間の短縮にともなって，**家族と友人たちのためにさかれる時間が増加した。数年まえから慈善団体の数の増加が見られる。**したがって余暇と無為が**混同されることも少

なくなっている。それはたんに「エゴイスト」の時間とはかぎらない。

(1)① 老化で死ぬ
　　② 生活のために働く
　　③ 老化を遅らせる
(2)① …に対する反動として
　　② …を増大するために
　　③ …といかなる関係もなく
(3)① 本を読んで時間を過ごす
　　② 暇な時間を利用して旅行する
　　③ 自由時間をより生産的なものにする
(4)① 労働時間の短縮にともなって
　　② 超過勤務時間とともに
　　③ 臨時雇いとともに
(5)① したがってますます仲がよくなる
　　② したがって混同することがますます少なくなる
　　③ したがって…とより仲よくなる

188 **EXERCICE 7**
(1)②　(2)②　(3)③　(4)①　(5)③

あるアンケートによると，多くの子どもと親にとって，家でやる宿題は**口論をひき起こす**ことが明らかになっている。

叫ぶ親，泣く子ども，飛びかうノート。多くの家庭で宿題をやる時間は「悪夢」にかわる。アンケートからわかるのは，10人中６人の親にとってこの時間は**過ごしづらい**ということである。この時間は毎晩おそるおそる繰り返されるのを見る集団的罰として体験されてさえいる。

なぜそれほどの緊張が生まれるのだろうか？子どもたちが**宿題をしているとき**難題にぶつかると，両親はたいてい冷静さを保つのに苦労するからである。「仕事をしている親は時間がとれないで四苦八苦しているので，宿題はできるだけ効率よくすませて欲しいと思っている」と，ある心理学者は説明する。

その通り，しかし，子どもたちはいったん**学校から帰って来ると，**かならずしも勉強する気になるとはかぎらない。彼らはくつろぎたいのだ。その結果，疲労が原因で，あるいは集中力の欠如から，作業を終えるのに多くの時間を要する，彼らはのろい。さきの心理学者に言わせれば，あたかも彼らは，「**両親を自分たちの近くにひき留めておく**」ために「物事を長引かせたい」かのようだ。しかし，あわてないで。夜の宿題 devoirs が「希望 espoir」と韻を踏む（調和する結びつきを構成する）ような解決策は存在する！

(1)① 両親に心配させるのを避ける
　　② 口論をひき起こす
　　③ 家族を幸せにする
(2)① 過ごすのに心地よい
　　② 過ごしにくい

26

③ 言いやすい
(3)① 読書に没頭しているので
② テレビゲームを見ながら
③ 宿題をしながら
(4)① 学校から帰ると
② 旅に出ると
③ 家から外出すると
(5)① 両親を喜ばせる
② 両親を避ける
③ 両親を自分たちの近くにひき留めておく

189 **EXERCICE 8**
(1)③ (2)③ (3)② (4)② (5)②

　ノート，ファイル，万年筆，そのほかの学用品は新学期の気がかりの１つである。親も生徒も学校のリストに従わなければならない。この骨のおれる仕事はたいていヴァカンスの終わるころに費用がかさむ。ヴィルヴェラックでは，市が家族の**負担を軽くする**と決めた。新学期に買いものに走る義務は終わった！中学生にはすべての学用品が無料で，かつ学校の要請に適合する形で配布される。
　学用品の購入費が子ども１名につき１年で130ユーロから190ユーロかかることを知れば，これは家庭にとって無視できない金銭上の節約である。「これは**市役所が私たちにもたらす**すごい支援だわ」と息子のために日用品をとりにきた母親は明言する。２日間午前中に配布を**おこなった**市役所係員ナンシーとリーズもやってきた親たちが上機嫌だったと証言する。「この配布が有益で，一部の親にとって苦労を軽減していると実感します。人々は早く来て**行列をつくります**。家族の大多数が来て必要な日用品をうけとりました」。家庭のための紛れもない政治参加であるこの進取の行動は，市にとって約7000ユーロの年間費用となるが**継続すべきだろう**。こうした必要品がヴィルヴェラック在住のすべての中学生が楽しい１年を過ごすのに役立つことを期待しよう。
(1)① …を説得する
② …の負担である
③ …を軽減する
(2)① 私たちにその必要はない
② 私たちはそれによって裕福になる
③ 市役所が私たちにもたらす
(3)① …がなかった
② …を滞りなくおこなった
③ …を逃した
(4)① 体操をする
② 行列をつくる
③ 仕事にとりかかる
(5)① 始めるべきだろう
② 続けるべきだろう

③ 中断することもできるだろう

190 **EXERCICE 9**
(1)② (2)① (3)② (4)② (5)①

　ナイジェリアでは，プラスティックボトルで家を建てられたら，住宅問題と公害問題を同時に解決できる。
　ナイジェリアでは毎日３百万本のプラスティックボトルが**消費される**。それぞれのボトルは自然界で**消滅する**のに何百年もかかることを知ったら，この国がまさしく公害問題に苦しんでいることが理解できる。
　しかしナイジェリアは住宅不足の問題もかかえている。１千６百万戸足りないと思われる。したがってプラスティックボトルで家を建てるという考えは理想的な解決策のようだ。
　プラスティック製の最初の家が国の北部でほぼ完成している。その家は，砂を詰め込み，**積み重ねて**約１万４千本のボトルを使うことになる。その結果できた家はわりときれいでとても独創的だ。
　このような家の発案者によると，砂を詰め込むと**３キロになる**ボトルはセメントやプラスターのブロックよりも頑丈である。そして全部リフォームするにしても，プラスティック製の家なら１万２千７百ドル（９千４百ユーロ）しか費用がかからない。すなわち「通常の」住宅の４分の１の**安さ**だ。
　来月には何棟かの学校の教室がこの様式にならって建造されることになっている。
(1)① 売りだされる
② 消費される
③ 海に捨てられる
(2)① 消滅する
② 再利用される
③ 刷新される
(3)① お互いに区別された
② お互いに積み重ねられた
③ お互いに隣りあわせで並べられた
(4)① 30ユーロする
② 重さが３キロになる
③ 長さが30センチある
(5)① …ほど高くない
② …より高い
③ …より堅牢な

191 **EXERCICE 10**
(1)② (2)③ (3)③ (4)③ (5)②

　ジョフロワは熱心な労働者だ。10年まえから１日も仕事を休んでいない。しかしこの56歳のアメリカ人労働者は毎朝徒歩で，33キロを**くだらない距離を踏破する**。毎日８時間の仕事を終えて家へ帰るには論理的に夕方も同じ距離を歩かなければならない。これは毎週

27

5日間，雨が降ろうと雪が降ろうとあるいは風が吹こうと実行されたことになる。

ジョフロワがこのような生活のリズムに慣れているにせよ，それは**歩くのが好きだから**というわけではない。ただたんに，住まいと職場をつなぐ公共交通機関がまったくないからだ。そして彼の古いトヨタ車が10年まえに彼を見放したからだ。ところが時給10ユーロに届かない彼の給与では，もう1台車を買うだけの**財力はない**。彼がアメリカ自動車産業の歴史的中心地だったデトロイトで暮らしていたころが，彼を雇っている工場が客のためにプラスチック製の部品を生産していたころが絶頂期だった。

しかしジョフロワの日々の労苦もまもなく**終わる**だろう。だれひとりけしてこの労働者の不満を聞いたことはなかったにせよ，彼の同僚たちと近所の住民たちは結局彼に注目することになった。そして彼の話に感動した。彼に「感じのいい小型車」を買うために募金キャンペーンもインターネットを通して始められた。実際にはジョフロワはそれよりもはるかに大きな車を買うことさえできる。募金者は**すでに**2千人以上に**到達し**，総額が7万ドルを越えている（つまり6万ユーロ以上）のだから。

(1)①　…以上走る
　　②　…以下ではない距離を踏破する
　　③　…以下の距離を車で走る
(2)①　寒さで
　　②　忍耐力がないから
　　③　歩くことが好きだから
(3)①　試みる
　　②　…しなければならない
　　③　財力がない
(4)①　絶頂期にある
　　②　始動する
　　③　終わる
(5)①　すでに支払った
　　②　すでに到達した
　　③　まだ越えていない

5　インタビュー完成

193 | 出題例
(1)④　(2)⑦　(3)⑤　(4)②　(5)①

ジャーナリスト：あなたは「バンド・デシネ祭」への招待客としてパリへいらっしゃいました。**これは仕事中の小休止ですか？**

イヴェット：そうだとも，そうではないともいえます。私はフランス革命に関するバンド・デシネを準備しています。なのでこの機会を利用して，首都の知られていない部分を発見し，たくさんの写真を撮

ろうと思います。

ジャーナリスト：**あなたは歴史に興味があるのですか？**

イヴェット：はい。「現代を描くこと」はもっと簡単ですが，子どものころから私の心をひきつけているのは過去なのです。

ジャーナリスト：**今日バンド・デシネで生計をたてるのはむずかしいですか？**

イヴェット：私としては，幸いシリーズがよく売れています。しかし一般に，それはとてもむずかしいです。

ジャーナリスト：あなたの絵は写実的で，とても詳細です。**あなたはこのようなスタイルをどのようにして発明したのですか？**

イヴェット：私の性分ですよ。細部に時間をかけるのは大好きです。私は1週間にせいぜい1ページ半しか仕上げられません。

ジャーナリスト：**あなたの読者に会うのは好きですか？**

イヴェット：分かちあう喜びがあります。彼らと議論するのは好きです。

① あなたの読者に会うのは好きですか？
② あなたはこのようなスタイルをどのようにして発明したのですか？
③ 新しいアイデアはどのようにして思いつきますか？
④ これは仕事中の小休止ですか？
⑤ 今日バンド・デシネで生計をたてるのはむずかしいですか？
⑥ あなたは夜中も仕事をするのですか？
⑦ あなたは歴史に興味があるのですか？

194 | *EXERCICE 1*
(1)③　(2)②　(3)④　(4)⑥　(5)⑤

ジャーナリスト：**あなたはどれくらいまえからタクシードライバーをしているのですか？**

タクシードライバー：現在で17年まえからタクシードライバーをしていることになります。ただし約1年まえからタクシー・ユニオンで働いています。

ジャーナリスト：**タクシードライバーになるにはどうするのですか？**

タクシードライバー：基礎として国際部門と地方部門という2部門からなる試験をうけます。

ジャーナリスト：**タクシードライバーになるまえはなにをしていたのですか？**

タクシードライバー：私は大型トラックの整備士でした。この仕事は1ヶ月しかもちませんでした。そのあと農夫になりましたがあまり長くは続きませんでした。自立と自由への思いが強くて，この仕事に転職したんです。

28

ジャーナリスト：**あなたの勤務時間はどのようになっていますか？**

タクシードライバー：私は朝の7時から19時まで勤務についていますが，めいめい好きなようにやっています。私たちはパリのように勤務時間表によって規制されることはありません。10年間私は16時から翌朝の4時まで働きました。

ジャーナリスト：**あなたの考えでは，この仕事をやるために欠かせない資質は何でしょうか？**

タクシードライバー．仕事のうえでも人としても，いい出会いをすることはほんとうに肝要なことです。冷静であること，渋滞にまき込まれてもいらいらしないことも重要です。

① あなたは1日に何時間働くのですか？
② タクシードライバーになるにはどうするのですか？
③ あなたはどれくらいまえからタクシードライバーをしているのですか？
④ タクシードライバーになるまえはなにをしていたのですか？
⑤ あなたの考えでは，この仕事をやるために欠かせない資質は何でしょうか？
⑥ あなたの勤務時間はどのようになっていますか？
⑦ どのような動機であなたはタクシードライバーになったのですか？

195 **EXERCICE 2**

(1)② (2)③ (3)④ (4)⑦ (5)①

ジャーナリスト：**あなたはどのような経緯で雇われたのですか？**

農夫：大部分の農夫の子どもと同じように，私は父といっしょに働き始めました。したがって私を雇い入れたのは彼です。

ジャーナリスト：**あなたの仕事はどのようなものですか？**

農夫：植物の繁殖です。最良の状態で植物を繁殖できるようにするのが目標です。

ジャーナリスト：**なぜこの仕事を選んだのですか？**

農夫：私はつねにこの仕事に精励し，この仕事を愛していました。とはいえ，ほかの仕事を知る機会がなかったという事実は頭にいれておかなければなりません。

ジャーナリスト：**この職業に欠かせない資質は何ですか？**

農夫：やる気がなければなりません。時間を惜しまず，もちろん自然を愛さなければなりません。観察能力があることは重要だし，植物の成長にとっても有益です。

ジャーナリスト：**農夫になることを切望している若者たちのためにアドバイスはあり**

ますか？

農夫：農夫になるにはまず最初に莫大な資金が必要になります。心からこの職業を愛せなければなりません。

① 農夫になることを切望している若者たちのためにアドバイスはありますか？
② あなたはどのような経緯で雇われたのですか？
③ あなたの仕事はどのようなものですか？
④ なぜこの仕事を選んだのですか？
⑤ なぜ農業はもはやじゅうぶんに収益があがらないのですか？
⑥ あなたの経歴はどのようなものですか？
⑦ この職業に欠かせない資質は何ですか？

196 **EXERCICE 3**

(1)⑤ (2)② (3)⑦ (4)④ (5)⑥

ジャーナリスト：**なぜ大型猿の展覧会を開催したのですか？**

ジラール氏：というのは彼らは動物界で私たちにもっとも近い親族なのに，絶滅が危惧されているからです。大型猿は何千年もまえから熱帯の森林で人間と共存しています。

ジャーナリスト：**どのような点で大型猿は私たちに近いのですか？**

ジラール氏：チンパンジーとオランウータンは道具を使います。また彼らには私たちに似た顔の表情があります。それに人間界と同様に，母親と子どもの絆がとても強いのです。

ジャーナリスト：**あなたはこの展覧会から子どもたちになにを覚えておいて欲しいですか？**

ジラール氏：彼らは大型猿に興味を抱き，大型猿に夢中になるでしょう。私は子どもたちに，大型猿の研究をしたいという気にさせ，同じく猿を守ってあげたいという気にさせたいのですが。

ジャーナリスト：**なぜ大型猿の保護は大切なのですか？**

ジラール氏：彼らがいなくなったら，熱帯の森はたいへんな危機に陥るでしょう。彼らのおかげで森は再生することができるのですから。

ジャーナリスト：**私たちのレベルで大型猿を守るためになにをすることができるでしょうか？**

ジラール氏：私たちは買うものに注意を払うことができます。パーム油を使っていない製品を選びましょう。というのも，殺虫剤はチンパンジーの奇形の原因になるからです。

① 大型猿はどのようにして熱帯の森を豊かにするのですか？

29

ページ ② どのような点で大型猿は私たちに近いの
ですか？
③ 大型猿は私たちの同類といわれますが，
なぜですか？
④ なぜ大型猿の保護は大切なのですか？
⑤ なぜ大型猿の展覧会を開催したのです
か？
⑥ 私たちのレベルで大型猿を守るためにな
にをすることができるでしょうか？
⑦ あなたはこの展覧会から子どもたちにな
にを覚えておいて欲しいですか？

197 **EXERCICE 4**
(1) ⑥　(2) ①　(3) ④　(4) ②　(5) ③

ジャーナリスト：**調理場におけるあなたの役
割は何ですか？**
ロマン夫人：私は冷たいもの，たとえばアン
トレ，デザートやチーズといった食品を
担当しています。
ジャーナリスト：**あなたは自分の職業が好き
ですか？**
ロマン夫人：すごく好きです。愛情をこめて
この仕事をしています。
ジャーナリスト：**料理の味見はしますか？**
ロマン夫人：はい，お昼は生徒たちのまえに，
同僚たちとシェフといっしょに食べます。
ジャーナリスト：**あなたの考えでは，生徒た
ちと先生たちは学校の食堂をどう思って
いるのでしょうか？**
ロマン夫人：彼らはしょっちゅう食堂へやっ
てくるのですから，ここの料理をおいし
いと思っているに違いありません。
ジャーナリスト：**昔の食堂と今の食堂のあい
だに違いはありますか？**
ロマン夫人：かつては生徒たちは同時に来て
いました。セルフサーヴィスなんてあり
ませんでした。そもそもそのことに関し
て言えば，ビュッフェの設備を整えるの
と同様に，セルフサーヴィスと食堂を近
代化する必要があるでしょう。
① あなたは自分の職業が好きですか？
② あなたの考えでは，生徒たちと先生たち
は学校の食堂をどう思っているのでしょ
うか？
③ 昔の食堂と今の食堂のあいだに違いはあ
りますか？
④ 料理の味見はしますか？
⑤ 食器が割れたときどうしますか？
⑥ 調理場におけるあなたの役割は何です
か？
⑦ あなたは良好な条件で働いていますか？

198 **EXERCICE 5**
(1) ①　(2) ③　(3) ②　(4) ④　(5) ⑦

ページ ジャーナリスト：**あなたはずっと作家になり
たかったのですか？**
作家：いいえ。じつは私がほんとうにやりた
かったのは新聞向けの漫画なんです。学
部のときは卒業したら漫画家になると確
信していました。しかしBD界で居場
所を築くのはとてもむずかしい。私は山
ほどの断りの手紙を受けとりました。
ジャーナリスト：**この本のアイデアはどのよ
うにして生まれたのですか？**
作家：私は成長していくなかで感じるすべて
の奇妙なことに関する話を書きたかった
のです。私はかなり平凡な少年時代を送
りました。しかし楽しいことはたくさん
ありました。だから私は，子どもである
というのはほんとうは何なのかを教えて
くれる本を書こうと決めたのです。
ジャーナリスト：**世界のいたる所でみられる
こうしたヒットをどのように説明します
か？**
作家：私の書いた主人公は多くの読者を感動
させると思います。というのは，出身国
がどこであれあらゆる子どもが出会う可
能性のあるたくさんの出来事が起こるか
らです。
ジャーナリスト：**あなたはどのようにして執
筆にとりかかるのですか？**
作家：話とイメージを見つけて書くのに約6
ヶ月は必要です。そのあと原稿を用意す
るのに1ヶ月，最後に挿絵を入れるのに
2ヶ月必要です。
ジャーナリスト：**絵本を書きたいと思ってい
る読者になにかアドバイスはあります
か？**
作家：彼らに提案があります。真似ることから，
漫画で有名な挿絵を描き写すことか
ら始めるのです。そうすれば少しずつ，
あなた自身のスタイルがわかるようにな
り，それが見つかります！
① あなたはずっと作家になりたかったので
すか？
② 世界のいたる所でみられるこうしたヒッ
トをどのように説明しますか？
③ この本のアイデアはどのようにして生ま
れたのですか？
④ あなたはどのようにして執筆にとりかか
るのですか？
⑤ あなたはフルタイムで働く作家ですか？
⑥ なぜあなたの挿絵はこれほどシンプルで，
モノクロなのですか？
⑦ 絵本を書きたいと思っている読者になに
かアドバイスはありますか？

199 **EXERCICE 6**
(1) ⑤　(2) ④　(3) ②　(4) ⑦　(5) ③

ジャーナリスト：**あなたはレストラン経営者になるためにどのような研修を受けましたか？**

カルマン：私はバカロレアしかもっていません。しかしこの職業について知っているあらゆることは父といっしょに仕事をしながら学びました。たしかに彼は以前このレストランのオーナーで，私が後を継ぐことを強く望んでいました。

ジャーナリスト：**毎日の仕事について話していただけますか？**

カルマン：私は，お客さんを出迎えるために，また接客を助けるために，調理場と店のあいだを動き回っています。閉店後は帳簿をつけます。ざっというと，これが典型的な一日です。それに加えて週に2回市場へ買いものをしにでかけます。

ジャーナリスト：**なぜあなたはとりわけこの仕事を選んだのですか？**

カルマン：まえにも言いましたように，当時選択肢はなかったんです。父が他界したとき，私はレストランを再開しなければなりませんでした。

ジャーナリスト：**将来の展望は何ですか？**

カルマン：私個人としては，引退するまでこの仕事を続けるでしょう。というのは，今のところ他のことに乗りだす自分の姿が思い描けないからです。

ジャーナリスト：**この職業でどれくらいの給料を期待できるか教えていただけますか？**

カルマン：それはレストラン次第だし，その月にあがる利益にもよります。企業のオーナーであって，払わなければならない管理諸経費と給料があることを忘れてはいけません。

① あなたはどこで調理を学んだのですか？
② なぜあなたはとりわけこの仕事を選んだのですか？
③ この職業でどれくらいの給料を期待できるか教えていただけますか？
④ 毎日の仕事について話していただけますか？
⑤ あなたはレストラン経営者になるためにどのような研修を受けましたか？
⑥ レストラン経営者の資質とは何ですか？
⑦ 将来の展望は何ですか？

200 | *EXERCICE 7*

(1)① (2)⑦ (3)② (4)④ (5)③

ジャーナリスト：**あなたはいつから歌詞を書いているのですか？**

女性歌手：私は1995年に初めての歌詞を書かなければなりませんでした。私はたくさんの詩を書いていましたが，それに曲を

つけたことはありませんでした。

ジャーナリスト：**あなたは1曲書くのにどれくらいの時間をかけますか？**

女性歌手：それはまったく曲とひらめき次第です。書きたいことについて私がよく知っているとき，たいてい進行はとても速いです。しかし，ときにはできあがるのに3年かかることもあります。またアイデアがなにもない場合，進行がとても速いということもありえます。

ジャーナリスト：**あなたは生活のなかでなにか楽しいことがあったとき，曲を書くのですか？**

女性歌手：私はつねにアイデアと草稿をためています。そして体調がいいとき私はそれを曲にします。同様に，なにかとても前向きなことがあったとき，それが曲を書くためのはずみになるということもあります。

ジャーナリスト：**あなたはいつも紙を持ち歩いているのですか？**

女性歌手：いつもです。私は小さな手帳を持ち歩いています。他よりいいと思えるアイデアが浮かんだら，それを書き留めるのです。

ジャーナリスト：**コンサートがないときはなにをしているのですか？**

女性歌手：私は若者のための作曲教室をてがけています。私は，彼らが曲を書けるように，また後に，曲を舞台にあげることができるように，彼らといっしょに計画をたてます。

① あなたはいつから歌詞を書いているのですか？
② あなたは生活のなかでなにか楽しいことがあったとき，曲を書くのですか？
③ コンサートがないときはなにをしているのですか？
④ あなたはいつも紙を持ち歩いているのですか？
⑤ あなたはどれくらいまえから歌っているのですか？
⑥ あなたはたくさんのコンサートを開きますか？
⑦ あなたは1曲書くのにどれくらいの時間をかけますか？

201 | *EXERCICE 8*

(1)② (2)① (3)④ (4)⑥ (5)③

ジャーナリスト：**あなたはどのようにして「記録審査員」になったのですか？**

エミリー：やや，たまたまといえます。それが記録ギネスブックのためとも知らずに，三行広告に回答してしまったのです。私は5カ国語が話せるから採用されました。

ジャーナリスト：**あなたには得意分野はある
　　のですか？**
エミリー：私は大衆の記録を審査します。群
　　衆を審査します。これらすべての人たち
　　は私に多くの活力をくれます。中国人と
　　インド人は群衆の記録においては無敵で
　　す。
ジャーナリスト：**あなたの仕事の困難さは何
　　ですか？**
エミリー：私はものすごく旅行します。週に
　　だいたい２，３カ国を回ります。これは
　　疲れます。それと落選したことを候補者
　　たちに伝えるとき，大きくて意地悪なオ
　　オカミにでもなったような気になります。
　　１ヶ月後かあるいは１年後に再挑戦する
　　ように彼らを励ますための適切なことば
　　を見つけなければなりません。
ジャーナリスト：**あなたが今までに審査した
　　なかでもっとも変わっていたのはどんな
　　記録ですか？**
エミリー：３月に私は，１本の指で４個のコ
　　コナッツを割ることができる50歳になる
　　とても痩せた男がいるというイタリアへ
　　行きました。彼はココナッツを割るまえ
　　に瞑想します。それから「準備ができま
　　した」と言います。そしてそのとき，人
　　差し指の力でココナッツが破裂するので
　　す。信じられません！
ジャーナリスト：**あなたからみて，破るのが
　　もっともむずかしい記録は何ですか？**
エミリー：今年の夏パリで，１人の男がモン
　　マルトルの丘の上からもっとも長いロー
　　ラースケートジャンプをしました。空中
　　29メートルに達しました。これは感動的
　　でした！私はまた，泳いでイギリス海峡
　　を横断した70歳の男性の記録も審査しま
　　した。
① あなたには得意分野はあるのですか？
② あなたはどのようにして「記録審査員」
　　になったのですか？
③ あなたからみて，破るのがもっともむず
　　かしい記録は何ですか？
④ あなたの仕事の困難さは何ですか？
⑤ あなたはどのような記録を破りたいです
　　か？
⑥ あなたが今までに審査したなかでもっと
　　も変わっていたのはどんな記録ですか？
⑦ あなたの決定に文句を言う候補者はいま
　　すか？

202 ***EXERCICE 9***
(1)③ (2)② (3)③ (4)④ (5)⑤

ジャーナリスト：**あなたの経歴を話していた
　　だけますか？**
ルロワ氏：私は15年間プロのプレイヤーでし

た。そのあとサッカープロコーチの資格
　　試験を受けることにしたのです。
ジャーナリスト：**あなたはコーチ職をどのよ
　　うに考えていますか？**
ルロワ氏：コーチはまずなによりもスポーツ
　　を通して人を教育しようとします。トレ
　　ーニングを通して，若者たちはたんにサ
　　ッカーのプレイ方法を習うだけであって
　　はいけません。社会生活における基本ル
　　ールを遵守することも学ばなければなり
　　ません。
ジャーナリスト：**あなたは具体的にどうして
　　いるのですか？**
ルロワ氏：チームを上達させていい結果をえ
　　られるように訓練しています
ジャーナリスト：**あなたにとって勝つことは
　　最優先されることですか？**
ルロワ氏：子どもたちはまず，クラブに来て
　　サッカーをすることに喜びを感じなけれ
　　ばなりません。プレイ水準がどうあれ若
　　者たちはみんな，試合をしていい結果を
　　えられるように全力を尽くします。
ジャーナリスト：**スポーツをするよう説得す
　　るために若者たちに何と言いますか？**
ルロワ氏：私は彼らに，多くのさまざまなス
　　ポーツと出会い，つぎに自分たちにもっ
　　とも合っているものを選ぶようにアドバ
　　イスします。親にも，子どもたちにスポ
　　ーツ活動の発見を勧めながら，果たさな
　　ければならない役割があります。
① あなたには将来のコーチにあたえるため
　　のアドバイスがありますか？
② あなたはコーチ職をどのように考えてい
　　ますか？
③ あなたは具体的にどうしているのです
　　か？
④ あなたにとって勝つことは最優先される
　　ことですか？
⑤ スポーツをするように説得するために若
　　者たちに何と言いますか？
⑥ あなたはコーチ業を続けているあいだに
　　どのような難問にであいましたか？
⑦ あなたの経歴を話していただけますか？

203 ***EXERCICE 10***
(1)③ (2)② (3)⑥ (4)① (5)⑤

ジャーナリスト：**あなたにボクシングの才能
　　があることに，まわりの人はどのように
　　して気づいたのですか？**
ロベール氏：私の父はボクサーでした。私は
　　いっしょにトレーニングに通っていま
　　したし，同時にほかのスポーツもしてい
　　ました。私はすんでのところでサッカー選
　　手になるところでした。しかし，結局の
　　ところ父の忠告にしたがってボクシング

にとどまりました。

ジャーナリスト：**特別な才能が必要ですか？**

ロベール氏：私はそうは思いません。私のコーチはすぐれたテクニックを身につけなければならないと言っていました。優秀なボクサーならば，優秀なサッカー選手，あるいは優秀なダンサーにもなれるでしょう。

ジャーナリスト：**ボクシングのなにがそれほどあなたの気に入っているのですか？**

ロベール氏：ボクシングにおいて私が好きなのは，それが男と男の決闘だからです。あなただけが責任を負っている，あなたしか自分を助けることはできない，私はボクシングのそういうところがいいと思います。

ジャーナリスト：**世界チャンピオンになったことはあなたにどういう影響をもたらしていますか？**

ロベール氏：それはかならずしも快適とはいえません。というのは，それは大きな責任を背負うことでもあり，大きな束縛でもあるからです。しかし私がスポーツをはじめ，ボクサーになったのはそのため，成功するためなのです。

ジャーナリスト：**あなたが試合に負けたらどうなりますか？**

ロベール氏：それはさほど重要なことではありません。プロボクサーとして私はすでに２回世界チャンピオンのタイトルを失ったことがあります。そしていつも戻ってきました。ただし今後負けたら，やり直すことをすまいと考えています。

① 世界チャンピオンになったことはあなたにどういう影響をもたらしていますか？
② 特別な才能が必要ですか？
③ あなたにボクシングの才能があることに，まわりの人はどのようにして気づいたのですか？
④ 勝利のためのあなたの戦法は何ですか？
⑤ あなたが試合に負けたらどうなりますか？
⑥ ボクシングのなにがそれほどあなたの気に入っているのですか？
⑦ もし試合に負けたら，あなたはタイトルも失うことになるのですか？

6　長文読解

204 **出題例**
(1)② (2)⑤ (3)① (4)② (5)① (6)② (7)①

フランスでは，書き取りコンクールに１年を通じて数千人の人たちが集まる。これらの人たちの大半にとって，それは学校の訓練で

はない。毎年パリに７歳から77歳までの数百人の参加者が集まる「金の辞書」コンクールでは，多くの人たちはこのイベントをゲームとみなしている。コンクールを主催するエメ・ソマンは，最高齢者たちが１杯の紅茶を囲んで顔をあわせるように書き取りにいそしんでいると言う。「１つか２つの間違いなど，大半の人たちにとって大したことではありません。彼らは競争に参加するためではなくて，楽しむために来ているのです」と彼女はつけ加える。

子どもたちは，「ペンで書くためにより遅いとはいえ」（エメ・ソマンが気づいたこと），訓練する意欲では負けていない。学生たちも興味を示しています。「彼らは自分たちのレベルを確認し，上達するために来ます。うまく仕事を見つけられるように正確に書きたいのです」と，彼女は断言する。

なお，書き取りはよく文化の世界，とりわけ文学への「入り口」とみなされる。コンクール「金の辞書」の主催者たちはまさに，恵まれない地区の若者たちへ書くことへの関心を伝えることから始めて，読むことへの関心をもたせたいと思っている。４年まえからコンクールに参加しているレアは，「私はことばで遊ぶことが好きです。今は読むことが大好きです」と言う。

(1) フランスでは，書き取りコンクールは夏休み中にしか開催されない。
(2)「金の辞書」コンクールには，毎年百人ほどが参加する。
(3)「金の辞書」コンクールへ参加する大半の人たちは楽しむために書き取りをする。
(4)「金の辞書」コンクールでは，子どもたちは大人たちほどのやる気はない。というのは彼らは書くのが遅いからだ。
(5)「金の辞書」コンクールに参加する学生たちは，うまく仕事が見つけられるように間違いなく書きたいという意欲がある。
(6)「金の辞書」コンクールの主催者たちはとくに恵まれない地区の若者たちに，書くことへの関心ではなくて，読むことへの関心をもたせたいと思っている。
(7) 書き取りコンクールに参加することによって，レアは読書の喜びを発見した。

206 ### *EXERCICE 1*
(1)① (2)① (3)② (4)② (5)① (6)① (7)②

カナダの映画監督ジェームズ・カメロンは探検家でもある。彼は世界でもっとも深い海溝に降下することによって，潜水の世界記録を破りたいと思っている。それは，太平洋に位置する，深さ10,911メートルのマリアナ海溝である。

彼の目的は，つねに暗くてまったく人をよ

ページ せつけないこの自然環境の映像をもち帰ることだ。57歳のジェームズ・カメロンは次の数週間のうちに長さ 8 メートルのミニ潜水艦に乗り 1 人で潜るだろう。この潜水艦は 3 Dカメラ，強烈なスポットライトと操作可能な腕を搭載している。もち帰る映像は，ナショナル・ジオグラフィックチャンネルで放映されるドキュメンタリーの対象になるだろう。先月トレーニングのとき，この映画監督は深さ8,200メートルまでたった 1 人で降下した初めての人となったことで新記録をうち立てた。旅は安全確実ではなかった。

　ジェームズ・カメロンは身長1.90メートルで，カプセルは直径1.09メートルしかない。そのうえカプセルはさまざまな電子機器でふさがっている。それに風景を楽しむなんて論外だ，とても小さい舷窓 1 つだけからしか，外を見ることはできないからだ。
- (1) ジェームズ・カメロンは世界でもっとも深い海溝に潜ることを計画している。
- (2) マリアナ海溝は太平洋でもっとも深い。
- (3) ジェームズ・カメロンの任務は海溝の夜の風景を描くことだ。
- (4) ジェームズ・カメロンのチームはミニ潜水艦で潜るだろう。
- (5) ナショナル・ジオグラフィックチャンネルはジェームズ・カメロンがもち帰る映像を放映するだろう。
- (6) ジェームズ・カメロン以外のだれも8,200メートルの深さまで降下した人はいない。
- (7) 小さい舷窓は風景を楽しむのにじゅうぶんな大きさである。

207 ***EXERCICE 2***
(1)② (2)② (3)① (4)① (5)② (6)① (7)①

　子どものころジャン・タールは父親の地下ワイン貯蔵庫で時を過ごしていた。「私は彼の足跡をたどり，家族の伝統を維持したかった」。彼の夢は現実になる。彼はソムリエからワイン醸造所職人をへて，ワイン生産地域を，わずか10ヘクタールのブドウ畑を買いもどし，そこをできるだけ自然な状態で耕作すると決めた。植物同様，土への敬意が彼にはある。自然を全体としてとらえること。ひと言でいうと，革新的なことはなにもない。彼はブドウ栽培のために惑星の周期から着想をえる。「私たちが考えだしたことはなにもない。ただ今まで以上に頻繁にブドウの木に触れ，観察しなければならない」と言って彼は笑う。

　だからジャンがブドウ畑の真ん中で，牛糞をもとにして調合した肥料がいっぱい入った容器をたずさえて地面にまいているのを見ても驚きはしない。「私たちは植物が自然に闘

ページ うのを手助けしている」。
　数日後にジャンは 5 回目のブドウの収穫を始めるだろう。それは 1 ヶ月続くだろう。そしてブドウの実が手作業で採集されるだろう。有機栽培では農地の生産高は少なくなる。作柄は見込みがある。昨年よりいい収穫高になるだろう。夏の暑さによって高品質のワインのための立派な果実が育ったのだ。
- (1) ジャン・タールは父親の指導のもとにブドウを栽培している。
- (2) ジャン・タールの父親はブドウ畑の所有権を直接ジャンに譲渡した。
- (3) ジャン・タールがブドウ栽培のために採用しているのは有機栽培である。
- (4) ジャン・タールはブドウばかりではなく土にも敬意をはらっている。
- (5) ジャン・タールがブドウ畑の真ん中で土に肥料をまいているのを見かけることはめったにない。
- (6) 5 回目の収穫には 1 ヶ月かかるだろう。
- (7) ジャン・タールは昨年よりよい収穫高になると確信している。

208 ***EXERCICE 3***
(1)① (2)② (3)① (4)② (5)① (6)② (7)①

　65歳でスーパーの従業員をしているスーザン・コリンズは，毎日しているように昨年の 2 月14日もスーパーの売り場で働いていた。33年まえに離婚した男性がお菓子の箱や缶詰に囲まれているのを見て，驚きの叫び声をあげた。
　「やあ」と彼は彼女にほほえみかけた。そのときプラカードを掲げながら，元夫のジョン・ディクソンは彼女に 2 回目のプロポーズをした。プラカードには「聖バレンタインおめでとう！ぼくと結婚してくれますか？」と，きわめて率直に書かれていた。スーザンは自分の目が信じられなかった。
　「だめです」と彼女は笑い，そのあと肯定の返事をかえした。
　2 人の若者は，彼らがちょうど18歳のとき，ドイツ軍の基地で出会った。彼は兵士，彼女は料理担当だった。「私たちが初めて会ったとき，彼は私に，彼のためにハンバーガーを作ることができるかどうかたずねたのよ」。
　恋する男はしょっちゅう愛する料理係に会いにもどってきては，自分たちのラブストーリーや結婚の話を作りだすのだった。しかしいったんアメリカに定住すると，カップルは日々の心配事をのり越えて生きていくことができなかった。そうして彼らはそれぞれ思い思いの生活をやりなおすことになった。
　昨年，つまり33年後，独身になった 2 人の元恋人たちは結局また連絡をとりあった。スーザンは「私たちの愛はけして消滅したので

はなかった」ことを認め，この日がほんとうに生涯最良の聖バレンタインデーだったとつけ加えた。

(1) 夫と離婚したとき，スーザン・コリンズは32歳だった。

(2) スーザン・コリンズの元夫は彼女が働いてるスーパーでケーキを買った。

(3) ジョン・ディクソンは，プロポーズの文句を書いたプラカードをもっていた。

(4) スーザン・コリンズは，元夫からの結婚の申し込みを拒絶した。

(5) スーザン・コリンズは，ジョン・ディクソンと出会ったときコックだった。

(6) 結婚後新郎新婦はドイツへ行って定住した。

(7) 現在，スーザン・コリンズに夫はいないし，ジョン・ディクソンに妻はいない。

209 *EXERCICE 4*

(1)② (2)① (3)① (4)② (5)① (6)① (7)②

80キロ以上あるセントバーナード犬のジャジーは，主人の住居を離れたあとで，自分がきわめて悪い状況にあることがわかった。友だちのダックスフント犬，ラゾールの働きがなかったら悲劇的な運命を体験したかもしれない。

ジャジーがいなくなって数時間後，ラゾールは執拗に吠え始めた。しかし主人にも隣人たちにもうまく警告することができないので，この犬は今度は自分が失踪した。

明らかにこの小型犬は，友だちがどこにいるかを通報したのが自分なのだから，彼がどこにいるかわかっていた。たしかにラゾールは，潅漑用水路の脇を通るドライバーの注意を引くことに成功した。そこで不運な犬は身動きがとれない状態だった。実際にジャジーは2本の前足がぬかるみにはまり，そのために動くことができないでいた。

1人では助けることができないので，そのドライバーは救助隊に連絡した。10名をくだらない警察官と消防士が陥穽からセントバーナード犬をひっ張りだすために出動した。「このようなことに協力するのは初めてです」と消防長ははっきり言った。「あなたがたも，このようなことが起こるまで，ペットに対してもっている愛着を実感できない」と犬の飼い主がコメントした。

(1) ダックスフント犬，ラゾールが救出されたのは。セントバーナード犬ジャジーのおかげである。

(2) 執拗に吠えることで，最初ラゾールは警告を発したがむだだった。

(3) ラゾールはジャジーが潅漑用水路の近くにいることがわかっていた。

(4) ジャジーは身動きできなかった。という

のは足が4本とも陥穽にはまっていたからだ。

(5) 警察官と消防士は10名以上でジャジーを救出した。

(6) 消防士たちはまだ一度も犬を救出したことがなかった。

(7) 現在，飼い主は家に犬がいることにうんざりしている。

210 *EXERCICE 5*

(1)② (2)① (3)② (4)① (5)② (6)② (7)①

スパイされることなく，私たちの会話やメールが秘密を守れない耳に入ることなく，交信することは可能だろうか？

世界の大半の国で法律によって守られている権利，通信の秘匿が，電子通信の性質から脅かされている。情報ブローカーは，今日，個人情報の採取能力の向上を背景にして，インターネット網利用者のますます正確なプロフィールを作りだすことができる。

インターネットの構造上の理由から，絶対安全の観念は幻想である。とはいえ，個人の身元と交信の秘密を守るために，リスクを最小限にとどめることは可能だ。データ保護はいつも利用の快適さと安全性の妥協を前提としている。ここでは，ウェブスパイの目を免れたい大半のインターネット利用者に習得できるいくつかのテクニックが見いだされるだろう。全世界のIPを契約によって「借りる」ことができるバーチャル・プライベート・ネットワーク・サーヴィスのように，IPアドレスを隠すことができるいくつかの方法がある。また，あなたのEメール，メッセージ，コールに番号をつけることができる数多くの解決策もある。

(1) 通信の秘密が法律によって守られていない国はない。

(2) 秘密の通信は，それが電子通信である場合，他人に知られる危険がある。

(3) 情報ブローカーは，個人情報にアクセスする方法を見つけることができない。

(4) インターネット網利用者のプロフィールは，採取された個人情報に基づいて作りだされる。

(5) 個人の身元を隠したり，交信の秘密を守ったりする方法はまったくない。

(6) データを守るには，インターネット利用者は利用の快適さを重視しさえすればいい。

(7) インターネット利用者はバーチャル・プライベート・ネットワーク・サーヴィスを介してIPを借りることができる。

211 *EXERCICE 6*

(1)① (2)① (3)② (4)② (5)② (6)① (7)②

海のなかで，植物や魚や貝は住みつくために住みかを見つけるのが好きだ。それはたいてい岩の集まり，岩礁である。しかし潜水夫たちは，それらが飛行機や船の残骸も好むことに気づいた。このような観察結果から，植物や海洋動物をひき寄せるために，海底に人工の岩礁をおくというアイデアが浮かんだ。

古い車両には，ニューヨークの地下鉄で何年も走行したあと第2の人生がある。車両は完全に空っぽで，金属の骨組みしか残っていない。そのあとそれは平底船—平たい船底をもつ幅の広い船—で運ばれ，つぎに海へ捨てられる。いったん海底に沈むと，少しずつ海藻が流れてきてはからみつき，順番に海の小動物が，つぎに魚がやってくる。昔の車両は新しい岩礁になるだろう。

しかし岩礁を作るためにどんなものでも捨ててしまうというのは論外だ！水質汚染を招いてはならない。また岩礁の設置場所も選ばなければならない。採光，水質，餌の有無，潮流を考慮しなければならない。さもないと，植物も動物もそこにはやって来ないだろう！そういうわけで，ニューヨーク市は，地下鉄の古い車両がうまく人工岩礁に変わるように環境保護団体と手を結んだ。

(1) 潜水夫たちは，飛行機や船の残骸が海洋動物には住みかとして役だっていることに気づいた。
(2) 人工岩礁のアイデアは潜水夫たちの指摘から生まれた。
(3) 地下鉄の古い車両はヘリコプターで沖合へ運ばれる。
(4) 地下鉄の古い車両は沈められるとすぐに岩礁になる。
(5) 地下鉄の古い車両には魚は住みつきに来ない。
(6) 地下鉄の古い車両は海のなかならどこにでも捨てることができるというわけではない。
(7) ニューヨーク市は，地下鉄の古い車両を人工岩礁に変えることについて環境保護団体と対立している。

212 **EXERCICE 7**

(1) ② (2) ① (3) ① (4) ① (5) ② (6) ① (7) ②

自転車なら街のなか数キロメートルの距離を自由に移動することができる。それは多くの人たちが利用できる。健康にもいいし，路上でほとんど場所をとらないし，騒音は出さない。大気汚染もなく，石油も消費しないから温室効果の一因ともならない。自転車の個人的かつ集団的利点を列挙したらきりがないだろう。

しかしながら自転車はあいかわらず都市交通手段ののけ者のままである。ストラスブー

ルの注目すべき例外を除けば，自転車の利用はフランスの諸都市で少しずつのけ者になってきた。

将来の展望もほとんど勇気づけられるようなものではない。議会が採択した27種類の都市における移動プランのなかで，多くの議員は自転車に好意的な措置を検討しているが，特別融資を用意すると言っているのはたった10名しかいない。それもとても控えめな金額で，とるに足りない少額と言ってもいいくらいの百万ユーロからやっと市街電車1キロメートル分の費用2千5百万ユーロまでの融資である。

したがって，政治的責任者は今まさに方針を転換して，自転車を完全な権利をもつ輸送方法とみなすべき時である。というのは自転車は，集団的交通手段と同様に，自動車輸送の減少，都市における生活レベルの向上，温室効果対策に一役買うことができるからだ。

(1) 町を自転車で自由に移動することによって，自転車利用者は健康を害するおそれがある。
(2) 自転車を使えば，大気汚染や騒音公害を回避することができる。
(3) ストラスブールでは自転車利用は優遇されている。
(4) 一般に自転車は都市の交通手段として副次的な役割しかもっていない。
(5) 議会は自転車に好意的な移動プランをほとんど採用しなかった。
(6) 自転車に好意的なプランに割り当てられた予算は大した額ではない。
(7) 政治家が関心をもたないのは，自転車が温室効果対策として有効ではないからだ。

213 **EXERCICE 8**

(1) ① (2) ② (3) ① (4) ② (5) ② (6) ① (7) ①

世界には，たいていは戦争や貧困が原因で数年というあまりにも短期間しか学校に通えない子どもたちを別にしても，読み書きのできない子どもたちが1億2千万人以上いる。学校は費用がかかりすぎるか，組織が整備されていないか，あるいはじゅうぶんな数がない。そのうえ一部の家庭は，子どもたちに多少なりともお金を稼ぐために働いてくれたほうがいいと考えている。このことが通常の就学を続ける妨げになっている。

幸い，人道的なプログラムも存在する。

たとえば2004年からクレールフォンテーヌというノートメーカーは，もっとも貧しい子どもたちが学校へ通えるように奮闘している。この企業はコンクリートや石の学校建造にお金をだしている。「鉄板製の校舎だと，雨が降ったり，暑いときなど勉強できません」と，クレールフォンテーヌが開始した教育プログ

36

ラムの根幹にいるリズレーヌ・ニュスは語気を強める。「そしてトイレが必要です！さもないと，親は子どもを，とりわけ女の子だと，学校へ送りだしません」と彼女は付言する。

このプログラムには教師の養成もふくまれている。教師たちは暴力を使わずに子どもたちを教育する方法を学ぶ。「国によっては，教師は子どもたちをたたくことによっていいことをしていると信じています。しかし知識は力によるのではなく，やさしさや知性によって伝達されなければなりません」と彼女は続ける。

(1) 世界にはうまく読み書きのできない子どもがたくさんいる。
(2) 戦争や貧困はけして子どもたちが学校へいく妨げにはならない。
(3) 一部の親は子どもたちを学校にやるより，働かせるほうがいいと思っている。
(4) クレールフォンテーヌは恵まれた子どもたちが就学を成功させるのを支援している。
(5) クレールフォンテーヌはコンクリートや石や鉄板を使った学校建設のために経済的支援をしている。
(6) リズレーヌ・ニュスはトイレのない学校があることを懸念している。
(7) リズレーヌ・ニュスによると，先生たちは子どもを教育するのに暴力に頼るべきではない。

214 ## EXERCICE 9
(1) ② (2) ① (3) ① (4) ② (5) ② (6) ① (7) ②

1992年以来，科学者たちは氷塊の融解現象が加速しているのを確認している。今年は悲しい記録を破りそうだ。北極海の氷原がこれほど減少したことはかつてなかった。もしこれが続けば，2050年には氷原は消滅する可能性さえある。科学者たちは，このような加速する融解の主たる原因である気候温暖化の問題を喚起する。氷塊は溶けている。それは気候が地球のほとんど全表面において温暖化しているからだ。彼らは今から2050年までに気温は摂氏１度から５度まで上昇すると考えている。これほどわずかな時間で前代未聞の出来事が起こるのだ！こうした気候温暖化の大半は人間の活動（工業，輸送，農業など）によってひき起こされる。

どのような影響があるだろうか？人々は生きのびるために移動しなければならない。というのは，海面が徐々に上昇して，海岸の土地や村に達するからだ。また地面の液状化によって，人がこうした地域に建造したすべてのもの（道路，橋，建造物など）をつくり直さざるをえなくなる。氷原や氷結地域で暮らす動物たちは生息地をうしなう。飲料水は今

まで以上に少なくなる。というのは氷河が川を育てているからだ。もう氷河がなくなれば，水の埋蔵量は減少する。

温室効果ガス（気候温暖化の原因となるガス）の排出を制限すれば，事態は改善できる。再生可能エネルギーのさらなる利用は緊急のことである。

(1) 北極海の氷原は急速に減少することがなくなった。
(2) 科学者たちによれば，気候温暖化は氷河の融解の原因になっている。
(3) 気候温暖化は地球規模の現象である。
(4) 科学者たちは地球表面の熱量の減少を指摘する。
(5) 人間は気候温暖化に責任はない。
(6) 氷塊が溶ければとけるほど，ますます人間は生息地や飲料水をうしなうことになる。
(7) たとえ温室効果ガスの排出をやめるにしても，気候温暖化を止めることはできないだろう。

215 ## EXERCICE 10
(1) ② (2) ① (3) ② (4) ① (5) ② (6) ② (7) ①

インドでは女性はたいてい教育を受ける機会がない。ある団体は40年まえから仕事を修得させることによって女性の生活を変えている。それはどんな職業でもかまわないというわけではない！

この学校では大半の生徒は読み書きができない。生徒は全員女性で，ときには孫のいる女性さえいる。インドからだけではなく，隣国やアフリカからさえもやってきた女性たちはインドのベアフット学院にたどり着いた。彼女たちは職業を修得するためにやってきた。６ヶ月から９ヶ月間無料で，太陽工学，歯科医学，ときにはラジオのDJになるためのミキシングさえ身につけていく。

教師たちのなかでマガン・カンワルは，義父が彼女に学校生活を夢みるより編みものを学ぶほうがましだろうといつか言っていたのを思いだす。「でも私は料理をしたり，赤ん坊を産む以上のことがやりたかったのです」と彼女はうち明ける。

彼女と同じように，40年まえから大勢の女性たちが，もう男性に依存しないために，職業を修得し，お金を稼ぐことができるようになった。というのはベアフット学院は資格こそあたえないが，これらの女性たちに自由というはるかに貴重な財産をプレゼントするからだ。

(1) この学校では生徒全員が10歳以下の女性である。
(2) インドからだけではなく，隣国やアフリカからやってくる女性もいる生徒たちの

37

大半は読み書きができない。
(3) 生徒たちは少額の費用で6〜9ヶ月間職業を学ぶ。
(4) マガン・カンワルはこの学校で教えている。
(5) マガン・カンワルの義父は彼女に小学校教師になって欲しいと思っていた。
(6) マガン・カンワルは全面的に家事と料理に没頭したかった。
(7) 生徒たちは資格をもらわずにこの学校を卒業する。

7　会話文完成

217

出題例

(1) ③　(2) ③　(3) ①　(4) ④　(5) ②

シャルル：おや，君はドゥニ。歩行者になったの？
ドゥニ：**そうだよ**，もう自転車はもっていないんだ。
シャルル：長らく，君が歩いているのを見かけたことがなかった。
ドゥニ：**その通りさ**。10年まえからぼくはいつも自転車で外出していた。
シャルル：でも，君の自転車はどうなったの？
ドゥニ：妻が先ごろぼくと別れたんだけど，家にあるものを全部もって行ってしまったんだ。
シャルル：**あ，そう？**彼女は君にはなにも残さなかったの？
ドゥニ：まったく，なにも。彼女はとても若い男と中国へ出発するまえに，全部売りはらったよ。
シャルル：とても若い男？**冗談だろ！**2人はどのようにして出会ったの？
ドゥニ：その人は同僚の息子なんだよ。ぼくの妻は家で退屈していたんだ。だからぼくは彼女に，その若者ヘピアノのレッスンをするように勧めたんだ。
シャルル：じゃあ**はっきり言って**，それは君のミスだよ。
ドゥニ：そのようだね。あるいはこれがぼくの運命だったのかもしれないし。

(1)① 私にはわからない
　　② いいえ
　　③ はい
　　④ いいえ
(2)① 要するに
　　② それは同じことだよ
　　③ その通りだよ
　　④ 見て
(3)① あ，そう？
　　② 何でもないよ。

③ わざとしたんじゃないよ。
④ どんな天気だい？
(4)① さあ，どうぞ
　　② 心配しないで
　　③ 何ていい天気でしょう
　　④ 冗談でしょう
(5)① まあまあだよ
　　② はっきり言って
　　③ どうもありがとう
　　④ やあ

218

EXERCICE 1

(1) ②　(2) ③　(3) ③　(4) ①　(5) ④

エムリーヌ：ねえ，太ったんじゃない？
アリス：やめて，**もうスラックスがはけないの。**
エムリーヌ：体重はとても増えた？
アリス：そうねえ，92キロあるから。
エムリーヌ：92キロ？冗談でしょう！**92キロはないわよ。**
アリス：いやいや，確かよ。3年まえからすると20キロ増えたの。
エムリーヌ：でも，気をつけてよ！今のまま続けていたら，健康上の問題になるかもしれないから。たぶんダイエットをすべきでしょう。試してみた？
アリス：ええ，でもうまくいかないのよ。ダイエットをしていると，**空腹で死にそうになるわ。**
エムリーヌ：なにを試したの？
アリス：パイナップルダイエットよ。
エムリーヌ：**それはなに？**
アリス：毎食，パイナップルを1缶食べなければならないの。
エムリーヌ：それはどうでもいいのよ。あなたはバランスのとれた食事をしなければならない。
アリス：私はタンパク質ダイエットも試したことがあるわ。
エムリーヌ：ああ，それはいい？
アリス：初めはダイエットとしてすばらしいの。問題は夜中にお腹がへることね。
エムリーヌ：あのねえ，**一番いいのは栄養士に相談に行くことだわ。**
アリス：おそらくあなたの言う通りだわ。

(1)① スラックスは窮屈に感じない
　　② もうスラックスがはけない
　　③ 私はいつもジーンズをはいている
　　④ 私のスラックスは短すぎる
(2)① 私にはじゅうぶんに思える
　　② あなたはあいかわらず変わらない
　　③ 92キロはない
　　④ あなたは疲れているようには見えない
(3)① 私はとてもやせた
　　② 私は食事にかける時間を増やした

38

ページ				
	③	私は空腹で死にそうになる	④	あなたは理解する
	④	私はお昼ごはんは食べない	(3)①	私が予想していたこと

③ 私は空腹で死にそうになる
④ 私はお昼ごはんは食べない
(4)① それはなに
② それで全部です
③ そのうえ
④ たとえば
(5)① あなたがやりたいこと
② ちょうど
③ 困ったこと
④ 一番いいこと

220 *EXERCICE 2*
(1) ① (2) ④ (3) ④ (4) ① (5) ③

ギャルソン：どうしましたか，奥さま？

ニコル：よく尋ねてくれました！予約していたのに，来てみたらテーブルがなかったんです！あなたのレストランほどの店にあるまじきことです。

ギャルソン：不手際をおわびします。

ニコル：はい，結局30分間廊下で立ったまま待ってたのよ！**信じられないわ**！それとサーヴィスが何とも言いようがないほどひどい！料理は冷めていたし，肉をレアで注文したら，焼きすぎだったし，付け合わせはただ塩辛いだけだったわ。

ギャルソン：あなたの落胆はわかります。食後酒をおごらせてください。

ニコル：**わかってくださいね**，私は日本人のお客さんを招待していました。彼は契約書にサインするために地球を横断してきました。私は，私たちの美食がどのようなものか見せるために，三つ星レストランに彼を招待したのです…。**できるだけのことをしました**。そして私が彼にお出ししたただ１つの見世物が，立ったまま廊下で待たなければならないことと冷めた食事をすることです！私はひどく落胆しました。もしこうだとわかっていたら，私は彼を自宅に招いたのですが。**少なくとも**，楽しい夕べを過ごすことはできたでしょうに。

ギャルソン：ほんとうに申しわけないという気持ちです。

ニコル：**私ほどじゃないでしょう**。おいくらになりますか？

ギャルソン：気にしないでください。支払いは私どものほうで。

ニコル：ありがとう。

(1)① それは信じられない
② それは高すぎる
③ 何てたくさんの人
④ 何という驚き
(2)① 私はそれを確信している
② 心配しないでください
③ あなたは私をあてにしてください

④ あなたは理解する
(3)① 私が予想していたこと
② 私が信じられないこと
③ なにが起こるのか
④ できるだけのこと
(4)① 少なくとも
② ほかには
③ もう一度
④ それがなければ
(5)① お礼を言わなければならないのは私のほうです
② 何でもありません
③ 私ほどではない
④ あなたは私を元気づけてくれた

222 *EXERCICE 3*
(1) ① (2) ③ (3) ④ (4) ① (5) ④

シャルロット：私はどうしたらいいのかわからない。トマとけんかしちゃったの。あなたは私が彼に電話すべきだと思う？おそらく，それがいいわよね，違う？

ジャッド：**あなたの立場だったら**，数日が過ぎるのをほおっておくわ。

シャルロット：考えられないわ！私なら不安で気が狂うわ。はっきり言って明日までは待てるでしょう，でもつらいわよ。

ジャッド：遊びに出かけることもできるでしょう，芝居に行くとか！ねえ，芝居に行くというのは**どう**？イヨネスコの芝居が見られるわよ，いや？

シャルロット：うん，そんな気にはならないわ。もし万一今晩外出したら，電話にでそこなうおそれがあるわ！

ジャッド：**もしや**，あなたは携帯電話はもってないの？

シャルロット：いいえ，もってるわよ。でも劇場で携帯のスイッチを入れっぱなしにはできないわよ！

ジャッド：それじゃあ，どこかレストランへ夕食をとりに行くことはできるでしょう！

シャルロット：いいえ，お腹がすいていないの。家でじっとしているほうがいいわ。

ジャッド：**ねえ**，あなたはなにもしないで家でじっとしているべきではないわ。いくつかの誘いを受ける**ほうがいいでしょう**。そうすればあなたのものの見方も変わるでしょう。そのほうがあなたにとってはるかにいいでしょう。

(1)① あなたの立場なら
② 時間の経過とともに
③ 努力することによって
④ むしろいつか
(2)① それは心地よい
② それを君は思いついた

39

③ あなたはどう思いますか
④ あなたは来る
(3)① 時間通りに
② 興味深く
③ 運よく
④ もしや
(4)① ねえ
② だから
③ おや
④ それでね
(5)① …しようとしないで
② …を担当しなさい
③ …するのをやめてください
④ …するほうがましでしょう

224 *EXERCICE 4*
(1) ③　(2) ③　(3) ③　(4) ④　(5) ②

ジョルジュ：リュカ！
リュカ：おや，こんにちはジョルジュ。
ジョルジュ：ぼくは君たちがこの芝居を見に
　　　　　きていたとは知らなかった。
リュカ：そう。それを望んだのは**どちらかと
　　　　いうと**妻のほうなんだ。ぼくはそれほど
　　　　この芝居を見たくはなかった。ぼくは妻
　　　　について来たんだ。喜劇はあまり評価で
　　　　きないもので。できのいい悲劇に匹敵す
　　　　るものはなにもないよ。
ジョルジュ：おや？**なぜそうなるの？**
リュカ：ええとね…悲劇というのは，どう言
　　　　えばいいか，教育的で…。社会の欠陥を
　　　　暴く。
ジョルジュ：喜劇だって同じだよ！たとえば，
　　　　ぼくたちが見たばかりの芝居をとりあげ
　　　　てみよう。
リュカ：ぼくは役者の演技がわざとらしいと
　　　　思う。だめだね，この芝居は**何のために
　　　　もならない**。ぼくは一晩中退屈した。テレ
　　　　ビでテニスの試合を見なかったことが
　　　　ほんとうに悔やまれる。
ジョルジュ：**とはいっても**，芝居を見たから
　　　　といって傷つけられたわけではないでし
　　　　ょう！
リュカ：ええと…。**いったいなにが言いたい
　　　　の？**
ジョルジュ：あのねえ，あの俳優は笑いを通
　　　　して社会の欠陥と恐ろしい性質を遠慮な
　　　　く暴いているんだよ！
(1)① その点で
　　② おそらく
　　③ どちらかというと
　　④ 完全に
(2)① ほかには
　　② どうすればいいのか
　　③ なぜそうなのか
　　④ 何という悲劇

(3)① 構成がいい
　　② 私を笑わせる
　　③ 何のためにもならない
　　④ 月並みではない
(4)① 反対に
　　② なお
　　③ したがって
　　④ とはいえ
(5)① それは何の関係もないの
　　② いったいなにが言いたいのですか
　　③ なぜあなたは喜劇が好きなのですか
　　④ あなたは悲劇をどう思いますか

226 *EXERCICE 5*
(1) ③　(2) ④　(3) ③　(4) ③　(5) ③

サラ：パトリック？パトリック・ヴァンス？
　　　私を覚えていないの？サラ・ピエロンよ。
パトリック：サラ！信じられない！ここに君
　　　がいるなんて！ほんとうに驚いたよ！
サラ：考えられないわ。**いやあびっくりし
　　　た**！私は医学会のためにここに来ている
　　　のよ。
パトリック：どれくらい会っていなかった？
サラ：少なくとも10年になると思うわ。バカ
　　　ロレアのあと私たちは連絡がとだえたか
　　　ら。
パトリック：そう，バカロレアのあとでね。
サラ：時間のたつのは早い！あなたは変わっ
　　　てないわ！
パトリック：**君も変わってないよ**。いや，少
　　　し変わった，ヘアスタイルを変えたね！
サラ：めがねもかけてるわ。**だから私がわか
　　　らなかったのよ！**
パトリック：うん，そうだね。おそらくめが
　　　ねのせいだね，まじめそうに見える！
サラ：あなたは今なにをしているの？ルーア
　　　ンは離れたの？リールに住んでるの？
パトリック：そう，5年まえにルーアンを離
　　　れて，リールに住んでるんだ。ここで仕
　　　事もしているよ。で，君は？
サラ：今もルーアンにいるわ。あいかわら
　　　ず実家に住んでるわ。
パトリック：君は正しい。実家はいいよ！な
　　　にをしてるの？
サラ：病院で働いてる。7年まえから同じ病
　　　院よ。ねえ，このカフェで**もう1度会い
　　　ましょうよ**。私はまだ数日リールにいる
　　　から。
パトリック：**もちろん**，いっしょに夕食を食
　　　べない？君は明晩は忙しいの？
サラ：いいえ，暇よ，5時ごろには用事も終
　　　わるから。
(1)① タイミングがいい
　　② これでよし
　　③ びっくりした

40

ページ
④　冗談でしょう
(2)①　もちろん
②　それほどではない
③　君もそうだ
④　君もそうではない
(3)①　…のあとで
②　しかしながら
③　だから
④　というのは
(4)①　私は席を予約します
②　私はよくここにくる
③　またここで会いましょう
④　明朝会いましょう
(5)①　そうすることもあります
②　それは私にはどちらでもいいです
③　もちろん
④　ね，そうでしょう

228 **EXERCICE 6**
(1)④　(2)②　(3)③　(4)①　(5)①

レイモン：君は，ぼくたちが出発した雪の日のことを覚えている？
マティス：うん，あれは生涯，記憶に残る旅だよ！**何という出来事だったことか**！ぼくたちが通っていた道路は雪にふさがれていた。ぼくたちは除雪車の到着を待たなければならなかった。それが半日以上かかった。
レイモン：結局ホテルが1軒しかない小さな村に着いた。**不幸なことに**，そのホテルが満室だった。
マティス：やむをえず，ぼくたちはとても小さなビストロに入った。そこの主人はとても親切だった。
レイモン：そうだったね，彼は知り合いの夫婦に電話した。その夫婦は自発的にぼくたちを泊めてあげようと申しでた。**これは驚くべきことだよ**。ぼくたちが都会ではもう経験することのない山岳地方におけるこのような連帯感は。
マティス：それもあの人たちはぼくたちを暖かくもてなしてくれた。しかし，**ところで**なぜぼくたちはこの話をまたしているんだろうか？
レイモン：じつは，君は彼らに小学校の先生をしている娘さんがいたことを覚えてる？
マティス：もちろん。彼女は愛想がよくて，とても思いやりがあった。
レイモン：そうだよね！ぼくは偶然彼女がある教育雑誌に発表した論文を読んだんだ。
マティス：**なんてことだ**！世界は狭い。
(1)①　それは問題外だ
②　けしてない
③　私たちはついてる

ページ
④　何という出来事でしょう
(2)①　みごとに
②　不幸なことに
③　おそらく
④　ほんとうに
(3)①　変に
②　それはまったくもって常軌を逸している
③　それは驚くべきことだ
④　ふつうに
(4)①　ところで
②　その場合は
③　そのような仕方で
④　たしかに
(5)①　なんてことだ
②　それはほんとうではない
③　それは退屈だ
④　君は勝手すぎるよ

230 **EXERCICE 7**
(1)④　(2)②　(3)③　(4)③　(5)①

男性：奥さん！注意してください！あなたは私の車を傷つけましたよ！
ラシェル：でもあなた，あなたは赤信号が見えていませんでした！
男性：見ないで通ったのはあなたのほうです。
ラシェル：それは奇妙だわ！車にとっては赤でしたよ。
男性：**まったくそんなことはありません**。あなたは信号を見ないで走りました！横断するまえに信号を見るものです。まあ落ちついてください。保険のための確認書を作らなければなりません。
ラシェル：私は2年まえに事故を起こしました。もう調査用紙がありません。1枚ありますか？
男性：もちろん！私は5年まえに運転免許取得試験に合格して以来，一度も事故を起こしていません。**あなたの書類を出してください**！これは私の免許証と保険証書です。
ラシェル：よろしければ，確認書には私が記入しますわ。**あなたの考えでは，なにが起こったのですか**？
男性：あなたは赤信号を見ないでスピードを出しすぎたままやってきました。私はちょうど交差点を過ぎたところに駐車するためにゆっくりとやってきました。私はブレーキをふんだが，雨のせいでスリップしました。
ラシェル：**おっしゃる通りです**。でも，私にはあなたの車が見えませんでした。トラックが道路の角に停まっていたからです。私たちは確認書に事故の略図を描きましょう。

41

男性：私の車はあなたのと比べてはるかに損傷がはげしい。

ラシェル：私の車はバンパーが壊れています。これはたいしたことではありません！私たちは負傷しませんでした。**これは深刻な事故ではありません**。保険で弁償してもらえるでしょう。

(1)① それはあなたの過失ではない
② 私はそれをふつうだとは思わない
③ 問題ない
④ まったくそんなことはない

(2)① この調査用紙にサインしてください
② あなたの書類を出してください
③ 確認書を作ってください
④ ほんとうに

(3)① この道は一方通行ですか
② 信号は赤に変わろうとしていましたか
③ あなたの考えでは，なにが起こったのですか
④ この道路の名前はなにかご存じですか

(4)① 私はあなたを信用していません
② あなたの言うことが理解できません
③ あなたのおっしゃる通りです
④ あなたの推察はまちがっています

(5)① これは深刻ではない
② これは悲劇的な事故だ
③ 保険に入らなければならない
④ 私の車は発進しようとしない

232 *EXERCICE 8*

(1)③ (2)④ (3)④ (4)① (5)④

エドゥアール：君は新しい研修生に会った？彼女はすごく若い！

リーズ：若い，若い，でも少なくとも30歳にはなってるわよ。

エドゥアール：たぶんね，でも**彼女は若く見える**。彼女はとても感じがいい，そう思わない？

リーズ：私は彼女を感じがいいとはまったく思わない。それに彼女には何の魅力もないし，いつもみんなに不愉快な態度をとるわ。やれやれ，彼女はとてもばかよ。彼女は私に10回も同じ質問をするのよ。彼女には私の言うことが理解できないようよ。

エドゥアール：ぼくから見ると彼女はかなり聡明だと思う。彼女に理解できないのは，君の彼女への説明がへただからだよ。

リーズ：**冗談でしょう**，そう願いたいけど！私はすでに数十名の女の子を育成してきたのよ，このようなことになるなんて初めてよ。

エドゥアール：ねえ，**君は少しオーバーだよ**。彼女は研修の当初からとてもやさしい。それにとてもかわいい。

リーズ：はっきり言って，私にはあなたの彼

女に関する感想が理解できない。彼女は不細工だし，感じが悪い。ああ，男どもときたら！けしてなにも見えない。

エドゥアール：ねえ，君はちょっと嫉妬しているんじゃないだろうね？

リーズ：私が？嫉妬？もちろんそんなことはないわよ。**何とでも言うわね**。さあ，仕事にかかって。

(1)① 彼女は30歳を過ぎた
② 彼女はまだ20代だ
③ 彼女は若く見える
④ 彼女はもう若くない

(2)① それはおおいに君の気に入った
② それは悪くない
③ 君は彼女を信じる
④ 君は冗談を言っている

(3)① 彼女は幸せそうだ
② 彼女は君にはよすぎる
③ 私には君の怒りが理解できる
④ 君は少しオーバーだよ

(4)① 彼らにはけしてなにも見えない
② 彼らは慧眼だ
③ 彼らは女性にきびしい
④ 私は彼らを嫉妬深いと思う

(5)① これでよし
② 私はまったく賛成だ
③ 私はあなたにお礼を言います
④ 何でもありだ

234 *EXERCICE 9*

(1)④ (2)② (3)① (4)④ (5)③

ベルトラン：ベルナールからの手紙と写真だ。彼の飛行機は15日の11時10分に到着する。来週の火曜日だ。空港へ彼を迎えにいくことはできる？

クローディア：でもベルナールってだれ？

ベルトラン：デレクの息子だ。それでね，友だちのデレクはぼくの同僚だった人だよ。**覚えてる**？彼の息子のベルナールがぼくたちの家へ2，3週間過ごしに来るんだよ。

クローディア：ええ，覚えてるわ。でも彼の名前はベルニーじゃないの？

ベルトラン：**それは彼のあだ名だよ**。彼のほんとうの名前はベルナールなんだ。

クローディア：わかったわ。ところで火曜日は仕事がないの，だから彼を迎えにいけると思うわ。**彼はどんな外見の人なの？**

ベルトラン：そうだねえ，髪は茶色で，目は栗色だ。**ほらこれが彼の写真だよ**。背が高くて，痩せている。とてもハンサムだよ。

クローディア：彼は典型的な英国人の風貌だわね。何歳なの？

ベルトラン：15歳か16歳のはずだけど，**そうだろうと思う**。

42

クローディア：で，彼のフランス語は？
ベルトラン：申し分ないよ。彼はデレクといつもフランス語を話している。
(1)① ほんとにそうかなあ
　　② えっ，何だって
　　③ わかったかい
　　④ 覚えてる
(2)① それは彼の名字だよ
　　② それは彼のあだ名だよ
　　③ 私に彼の名前を教えて
　　④ いや，彼はベルニーという名前だよ
(3)① 彼はどんな人
　　② 彼は内気だ
　　③ 君は彼を感じがいいとは思っていない
　　④ 君は彼がなにをしているのか知っている
(4)① 彼はロンドン大学の学生だ
　　② 私は彼の住所を忘れた
　　③ ほら，彼がやってくる
　　④ これが彼の写真だ
(5)① もちろん
　　② 事実は
　　③ …だろう
　　④ そうじゃない

236 **EXERCICE 10**
(1)② (2)④ (3)③ (4)② (5)④

アラン：こちらはル・プチ・ポンです。こんにちは。
パトリシア：もしもし。電話したのは，黒いバッグが見つからなかったかどうか知るためです。
アラン：あっ，**あなたでしたか！**はい，それはここにあります。あなたはバッグを椅子のうえに忘れていました。見つけたのはウェイトレスです。
パトリシア：ほんとう？うう，**ほっとしたわ！**
アラン：連絡先を書いたものがないか見るためにバッグを開けたことは言っておきます。ただし…
パトリシア：いいですよ，私と連絡をとる方法はほんとうになかったのですから。
アラン：**いずれにせよ**，心配しないでください。全部ここにありますから。財布，電車カード，化粧用具ケース。でもあなたは私どもの店の電話番号を知るためにどのようにしたのですか？
パトリシア：私はカフェの名前を覚えていました。だからインターネットで探しました。まぐれ当たりで，それがよかった。
アラン：そうですね，たまたまの幸運ですね。もしあなたが今日お見えにならなければ，バッグはあすにも**警察に届けよう**と妻と話していたところです。

パトリシア：あのう，お伺いするには少なくとも１時間はかかるでしょう。**店はまだ開いていますか？**
アラン：はい，いいですか，店は22時まで開いています。
パトリシア：わかりました。
(1)① まさにその通りです
　　② それはあなたです
　　③ あなたのおっしゃる通りです
　　④ あなたは番号をまちがえています
(2)① それは残念です
　　② 私を助けてください
　　③ 私に考えがあります
　　④ 何てほっとしたことか
(3)① それに
　　② このようにして
　　③ いずれにせよ
　　④ したがって
(4)① 遺失物を探す
　　② それを警察に届ける
　　③ あなたを職場へ迎えに
　　④ あなたに電話する
(5)① 始める時間ですか
　　② あなたのカフェはすでに閉まっていますか
　　③ あなたのカフェは何時に閉まりますか
　　④ あなたのカフェはまだ開いているでしょうか

第１回模擬試験

240 **1** (1)③ (2)⑧ (3)⑦ (4)①

(1) ジャンは来週には南アメリカから帰国しているだろう。
(2) なにも聞こえません，シャワーを浴びていますから！
(3) ８時にはまちがいなくあなたを待っています。
(4) 英語をのぞくと，外国語はわかりません。

240 **2** (1) rappelle　(2) permet　(3) tort
　　(4) signe　(5) donné

241 **3** (1) soient concernés　(2) convenait
　　(3) critiquerais　(4) avoir terminé
　　(5) me suis fait

(1) **A** 彼はこのもめ事が自分の子どもたちとは関係ないと思っている。
　　B 彼は自分の子どもたちがこのもめ事にかかわっているのかどうか疑問に思っている。
(2) **A** 私には君の提案を受け入れることは

43

むずかしかった。

B 君の提案は私にはまったく都合がよくなかった。

(3) **A** 私には彼(女)の出たばかりの本の欠点を指摘する勇気がない。

B もし私に勇気があれば，彼(女)の出たばかりの本を批判するのだが。

(4) **A** 君が掃除をしたらテレビを見させてあげましょう。

B 君は掃除を終えたあとでテレビを見なさい。

(5) **A** 父が私にこの腕時計を買ってくれた。

B 私は父からこの腕時計を買ってもらった。

242 4 (1)① (2)② (3)③ (4)① (5)①

とても若い最初の妊娠は，アマンディーヌ家では家族の歴史ともいえる。「私の祖母は母を17歳で産み，私の母は私を22歳で産みました。30歳にもなれば**物事をもっとよく考える**し，みずから多くの問題を提起することができます。しかし私が娘のリュシエンヌを産んだ20歳という年齢だと，無分別だということはないのですが，日々の暮らしに追われています」と彼女はインタビューのなかで説明した。彼女の9ヶ月は問題なく過ぎていった。「私はほぼ完璧な妊娠生活を送ったと思います。幸いにも**病気にならなかった**のですから。しかし眠れなかったので，夜，食べていました。妊娠中に太るのは当然のことです」。

リュシエンヌの最初の数年は，アマンディーヌと彼女の夫にとって幸福の源だった。父親と別れるまでは。「離婚したにもかかわらず，父親と私はあいかわらず同じように彼女を愛するだろうとリュシエンヌに説明するのはとてもむずかしかったのです。それは私が母親として過ごした**もっともつらい時期**でした」と彼女はうちあけた。今はアマンディーヌと娘はコルシカ島のアジャクシオへ帰って暮らしている。一方父親はパリに残った。

歌手アマンディーヌがツアーで旅に出るとき，娘は両親と祖母にあずける。「彼らはとても注意して娘の面倒をみてくれます。彼女は**ふつうの生活リズムを保つ**こと，同世代のすべての女の子たちと同じように学校へ行き，じゅうぶんに睡眠をとることが重要です」と彼女はうれしそうに話す。そして母親は，**とにかく**けしてあまり遠くに離れない。「彼女がパリで父親といっしょにいるとき，まさに彼女が私を愛していると言うために1日に50回も電話してきます」。

(1)① より深く考える
② 行儀が悪い
③ あまりにも遠くへ行く

(2)① 大成功をおさめる

② 病気にならない
③ お金に困っている

(3)① すばらしい冒険
② もっとも安楽な生活
③ もっともつらい時期

(4)① ふつうのリズムを保つ
② 信頼感に満ちている
③ 試練に耐える

(5)① とにかく
② その場合は
③ 平均して

244 5 (1)① (2)⑦ (3)⑥ (4)③ (5)②

ジャーナリスト：**あなたはどのようにして文章からイラストへ移行するのですか？**

クララ：私はどちらかというと自分をイラストレーターと考えています。デッサンは，たとえ文法はないにせよ，文章の一形態でもあります。実際に私は文章とデッサンを同時に書いていきます。

ジャーナリスト：**あなたは大の読書好きですが，だれを読むのが好きですか？**

クララ：私は30名ほどの名前をあげることができるでしょう。最近だと2人の作家を発見しました。

ジャーナリスト：**あなたは雪の白さ，森の静けさなどに愛着があるのですか？**

クララ：はい。たぶん私たち夫婦の母親が両方ともスウェーデン人だからでしょう。私はスウェーデンのイメージをずっともっています。

ジャーナリスト：**あなたの本に出てくる子どもたちは，大人たちが子どものころの不器用さをいまだにもっているのに，とても思慮深い，違いますか？**

クララ：その通りです。それは私にしてみればおそらく小声で次のように言うやり方なのでしょう。「大人のみなさん，ご覧なさい。あなたたちはまったく子どもっぽいですよ」。

ジャーナリスト：**あなたの幻想的なアプローチへの愛着はどこからくるのでしょうか？**

クララ：私は直線的なものががまんできないのです。それによってほっと安心することがまったくできないんです。私がリラックスできるのは，不明瞭なもの，魔法，目には見えないものに囲まれているときです。

① あなたはどのようにして文章からイラストへ移行するのですか？
② あなたの幻想的なアプローチへの愛着はどこからくるのでしょうか？
③ あなたの本に出てくる子どもたちは，大人たちが子どものころの不器用さをいま

44

だにもっているのに，とても思慮深い，
違いますか？
④ あなたの本のなかでは，なぜ動物たちに
はとても強い存在感があるのですか？
⑤ あなたのつぎの計画は何ですか？
⑥ あなたは雪の白さ，森の静けさなどに愛
着があるのですか？
⑦ あなたは大の読書好きですが，だれを読
むのが好きですか？

246 **6** (1)② (2)① (3)② (4)① (5)① (6)②
(7)①

その妻リザ・ゲラルディーニがレオナル
ド・ダ・ヴィンチの有名な絵ラ・ジョコンド
のモデルの役割をはたしたかもしれないフィ
レンツェの商人フランチェスコ・デル・ジョ
コンドの家族の地下納骨所が科学者チームの
手であけられた。このチームは，有名な謎の
ほほえみをもつ女性の身元確認に貢献できる
ような遺骨を探している。
人一人潜りこむのにじゅうぶんな広さの開
口部がジョコンド家の地下納骨所のうえにあ
るサンティッシマ・アンヌンツィアータ教会
堂の床に切り開かれた。
科学者チームは，地下納骨所で見つかった
骨からDNAを採取して，そこから遠くない
聖オルソラ女子修道院に埋葬されていた3人
の女性の骨から採取したDNAと比較するこ
とを計画している。3人の女性のなかの1人
の遺骨—とくに頭蓋骨—がリザ・ゲラルディ
ーニのものかもしれない。歴史家たちによる
と，実際にリザ・ゲラルディーニは生涯の晩
年を聖オルソラ女子修道院で過ごしたという。
科学者チームはサンティッシマ・アンヌン
ツィアータ教会堂の家族地下納骨所に納めら
れた骨のいくつかがリザ・ゲラルディーニの
1人の親族—たぶん彼女の息子ピエロ—のも
のであることを期待している。DNAの一致
が立証されたら，聖オルソラ女子修道院で発
見された頭蓋骨をもとにしてリザ・ゲラルデ
ィーニの顔の復元を開始するだろう。そのあ
とこうして復元された顔はパリのルーヴル美
術館にあるラ・ジョコンドと比較されるだろ
う。
もしもうまくいけば，ついに芸術愛好家の頭
を離れない3つの疑問に答えることができる
だろう。ゲラルディーニはラ・ジョコンドの
モデルだったのか？あるいは，一部の人たち
が言うように，それは別のモデルだったの
か？あるいは，それはまさに画家の想像力か
ら生まれた表象なのか？
(1) フランチェスコ・デル・ジョコンドの妻
はレオナルド・ダ・ヴィンチのすべての
作品のモデル役をはたしたかもしれない。

(2) 科学者チームは，リザ・ゲラルディーニ
の身元確認に貢献するかもしれない遺骨
を探索するために，フランチェスコ・デ
ル・ジョコンドの家族の地下納骨所をあ
けた。
(3) ジョコンド家の地下納骨所から出るため
にサンティッシマ・アンヌンツィアータ
教会堂の床に穴をうがたなければならな
かった。
(4) 聖オルソラ女子修道院に埋葬されていた
3人の女性のなかの1人の遺骨はリザ・
ゲラルディーニのものかもしれない。
(5) 科学者チームは，サンティッシマ・アン
ヌンツィアータ教会堂の家族地下納骨所
に納められた骨のいくつかがリザ・ゲラ
ルディーニの息子のものであることを期
待している。
(6) 科学者チームは，ルーヴル美術館のラ・
ジョコンドのモデルをもとにしてリザ・
ゲラルディーニの顔の復元に着手するだ
ろう。
(7) 芸術愛好家のなかには，ラ・ジョコンド
のモデルはけして実在しなかったと言う
人もいる。

248 **7** (1)② (2)④ (3)① (4)② (5)②

エミリー：ところで，見たところでは，あな
たはパリを離れたいの？
ポーリーヌ：ええ，いい，私たちはほんとう
に**パリにはうんざりし始めている**の。
エミリー：あ，そう！なぜ？住まいがあまり
にも窮屈だから。
ポーリーヌ：その通りよ。まさにその通りよ。
3部屋のマンションに4人住んでるのよ。
エミリー：ああ！でも子どもがすでに2人い
るのよね！
ポーリーヌ：そうよ！知らなかったの？
エミリー：ええ！ねえ，ごめんなさい，私た
ちはもう長いこと会っていなかったのだ
もの。
ポーリーヌ：そうね！そして，**今や**子どもが
大きくなったから，じつはもっと広い住
まいを探しているのよ。
エミリー：それであなたたちはどうするつも
りなの？郊外のほうへ行くの？
ポーリーヌ：だめよ，郊外は，問題外だわ，
毎日会社へ行くのに1時間かかるわ。私
としてはできればパリに残りたかったん
だけど。でもそれは不可能よ。**家賃がひ
どく高い**。
エミリー：それじゃあ，どうしたいの？
ポーリーヌ：そう…じつは，そのために田舎
の戸建てをと思ったのよ！
エミリー：それじゃあ，あなたたちはどこの
へんぴなところへ行くの？

45

ポーリーヌ：南西部よ。私たちは南西部で家を探すことに**決めた**の。

エミリー：あ！南西部で。ところでなぜ南西部なの？

ポーリーヌ：オリヴィエがその地域の出身なの…だから，あちらへ帰るのは**私たちにはうれしいこと**なのよ。それに田舎だと生活費がパリほど高くないし。

(1) ① アパルトマンを探す
② それにうんざりする
③ この街になじむ
④ パリ住民を愛想がないと思う

(2) ① …するために
② …でなければ
③ …であるにもかかわらず
④ …した今となっては

(3) ① それはひどく高い
② そちらのほうが好ましい
③ 私はパリに住むほうがいい
④ 私たちはパリへ行って定住する

(4) ① 私たちは…をやめた
② 私たちは…を決めた
③ 私たちは…を躊躇した
④ 私たちは…をあきらめた

(5) ① それは何の役にも立たない
② それは私たちには喜びだ
③ それは必要ない
④ それはむずかしい

書き取り問題

251

Nous sommes partis avec mon frère et mes cousins vers sept heures. Nous avons fait un arrêt à douze heures trente pour manger au restaurant. Ce restaurant était délicieux, puis nous sommes arrivés à l'auberge de jeunesse à seize heures trente. Nous avons reçu les clés des chambres afin de nous installer tranquillement chacun dans notre chambre. Le lendemain, nous avons pris un bateau-bus pour visiter la vieille ville de Genève. Les habitants de Genève étaient très sympathiques. Nous avons vu de vieux bâtiments et l'hôtel de ville.

訳：ぼくたちは 7 時ごろぼくの兄［弟］と従兄弟たちといっしょに出発しました。レストランで食事をするために12時30分に休憩をとりました。そのレストランはおいしかったです。そのあとぼくたちは16時30分にユースホステルに着きました。ぼ

くたちは各自，部屋で静かに落ち着けるように部屋の鍵を受けとりました。翌日は，ジュネーヴの旧市街を訪れるために水上バスに乗りました。ジュネーヴの住民はとても感じがよかったです。ぼくたちは市役所の古い建物を見学しました。

聞き取り問題

252

1 (1) (dispose) (nettoyage)
(2) (vendus)
(3) (habitués) (passage)
(4) (subir)
(5) (courageux)
(6) (expérience)

（読まれるテキスト）

La journaliste : Comment se passent vos journées ?

Samuel : Quand j'arrive le matin, je prépare la viande. Cela me prend environ une heure trente. Ensuite je m'occupe du nettoyage car il n'y a pas de femme de ménage, et je dispose les produits en vitrine. Je prépare également des sandwichs qui seront vendus le midi. Le reste de la journée est occupé essentiellement par le contact avec la clientèle.

La journaliste : Quels sont les avantages et les inconvénients du métier ?

Samuel : Le seul avantage, c'est la relation que l'on a avec la clientèle. Certains clients sont des habitués mais il y a également beaucoup de gens de passage. Au niveau des inconvénients, c'est un métier assez difficile physiquement. On se coupe souvent les mains et on doit subir le froid et l'humidité. On doit également rester toujours debout.

La journaliste : Quelles sont les qualités nécessaires pour exercer ce métier ?

ページ **Samuel** : Il faut être courageux et motivé. La motivation est très importante. Il faut également avoir le goût du contact et être aimable pour fidéliser sa clientèle.

La journaliste : Quels conseils donnez-vous à ceux qui souhaitent devenir bouchers ?

Samuel : C'est un métier où l'essentiel s'apprend sur le terrain. L'expérience est la meilleure des formations.

（読まれる質問）

(1) Qu'est-ce que Samuel fait, quand il arrive le matin ?
—Il prépare la viande et il (dispose) les produits en vitrine après le (nettoyage).

(2) Pourquoi est-ce que Samuel prépare également des sandwichs ?
—Parce qu'ils seront (vendus) à midi.

(3) Quels clients viennent à la boucherie de Samuel ?
—Ce ne sont pas seulement des (habitués), mais aussi beaucoup de gens de (passage).

(4) Quels sont les inconvénients du métier ?
—On se coupe souvent les mains, on doit (subir) le froid et l'humidité et rester toujours debout.

(5) Quelles qualités faut-il pour exercer ce métier ?
—Il faut être (courageux) et motivé.

(6) Quelle est la meilleure des formations pour devenir boucher ?
—C'est l'(expérience).

ジャーナリスト：あなたの日々はどのように過ぎていきますか？

サミュエル：毎朝店に着いたら肉の準備をします。それには1時間30分ほどかかります。つぎに，掃除は私の担当です。というのは家政婦がいないからです。そして，

ページ ショーケースに製品を並べます。私はお昼に売れるサンドイッチも用意します。一日の残った時間はおもに接客に忙殺されます。

ジャーナリスト：仕事の利点と難点は何ですか？

サミュエル：唯一の利点はお客さんたちとの人間関係です。一部のお客さんは常連ですが，通りすがりの人もたくさんいます。難点についていえば，これは肉体的にかなりきびしい仕事です。よく手を切ります。寒さと湿気に耐えなければなりません。また，つねに立ったままでいなければなりません。

ジャーナリスト：この仕事をするために欠かせない資質は何ですか？

サミュエル：熱心でやる気がなければなりません。モチベーションはとても重要です。人との交わりが好きで，お客さんをつかむために愛想がいいことも必要です。

ジャーナリスト：肉屋になりたいと思っている人たちにどんなアドバイスがありますか？

サミュエル：これは，もっとも重要なことを現場で習得する仕事です。経験こそ肉屋養成のなかで最良のものです。

(1) 毎朝店に着くと，サミュエルはなにをしますか？
—肉の準備をして，**掃除**をしたあと，ショーケースに製品を**並べ**ます。

(2) なぜサミュエルはサンドイッチの用意もするのですか？
—お昼に**売れる**からです。

(3) どんなお客さんたちがサミュエルの精肉店には来ますか？
—**常連**さんばかりではなく，**通りすがり**の人たちもたくさん来ます。

(4) 仕事の難点は何ですか？
—よく手を切ります。寒さと湿気に**耐え**なければなりませんし，つねに立ったままでいなければなりません。

(5) この仕事をするために必要な資質は何ですか？
—熱心で**やる気が**なければなりません。

(6) 肉屋になるための養成のなかで最良のものは何ですか？
—それは**経験**です。

253 **2** (1)② (2)② (3)② (4)① (5)①
(6)① (7)② (8)② (9)① (10)②

（読まれるテキスト）

Je m'appelle Jérôme Martin. J'étais étudiant de Saint-Malo, en Bretagne quand je me suis cassé le

47

253

dos et que je suis resté immobilisé pendant six mois. J'ai suivi des cours de guitare par correspondance, puis j'ai commencé à poster mes propres chansons sur Internet pour m'amuser.

Pendant six mois, je n'ai eu que dix vues, puis, un jour, les chiffres ont explosé sur la côte ouest des États-Unis. En un an, je suis passé à un million de vues ! Contacté par un directeur de télévision, je me suis lancé. Grâce à son aide, j'ai sorti mon premier album.

Un an après, me voilà devant 11 000 personnes aux Francofolies de La Rochelle* ! Cet incroyable succès, je le dois à un délicieux mélange de folk et de musique électronique, mais aussi à la magie d'Internet. Il y a trois ans, je ne connaissais rien à la guitare, j'ai beaucoup travaillé pour en arriver là**. Je ne pensais jamais pouvoir vivre ce rêve !

Quand j'étais enfant, je n'étais pas concentré et je ne tenais pas en place. La musique m'a formé ! Ma mère musicienne m'a inscrit à six ans au conservatoire de Saint-Malo, avec mes deux sœurs. J'avais un prof génial. Il me donnait des leçons de piano. Il me disait : « Laisse tomber la partition***, on va improviser**** ». Il m'a appris à m'éclater et à aimer la musique !

*Francofolies de La Rochelle：フランコフォリー・ドゥ・ラ・ロシェル（各国のアーティストたちがラ・ロシェルに顔をそろえるフェスティヴァル）

**en arriver là：とんでもない事態になる

***partition：楽譜

****improviser：即興で演奏する

（読まれる内容について述べた文）

(1) Jérôme n'a pas pu se déplacer pendant six mois à cause d'une fracture à une jambe.

(2) Jérôme a suivi des cours particuliers de guitare.

(3) C'est pour se lancer que Jérôme a posté ses propres chansons sur Internet.

(4) Les chiffres des vues ont augmenté rapidement sur la côte ouest des États-Unis.

(5) Un directeur de télévision a aidé Jérôme à mettre son album en vente.

(6) Un an après la sortie de son premier album, Jérôme s'est produit aux Francofolies de La Rochelle.

(7) D'après Jérôme, il ne doit son incroyable succès qu'à son talent musical.

(8) Jérôme a prévu la réalisation de son rêve depuis trois ans.

(9) Jérôme avait six ans quand sa mère l'a dirigé vers la musique.

(10) Jérôme a rencontré un professeur qui accorde de l'importance à la partition plus qu'à l'improvisation.

私の名前はジェローム・マルタンです。ブルターニュ地方のサン・マロの学生でしたが，そのとき背中を痛めて，6ヶ月間動けませんでした。私は通信教育でギターの授業を受けました。つぎに遊びでインターネットに自分の歌を投稿し始めました。

6ヶ月間10人の閲覧者しかいませんでした。その後，ある日アメリカ西海岸で数字が爆発的に伸びました。1年で私は100万人の閲覧者をもつに至りました！テレビのディレクターから連絡があり，私は世に出ました。そのディレクターの支援のおかげで，私は最初のアルバムを発売しました。

1年後，私はフランコフォリー・ドゥ・ラ・ロシェルで11,000人の観客をまえにしていました！これは信じられない成功です。私はこれをフォークと電子音楽の心地よい融合ばかりではなく，インターネットの魔法によるものだと思います。3年まえ私はギターのことなどなにも知りませんでした。私は猛勉強して，その結果，こんなとんでもない事態になったのです。私はこんな夢のような生活を送ることができるとは一度も思ったことはありませんでした！

子どものころ，私は集中力がなくて，少しもじっとしていませんでした。私は音楽によ

って育てられました！ミュージシャンだった母は，6歳のとき，私を2人の姉妹といっしょにサンマロの音楽学校に入学手続きをしました。私にはすばらしい先生がいました。彼は私にピアノのレッスンをしてくれました。彼は私に「楽譜は放っておきなさい。即興で演奏するのです」と言っていました。彼は私にはじけることと音楽を愛することを教えてくれました！

(1) ジェロームは脚の骨を骨折したために6ヶ月間動けなかった。
(2) ジェロームはギターの個人レッスンを受けた。
(3) ジェロームが自分の歌をインターネットに投稿したのは世に出るためである。
(4) 閲覧者数はアメリカ西海岸で急速に増えた。
(5) テレビのディレクターはジェロームがアルバムを売りだすのを支援してくれた。
(6) 最初のアルバムが発売されて1年後，ジェロームはフランコフォリー・ドゥ・ラ・ロシェルに出演した。
(7) ジェロームに言わせれば，信じられない成功はひとえに彼の音楽の才能だけによる。
(8) ジェロームは3年まえから夢の実現を予見していた。
(9) 母親が音楽のほうへ向かわせたとき，ジェロームは6歳だった。
(10) ジェロームは即興演奏よりも楽譜を重視する先生に出会った。

257
面接試験応答例

La candidate: Madame, monsieur, bonjour.

Le jury: Bonjour. Asseyez-vous, je vous en prie. D'abord, présentez-vous, s'il vous plaît.

La candidate: Je m'appelle Yuri Tanaka. Je suis étudiante en troisième année de l'Université Johoku. Je me spécialise dans le droit international.

Le jury: Aimez-vous votre ville ? Pourquoi ?

La candidate: J'aime la ville de Kumamoto, fondée autour d'un château féodal, parce que c'est ma ville natale et qu'elle renferme mes plus beaux souvenirs. J'aime ses rues et ses maisons, ses parcs et ses monuments, ses routes et

son calme. Chaque endroit me rappelle mon adolescence, mes premiers amours, mes premières bêtises... Le climat y est doux, parce qu'elle est près de la mer, pas très loin de la montagne. Les gens sont accueillants et chaleureux et nous avons beaucoup de boutiques sympas. On y trouve une culture diversifiée et bien intégrée dans la société.

Le jury: Je vous remercie. C'est tout pour aujourd'hui. Au revoir.

La candidate: Je vous remercie. Au revoir, madame, monsieur.

受験者：こんにちは。
面接委員：こんにちは。どうぞ，おかけください。まず，自己紹介をお願いします。
受験者：田中ゆりといいます。城北大学の3年生です。専門は国際法です。
面接委員：あなたの町は好きですか？それはなぜですか？
受験者：私は城下町熊本が好きです。というのは，そこは私が生まれた町ですし，ここには私の一番美しい思い出がつまっているからです。熊本の通りと家々，公園と記念建造物，道路と穏やかさが好きです。町の至る所から私の思春期，初めての恋や失敗…が思いだされます。気候は温暖です。というのは，海が近いし，山もさほど遠くないからです。人々は愛想がよくて，心がこもっています。それに感じのいい店がたくさんあります。多様な文化があって社会にうまく溶けこんでいます。
面接委員：ありがとうございました。きょうはこれで終了です。さようなら。
受験者：ありがとうございました。さようなら。

第2回模擬試験

260　1　(1) ②　(2) ⑥　(3) ⑧　(4) ③

(1) 彼女が旅に出たのは両親の同意があったからです。
(2) 私はいかなる場合も不正を許すことはないでしょう。
(3) 2列に並んでください。
(4) きょうは浮かぬ顔だね，どうしたの？

49

ページ
260

2 (1) peine　(2) courant　(3) dit
　　(4) cas　(5) tiens

261

3 (1) a résolu　(2) nous dépêchions
　　(3) tiendrait　(4) est condamnée
　　(5) baissiez

(1) **A** 私の生徒のなかのだれも数学の問題
　　　の解答を見つけられなかった。
　　B 私のクラスでは，だれも数学の問題
　　　を解決できなかった。
(2) **A** 万事休す。私たちは走ってもむだだ，
　　　バスをつかまえることはできない。
　　B 私たちはバスに乗るために急いでも
　　　むだだ，遅すぎる。
(3) **A** 予想していたのとは反対に彼は約束
　　　を破った。
　　B 私は彼が約束を守ると思っていた。
(4) **AB** 嵐のせいで彼女は家にじっとして
　　　いざるをえない。
(5) **A** もっと小さい声で話してくれます
　　　か？先生の声が聞きとれません。
　　B もしあなたたちが少し声をおとして
　　　くれたら，私はもっとよく先生の声
　　　が聞きとれるのだが。

262

4 (1) ②　(2) ①　(3) ③　(4) ③　(5) ①

　エリーズ，フロラン，シャルロット，ギヨー
ム，ケヴァンはコルマールの学生たちだ。
勉学の一環として彼らはある団体のためにイ
ベントを企画しなければならない。彼らはよ
く知られている小中学生の連帯活動として，
飢餓救援レースを企画することにした。「こ
のレースはコルマールのヨーロッパ・スタジ
アムで**行なわれるでしょう**。あらゆる世代の
多くの志願者が飢餓をなくすために走ったり，
歩いたりするために**待っています**」と学生た
ちは説明する。
　1人1キロ走るごとに団体に1ユーロ入る。
このお金は**宣伝のために**活動に出資している
企業や商店から払われる。こうして集まった
お金は，毎冬，フランスの至る所にいるもっ
とも貧窮している人たちに食糧と生活必需品
を配給している「心のレストラン」のもとへ
移される。
　「多くの人たちが，あなたの援助**のおかげで**
きっとより楽しい時間を過せるでしょう」と
学生たちは付言する。参加は自由だし無料だ。
飲みものとお菓子がレースのあとでランナー
たちを**待っているだろう**。
(1)① …のかわりに
　　② …の一環として
　　③ …を放棄することによって
(2)① 展開するでしょう

ページ
　　② 置かれるでしょう
　　③ 表現されるでしょう
(3)① ほとんど費用をかけずに
　　② 若い才能を発見するために
　　③ 宣伝するために
(4)① …のとなりに
　　② …以下で
　　③ …のおかげで
(5)① 待つだろう
　　② 太らせるだろう
　　③ 害するだろう

264

5 (1) ⑤　(2) ②　(3) ③　(4) ⑦　(5) ④

ジャーナリスト：**あなたはいつパティシエ長
　になりたいと思っていることがわかった
　のですか？**
デュボワ夫人：私はたくさんの料理を作りな
　がら成長してきました。私の母は「家の」
　卓越した料理人でした。16歳のとき私は
　料理学校へ通うことにしました。その後，
　私はケーキとショコラに強い関心を抱く
　ようになりました。私が第一歩をふみ出
　したのはそのようにしてです。
ジャーナリスト：**あなたのやっていることに
　大きな影響をあたえた人はいますか？**
デュボワ夫人：私の経歴のなかで，また人生
　において2人のとても大切な人がいまし
　た。まず夫は私を元気づけてくれるし，
　いつも私をしっかり支えてくれます。そ
　れからメイユール・ウヴリエ・ドゥ・ショ
　コラティエの称号をもつ友人がいます。
　この人は私にとって友人以上，家族のよ
　うな存在です。
ジャーナリスト：**たえず刷新していくという
　のは挑戦ですか？**
デュボワ夫人：そうです，私たちは創造性を
　示さなければなりません。私たちの最善
　を尽くし，ほかのものを生みだすと決め，
　今やっていることにとどまるべきではあ
　りません。
ジャーナリスト：**あなたが作ったものをせめ
　て1つ試食することができるとしたら，
　私はどれを試食すべきでしょうか？**
デュボワ夫人：ほんとうにわかりません。た
　ぶん私が全部好きだからでしょう。でも
　私のお気に入りの1つはおそらく海塩入
　りダブルキャラメルと呼ばれるものでしょ
　う。私ならこれを選ぶと思います。
ジャーナリスト：**あなたのショコラはどこへ
　行けば入手できるのですか？**
デュボワ夫人：私たちの販売活動の95％は，
　ホテルや保養センターへの卸売です。
　でもそう，私たちが作った製品のための
　チェーン店もある。それはもちろんオン
　ラインで入手可能です。というのは，私

こで注文できるからです。
① あなたの成功の原因は何ですか？
② あなたのやっていることに大きな影響を
あたえた人はいますか？
③ たえず刷新していくというのは挑戦です
か？
④ あなたのショコラはどこへ行けば入手で
きるのですか？
⑤ あなたはいつパティシエ長になりたいと
思っていることがわかったのですか？
⑥ あなたの職業の利点と難点は何ですか？
⑦ あなたが作ったものをせめて1つ試食す
ることができるとしたら，私はどれを試
食すべきでしょうか？

266 **6** (1)② (2)① (3)② (4)① (5)① (6)②
(7)②

サッカーは地球上でもっとも行われている
スポーツの1つである。これは莫大なお金を
もたらす。しかし環境のためになることしか
ないわけではない。
サッカーをするには，22名のプレイヤーと
1個のボールが必要である。しかし，肥料と
殺虫剤と大量の水を使ってよく手入れされた
美しい芝生も必要だ。そして大きなチームの
場合，スタジアム，照明，観客をもてなすも
のも必要になる。サッカーはまだ環境保護の
チャンピオンなどとはとうてい言えない。と
ころがより「環境にやさしい」サッカーのや
りかたが現われてきている。
英国のいくつかのサッカークラブは自分た
ちの環境への影響という問題について考えた。
いいかえれば，1試合のサッカーから生じる
大気汚染の量に関する問題である。結果を目
にしたとき，彼らは行動することを決めた。
「サステナビリティ・イン・スポーツ」とよ
ばれる財団は，これらトップリーグのいくつ
かのクラブが環境 こよりやさしくなれるよう
に創設された。環境によりやさしい初めての
試合が行なわれたのは先月のことである。こ
の機会に際して，電気は風によって電気を作
る風力発電だった。グラウンドにまくために
雨水を利用したり，草を使って屋根をとり付
けたりするというもっと野心的な計画が研究
されている。
(1) サッカーは利益をほとんどもたらさない
スポーツである。
(2) 肥料も殺虫剤もなかったら，サッカース
タジアムの美しい芝生を手入れすること
はできない。
(3) アメリカのいくつかのサッカークラブは
「サステナビリティ・イン・スポーツ」
とよばれる財団を設立した。
(4) 「サステナビリティ・イン・スポーツ」

という財団の目的は環境保護である。
(5) サッカーの環境への影響は，環境保護の
観点から無視できない。
(6) 先月の試合のとき，電気は太陽光発電だ
った。
(7) トップリーグのサッカーの試合は雨がグ
ラウンドをうるおしたあとで行なわれる
だろう。

268 **7** (1)① (2)① (3)③ (4)② (5)①

ピエール：ところでマノン，君は2日まえの
「ル・モンド」を読んでるの？
マノン：ええ，確かにこれは今日のものじゃ
ないわ，でも，ねえ，私は「ル・モンド」
を毎日は買わないわ。そうすると**高くつ
くし**，「ル・モンド」は，活字がびっし
りつまっている，だから読むところがた
くさんある。
ピエール：「ル・モンド」は今年値上げした。
それはコーヒー1杯分の値段ですか？
マノン：そうね，でも私は新聞を読みながら
コーヒーを飲むから，それで値段は倍増
する。
ピエール：すると，君は週に1紙しか読まな
いの？
マノン：いいえ，地方で**なにが起こっている
か**知るために地方の日刊紙も読むわ。
ピエール：それは買うの？
マノン：これも毎日は買わない。ときどきは
図書館へ新聞を読みにいくこともあるわ。
ピエール：じつは，読書室が無料だからか
い？
マノン：そうよ，私はそこに居座るのよ。**原
則として**そこはじゅうぶんに静かだから，
落ちついて新聞が読めるわ。
ピエール：でも雑誌も読むの？
マノン：そうよ，ガーデニングの雑誌は大好
きだわ。私は小さな庭をもっているから，
雑誌はたくさんのアドバイスやアイデア
をくれるの。
ピエール：わかった，そう。ぼくはそれらの
雑誌のことはなにも知らない。でも非常
にたくさんの雑誌があるのだと思う。
マノン：そうよ。でもお気に入りがあるから。
(1)① それは高くつく
② この新聞は売り上げの低下に気づいて
いる
③ それはむずかしすぎる
④ それを買うのはあきた
(2)① 私はコーヒーを飲むので
② 私がテレビを見るにもかかわらず
③ 私はニュースを知っているのだから
④ もし私がレストランで昼食をとれば
(3)① 新聞は何の役にたつの
② どんな口調で話しているの

51

③ なにが起こっているか
④ なにをしたいのか
(4) ① 今日
② 原則として
③ 不幸なことに
④ しかしながら
(5) ① 私は…についてなにも知らない
② 私は…を知っている
③ 君は私に貸すだけでいい
④ 君は読むべきではない

271   **書き取り問題**

J'ai 18 ans et j'ai toujours été fière d'avoir une belle grande famille avec une grand-mère adorable et en forme malgré son âge. N'habitant plus chez mes parents à cause de mes études, j'étais loin de cette grand-maman. Ainsi, je lui rendais un peu moins visite mais ne l'oubliais pas malgré tout. Chaque fois que j'allais la voir, je lui répétais combien elle était belle et combien je l'aimais. Malheureusement, le premier avril, ma grand-mère est morte dans son sommeil. Elle avait 94 ans. Certains me disent qu'elle a eu une longue vie, mais pour moi, elle me semblait éternelle.

訳：私は18歳です。愛らしくて年齢に似合わず元気な祖母がいる立派な大家族をいつも自慢に思っていました。勉学のためにもう実家には住んでいないので，この祖母からも遠く離れていました。そういうわけで，彼女を訪ねる回数も少し減っていました。しかし，それでもなお彼女のことを忘れたことはありませんでした。彼女に会いにいくたびに，私は，彼女がどれほど美しいか，私が彼女をどれほど愛しているかということをくり返し言っていました。不幸なことに，4月1日に祖母は眠りのなかで他界しました。94歳でした。彼女は長寿だったと言う人もいますが，私からみれば，彼女は永遠であるように思えていました。

聞き取り問題

272   1 (1) (timide)
(2) (ressentait) (popularité)
(3) (jour)

(4) (tendance) (normaux)
(5) (parole)
(6) (protéger)

（読まれるテキスト）

La journaliste : Quel enfant étiez-vous ?

Matthieu : Un enfant terriblement timide qui, sans amis, jouait tout seul. Je me réfugiais dans un monde rien qu'à moi.

La journaliste : Quand avez-vous commencé à créer ?

Matthieu : J'ai dessiné très jeune car cela me permettait d'exprimer tout ce que je ressentais. C'était aussi un moyen de gagner un peu de popularité auprès de mes camarades de classe. Le jour où j'ai eu ma première caméra, cela a changé ma vie. Certains copains étaient ravis que je leur demande de participer à mes films.

La journaliste : Comment définiriez-vous votre style ?

Matthieu : Tout jeune, j'ai voulu montrer que les gens apparemment normaux me faisaient peur. Je crois qu'on retrouve encore cette tendance dans mon travail actuel. La grande différence est que je me sens beaucoup moins seul aujourd'hui. J'ai appris à m'accepter tel que je suis.

La journaliste : Estimez-vous faire partie du courant de contre-culture ?

Matthieu : Si on pense que ce courant permet de donner la parole aux gens hors du commun, je réponds « d'accord ».

La journaliste : Vous parlez beaucoup de la mort dans vos films.

Matthieu : Sans doute est-ce encore une façon de me rassurer. Je pense que montrer ce qui fait

52

peur est une façon de s'en protéger.

(読まれる質問)

(1) Comment Mathieu était-il dans son enfance ?
— Il était terriblement (timide) et se réfugiait dans un monde rien qu'à lui.

(2) Pourquoi Matthieu a-t-il commencé à dessiner ?
— Pour exprimer tout ce qu'il (ressentait) et pour gagner un peu de (popularité) auprès de ses camarades de classe.

(3) Quand est-ce que la vie de Matthieu a changé ?
— C'est le (jour) où il a eu sa première caméra.

(4) Le style actuel de Matthieu est-il différent de son style passé ?
— Non, car il a encore (tendance) à montrer que les gens apparemment (normaux) lui font peur.

(5) Quel est le courant de contre-culture ?
— C'est un courant qui permet de donner la (parole) aux gens hors du commun.

(6) Pourquoi Matthieu parle-t-il beaucoup de la mort dans ses films ?
— Parce qu'il pense que montrer ce qui fait peur est une façon de s'en (protéger).

ジャーナリスト：あなたはどんな子どもでしたか？

マチュー：ひどく臆病で，友だちもいなくてたった1人で遊んでいるような子どもでした。私だけの世界に逃げこんでいたのです。

ジャーナリスト：いつあなたは創作を始めたのですか？

マチュー：ごく若いころ私は絵を描いていました。というのは，そうすることで私は感じることをすべて表現することができたからです。それはまた，クラスメートのあいだで多少の人気をえる方法でもありました。初めてのカメラを手にした日

に人生が変わりました。私の映画への協力を頼んだことで何人かの友だちは大喜びでした。

ジャーナリスト：あなたのスタイルをどのように定義しますか？

マチュー：ごく若いころは，見かけは正常な人たちから恐怖をあたえられることを表現したかったのです。今の仕事にもそうした傾向はまだ見られると思います。大きな違いは，今は昔と比べてはるかに孤独だと感じなくなっていることです。私はあるがままの自分を受けいれることを学びました。

ジャーナリスト：あなたはカウンターカルチャーの流れに属していると思いますか？

マチュー：もしこの流れによって非凡な人たちに発言の機会をあたえることが可能になるのであれば，私は「そのとおりです」と答えましょう。

ジャーナリスト：あなたは映画のなかで死について多くを語っていますね？

マチュー：たぶんそれはまだ安心できる方法なのでしょう。私は，なにが恐怖をあたえるのかをしめすことこそ，それから身を守る方法だと思います。

(1) マチューは少年時代どんな子どもでしたか？
—ひどく**臆病**で，自分だけの世界に逃げこんでいました。

(2) なぜマチューは絵を描き始めたのですか？
—**感じている**ことをすべて表現するためと，クラスメートのあいだで多少の**人気**をえるためです。

(3) マチューの人生はいつ変わりましたか？
—彼が初めてのカメラを手にした**日**です。

(4) マチューの今のスタイルは昔のスタイルと違いますか？
—いいえ，というのは，見かけは**正常な**人たちに恐怖をあたえられることを表現する**傾向**はまだあるからです。

(5) カウンターカルチャーの流れとは何ですか？
—これは非凡な人たちに**発言の機会**をあたえることを可能にする流れです。

(6) なぜマチューは映画のなかで死について多くを語っているのですか？
—なにが恐怖をあたえるのかをしめすことが，それから**身を守る**方法だと考えるからです。

2 (1) ② (2) ② (3) ① (4) ② (5) ①
(6) ① (7) ② (8) ① (9) ① (10) ①

(読まれるテキスト)

Je m'appelle Emma Moreau. Je

travaille au service météo à la télévision publique belge depuis 20 ans.

Notre journée démarre à 9 heures et se termine vers 19 heures, parfois 20 heures. Pour ma part, quand je me lève, je regarde le temps et je sens s'il fait chaud ou froid. Arrivée au bureau, je regarde les premières cartes météo qui nous sont envoyées de Paris, par Météo France. Là-bas, les météorologues, c'est-à-dire ceux qui prévoient le temps pour demain ou les jours à venir, ont déjà reçu des informations du monde entier. Quand ils ont une idée du temps qu'il va faire en Belgique, ils nous envoient les informations. Mais parfois les termes sont compliqués. C'est donc à nous ensuite, à la présentation de la météo, de rendre ça accessible à tous.

Ceux qui regardent la météo veulent savoir s'ils doivent se couvrir ou prendre leur parapluie. Il faut donc expliquer aux gens le plus simplement possible le temps qu'il fera le lendemain. Je dois ensuite apprendre mon texte par cœur. Je dois passer au maquillage et changer aussi de vêtements avant l'entrée en studio.

C'est dans un studio virtuel que j'entre. Ça veut dire que je me place devant un écran vert. Le principe, c'est que le vert peut être remplacé par n'importe quelle image. Pour la météo, ce sont des cartes météo. Le téléspectateur les voit, mais moi je ne vois qu'un écran vert.

(読まれる内容について述べた文)

(1) Emma travaille à une station de télévision française.
(2) Emma travaille 8 heures ou 9 heures par jour.
(3) Les premières cartes météo sont envoyées de Paris, par Météo France, en Belgique.
(4) Les météorologues ne reçoivent à Paris que des informations des pays d'Europe.
(5) À la présentation de la météo, Emma doit exprimer les termes compliqués en utilisant d'autres mots plus faciles.
(6) Ceux qui regardent la météo veulent savoir s'ils doivent s'habiller chaudement avant de sortir.
(7) Emma traduit son texte en anglais avant la présentation de la météo.
(8) Emma se maquille et change de vêtements avant d'entrer en studio.
(9) Emma présente la météo dans un studio virtuel.
(10) Un écran vert sur lequel on projette des cartes météo est installé dans le studio virtuel.

私の名前はエマ・モローです。20年まえからベルギー公共テレビの天気予報部局で働いています。

私たちの一日は9時に始まって，19時，ときには20時ごろ終わります。私としては，起きると天気を見ます。そして暑いのか寒いのか感じます。オフィスに着くと，パリのメテオ・フランスから送られてくる最初の天気図を見ます。パリでは，天気予報官，つまり明日あるいは数日後の天気を予想する人たちは，すでに全世界の情報を受けとっています。彼らにベルギーの天気がどうなるか見当がつくときは，私たちに情報を送ってくれます。しかし，用語がむずかしいときがあります。したがって，そのあと天気解説のときに，これをだれにでもわかるようにするのは私たちの役目です。

天気予報を見ている人たちは厚着をしなければならないかとか傘をもっていかなければならないかを知りたがります。だから，こういう人たちに翌日の天気がどうなるかをできるだけ簡単に説明しなければなりません。そのあと私は原稿を暗記しなければなりません。スタジオに入るまえにメーキャップ室に移り，服の着替えもしなければなりません。

私が入るのはバーチャルなスタジオです。それは，私が緑のスクリーンのまえに立っていることを意味します。原則として緑はどんな映像にも置きかえることができます。天気予報の場合，それは天気図になります。テレ

ビ視聴者はそれを見ていますが，私には緑のスクリーンしか見えていません。

(1) エマはフランスのテレビ局で働いている。
(2) エマは1日に8時間か9時間働く。
(3) 最初の天気図はパリのメテオ・フランスからベルギーに送られてくる。
(4) パリの天気予報官たちはヨーロッパ各国の情報だけを受けとる。
(5) 天気予報の解説で，エマはむずかしい用語を，より簡単なほかの単語を使って表現しなければならない。
(6) 天気予報を見ている人たちは，外出するまえに温かい服装をしなければならないのかどうかを知りたがる。
(7) エマは天気予報を解説するまえに原稿を英語に翻訳する。
(8) エマはスタジオに入るまえに化粧して服を着替える。
(9) エマはバーチャルなスタジオで天気予報を発表する。
(10) 天気図を映写できる緑のスクリーンはバーチャルなスタジオに設置されている。

面接試験応答例

Le candidat : Madame, monsieur, bonjour.

Le jury : Bonjour. Asseyez-vous, je vous en prie. D'abord, présentez-vous, s'il vous plaît.

Le candidat : Je m'appelle Ken Yamada. Je travaille à mon compte. Je sers d'interprète pour des touristes français.

Le jury : Pourriez-vous vivre sans téléphone portable ?

Le candidat : Je ne m'imagine pas la vie sans portable. J'ai deux téléphones portables, un privé et un professionnel. Cependant je n'en abuse pas, je ne passe pas des heures à parler, mais pour moi, c'est une sorte de contact invisible qui me rassure au quotidien. Si je pars en week-end avec ma femme et personne n'appelle, ça veut dire que tout va bien. Je ne sais pas comment on faisait avant, mais aujourd'hui, si mes enfants partent en vacances, ils me

préviennent qu'ils sont bien arrivés. Le téléphone portable est très utile pour prévenir qu'on a du retard, si on a besoin de joindre une personne tout de suite. Chacun peut avoir son opinion. Pour moi, c'est difficile de vivre sans portable.

Le jury : Je vous remercie. C'est tout pour aujourd'hui. Au revoir.

Le candidat : Je vous remercie. Au revoir, madame, monsieur.

受験者：こんにちは。
面接委員：こんにちは。どうぞ，おかけください。まず，自己紹介をお願いします。
受験者：山田健といいます。独立して働いています。フランス人観光客のために通訳をしています。
面接委員：あなたは携帯電話がなかったら生活できるでしょうか？
受験者：携帯電話なしの生活なんて考えられません。私はプライベート用と仕事用と2台の携帯電話をもっています。ただし乱用はしません。通話に何時間もかけることはありません。ただ私にとって，これは日々の生活で私を安心させてくれる目に見えないつながりのようなものなのです。週末妻と出かけて，だれからも電話がなければ，なにごともうまくいっていることを意味します。以前はどのようにしていたのかわかりません。しかし今は，子どもたちがヴァカンスに出かけると，無事に着いたことを私に知らせてきます。携帯電話は，すぐに人と会う必要があるときに遅刻しそうだということを知らせるのに，とても役立ちます。意見は人それぞれです。私にとっては，携帯なしで生活することはむずかしいです。
面接委員：ありがとうございました。きょうはこれで終了です。さようなら。
受験者：ありがとうございました。さようなら。

完全予想　仏検2級［改訂版］

― 筆記問題編 ―

（別冊　解答編）

2024. 11. 1　改訂版3刷

発 行 所　　株式会社　駿河台出版社

〒101-0062 東京都千代田区神田駿河台3の7
電話03(3291)1676　FAX03(3291)1675

印刷・製本　㈱フォレスト